EL LIBRO DEL
ISLAM

EL LIBRO DEL ISLAM

Edición de proyecto Andrew Humphreys
Edición Scarlett O'Hara y Camilla Hallinan
Diseño de proyecto Amy Child
Edición de arte Renata Latipova
Ilustraciones James Graham
Coordinación editorial Christine Stroyan
Coordinación de arte Anna Hall
Diseño de cubierta Surabhi Wadhwa
Desarrollo de diseño de cubiertas Sophia MTT
Coordinación de diseño de cubiertas Suhita Dharamjit

Coordinación de edición de cubiertas Priyanka sharma
Dirección de edición de cubiertas Saloni Singh
Maquetación Rakesh Kumar
Preproducción Andy Hilliard
Preimpresión Jude Crozier
Dirección de arte Karen Self
Subdirección de publicaciones Liz Wheeler
Dirección de publicaciones Jonathan Metcalf

DE LA EDICIÓN EN ESPAÑOL
Servicios editoriales deleatur, s.l.
Traducción Antón Corriente Basús
Revisión técnica Pilar Comín Sebastián
Coordinación de proyecto Cristina Sánchez Bustamante
Dirección editorial Elsa Vicente

COLABORADORES

RAGEH OMAAR (PRÓLOGO)

Rageh Omaar se dio a conocer como corresponsal de la BBC en Bagdad durante la invasión de Irak de 2003, trabajo que desempeñó también en Afganistán, Oriente Próximo y África. Posteriormente trabajó para Al Jazeera English hasta unirse en enero de 2013 a la británica ITV News, donde es editor de asuntos internacionales y presentador del emblemático programa *News at Ten*. Ha realizado también numerosos documentales en la televisión nacional británica, entre ellos *The Life of Muhammad*, de la BBC. Además, es autor de *Revolution Day: The Real Story of the Battle for Iraq* (2005) y *Only Half of Me: Being a Muslim in Britain* (2006).

FARHAD DAFTARY (ASESOR)

El erudito Farhad Daftary, una autoridad en estudios sobre el islam chií y, en particular, sobre la tradición ismailí, ha escrito más de doscientos artículos, entradas en enciclopedias y libros aclamados, como *A History of Shi'i Islam* (2013). Entre los libros de los que ha sido editor figuran *Islam: An Illustrated Journey* (2018). Es codirector y jefe del Departamento de Investigaciones y Publicaciones Académicas de The Institute of Ismaili Studies, de Londres.

AYA KHALIL (ASESORA)

Aya Khalil tiene una máster en educación y es la autora del álbum ilustrado *The Arabic quilt: an immigrant story*. Como periodista dedicada a temas islámicos, su trabajo se ha publicado en *The Huffington Post*, *The Christian Science Monitor* y el popular sitio web MuslimGirl.com. Bloguea regularmente sobre asuntos de interés para los musulmanes, con entradas como «10 Words & Phrases To Avoid if You're #FlyingWhileMuslim».

IBRAHIM MOGRA (ASESOR)

Ibrahim Mogra es imán, director de Mogra Faith & Culture Consultancy Limited y miembro del Consejo Musulmán de Gran Bretaña. En 2016, el arzobispo de Canterbury lo galardonó con el premio Hubert Walter por la Reconciliación y Cooperación Interreligiosa «por su aportación continuada a la comprensión entre las fes abrahámicas». Ha editado y colaborado en varios libros de texto de educación religiosa y es autor de un manual para profesores sobre el islam.

SALMA HAIDRANI

Escritora y periodista *freelance* establecida en Londres y distinguida con varios premios, Salma Haidrani ha trabajado para las revistas *i-D*, *Vice*, *Dazed*, *HUNGER* y *GQ* sobre asuntos como la fe y la identidad contemporáneas, los derechos de la mujer, temas sociales y comunidades marginalizadas. También ha colaborado en la antología y éxito de ventas *It's Not About the Burqa: Muslim Women on Faith, Feminism, Sexuality and Race* (2019).

ANDREW HAMMOND

Antes periodista radiofónico de *BBC Arabic* y periodista de Reuters en Egipto, Arabia Saudí y los Emiratos Árabes Unidos, Andrew Hammond fue después analista de políticas para Oriente Próximo del *think tank* European Council on Foreign Relations (Consejo Europeo de Relaciones Exteriores, ECFR). Es también historiador del islam. Estudió árabe en la School of Oriental and African Studies (Escuela de Estudios Orientales y Africanos, de Londres, SOAS) y turco y otomano en la Universidad de Oxford, en la que se doctoró. Entre sus libros se cuentan *The Islamic Utopia: The Illusion of Reform in Saudi Arabia* (2012) y *Popular Culture in North Africa and the Middle East* (2017).

ANDREW HUMPHREYS

Periodista, escritor y editor, ha trabajado en Egipto, Asia central, India, Marruecos, Siria y Turquía. Fue cofundador y editor jefe del *The Cairo Times* y ha escrito también para los británicos *Financial Times*, *The Sunday Times* y *The Telegraph*. Es autor de dos libros sobre el Egipto del siglo XIX, publicados por la editorial de la American University in Cairo.

SHELINA JANMOHAMED

Shelina Janmohamed es vicepresidenta de *marketing* islámico en la agencia global de publicidad y *marketing* Ogilvy. Es la autora de *Love in a Headscarf* (2009), sus memorias, que versan sobre su desarrollo como musulmana británica, y *Generation M: Young Muslims Changing the World* (2016), descrito como texto definitorio sobre una generación de musulmanes que reúne fe y modernidad. En 2009, la Equality and Human Rights Commission (Comisión de Igualdad y Derechos Humanos, EHRC) la nombró una de las cien musulmanas británicas más influyentes.

Estilismo de
STUDIO 8

Publicado originalmente en Gran Bretaña
en 2023 por Dorling Kindersley Limited
DK, One Embassy Gardens, 8 Viaduct
Gardens, London, SW11 7BW

Parte de Penguin Random House

Título original: *The Islam Book*
Primera edición 2024

ISBN: 978-0-7440-9382-7

Impreso en Eslovaquia

www.dkespañol.com

Este libro se ha impreso con papel certificado
por el Forest Stewardship Council™ como
parte del compromiso de DK por un futuro
sostenible. Para más información, visita
www.dk.com/our-green-pledge.

CHARLES TIESZEN

Charles Tieszen, doctor por la Universidad de Birmingham en 2010, es
historiador del pensamiento religioso. Miembro de la Royal Historical
Society, su trabajo se centra en el desarrollo histórico del pensamiento
islámico y la historia de las relaciones entre las comunidades musulmanas
y no musulmanas. Su libro más reciente es *The Christian Encounter
with Muhammad* (2020).

COLIN TURNER

Colin Turner es presidente ejecutivo de la International Foundation for
Muslim Theology (Fundación Internacional para la Teología Musulmana)
y hasta 2017 fue profesor adjunto de Pensamiento Islámico en la
Universidad de Durham. Formado como historiador, sus principales
áreas de trabajo son la teología musulmana, la interpretación del Corán
y la vida y obra del teólogo Bediuzzaman Said Nursi. Es autor de muchos
libros y artículos, como el éxito de ventas *Islam: The Basics* (2005) y *The
Quran Revealed: A Critical Analysis of Said Nursi's Epistles of Light* (2013).

MAHSHID TURNER

Directora de la International Foundation for Muslim Theology,
Mahshid Turner es doctora, investigadora y conferenciante. Formada
como teóloga en la Universidad de Durham, publica sobre teología
musulmana, filosofía e interpretación del Corán. Turner es la primera
mujer capellana en una universidad británica, puesto que ocupa en la
Universidad de Durham desde 2015.

NOTA A LA EDICIÓN

Entre el alfabeto árabe y el español no hay una equivalencia biunívoca.
Eso dificulta la transcripción de palabras comunes y de nombres propios.
Por una parte, se ha buscado que el lector en español que no sepa árabe
lea un sonido lo más cercano posible al que emitiría un hablante árabe
al leer estos términos; al mismo tiempo, se intenta no usar un sistema
en exceso académico, pues provocaría extrañeza. A continuación se
describen las soluciones adoptadas en este libro:

Se transcriben como *t* las letras ت, ط.
Se transcriben como *z* las letras ث, ز, ظ.
La letra ج se transcribe *y* al principio y dentro de palabra (*masyid*),
    pero como *ch* a final (*hach*) o cuando la *y* induce a error (*ichtihad*).
Se transcriben como *h* las letras ح, ه; como *j* la letra خ.
Se transcriben como *d* las letras د, ذ, ض.
Se transcriben como *s* las letras س, ص; como *sh* la letra ش.
Se transcribe como *g* la letra غ.
Se transcribe como *q* la letra ق; como *k* la letra ك.
Se transcribe como *y* la letra ي.
La letra و se transcribe como *w* (si hace funciones de consonante)
    o como *u* (si suena como vocal).
La letra ع la representa el símbolo ʿ. Es una consonante de sonido
    gutural, que queda matizada por la vocal que la acompaña. El
    símbolo ʾ representa una emisión de aire que queda interrumpido
    en la glotis.

No acentuamos los términos ni los nombres propios árabes, ya que
muchos de ellos se pronuncian de formas diversas según la variante
regional de la lengua árabe. Se exceptúan términos ya incorporados a la
lengua española (*Ramadán*), así como palabras que se han incorporado
adaptadas a la lengua española (*Kaaba*, *sharía*); en concreto, los topónimos
mayores y antropónimos de dirigentes con tradición en español (Mahoma,
Alí, Uzmán, Saladino). El nombre de reyes y soberanos se traduce, como
indica la *Ortografía de la lengua española* (Osmán I, Abderramán III,
Ismaíl I). Para todos ellos, mantenemos la transcripción cuando se da el
nombre de nacimiento (ʿAli ibn Abi Talib). Para los personajes modernos
(siglo xx) reflejamos la grafía acuñada (Nasser, Zia-ul-Haq).

A pesar de que en árabe no existen las mayúsculas, en los términos
transcritos reflejamos las mayúsculas que corresponden en español
(Allah, Laylat al-Qadr).

Duplicamos las consonantes cuando son dobles en el término en árabe
(*Muhammad*, *muhayyirun*). Puede resultar problemática la lectura de la
letra *lam* doble, pues para el lector en español hay un dígrafo -*ll*- (Allah,
bismillah), pero su sonido es el de dos eles, una con la vocal anterior y
otra con la siguiente.

Transcribimos el artículo unido por guion y en minúscula, ya que en
árabe nunca se separa de la palabra a la que determina. Reproducimos
por escrito la modificación que experimenta el sonido de la segunda
letra del artículo cuando lo siguen ciertas letras (letras solares).

CONTENIDO

REFORMA Y RENACIMIENTO
1527–1979

EL ISLAM HOY

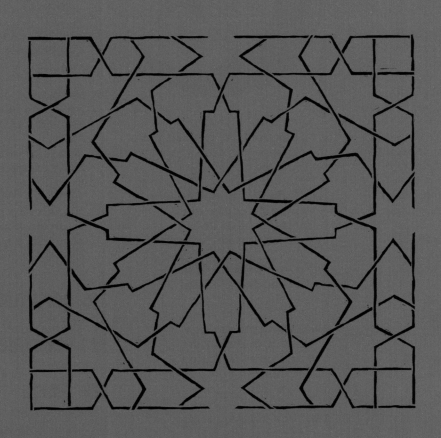

PRÓLOGO

En los primeros años del siglo VII, un hombre que acababa de cumplir cuarenta años, huérfano desde muy pequeño, ascendió por una ladera rocosa hasta una cueva en un árido valle próximo a La Meca, ciudad importante para el comercio y el culto de numerosas deidades en el desierto arábigo. Solía hacer tales excursiones en busca de la contemplación y la soledad. En la cueva, aquel día recibió la primera revelación del ángel Yibra'il (arcángel Gabriel, en el cristianismo), una simple palabra: «Lee». Atenazado por el miedo y sobrecogido por la emoción, respondió: «No sé leer» y de nuevo llegó la orden divina: «Lee». Entonces, milagrosamente, aunque no se creía capaz, comenzó a recitar las primeras palabras de un nuevo libro sagrado. Aquel hombre, Mahoma, iba a ser el Profeta y la revelación que comenzó en la cueva de Hira sería el Corán, el libro sagrado del islam, la religión que profesan unos 1800 millones de personas en todo el mundo.

Para mí, uno de los aspectos más profundos y reveladores de este momento del nacimiento del islam es que la primera palabra con la que comenzó a existir fuera «lee», pues no se me ocurre otra palabra tan relevante y vital hoy para la contemplación del islam. Me crie como musulmán y a lo largo de los últimos 25 años una gran parte de mi vida como reportero de noticias internacionales ha consistido en ser testigo de conmociones políticas, conflictos y tragedias humanitarias en países islámicos. De Irak a Indonesia, de Somalia a Siria, de Bosnia a Bangladés, he presenciado y tratado de transmitir a un público de todas las creencias –y a quienes no las tienen– el conflicto y la incomprensión entre los musulmanes y Occidente, entre musulmanes y no musulmanes, e incluso entre los musulmanes, y siempre llevaba libros como este que ahora tienes en tus manos. En mis viajes por el mundo islámico durante estas décadas turbulentas, he trabajado junto a diplomáticos, soldados y trabajadores de la ayuda humanitaria que comentaban lo valioso que sería tener un libro de referencia que ofreciera una explicación clara y accesible de los principios del islam, de la rica historia y los diversos aspectos de esta religión y de las ideas que la inspiraron. El logro extraordinario de este libro es que aporta un recurso que no tiene precio para musulmanes y no musulmanes por igual. Tratar temas como el florecimiento de la edad de oro de las ciencias en el islam y los usos de la caligrafía, así como las cuestiones acerca de los derechos de las mujeres o del auge del extremismo nos ayudan a todos, musulmanes o no, a comprender mejor esa fe. De escritura clara y hábilmente ilustrado, este libro le ofrece al lector el placer de partir de la premisa de que incluso las cuestiones más simples son interesantes y valiosas. Y viceversa: por mucho que creas saber sobre la historia islámica y el mundo musulmán, este libro te deleitará y te abrirá las puertas a esta religión.

Rageh Omaar

INTROD

UCCIÓN

Este libro no solo describe las bases del islam como religión, sino también muchas de las civilizaciones y culturas y los movimientos políticos y sociales que la religión inspiró y sigue inspirando.

Junto con el judaísmo y el cristianismo, el islam es una de las tres religiones abrahámicas. Lo fundó a principios del siglo VII Mahoma, comerciante de la ciudad de La Meca (Makkah) en la península arábiga. Recibió de Dios las revelaciones contenidas en el Corán, libro sagrado del islam, y las predicó a un grupo de adeptos que creció rápidamente. La religión que predicó Mahoma no era del todo nueva: lo que hizo fue instar a los habitantes de Arabia, que en su mayoría eran politeístas, a volverse al culto del único Dios verdadero; este era el mismo dios de la tradición abrahámica, entre cuyos profetas estaban Abraham (Ibrahim), Moisés (Musa) y Jesús ('Isa), al que los musulmanes no consideran hijo de Dios, pero sí profeta, de una línea de la que Mahoma es el último.

Las tres religiones del libro comparten la creencia en la transitoriedad de la vida terrenal, en la necesidad de la oración y las buenas obras, en la rendición de cuentas ante Dios por nuestros actos y en la recompensa de volver con Dios tras el Día del Juicio. Para los musulmanes, todo ello se relata en el Corán que, junto con los dichos y hechos del Profeta, describe el ideal de una vida conforme al islam.

La difusión del islam

El islam es una religión que integra todos los aspectos de la vida. Históricamente, en el islam no hubo división entre lo que en Occidente se distingue como Iglesia y Estado. Mahoma y sus sucesores inmediatos fueron líderes religiosos, políticos y militares en un solo cargo. Las ideas recogidas en el islam se propagaron muy deprisa desde Arabia por el actual Oriente Próximo y el norte de África, arraigaron en el sur de la península ibérica, penetraron en el continente europeo y se adentraron más en África y, a través de Asia central, en India y el este de China. Los comerciantes musulmanes llevaron al sureste asiático el islam, que floreció en las islas del océano Índico.

A medida que la religión se propagaba, los estudiosos y los líderes religiosos fueron verificando y escribiendo las tradiciones orales que definieron la identidad islámica. Del proceso derivó un marco para la ley islámica, la sharía, nuevas prácticas de interpretación del Corán, un calendario y muchas de las tradiciones que definen esta fe.

Los contrarios a esa codificación de la religión que practicaron el islam de manera más propia y personal serán los sufíes. Hubo también desacuerdos sobre quién debía suceder a Mahoma como líder de los musulmanes y un grupo se apartó de la corriente: serán los chiíes.

La edad de oro

Por el camino, el islam fundó grandes centros del saber en los que tenían cabida tanto los estudios teológicos como la formulación de la ley islámica, además de la filosofía, la medicina, la astronomía y las ciencias. En un periodo de la historia en el que los conocimientos del

No puedes hablar de los musulmanes o del islam si no los conoces.
Ghostface Killah
Rapero estadounidense, entrevista de 2015 en la revista *Vice*

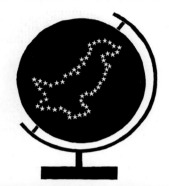

mundo antiguo —en particular de los griegos— estuvieron a punto de perderse, los estudiosos islámicos los preservaron y los desarrollaron. Surgió una sucesión de poderosos imperios islámicos, primero en tierras árabes: con centro en Damasco (actual Siria), el omeya; luego, en Bagdad (actual Irak), el abasí; en El Cairo (actual Egipto), el fatimí y el mameluco. Más tarde, entre pueblos no árabes: con los turcos, el otomano; con los persas, el safaví; y en India, el mogol.

El islam en la era moderna

El crecimiento del islam no perdió ímpetu hasta alrededor de finales del siglo XVII, cuando su influencia comenzó a quedar eclipsada por los imperios cristianos de Europa. Estos emprendieron la colonización de los países de mayoría musulmana en un proceso que no terminó hasta mediados del siglo XX. En muchos casos, el islam fue un foco de resistencia frente a las potencias coloniales e inspiró los movimientos nacionalistas. En la segunda mitad del siglo XX, el islam resurgía, prosperaba por todo el mundo y se enfrentaba a la modernidad sin abandonar sus valores tradicionales.

Hoy en día, el islam abarca todo el globo. El Pew Research Center estimó en 2015 que había 1800 millones de musulmanes en el mundo; por lo tanto, el islam es la segunda religión, después del cristianismo. Además, es la que más crece: en 2020, casi una de cada cuatro personas en el mundo era musulmana. La citada institución estima que en el año 2050 habrá 2760 millones de musulmanes (29,7 % de la población mundial), una de cada tres personas.

A lo largo de sus 1400 años, el islam ha influido enormemente en la historia del mundo, desde lo político hasta lo cultural y lo espiritual. Su influencia no dejará de crecer y

El islam es incomprendido por muchos. Los extremistas acaparan los titulares; los que queremos practicar nuestra religión y vivir según las leyes de este país no salimos en las noticias.
Sadiq Khan
Alcalde de Londres desde 2016

comprender mejor sus ideas fundamentales es bueno tanto para los no musulmanes como para los propios creyentes.

Nota sobre la lengua

El islam nació en una cultura de lengua árabe, cuya lengua da las palabras que se usan en esa religión. Además de traducirlos, se han transcrito los principales términos árabes, para satisfacer la curiosidad del lector que no los conozca y para expresar los términos con el mayor rigor posible.

No obstante, ello presenta algunos problemas (véase la nota sobre la transcripción en p. 5). Así, se producen realizaciones fonéticas variadas puesto que el árabe lo usa una comunidad de hablantes muy extensa; por ejemplo, el artículo puede sonar /al/, /el/, /il/. Otro ejemplo es el nombre del Profeta: Mohammad, que presenta diversas variantes, todas válidas, como Muhammad, Mohamed, Mahomet, Mamadú… Por otra parte, *allah* es la palabra árabe que designa a la deidad única de las religiones abrahámicas, como lo hace *Dios* en español y *God* en inglés; por tanto, no es un nombre exclusivo de los musulmanes, sino que los árabes cristianos también le rezan a Allah. Por ello, en este libro se usa el término en español. ∎

MAHO

570–632

MA

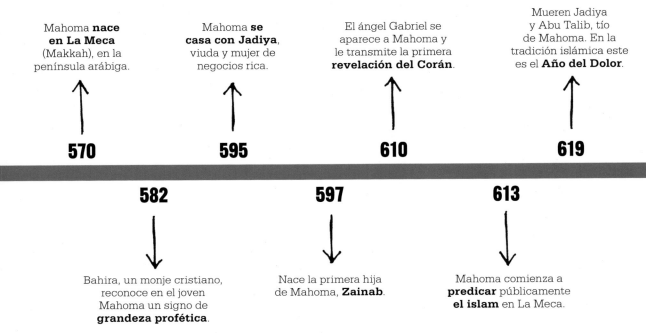

Mahoma **nace en La Meca** (Makkah), en la península arábiga.

Mahoma **se casa con Jadiya**, viuda y mujer de negocios rica.

El ángel Gabriel se aparece a Mahoma y le transmite la primera **revelación del Corán**.

Mueren Jadiya y Abu Talib, tío de Mahoma. En la tradición islámica este es el **Año del Dolor**.

570 **595** **610** **619**

582 **597** **613**

Bahira, un monje cristiano, reconoce en el joven Mahoma un signo de **grandeza profética**.

Nace la primera hija de Mahoma, **Zainab**.

Mahoma comienza a **predicar** públicamente **el islam** en La Meca.

En el siglo VI, las tierras fértiles alrededor del Mediterráneo oriental las gobernaba el poderoso Imperio bizantino y las llanuras fértiles de Mesopotamia, al este, nutrían a la civilización persa sasánida. Al sur, los desiertos de Arabia eran el ámbito de tribus seminómadas sin un liderazgo centralizado y en guerra constante entre sí por el control de las valiosas rutas comerciales.

Según la tradición islámica, alrededor del año 570 nació un niño en La Meca, en Arabia, en la tribu Quraysh. Lo llamaron Mohammad y quedó huérfano a los seis años, por lo que lo crio su tío Abu Talib. Se hizo comerciante, se casó, tuvo hijos y prosperó en los negocios. En la madurez solía retirarse a una cueva, donde le gustaba meditar. En una de tales ocasiones recibió la visita del ángel Gabriel, que le reveló la palabra de Dios.

Tres años después de recibir la primera revelación, Mahoma, a cuyo nombre los musulmanes añaden a menudo la frase *salla allah 'alayhi wa-salam* ('la paz y la bendición de Dios sean con él'), comenzó a predicar en su ciudad natal, La Meca, donde poco a poco fue reuniendo un grupo de adeptos.

Sin embargo, su mensaje de pureza y justicia, especialmente justicia para los pobres, y su condena de la idolatría de la élite pudiente, le ganaron muchos enemigos. Mahoma tuvo que huir de la persecución, y abandonó con su comunidad su ciudad natal para asentarse en Medina, a casi 340 km al norte, donde su mensaje había tenido una acogida más favorable. Este éxodo es la Hégira.

Fundamento de la fe

La religión que predicó Mahoma sería conocida como *islam* (en árabe, 'sumisión') y sus seguidores, como *musulmanes*. Fue en Medina donde tomaron forma sus creencias y ritos fundamentales, basados en las enseñanzas del profeta Mahoma.

En la nueva fe tuvo un lugar central la idea de que había un único dios, una afirmación radical en el contexto politeísta de la Arabia del siglo VII. Además, los musulmanes debían aceptar que esa deidad única (*allah* en árabe, españolizado como Alá) había enviado a Mahoma como mensajero final. Dios había confiado su mensaje a profetas anteriores, desde Adán, pero era Mahoma quien había recibido la última revelación divina, a lo largo de un periodo de 23 años, que queda contenida en las prédicas que componen el Corán.

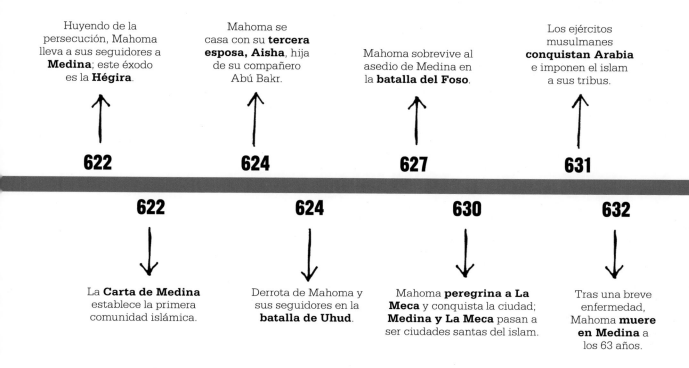

Huyendo de la persecución, Mahoma lleva a sus seguidores a **Medina**; este éxodo es la **Hégira**.

622

Mahoma se casa con su **tercera esposa, Aisha**, hija de su compañero Abú Bakr.

624

Mahoma sobrevive al asedio de Medina en la **batalla del Foso**.

627

Los ejércitos musulmanes **conquistan Arabia** e imponen el islam a sus tribus.

631

622

La **Carta de Medina** establece la primera comunidad islámica.

624

Derrota de Mahoma y sus seguidores en la **batalla de Uhud**.

630

Mahoma **peregrina a La Meca** y conquista la ciudad; **Medina y La Meca** pasan a ser ciudades santas del islam.

632

Tras una breve enfermedad, Mahoma **muere en Medina** a los 63 años.

La vida de Mahoma ofrecería a sus seguidores los cinco pilares de su fe, comenzando por la profesión de fe en un solo dios y en Mahoma como su mensajero. Los demás pilares establecen la obligatoriedad de la oración, la importancia de la caridad con el prójimo y las obligaciones del ayuno y de peregrinar a La Meca.

Lucha por sobrevivir

La peregrinación era ya una práctica común entre los árabes, que tenían una tradición de siglos de viajes a la Kaaba, antiguo santuario en La Meca repleto de estatuas de los muchos dioses a los que veneraban las tribus. La amenaza que suponía Mahoma para el lucrativo comercio de la peregrinación fue una de las razones por las que fue expulsado de la ciudad. Continuaba siendo una amenaza desde el exilio y los musulmanes de Medina se vieron obligados a tomar las armas contra los mequíes para garantizar su supervivencia. Después de años de lucha, Mahoma y sus seguidores tomaron La Meca.

Al hacerse con el control de La Meca, el primer acto que Mahoma llevó a cabo fue eliminar los ídolos de la Kaaba y dedicar el santuario al culto de la deidad única. Regresó a Medina, pero, durante el resto de su vida peregrinó en varias ocasiones a la Kaaba; de ellas, destaca el viaje que realizó en el año 632, ocasión venerada como la peregrinación del adiós. En esta ocasión, los musulmanes que acompañaban a Mahoma observaron cada movimiento, acto y gesto suyo, y establecieron un precedente que deben seguir los musulmanes y constituye el quinto pilar del islam: el *hach* ('peregrinación').

Legado duradero

En 622, durante la Hégira, Mahoma lideraba una comunidad expulsada y pequeña. Cuando murió solo 10 años después, los musulmanes controlaban gran parte de la península arábiga. Para las tribus que habían aceptado el islam, el éxito militar era un signo que validaba el mensaje del Profeta y la presencia invisible de Dios en la comunidad musulmana.

Muchas de las creencias que predicó Mahoma no eran nuevas, sino reveladas por mensajeros anteriores, pero renovar el mensaje había requerido un profeta final. Así, el islam podía hacer remontar sus raíces hasta el primer profeta, Adán, y perdurar mucho después de la muerte del último, Mahoma. ■

TÚ NO SABÍAS LO QUE ERAN LA ESCRITURA Y LA FE

CORÁN 42,52

El concepto fundamental del islam es la unicidad indivisible de Dios, es decir, el monoteísmo. Este es el concepto sobre el que reposa la fe entera de los musulmanes.

Cuando Mahoma comenzó a predicar el islam, en el año 613, fue esta idea central de unidad la que sirvió para vincular a sus seguidores. En marcado contraste con este mensaje, las tribus árabes de la época estaban divididas y faltas de liderazgo, eran débiles y veneraban a múltiples dioses. En palabras del Corán, estos eran dioses que «no crean nada, sino que ellos mismos son creados, que no disponen, ni siquiera para

La península arábiga en la era inmediatamente anterior al islam era un vacío político flanqueado por dos grandes imperios en guerra y con los restos de una civilización que había sido grande al sur.

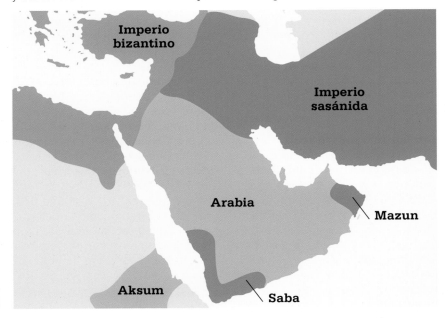

Véase también: La vida temprana de Mahoma 22–27 ▪ La Kaaba de La Meca 34–35 ▪ El ascenso del islam político 238–241

El Profeta desarraigó una a una las prácticas de la *yahiliyya*.
Abul Ala Maududi

sí mismos, de lo que puede dañar o aprovechar, y no tienen poder sobre la muerte, ni sobre la vida» (Corán 25,3). Antes del islam, se considera que los árabes vivían en la *yahiliyya*, 'ignorancia'.

Potencias preislámicas

En los siglos inmediatamente anteriores al nacimiento de Mahoma, la península arábiga estaba rodeada por el Imperio bizantino cristiano, al noreste, y el Imperio sasánida de los persas, al este, dos imperios titánicos enfrentados en una larga lucha por el poder. En el sur de dicha península, la rica y fértil Saba (Yemen) era uno de los centros de civilización más antiguos de la región, con una historia compleja, pero, en el siglo VI, el gran reino de antaño se había disgregado.

Entre esas tres potencias se encontraba Arabia central, un área extensa en la que predomina el desierto inhóspito. Su escasa población consistía en tribus nómadas árabes, en guerra constante unas contra otras y cuya vida dependía de controlar las rutas comerciales que atravesaban la región.

Religiones preislámicas

Antes del siglo VII había en Arabia comunidades cristianas, judías y zoroastranas, pero los árabes del desierto recelaban por lo general de estas religiones, a las que asociaban con las potencias imperiales. Los árabes, que debían lealtad ante todo a la propia tribu, no sentían gran interés por la religión formal, pero había lugares que consideraban sagrados, en los que había santuarios

Este altar de mármol a la diosa al-Lat representada junto a su león sagrado en el templo de Bel (o Baal), en Palmira (Siria), data del siglo II.

dedicados a deidades particulares. Entre los dioses a los que rendían culto estaban el dios supremo al-Ilah y sus hijas, las diosas al-Lat, al-Uzza y Manat. Un santuario notable dedicado a al-Ilah era la Kaaba, junto al pozo de Zamzam, en La Meca.

En aquella época, hacía ya tiempo que muchos árabes habían abandonado la vida nómada. Hacia el siglo IV, por ejemplo, dos tribus de Yemen se habían asentado en el oasis de Yazrib, que más tarde fue Medina, donde vivían de la agricultura. A finales del siglo V, la tribu Quraysh estaba asentada en los alrededores de La Meca; se dedicaban al comercio y a la cría de ganado, y crearon una ciudad próspera y vital. Según los historiadores musulmanes, de lo que carecían las tribus en su modo de vida era de moral o ética, lo cual no cambió hasta que, a principios del siglo VII, Mahoma empezó a recibir revelaciones y emprendiera su misión profética. ▪

La *yahiliyya* moderna

Como concepto, la *yahiliyya* se ha aplicado mucho más allá de la Arabia preislámica. Fue una etiqueta del gusto de los reformadores islámicos de principios y mediados del siglo XX, indignados con el predominio de la influencia occidental, así como con los musulmanes cautivados por ella y que la imitaban.

El escritor islamista pakistaní Abul Ala Maududi (1903–1979) acuñó la expresión *yahiliyya* moderna, que calificó de nueva barbarie incompatible con el islam. El reformador del islam egipcio Sayyid Qutb (1906 1966) utilizó la misma expresión al escribir en su comentario sobre el Corán: «Los pueblos de cualquier época y lugar se gobiernan por la ley de Dios [...] o una ley inventada por los humanos [...]; en este caso viven en la *yahiliyya*». Para Qutb, *yahiliyya* es «el gobierno de los humanos por los humanos», que hace a unos siervos de otros y no de Dios.

MAHOMA ES EL ÚLTIMO MENSAJERO DE DIOS

CORÁN 33,40 Y VARIOS HADICES

egún la tradición islámica,
alrededor del año 582, vivía
en el desierto sirio un ermi-
taño cristiano llamado Bahira que
vio pasar una caravana de camellos
en la que un muchacho le llamó la
atención. Después de hablar con el,
Bahira concluyó que iba a ser profeta y que estaba destinado a la grandeza, y les dijo a sus tutores que
debían cuidarlo bien. El muchacho
no era otro que Mahoma, el futuro
profeta del islam y, según sostienen
los musulmanes, el último de los
mensajeros de Dios.

Mahoma nació en el año 570 en
La Meca (Makkah), en el seno del
clan Banu Hashim de la tribu Quraysh. Su padre murió antes de que
él naciera, y su madre, cuando él
contaba seis años. Su abuelo 'Abd
al Muttalib se ocupó de él hasta que
murió. Mahoma tenía ocho años de
edad y a partir de ese momento fue
criado por su tío Abu Talib.

Abu Talib y Mahoma vivieron
muy modestamente y este trabajó
con su tío como comerciante itinerante. Más adelante se casó y tuvo
hijos, y fue conocido por su generosidad con los pobres, pero, por lo
demás, Mahoma llevó una vida corriente.

El ángel Gabriel se apareció a
Mahoma para revelarle las aleyas del
Corán. Gabriel adoptaba a veces forma
de hombre y a veces transmitía las
revelaciones solamente como una voz.

El ángel dice: «Lee»

Mahoma ascendía a menudo hasta
una cueva en Yabal an-Nur ('la
montaña de la luz') en el valle de
La Meca, donde meditaba durante días. En el año 610, durante la
noche 27.ª del mes de ramadán (el
noveno mes del calendario islámico
y ahora celebración del Ramadán),
lo despertó de su sueño en la cueva
una presencia divina. Según la tradición islámica, fue el ángel Yibra'il
(versión árabe del arcángel Gabriel)
quien se le apareció. El ángel le dio

Jadiya

Jadiya bint Juwaylid, primera
esposa del profeta Mahoma,
nació en La Meca entre el 555
y el 567. Quedó viuda, pero llegó
a ser una comerciante próspera
y de éxito que supervisaba un
gran contingente de caravanas
que comerciaban con Siria y
Yemen. Contrató a Mahoma
para acompañar a una de ellas
y recibió informes favorables del
modo honorable en que Mahoma
había llevado sus negocios. Los
beneficios que le llevó Mahoma
fueron el doble de lo esperado y
ella le propuso matrimonio. Según
la mayoría de las referencias, ella

tenía 40 años y Mahoma era
15 más joven, pero aceptó.

Jadiya fue la única esposa
de Mahoma hasta morir ella en
el 619 (su mausoleo, en la foto,
se conservó en La Meca hasta
1925). El número de hijos que
tuvieron se discute, pero suele
mencionarse de seis a ocho, de
los que solo cuatro sobrevivieron
hasta la edad adulta. Aunque
Mahoma se casó otras diez veces,
sintió siempre una gran devoción
por Jadiya y en la actualidad los
musulmanes siguen refiriéndose
a ella a menudo como madre de
los creyentes.

Véase también: La yahiliyya, la Edad de la Ignorancia 20–21 ▪ Los cinco pilares del islam: la *saum* 46–49 ▪ La compilación del Corán 64–69 ▪ La composición del Corán 70–75 ▪ La tolerancia de otras creencias 80–81

a Mahoma una orden simple: «¡Lee!». Mahoma, confuso, respondió: «No sé leer». El ángel abrazó a Mahoma y le mandó leer de nuevo. Esto ocurrió tres veces; luego, Mahoma preguntó: «¿Qué debo leer?». Gabriel respondió con la primera revelación, lo que hoy son las cinco aleyas primeras de la sura 96 del Corán:

Recita en el nombre de tu Señor,
que ha creado; ha creado al
hombre de sangre coagulada
¡Recita! Tu Señor es el Munífico,
que ha enseñado el uso del
cálamo, ha enseñado al
hombre lo que no sabía.

Otro pasaje del Corán (53,3–10) relata el encuentro de Mahoma con Gabriel y afirma que el Profeta no proclamó sus propias palabras, sino solo las que había recibido de Dios:

No habla por propio impulso.
No es sino una revelación
que se ha hecho. Se la ha
enseñado el muy poderoso,
fuerte, majestuoso, mientras
él estaba en lo más alto del
horizonte. Luego, se acercó y
quedó suspendido en el aire,
estaba a dos medidas de arco
o menos. Reveló a Su siervo
lo que reveló.

Miedo a la locura

Mahoma estaba aterrado. Temía haber sido poseído por un *yinn*, o espíritu maligno. Comenzó a subir más alto por la montaña, con la intención de precipitarse y morir. Sin embargo, en la ladera tuvo otra visión. Percibió una presencia inmensa y abrumadora que llenaba el horizonte entero y oyó una voz que decía: «¡Oh, Mahoma! Tú eres el mensajero de Dios y yo soy Gabriel».

Mahoma regresó a su casa y, aún presa del terror, le contó a su esposa Jadiya lo ocurrido. Jadiya lo reconfortó y lo llevó a consultar a su primo Waraka, sacerdote cristiano nestoriano y buen conocedor de las escrituras. Waraka escuchó a Jadiya y le dijo: «Si me has dicho la verdad, Jadiya, ha venido a él la más grande ley que vino a Moisés y, sin duda, es el profeta de este pueblo».

Los eruditos islámicos opinan que Mahoma recibió unas diez revelaciones más a lo largo de los dos años que siguieron a este momento, pero que estas no salieron a la luz. Se considera una época desesperada en la vida de Mahoma, durante »

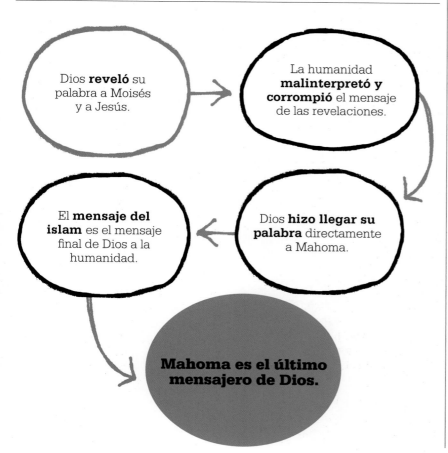

Dios **reveló** su palabra a Moisés y a Jesús.

La humanidad **malinterpretó y corrompió** el mensaje de las revelaciones.

El **mensaje del islam** es el mensaje final de Dios a la humanidad.

Dios **hizo llegar su palabra** directamente a Mahoma.

Mahoma es el último mensajero de Dios.

[…] os hemos mandado un Enviado de entre vosotros para que os recite Nuestras revelaciones aleyas, para que os purifique […].
Corán 2,151

la que pensó con frecuencia en acabar con su vida.

El punto de inflexión acabó llegando gracias a una revelación que parecía ofrecerle consuelo divino:

Por la mañana, y por la noche cuando reina la calma, tu Señor no te ha abandonado ni aborrecido. Sí, la otra vida será mejor para ti que esta. Tu Señor te dará y quedarás satisfecho.
¿No te encontró huérfano y te recogió?
¿No te encontró extraviado y te dirigió?
¿No te encontró pobre y te enriqueció?
En cuanto al huérfano, ¡no lo oprimas!
Y en cuanto al mendigo, ¡no lo rechaces! Y en cuanto a la gracia de tu Señor, ¡publícala!

A esta revelación, que actualmente figura en la sura 93 del Corán, se le atribuye haber hecho creer a Mahoma que había sido ele-

Mahoma es [...] el Enviado de Dios y Sello de los profetas.
Corán 33,40

gido por la divinidad como profeta de su pueblo.

Una religión llamada islam

Alrededor del año 613, Mahoma comenzó a predicar en público en La Meca. Los mequíes eran, en su mayoría, miembros de la tribu Quraysh, como él, y su mensaje inicial fue simple. Basadas en el código de honor tradicional árabe, las prédicas del profeta se centraron en los aspectos sociales: una vida frugal, cuidar de los pobres y la generosidad en

compartir la riqueza por el bien de toda la comunidad.

Mahoma quería también que los coraichíes tuvieran conciencia de la bondad de Dios. Este había creado al hombre y el universo, y era justo que el hombre orara regularmente a Dios para procurar el orden. Esa deidad fue identificada como al-Ilah, dios supremo de los árabes, venerado en la Kaaba de La Meca. Los miembros de la tribu Quraysh debían abandonar el culto a todos los demás dioses.

El mensaje predicado por Mahoma se acabó conociendo como *islam* —de 'sumisión' en árabe, en referencia al acto de sumisión a Dios que se esperaba de sus seguidores— y los adeptos del islam serían conocidos como *musulmanes* ('los que se someten').

Los primeros musulmanes

La esposa de Mahoma, Jadiya, aceptó como verdaderas desde el primer momento las revelaciones del ángel y se consideraba la primera musulmana. Su tío Abu Talib rechazó la nueva religión, pero otros miembros de la familia se hicieron adeptos, entre ellos el primo de Mahoma: ʿAli ibn Abi Talib. Otro converso temprano fue un amigo de la familia, Abú Bakr, figura influyente en La Meca que atrajo a muchos otros conversos más jóvenes a la religión. Tanto Alí como Abú Bakr iban a desempeñar más adelante un papel importante en el desarrollo ulterior del islam.

Las revelaciones que recibió Mahoma respondían a una necesidad entre los árabes. Dios había enviado a los judíos y a los cristianos tanto

Peregrinos musulmanes en la cueva de Hira, en Yabal an-Nur (valle de La Meca), en la actual Arabia Saudí, donde Mahoma recibió la primera revelación del ángel Gabriel.

En el corazón del musulmán está el hogar de Mahoma.
Muhamad Iqbal
Filósofo indio (1877–1938)

profetas como escrituras (la Biblia y la Torá), pero los árabes no habían tenido un profeta propio hasta entonces. Mahoma traía un mensaje de Dios revelado en árabe para su pueblo.

El último mensajero

Las revelaciones continuaron durante el resto de la vida de Mahoma, pero no le llegaron al Profeta de forma tan espectacular como la visita de Gabriel en Yabal an-Nur, sino, por lo general, de forma más simple, como si se encontrara en un trance. Tampoco se dieron todas las revelaciones en forma verbal, pues a menudo Mahoma las recibió como visiones, en lugar de como palabras. Según el Profeta, no fue un proceso fácil y se cuenta que dijo en una ocasión: «Ni una sola vez recibí una revelación sin pensar que se me había arrancado el alma».

El contenido de las revelaciones fue muy variado, desde cuestiones espirituales a asuntos relativos al establecimiento y propagación de una nueva comunidad. Con el tiempo,

sin embargo, hubo dos elementos cruciales predominantes en el mensaje. El primero era que hay un solo dios; ese monoteísmo se oponía frontalmente al politeísmo que prevalecía en La Meca, donde se veneraba a cientos de deidades. El segundo elemento clave era que las revelaciones, que acabarían constituyendo el Corán ('recitaciones'), eran el mensaje de Dios enviado a la humanidad a través de Mahoma.

De esta manera, Mahoma no presentó el islam como una religión nueva con un texto sagrado nuevo, sino como una continuación de la revelación divina. Tanto los judíos como los cristianos tenían ya textos sagrados que se les habían revelado, pero habían corrompido dichas revelaciones. Era necesario un mensaje final y, así, Mahoma sería el sello (el último) de los profetas y el último mensajero de Dios. ∎

Fuentes históricas sobre Mahoma

A pesar de ser el fundamento del islam y al margen de su excelencia moral, el Corán no revela gran cosa acerca del Profeta: solo se le menciona por su nombre cuatro veces. En consecuencia, los musulmanes cuentan para ello con los textos secundarios, entre ellos los hadices, que son relatos de sus dichos y hechos ofrecidos por sus allegados, y las *siras*, informes de acontecimientos históricos de la vida de Mahoma como pudieron ser expediciones

militares y tratados políticos. A partir de todas estas fuentes, cuatro historiadores del periodo islámico clásico escribieron sobre la vida de Mahoma. El primero fue Muhammad ibn Ishaq (704–768), quien escribía menos de un siglo después de la muerte del Profeta. Aunque su relato incluye historias de carácter milagroso, no es acrítico: las noticias sobre la tercera esposa de Mahoma, Aisha, conocida por su franqueza, incluyen reproches que hizo a su esposo.

VUESTRA SANGRE SERÁ MI SANGRE

PROFETA MAHOMA, EL SEGUNDO JURAMENTO DE AL-ʿAQABA

acia el 613, Mahoma reclamó para sí la autoridad de profeta o enviado de Dios. Era también el último mensajero de Dios, que el Corán describe como el sello, al que Dios ha comunicado una revelación divina definitiva. Su misión era predicar el monoteísmo —la adoración del único Dios verdadero— y hacer que aquellos entre los que vivía volvieran a lo que articuló como la creencia correcta.

Con el tiempo, un pequeño grupo de adeptos, a los que se acabaría llamando *musulmanes*, se reunieron al-

Véase también: La vida temprana de Mahoma 22–27 ▪ La *umma*, la comunidad del islam 32–33 ▪ Los cinco pilares del islam: la *salat* 42–43

En **La Meca**, Mahoma reúne **un pequeño grupo de seguidores**, luego conocidos como *musulmanes* ('los sometidos [a Dios]').

⬇

La mayoría de los mequíes rechazan a Mahoma y lo **persiguen a él y a sus seguidores**.

⬇

Un grupo de **Medina abraza el islam** e invita a Mahoma a acudir a su ciudad.

⬇

Mahoma huye de La Meca y, perseguido por la tribu Quraysh, llega a **Medina**.

⬇

La Hégira –la huida de Mahoma a Medina– marca el inicio del calendario islámico.

El Viaje Nocturno

El famoso Viaje Nocturno de Mahoma, que habría tenido lugar en la época aproximada de la Hégira, se menciona brevemente en el Corán (17,1): «¡Gloria a Quien hizo viajar a Su Siervo de noche, desde la Mezquita Sagrada hasta la Mezquita Lejana, cuyos alrededores hemos bendecido, para mostrarle parte de Nuestros signos!».

Los textos de Ibn Ishaq, biógrafo del Mahoma, y varios hadices dan más detalles y describen un viaje nocturno milagroso *(isra')* a lomos de Buraq, un caballo volador, de La Meca a Jerusalén. Allí ascendió al cielo *(mi'rach)* y se encontró con los grandes profetas. Tuvo incluso una visión velada de Dios, quien ordenó que los musulmanes rezaran 50 veces al día. Al pedir el Profeta una obligación menos onerosa, el número de oraciones diarias se redujo a cinco.

La historia sirve para fundamentar la importancia de Jerusalén en la geografía sagrada del islam y la de las cinco oraciones diarias que se exige a los musulmanes, así como para afirmar el carácter de guía espiritual de Mahoma.

rededor del Profeta para oír y recitar las revelaciones divinas que había recibido –el Corán– y escuchar el mensaje naciente del islam.

Resistencia al mensaje

Aparte de aquella comunidad temprana de creyentes, mucha gente en La Meca rechazó el mensaje de Mahoma, cuya condena de las injusticias de su sociedad causó un resentimiento amargo. Mahoma atribuyó tales injusticias al abandono de la virtud y la moralidad, en particular en relación con los pobres y los marginados.

Mahoma condenó también que se abandonaran las enseñanzas de los profetas anteriores y la idolatría practicada en la Kaaba e instó a los mequíes a regresar al culto puro del Dios único. En aquella época, la Kaaba era el santuario más importante de Arabia y un foco de peregrinación de toda la región.

Como tal, la Kaaba y su panteón politeísta aportaban prestigio a la ciudad, además de la riqueza derivada de las tasas que los mequíes cobraban a los peregrinos. El ataque de Mahoma al politeísmo local amenazaba una importante fuente de ingresos.

Mahoma y sus seguidores fueron vistos por la mayoría de los mequíes con suspicacia e incluso con odio. Perseguidos por sus creencias, a »

los musulmanes les resultó difícil sobrevivir y algunos fueron asesinados. Según la tradición, un grupo de musulmanes abandonó La Meca en 615 y buscó refugio en el reino cristiano de Axum, en la otra orilla del mar Rojo, en la actual Etiopía.

En Axum, los musulmanes fueron bien recibidos y el rey les concedió audiencia. Cuando preguntó si los musulmanes le traían algo de Dios, uno de ellos recitó un pasaje del Corán sobre María, madre de Jesús. Advirtiendo el paralelismo con el Evangelio, el rey lloró. A los refugiados musulmanes se les dio asilo en Axum, aunque muchos regresaron luego con Mahoma y la comunidad musulmana original de La Meca en el 622, seguidos por una segunda ola de retornados a Medina en el 628.

Pacto con Medina

Los musulmanes que se quedaron en La Meca continuaron sufriendo persecución y amenazas. En un primer momento buscaron refugio en la ciudad de Taif, pero la invitación de la ciudad de Medina resultó más prometedora. De visita en Medina en el 620, Mahoma se encontró con un pequeño grupo que aceptó el islam. Aquellos nuevos musulmanes regresaron a La Meca como peregrinos al año siguiente y llevaron consigo más conversos deseosos de seguir a Mahoma y unirse a su nueva comunidad. Le hablaron a Mahoma de su número creciente en Medina y juraron lealtad a él y al mensaje que predicaba. Ese acuerdo es el primer Juramento de al-'Aqaba, en referencia a la colina al norte de la ciudad donde tuvo lugar la reunión.

En el 622 regresó en peregrinación un contingente mayor de musulmanes, que se encontraron también con Mahoma, le prometieron su apoyo y le invitaron a refugiarse en Medina. No era una decisión irrelevante: ir suponía abandonar a los de su propia sangre, la tribu de Quraysh, y trasladar su lealtad a otra tribu o tribus rivales. En la concepción árabe de la vida social, eso rayaba en la traición.

Mahoma pidió garantías de que él y sus seguidores recibirían un trato igual al que disfrutaban los medineses; estos, a cambio, preguntaron qué pasaría si Dios le daba a Mahoma la victoria después de haber emigrado a Medina: ¿se mantendría también él leal a ellos? Como relata el poeta Ka'ab ibn Malik al Ansari, uno de sus compañeros, Mahoma respondió: «Vuestra sangre será mi sangre. En la vida y la muerte estaré con vosotros y vosotros conmigo».

En la tradición islámica, el subsiguiente pacto de los medineses con Mahoma se conoce como el segundo Juramento de al-'Aqaba y a los medineses participantes se les llamó *ansar*, 'ayudantes'.

Un asesinato fracasado

Con simpatizantes en Medina, las garantías acordadas con ellos y una revelación divina que le permitió emigrar a Medina, Mahoma podía ya hacer planes para huir de La Meca. Los primeros en marcharse fueron un grupo de unos 70 musulmanes y sus respectivas familias, que dejaron la ciudad en secreto y se dirigieron a Medina.

En La Meca, la alianza formada con el contingente musulmán medinés indignó a miembros de la tribu Quraysh, que planearon llevar a cabo un ataque a la casa de Mahoma para asesinarlo. Los asaltantes rodearon su casa de noche, y esperaron su oportunidad.

Por fortuna, Mahoma había sido advertido del plan de los coraichíes para acabar con él. Su primo (y futuro yerno) 'Ali ibn Abi Talib (Alí) ocupó el lugar del Profeta en el lecho y Mahoma escapó por una ventana. Los pretendidos asesinos no supieron que habían sido engañados hasta la mañana siguiente. Furiosos por la argucia de Mahoma y sus seguidores, ofrecieron una recompensa de cien camellos a quien pudiera entregar al Profeta y a su segundo, Abú Bakr, vivos o muertos.

La Hégira

Mientras los fugitivos se ocultaban durante tres días en una cueva antes de dirigirse a Medina, miembros de la tribu de Quraysh los buscaron por toda Arabia. Uno de los perseguidores, Suraqa bin Malik, dio con Mahoma y Abú Bakr, pero cuando los estaba alcanzando, su caballo tropezó y cayó. Suraqa volvió a montar, pero esta vez uno de los cascos del caballo quedó atascado en la arena. Estaba lo bastante cerca para disparar una flecha, pero no se sintió capaz de hacerlo: se le ocurrió que Dios podía estar realmente de parte de Mahoma y Abú Bakr y que, hiciera lo que hiciera, saldrían victoriosos. Reconociendo la derrota, Suraqa desistió.

Mientras tanto, los musulmanes que habían emigrado ya a Medina esperaron ansiosos la llegada de Mahoma. Según los hadices del erudito del siglo IX Muhammad al-Bujari, un residente judío que había subido a la azotea de su casa oteó el desierto, vio al Profeta y sus compañeros a lo lejos, y gritó: «¡Árabes, aquí está el gran hombre al que esperábais!». Mahoma acampó al borde del oasis de Medina durante tres días y entró luego en la ciudad.

Así, en el año 622, Mahoma y sus seguidores pusieron fin a su viaje a Medina. Tal fue la enorme importancia que supuso el traslado de La Meca a Medina que, para los musulmanes, la Hégira marca el inicio del calendario islámico. ∎

> 66
> Quien emigre por Dios, encontrará en la tierra mucho refugio y espacio.
> **Corán 4,100**
> 99

En el 623, al poco de la Hégira, los musulmanes, liderados por Mahoma, construyeron su primera gran mezquita en Medina, representada en esta baldosa del siglo XVI de El Cairo (Egipto).

LA MEJOR COMUNIDAD HUMANA QUE JAMÁS SE HAYA SUSCITADO

CORÁN 3,110

EN CONTEXTO

TEMA
La *umma*, la comunidad del islam

CUÁNDO Y DÓNDE
622–630, Medina

ANTES
612–613 Mahoma comienza a predicar la palabra de Dios en La Meca y él y sus seguidores son perseguidos por ello.

622 Mahoma y sus seguidores son invitados a asentarse en Medina, acogidos por conversos al islam.

DESPUÉS
630 Siendo ya La Meca una ciudad islámica, los ejércitos de Mahoma emprenden la conquista del resto de Arabia.

632 Muere Mahoma y su compañero Abú Bakr asume su papel como líder de la comunidad islámica. Él y los califas ortodoxos (*rashidun*) siguientes expanden el islam por la cuenca del Mediterráneo oriental.

En un principio, la *umma* son **todos**, para quienes Dios envió su profeta Mahoma.

En Medina, la *umma* pasa a considerarse la comunidad religiosa formada por **gentes del libro** *(ahl al-Kitab)*.

Tras el regreso de Mahoma a La Meca, la *umma* se referirá específicamente a la **comunidad islámica**.

Poco tiempo después de asentarse en Medina, Mahoma comenzó la tarea de consolidar a las tribus rivales y afirmar su autoridad. Formó así una comunidad característica, la *umma*, con Mahoma como líder y árbitro de las disputas.

En sus inicios, la *umma* incluía a los no musulmanes y era más una entidad política que estrictamente religiosa. Más adelante, el concepto se redefinió y quedó limitado a la comunidad islámica.

Pese a la bienvenida inicial a Mahoma en Medina y su manifiesta capacidad de liderazgo, no todas las comunidades de la ciudad aceptaron su mensaje, ni a él como líder, y los musulmanes se enfrentaban además a ataques continuos de las tribus de La Meca.

Como represalia, Mahoma organizó asaltos a las caravanas de

Véase también: Hégira, la huida de La Meca 28–31 ▪ Los cinco pilares del islam: la *hach* 50–55 ▪ Un sucesor del Profeta 102–103 ▪ Los califas bien guiados 104–107

Si surge cualquier conflicto o controversia que pueda causar problemas, debe ser referida a Dios y a Mahoma.
Carta de Medina

camellos mequíes, estrategia que tenía el beneficio añadido de aportar fondos a la comunidad musulmana emergente. En el 624, la escalada de lo que comenzó como un ataque a las caravanas llevó a la batalla de Badr, en la que vencieron Mahoma y sus seguidores. El Corán (3, 123) atribuye este éxito al favor divino: «Dios, ciertamente, os auxilió en Badr cuando erais humillados»; como relata la aleya 3,13:

Tuvisteis un signo en las dos
  tropas que se encontraron:
la que combatía por Dios
  y la otra, infiel, que, a simple
  vista, creyó que aquella le
  doblaba en número.
Dios fortalece con Su auxilio
  a quien Él quiere.

Más tarde en 624, musulmanes y mequíes se enfrentaron de nuevo en la batalla de Uhud. Los combatientes musulmanes rompieron la formación para perseguir a un grupo de coraichíes, indisciplina que dio ocasión al enemigo de flanquearlos y muchos murieron. El propio Ma-

homa fue gravemente herido, y tuvo que retirarse con los supervivientes.

Vuelta a La Meca

En 628, después de dos asedios de Medina por parte de los mequíes, ambos rechazados, se firmó el tratado de Hudaybiyya, por el que se acordaba una tregua de 10 años y se permitía a los musulmanes volver a La Meca como peregrinos.

Sin embargo, en el 630, el poder militar de Mahoma le permitió tomar con facilidad La Meca. No había venido a castigar a los coraichíes, sino a abolir el culto a los falsos dioses. Cabalgó hasta la Kaaba y la rodeó siete veces exclamando: *«¡Allahu akbar!»* ('Dios es grande'); y luego destruyó todos los ídolos que allí había.

Esto simbolizó la victoria final del islam. En adelante, el mensaje del Profeta de un retorno al monoteísmo, en una comunidad favorecida por Dios, se difundiría por el mundo entero. ∎

La comunidad islámica construye la mezquita (*masyid*) de Quba en Medina en el 622. Hoy en día siguen visitándola los peregrinos al terminar el *hach*.

Coraichí, este es Mahoma que viene sobre vosotros con una fuerza que no podéis resistir.
Abu Sufyan
Líder coraichí de La Meca (630)

La Carta de Medina

Al poco de llegar a Medina en el 622, Mahoma se ocupó en poner fin al enfrentamiento intertribal en la ciudad y establecer el trato igual para todos sus seguidores usando la Carta de Medina. Este texto declara ser «un libro del profeta Mahoma para operar entre los creyentes [...] y aquellos que hagan la guerra en su compañía», y que «aquellos que nos obedezcan entre los judíos, recibirán ayuda e igualdad». Las nueve tribus cubiertas por la Carta formaron «una *umma* separada de todos los pueblos»; hoy se cree que contaba con unos 10 000 miembros.

Según afirma el tratado, la autoridad de Mahoma procedía directamente de Dios, a diferencia de otros que pudieran reclamar el poder, y sería él quien arbitraría en las disputas entre los grupos que eran parte del tratado. Bajo su liderazgo, muchos se convirtieron más tarde al islam.

34

DIRECCIÓN PARA TODOS
CORÁN 3,96

EN CONTEXTO

FUENTE
La Kaaba de La Meca

CUÁNDO Y DÓNDE
624–630, La Meca

ANTES
***C.*2000–1500 A. C.** Dios manda a Abraham poner los cimientos de una casa de oración.

Desde el siglo IV A. C. En la época del reino nabateo, la Kaaba se dedica a Hubal, una deidad del norte de Arabia.

Siglo V D. C. La tribu Quraysh controla La Meca y la Kaaba es lugar de peregrinación para las tribus árabes que veneran a múltiples dioses.

DESPUÉS
Desde 630 La Kaaba es el más sagrado santuario del islam, lugar al que se dirigen todas las oraciones y foco del *hach*, la peregrinación anual.

E l Corán revela que fue a Abraham y a su hijo Ismael a quienes Dios mandó poner los cimientos de la Kaaba y purificarla como casa de oración (Corán 2,125–127). Por este motivo, la Kaaba se conoce también en árabe como *beit allah*, 'la casa de Dios'. Sin embargo, aparte de los pasajes del Corán, las pruebas históricas relativas al origen de la Kaaba son muy escasas.

Los exégetas tempranos del Corán escribieron que fue un lugar de culto de los ángeles antes de la creación del hombre y que más tarde Adán y Eva construyeron allí una casa de oración, destruida en el diluvio en la época de Noé. Lo que sí

La primera Casa erigida para los hombres es, ciertamente, la de Bakka, casa bendita y dirección para todos.
Corán 3,96

consta es que, en la época anterior al islam, la Kaaba se tenía por el más importante de los muchos santuarios en los que veneraban las tribus de la región. Rodeaban el interior 360 ídolos, que, probablemente, representaran el número de las tribus que allí acudían.

Reclamar la Casa de Dios
En la esquina este del santuario se encontraba la Piedra Negra, venerada como llegada del cielo. En el 605, tras un gran incendio, la tribu Quraysh, que gobernaba La Meca, reconstruyó la Kaaba. A la hora de volver a poner la Piedra Negra en su lugar, los cinco clanes de la tribu no se ponían de acuerdo sobre a quién cabía el honor de hacerlo, y, apelando a la tradición, se le pidió a Mahoma que arbitrara. Este ordenó poner la piedra sobre una tela, que debían sujetar los cinco líderes de los clanes, de modo que así colocaran la piedra entre todos.

Una vez que el Profeta volvió a La Meca y destruyó los ídolos de la Kaaba, en 630, esta pudo servir de punto focal del culto islámico. La Kaaba centró la oración al Dios único y verdadero al que originalmente estuvo destinada y cimentó el islam en el monoteísmo sagrado de Abraham.

Véase también: La *yahiliyya*, la Edad de la Ignorancia 20–21 ■ La *umma*, la comunidad del islam 32–33 ■ Los cinco pilares del islam: la *hach* 50–55 ■ El nacimiento de Arabia Saudí 232–237

> Y cuando Abraham e Ismael levantaban los cimientos de la Casa [diciendo]: «¡Señor, acéptanoslo! ¡Tú eres Quien todo lo oye, Quien todo lo sabe!».
> **Corán 2,127**

La estructura de la Kaaba

La Kaaba está hecha de granito y es de forma aproximadamente cúbica, con muros de unos 12 metros de ancho y de largo. El techo inclinado permite vaciar el agua de lluvia por un canalón. Tiene una puerta en la fachada noreste, por la que entran dos veces al año miembros de la tribu guardiana, los Banu Shaiba, para limpiar con ceremonia el interior, prácticamente carente de ornamentos.

La Kaaba se alza en el centro de la mezquita construida para albergarla (Masyid al-Haram). En el 624, una revelación divina mandó que la alquibla, la dirección hacia la que miran los musulmanes al rezar, se cambiara del Noble Santuario de Jerusalén a la Kaaba. Esta toma un significado especial durante el *hach*, la peregrinación, pues los musulmanes no solo miran hacia ella al orar, sino que, además, caminan rodeándola siete veces para glorificar a Dios en su peregrinación. Por estos motivos, juntas, la Kaaba y la ciudad de La Meca conforman el lugar más sagrado del islam. ■

La *kiswa*

Para honrar la casa de Dios, cubre la estructura de piedra de la Kaaba la *kiswa*, que es una tela. Esta tradición es anterior al islam y se mantuvo tras la conquista islámica de La Meca, en el 630. Se cuenta que Mahoma hizo cubrir la Kaaba con una tela blanca yemení.

Hoy, 200 trabajadores de una fábrica de La Meca manufacturan una *kiswa* nueva cada año para el *hach*; de seda negra forrada con algodón y adornada con aleyas del Corán bordadas en hilo de oro y plata, su precio excede los 4,5 millones de euros. Gran parte del trabajo se hace aún a mano, pero en él intervienen también máquinas y ordenadores para agilizar la producción.

La *kiswa* nueva se envuelve alrededor de la Kaaba el segundo día del *hach*, mientras los peregrinos se dirigen al monte Arafat. Al final del *hach*, la *kiswa* se retira y se corta en secciones que se distribuyen entre individuos y dignatarios, que son así honrados.

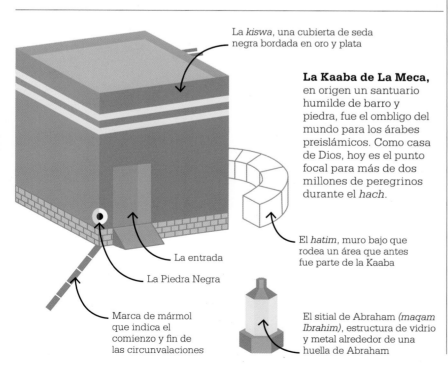

La *kiswa*, una cubierta de seda negra bordada en oro y plata

La Kaaba de La Meca, en origen un santuario humilde de barro y piedra, fue el ombligo del mundo para los árabes preislámicos. Como casa de Dios, hoy es el punto focal para más de dos millones de peregrinos durante el *hach*.

El *hatim*, muro bajo que rodea un área que antes fue parte de la Kaaba

La entrada

La Piedra Negra

Marca de mármol que indica el comienzo y fin de las circunvalaciones

El sitial de Abraham *(maqam Ibrahim)*, estructura de vidrio y metal alrededor de una huella de Abraham

NO HAY MÁS DIOS QUE DIOS

PROFETA MAHOMA

EN CONTEXTO

TEMA
**Los cinco pilares
del islam: la *shahada***

CUÁNDO Y DÓNDE
610–632, Arabia

ANTES
Desde 1000 A. C. La Torá y,
luego, el Talmud establecen
las leyes de la vida judía como
parte de las alianzas de Dios
con Israel.

Siglo I D. C. El cristianismo
incorpora las alianzas judaicas,
en particular, los diez
mandamientos.

610 Mahoma empieza
a recibir la revelación
del Corán.

DESPUÉS
680 El chiismo añade otros
pilares para guiar la fe y la
observancia.

Siglo VIII Las escuelas de
jurisprudencia islámica ofrecen
nuevas interpretaciones para
guiar la vida en el islam.

Shahada
Profesión de fe

Por la que se afirma que no hay
más dios que Dios y que **Mahoma**
es el mensajero de Dios.

Salat
Oración, azalá

Por la que se **venera** a Dios
y se proclama su grandeza.

Zakat
Limosna, azaque

Por la que se **venera** a Dios,
reconociendo su soberanía y
amparando a los necesitados.

Saum
Ayuno

Por el que una persona
se purifica ante Dios en
su gran misericordia.

Hach
Peregrinación a La Meca

Por el que **la unidad** de la
comunidad musulmana **acoge a
una persona y se acerca a Dios.**

Según varias fuentes islámicas, Gabriel le preguntó a Mahoma: «¿Qué es el islam?». En otras palabras, ¿cuál es la esencia de la religión?, ¿cuáles son las cosas básicas que debe hacer un buen musulmán? Se cuenta que Mahoma respondió que los musulmanes deben «venerar solo a Dios y a ningún otro, elevar oraciones a Dios, practicar la caridad y observar el ayuno durante el mes de ramadán».

Estas prácticas fundamentales, junto con la peregrinación que todos los musulmanes capaces de ello deben hacer a La Meca al menos una vez en la vida, constituyen los cinco pilares del islam. En árabe, son la *shahada*, la *salat*, la *zakat*, el *saum* y el *hach*.

Práctica ritual

Todos los musulmanes acatan los cinco pilares, aunque varias ramas del islam añaden otros propios. Conocidos como *'ibadat* ('actos de veneración'), han sido las prácticas fundamentales de la fe desde que

los introdujo el Profeta. Ser musulmán consiste en tomar parte en esos actos de veneración en el marco general del islam.

Aunque centrales para el sistema de creencias del islam, la noción de los cinco pilares y el término *pilar* son muy posteriores a la época del Profeta; de hecho, no se definieron como tales hasta el siglo IX, cuando los eruditos islámicos comenzaron a reunir y publicar los dichos y hechos de Mahoma, en los hadices. El relato de las preguntas de Gabriel a Mahoma procede del *hadiz de Yibra'il*, que se recoge en una colección del

Véase también: Los cinco pilares del islam: la *salat* 42–43 ▪ Los cinco pilares del islam: la *zakat* 44–45 ▪ Los cinco pilares del islam: la *saum* 46–49 ▪ Los cinco pilares del islam: la *hach* 50–55 ▪ El surgimiento del islam chií 108–115

estudioso persa al-Bujari (810–870), una de las primeras obras de este tipo que enumera lo que él llamó *los cinco principios*.

Aquellos estudiosos no imponían nuevas formas de culto a los creyentes, sino que se limitaban a reflejar lo que ya estaba asentado en la práctica del islam. Los musulmanes proclamaban ya la unicidad de Dios, rezaban cinco veces al día, practicaban la caridad de manera regular, ayunaban con una motivación espiritual y tenían la peregrinación como esencial para el islam. Cada uno de los cinco pilares tiene una historia, un desarrollo y un tratamiento únicos en los textos legales y espirituales, comenzando por el Corán.

Los pilares y el Corán

El Corán no prescribe cinco pilares del islam, al menos no como conjunto de prácticas; ahora bien, sí se refiere a cada una de manera independiente.

La *shahada*, o profesión de fe, no está presente al completo en el

¡Creyentes! ¡Obedeced a Dios y a Su Enviado! ¡No le volváis la espalda mientras oís!
Corán 8,20

Corán; sin embargo, la sura 8 (aleya 20), por ejemplo, manda a aquellos que han decidido seguir el islam obedecer «a Dios y a su Enviado». La noción de oración está presente en todo el Corán. La sura 20,130 aconseja: «[…] celebra las alabanzas de tu Señor antes de la salida del sol y antes de su puesta. ¡Glorifícale por la noche, al alba y al crepúsculo! Quizá, así, quedes satisfecho». Y la sura 48,29 describe el acto de la veneración por parte de los fieles: «Se los ve inclinados o prosternados,

buscando favor de Dios y satisfacerle. Se les nota en el rostro que se prosternan».

La sura 5,12 es una de muchas relativas a la caridad: «Si hacéis la azalá, dais el azaque […] he de borrar vuestras malas obras». Una aleya de la sura 2 da detalles sobre el ayuno, y otra aconseja sobre la peregrinación adecuada: «Llevad a cabo la peregrinación mayor y la menor por Dios» (2,196).

Como describirán las páginas siguientes, cada uno de estos actos tiene requisitos, variaciones y consideraciones mucho más variadas que se han desarrollado a lo largo del tiempo, en función de necesidades diversas. En la actualidad, sin embargo, los cinco pilares del islam siguen funcionando como identidad colectiva en cuanto a lo que significa ser musulmán. Los pilares sirven como obligaciones mínimas a las que los musulmanes deben atenerse, y su claridad es intencionada, pues de los musulmanes se espera que sigan a Dios libres del lastre de las regulaciones religiosas. Como explica el Corán a los musulmanes, **»**

Pilares del islam chií

El islam sunní y chií cumplen con los cinco pilares. Ahora bien, mientras que la rama ismailí del islam chií tiene siete pilares, la corriente principal chií tiene cinco raíces, o principios de la fe *(usul ad-din)* y diez ramas o prácticas *(furuʿ ad-din)*; estas últimas son la contrapartida chií de los cinco pilares sunníes; entre ellas están la *salat* (oración), el *saum* (ayuno), la *zakat* (limosna) y el *hach* (peregrinación a La Meca), pero a esas cuatro prácticas añaden las siguientes:

jums: un impuesto del 20 % sobre ganancias de capital. Este se añade a la *zakat*.
yihad: la lucha por hacer el bien en lo personal y social, por ejemplo, no mintiendo y recogiendo basura.
amr bi-l-maʿruf: animar a los demás a las buenas obras.
nahi ʿan el-munkar: prohibir lo que es malo y tratar de evitar que otros hagan el mal.
tawalli: expresar amor al Profeta y a aquellos que siguen el camino recto.
tabarri: apartarse de los que se burlan de o insultan a Dios.

Un hombre chií reza en Kerbala (Irak). A la profesión de fe sunní (No hay más dios que Dios y Mahoma es el mensajero de Dios), los chiíes añaden: «Alí es el *wali* ['amigo'] de Dios».

Dios «no os ha impuesto ninguna carga en la religión» (22,78).

La profesión de fe

Si bien no hay un orden prescrito para los cinco pilares, el que se suele mencionar primero es la *shahada*, o profesión de fe, que forma el elemento más básico de la creencia islámica. Es la combinación de dos frases que los musulmanes dicen para honrar a Dios y dar testimonio de su sumisión a él:

No hay más dios que Dios, y Mahoma es el mensajero de Dios [...].

En árabe, *la ilah illa Allah, Muhammad rasul Allah*. Al recitar la *shahada*, los musulmanes comienzan a menudo diciendo: *«Ashhadu ana»* («Doy fe de que»).

El verbo árabe *shahada* significa 'testificar', 'testimoniar', 'dar fe'. De este modo, las palabras no solo forman una frase de veneración, sino que indican una vida que refleja la sumisión a Dios.

Mientras que el Corán destaca repetidamente las dos frases de la *shahada* y otras muy similares, no las aglutina en ningún tipo de

> Sabe, pues, que no hay más dios que Dios, y pide perdón por tu pecado, así como por los creyentes y las creyentes.
> **Corán 47,19**

profesión de fe. Así, por ejemplo, la sura 47,19 recuerda a Mahoma: «Sabe, pues, que no hay más dios que Dios»; mientras que la sura 48,29 afirma: «Mahoma es el Enviado de Dios» (que algunas traducciones vierten como «Mahoma es el apóstol de Dios»). Estos pasajes, y otros semejantes en el Corán, no aparecen como enunciados rituales, sino como parte de un contexto más amplio. Algunos eruditos musulmanes posteriores unieron las dos frases con el fin de servir como testimonio sucinto de lo que significa creer como musulmán.

Que la *shahada* tardó en ser formulada queda probado en monedas islámicas de finales del siglo VII que muestran la leyenda: «No hay más dios que Dios *solamente*»; lo cual es casi la profesión de fe, pero no acaba de serlo. Lo mismo ocurre con las inscripciones en la Cúpula de la Roca (Qubbat al-Sajra) de Jerusalén, el monumento más antiguo conservado del islam, acabado originalmente en el 691-692; estas se refieren a Dios y Mahoma, pero no emplean la fórmula canónica, tan habitual en las inscripciones de mezquitas posteriores.

Dar testimonio

La primera frase de la *shahada* –no hay más dios que Dios (*la ilah illa Allah*)– se refiere a Dios como divinidad monoteísta y niega la noción preislámica de dioses múltiples. La unicidad de Dios es el componente religioso más importante del islam. La segunda frase –Mahoma es el mensajero de Dios (*Muhammad rasul Allah*)– significa que a Mahoma se le concedió la revelación divina y que esta es la revelación final enviada a la humanidad; asimismo. afirma que Mahoma es el portador de la guía divina y ejemplo supremo de lo que significa seguir a Dios.

A primera vista, la *shahada* destaca entre los demás pilares en tanto que afirma la creencia correcta, en lugar de representar acciones concretas. Se dice en cada una de las cinco oraciones diarias, pero tiene también aplicaciones prácticas diversas. Los musulmanes la pronuncian, por ejemplo, como expresión de la intención de hacer algo en nombre de Dios, concepto conocido como *niyya*. La *niyya* puede ser un

Un bebé en su ceremonia del *aqiqa* en Mazar-i-Sharif (Afganistán), durante la cual se recita por segunda vez desde el nacimiento la *shahada*.

La *shahada* está muy presente en la arquitectura islámica, como se ve bajo el alminar de 70 m de altura de la mezquita Grand Bur de Dubái (Emiratos Árabes Unidos).

Mahoma es el Enviado de Dios. Quienes están con él son severos con los infieles y cariñosos entre sí.
Corán 48,29

enunciado verbal y también una actitud interior.

Lo más importante es que la *shahada* se recita cuando alguien se convierte al islam. Basta pronunciarla en presencia de dos testigos musulmanes para ser musulmán. A los bebés al nacer se les susurra al oído el *adan* (o *azan*, 'llamada a la oración'), del que forma parte la *shahada*, y esta se recita de nuevo en la ceremonia de la *aqiqa* siete días más tarde, en la que se acepta a la criatura en la familia. Al otro extremo de la vida, se supone que la *shahada* deben ser las últimas palabras que oiga un musulmán en el momento de morir.

Además de ser un testimonio verbal, la *shahada* adorna también numerosos edificios islámicos y forma parte de símbolos nacionales que adornan banderas y otros emblemas. En lo personal, aparece en prendas de vestir, joyas y otros accesorios.

Utilizar la *shahada* de esta manera es una expresión de la identidad islámica y ayuda a marcar el espacio público como tal, al igual que su uso verbal da testimonio de la identidad y las prácticas musulmanas. ■

Ondear la *shahada*

Dada la centralidad de la *shahada* como idea islámica y como uno de los cinco pilares de la práctica islámica, la frase aparece en varios símbolos nacionales. La bandera nacional de Arabia Saudí, por ejemplo, la lleva inscrita en letras blancas sobre una espada.

La frase se considera sagrada y hay que tener gran cuidado al emplear y representar la bandera. Nunca debe ondear a media asta, ya que esto deshonraría a la profesión de fe, y nunca se cuelga en vertical, salvo si se utiliza una bandera especialmente diseñada para ello.

Representar la bandera saudí en objetos ha generado polémicas, caso de balones de fútbol, que recibirían patadas, o de vasos desechables, luego tirados a la papelera. Una empresa cervecera alemana ofendió a muchos musulmanes involuntariamente al poner en la chapa de botellas de cerveza la bandera saudí, además de usar las de los otros 31 países que competían en la Copa Mundial de Fútbol de la FIFA de 2018; y una cadena de pubs británicos tuvo que retirar para ese mismo evento la enseña saudí de entre los banderines.

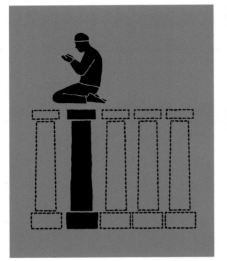

VENID A LA ORACIÓN; VENID A LA SALVACIÓN

LA LLAMADA A LA ORACIÓN

EN CONTEXTO

TEMA
Los cinco pilares del islam: la *salat*

CUÁNDO Y DÓNDE
610–632, Arabia

ANTES
Siglos V–VI A. C. Al volver a Jerusalén del exilio en Babilonia, el profeta Ezequiel y los judíos instituyen oraciones formales y otros ritos.

Siglo I D. C. En los Evangelios, Jesús presenta la oración como el modo de recibir la bendición de Dios.

DESPUÉS
2007 Muszaphar Shukor, astronauta musulmán de Malasia, reza desde su puesto a bordo de la Estación Espacial Internacional.

Actualidad Un estudio global informa de que en 2017 la mayoría de los musulmanes (dos tercios en EE. UU., por ejemplo) rezan a diario.

E l segundo pilar del islam es la oración diaria, azalá, o *salat* en árabe. Los musulmanes pueden, por supuesto, rezarle a Dios cuanto quieran, pero las oraciones principales del islam son formales, y están prescritas y designadas como ocasión única de venerar a Dios –tal como hizo Mahoma–, reconociéndolo y dando testimonio de su unicidad.

Estos rezos formales tienen lugar cinco veces al día: al amanecer (*fachr*), al mediodía (*duhr*), por la tarde (*'asr*), al ponerse el sol (*magrib*) y por la noche (*'isha'*). El almuédano llama a los musulmanes a orar a menu-

Y, cuando os sintáis tranquilos, haced la azalá. La azalá se ha prescrito a los creyentes en tiempos determinados.
Corán 4,103

do. Históricamente, y en algunos casos aún hoy, ascendía al alminar, la torre unida a la mezquita, y cantaba en voz alta la llamada a la oración (*adan*). Hoy día se suele reproducir esa llamada con cantos con altavoces o, incluso, con la alarma de un reloj o del teléfono en el hogar.

Abluciones rituales

Cuando se llama a la oración, a los musulmanes se les anima a acudir a la mezquita, o bien, si eso no es posible, a rezar en privado. A la oración la preceden las abluciones rituales (*wudu'*), sin las cuales no se consideraría al musulmán purificado para rendir culto adecuadamente. Tras la intención (*niyya*) de realizar el *wudu'*, se lavan primero las manos, la boca y las fosas nasales con agua limpia, y luego la cara, seguida de los antebrazos, además de limpiarse la cabeza, los oídos y, después, los pies y tobillos, pues estas partes tocarán el suelo durante la oración. El número de veces que se lleva a cabo este ritual antes de orar varía en distintas tradiciones.

Una vez purificados, los musulmanes deben comprobar también que el espacio donde rezan está limpio. Si es una mezquita, el espacio se considera ya puro, pero en las casas,

Véase también: La vida temprana de Mahoma 22–27 ▪ Los cinco pilares del islam: la *shahada* 36–41 ▪ Los seis pilares de la fe 86–87 ▪ Ritos de paso 256–259

Una *raka* es una secuencia de movimientos prescritos que forman la unidad de oración islámica. Se comienza en pie hacia La Meca, con la invocación «Dios es grande» para anunciar la intención de rezar.

El orante comienza el rezo recitando aleyas del Corán.

Se inclina con las manos sobre las rodillas.

Se yergue recitando las oraciones.

Se arrodilla en el suelo, hasta tocarlo con la frente.

Luego, se sienta doblando los pies bajo el cuerpo.

Después vuelve a postrarse para completar la *raka*.

los lugares de trabajo o en público se usa una alfombra (*sayada*) para tener un espacio limpio.

A continuación, el orante mira hacia La Meca. Un nicho (*mihrab*) marca esa dirección en las mezquitas; en otra parte se puede simplemente mirar en la dirección general del punto cardinal en cuya dirección se encuentre La Meca, sea este, oeste, sur o norte; como dice el Corán: «De Dios son el Oriente y el Occiden-te. Adondequiera que os volváis, allí está la faz de Dios» (2,115). También se puede usar una aplicación o brúju-la para hallar la dirección exacta.

El acto de rezar

La oración comienza por la declara-ción: «Dios es grande» (*Allahu akbar*). Luego se recita un conjunto fijo de oraciones que incluye pasajes del Corán. La *shahada* se repite y se da la paz a los demás. Las oraciones se pro-nuncian en árabe y se acompañan de inclinaciones y postraciones (véase esquema arriba), además de subir y bajar las manos. Las abluciones, los movimientos y los tiempos estable-cidos de la oración dan a los orantes una sensación de unidad comparti-da. Sea en la mezquita, sea en la in-timidad del hogar, están rezando a la vez que otros musulmanes por todo el mundo y eso es en sí mismo un re-cordatorio de la grandeza de Dios. ∎

De los musulmanes sunníes se esperan cinco oraciones diarias. Los chiíes combinan la segunda con la tercera, y la cuarta con la quinta, de modo que rezan tres veces al día.

Oración del viernes

Los musulmanes practicantes rezan cinco veces diarias sin excepción, pero la oración más importante de la semana es la *yumu'a*, u oración comunal del viernes. En un hadiz se cita a Mahoma: «El mejor día en que sale el sol es el viernes; en él Dios creó a Adán. En él se le hizo entrar en el paraíso, en él fue expulsado de él y la Última Hora no tendrá lugar en ningún otro día que el viernes». El Corán sostiene también la importancia del viernes como día sagrado para la veneración en la sura al-Yumu'a ('el Viernes'), que dice: «¡Creyentes! Cuando se llame el viernes a la azalá, ¡corred a recordar a Dios y dejad el comercio! Es mejor para vosotros. Si supierais...» (62,9).

Además de las oraciones, en el culto de los viernes hay un sermón. Incluso si no rezan de forma regular ningún otro día, muchos musulmanes asisten los viernes a la mezquita.

DESTINARÉ A [LA MISERICORDIA] A QUIENES [...] DEN EL AZAQUE
CORÁN 7,156

EN CONTEXTO

FUENTE
**Los cinco pilares
del islam: la *zakat***

CUÁNDO Y DÓNDE
610–632, Arabia

ANTES
Siglo I d.C. Los judíos codifican
el concepto de *tzedaká* como
'hacer lo que es recto y justo';
en la práctica, es la limosna
como obligación religiosa.

DESPUÉS
632–634 Abú Bakr es el primer
líder musulmán en instituir un
sistema de limosna por ley.
La negativa de algunas tribus
árabes a pagarla causa las
guerras Ridda.

717–720 Según la tradición,
durante el gobierno del califa
Úmar II no se recaudó la *zakat*,
pues nadie la necesitaba.

2020 Los analistas financieros
islámicos estiman que el gasto
anual en *zakat* está entre
200 000 millones y 1 billón
de dólares.

El tercer pilar del islam es la limosna, azaque, o *zakat* en árabe. El trato a los pobres, marginados y desfavorecidos es uno de los temas principales del Corán y uno de los componentes principales de las prédicas de Mahoma. En palabras del Corán (4,36): «¡Sed buenos con vuestros padres, parientes, huérfanos, pobres, vecinos –parientes y no parientes–, el compañero de viaje, el viajero y vuestros esclavos!».

El Corán (2,177) también aclara que la virtud no consiste solo en lo que uno cree; también en cómo trata a los necesitados. De este modo, el Corán indica que el amor a Dios se muestra por el amor a los miembros más vulnerables de la sociedad y el azaque es el medio primario por el que los musulmanes manifiestan dicho amor.

Desde un punto de vista teológico, si todo lo que recibe un musulmán llega como bendición divina, es justo que devuelva parte de lo recibido a Dios dando a los musulmanes que han recibido menos. En este sentido, la limosna se puede considerar como un impuesto purificador: así como las abluciones purifican el cuerpo y la oración purifica el corazón y el alma, del mismo modo el azaque purifica la riqueza, la propiedad y las posesiones de los musulmanes y las vuelve gratas a los ojos de Dios.

Toda riqueza que reciba un musulmán procede de Dios.

→

Es justo que los **musulmanes devuelvan a Dios una parte de esa riqueza** entregándola a los necesitados.

Véase también: Los cinco pilares del islam: la *shahada* 36–41 ▪ Los cinco pilares del islam: la *saum* 46–49 ▪ Dichos y hechos del Profeta 118–123

> Si dais limosna públicamente, es algo excelente. Pero, si la dais ocultamente y a los pobres, es mejor para vosotros.
> **Corán 2,271**

En su observancia más pura, la *zakat* debe pagarse a los necesitados del propio vecindario. El musulmán debe tener conocimiento de su propia comunidad para poder identificar a los necesitados de caridad. Así, la limosna favorece el compromiso y la responsabilidad sociales. Pero, en la práctica, es más habitual que los musulmanes paguen a una institución, gubernamental o no, dependiendo del país donde vivan o de su tradición del islam.

A los que no dan en el tiempo de su vida, se les pedirán cuentas por ello el Día del Juicio.

Pago de la *zakat*

Salvo de los más pobres, se espera de todos los hombres y mujeres el pago anual de la *zakat*. Para considerarse obligada a pagarlo, la persona debe tener una cantidad mínima de riqueza: el *nisab*; esta se calcula como el valor de 87,48 gramos de oro o de 612,36 gramos de plata. Así, hay que pagar si se posee más del *nisab*, que incluye ahorros, acciones, participaciones y el valor en metálico de todo oro, plata o joyas. El porcentaje en el que tradicionalmente se fija la limosna es del 2,5 %, o un cuarentavo.

En muchas comunidades islámicas, el azaque es discrecional y el hecho de que un individuo pague o no depende en gran medida de la presión del entorno social o de la conciencia individual. Sin embargo, hay países, como Arabia Saudí, en los que el pago es obligatorio y lo recauda el Estado.

Zakat al-fitr

La *zakat al-fitr* es una obligación caritativa islámica menor, que se relaciona con el final del ramadán. Se trata de dar dinero a los pobres para que puedan participar en el Aid al-Fitr, esto es, la Fiesta del Fin del Ayuno si bien se suele entregar con bastante anticipación a dicha festividad.

Esto se remonta también a la época del Profeta, que determinó la cantidad que hay que donar en un *saa* de comida, esto es, aproximadamente cuatro puñados dobles de grano, arroz o dátiles. En la actualidad es más habitual donar dinero que comida, y las organizaciones de beneficencia establecen un valor basado en el precio de los alimentos básicos, habitualmente de entre unos 13 y 14 euros por miembro de la familia. ▪

> Los pobres tienen derecho a un pequeño porcentaje de los bienes de los ricos.
> **Profeta Mahoma**

Tipos de *zakat*

Hay ocho categorías de beneficiarios de la *zakat*, derivados del Corán.

Zakat al-fuqara' ('de los pobres'): se recauda para ofrecer servicios o una red de cobertura sociales para los faltos de recursos.

Zakat al-masakin ('de los necesitados'): para quienes precisen ayuda después de una crisis o desastre natural.

Zakat al-garimin: destinado a los endeudados.

Zakat al-mu'allafati qulubihum ('de la reconciliación de los corazones'): destinado a promover la imagen del islam.

Zakat fi sabil Allah ('en la senda de Dios'): promueve el sistema de valores islámico.

Zakat ibn as-sabil ('de los viajeros'): para refugiados y paisanos desplazados.

Zakat er-riqab: para sometidos a servidumbre o esclavitud, así como los injustamente encarcelados o víctimas del tráfico de personas.

Zakat al-amilina 'alayha: para los recaudadores y administradores de la limosna; para cubrir gastos administrativos.

¡CREYENTES!; SE OS HA PRESCRITO EL AYUNO

CORÁN 2,183

EN CONTEXTO

TEMA
Los cinco pilares del islam: el *saum*

CUÁNDO Y DÓNDE
622, Arabia

ANTES
Siglo V A. C. La Torá decreta 25 horas de ayuno en Yom Kipur, el día de la Expiación para los judíos.

Siglo I D. C. Según el Evangelio, tras su bautismo, Jesús ayunó 40 días a fin de prepararse para cumplir la voluntad de Dios (Lucas 4,1).

DESPUÉS
1918–1947 El activista Mahatma Gandhi hace 17 ayunos durante la lucha por la independencia india. El más largo dura 21 días. Considera que el ayuno no es solo una práctica espiritual, sino también un arma no violenta de protesta.

E
l cuarto pilar del islam es el ayuno, *saum* en árabe. Los musulmanes pueden ayunar en cualquier momento a modo de desintoxicación espiritual o penitencia por pecados. El ayuno puede sustituir también otras obligaciones rituales que no hayan podido cumplir. El Corán (2,196), por ejemplo, dice: «Si uno de vosotros está enfermo [y no puede completar el *hach*] puede redimirse ayunando, dando limosna u ofreciendo un sacrificio».

Observar el Ramadán

El *saum* tiene una relevancia especial como ayuno relacionado con el Ramadán, el noveno mes lunar del calendario islámico. Durante ese

Véase también: La vida temprana de Mahoma 22–27 ▪ Hégira, la huida de La Meca 28–31 ▪ Los cinco pilares del islam: la *shahada* 36–41 ▪ El calendario islámico 116–117

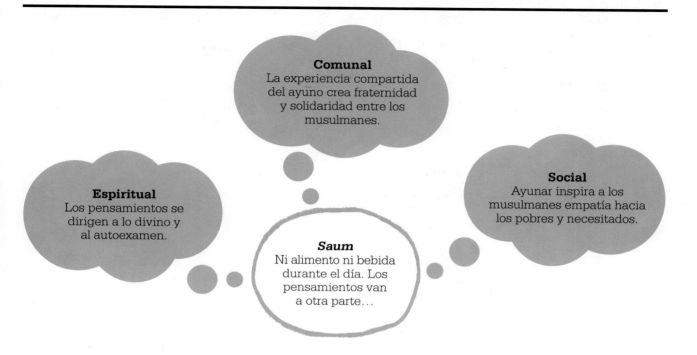

Comunal
La experiencia compartida del ayuno crea fraternidad y solidaridad entre los musulmanes.

Espiritual
Los pensamientos se dirigen a lo divino y al autoexamen.

Social
Ayunar inspira a los musulmanes empatía hacia los pobres y necesitados.

Saum
Ni alimento ni bebida durante el día. Los pensamientos van a otra parte…

mes comenzó la revelación del Corán a Mahoma en el 610, mientras meditaba en Yabal an-Nur. El primer ayuno que se mandó hacer a los musulmanes fue durante la Hégira, cuando el Profeta y sus seguidores huyeron de La Meca y buscaron refugio en Medina.

Durante el ayuno de 30 días del Ramadán, todos los musulmanes que hayan pasado la edad de la pubertad están obligados a abstenerse de comer y beber (ni siquiera agua) mientras haya luz diurna. Como ninguna sustancia material debe entrar en el cuerpo, está prohibido también fumar y mantener relaciones sexuales.

En el mismo espíritu de búsqueda de la virtud, los musulmanes deben abstenerse también de jurar, pelear o murmurar durante el Ramadán. En general, no obstante, el ayuno no pretende ir más allá de lo que razona-

blemente pueda soportar una persona («Dios quiere hacéroslo fácil y no difícil», dice el Corán 2,185). Así, de los ancianos, los enfermos, las embarazadas o viajeros no se espera que ayunen, aunque sí que lo compensen en fecha posterior.

Los musulmanes, o incluso no musulmanes que coman, beban o

Ayunar es un escudo con el que el sirviente se protege del fuego.
Profeta Mahoma

fumen en público pueden ser multados, o incluso encarcelados en algunos países de mayoría musulmana; en otros, las actitudes son más relajadas y parte de la población acude a los cafés y otros lugares públicos durante el Ramadán.

La Noche del Destino
Dejar de satisfacer los apetitos humanos anima a la persona a la introspección y a reflexionar sobre lo espiritual, como pensar en el mal que haya podido hacer y en el sufrimiento de los menos afortunados. Un acto especialmente pío es leer el Corán entero, actividad que encaja bien en el Ramadán, pues el texto se puede dividir en 30 secciones de igual longitud, llamadas en conjunto *achza'* (en singular, *yuz'*); es costumbre leer una cada día del mes del ayuno.

La noche 27 del Ramadán conmemora la primera revelación a »

Mahoma y se conoce como Noche del Destino *(Laylat al-Qadr)*. Un único acto de veneración en esa noche, la más santa del año según el Corán, produce mayor beneficio que mil meses de oración (sura 97).

Celebrar el Ramadán

Según el Corán (2,187), los musulmanes tienen permitido comer y beber durante el Ramadán «hasta que, a la alborada, se distinga un hilo blanco de un hilo negro». Justo antes del alba, las familias musulmanas se reúnen para tomar un desayuno ligero, el *suhur*, que debe bastarles para

La Noche del Destino vale más de mil meses.
Corán 97,3

el día entero. Tras la puesta del Sol, anunciada por la oración del *magrib*, se pone fin al ayuno, como hiciera el profeta hace unos 1400 años con un trago de agua y unos dátiles. A esto sigue la comida de la noche: el *iftar*. Es el momento de las visitas y las familias toman parte en una gran comida comunal en la que suelen haber platos que se preparan especialmente para el Ramadán.

Por todo el mundo islámico, mezquitas, organizaciones de ayuda e individuos ricos erigen tiendas y ponen mesas para que el público coma gratis los platos del *iftar* todas las noches de Ramadán. En los países del golfo Pérsico, los jeques celebran *mayalis* ('veladas') en los que abren las puertas al pueblo y se ofrecen comida y bebida gratis. Para quienes se lo pueden permitir, los hoteles de cinco estrellas montan carpas de Ramadán con platos caros y lujosos. Las noches de Ramadán son también noches de compras y televisión. Las empresas de televisión suelen lanzar sus programas estrella durante el Ramadán, como telenovelas de un mes de duración y concursos con grandes

El *iftar* del Ramadán es una celebración familiar o comunal, como se ve aquí en la estación de autobuses de As-Satwa, en Dubái.

premios en metálico. Los musulmanes ortodoxos se quejan a menudo de la comercialización del mes sagrado.

El fin del ayuno de un mes se conmemora en el Aid al-Fitr, o Fiesta del Fin el Ayuno, un festivo nacional de tres días en los países musulmanes. Es una gran ocasión social, con opulentos banquetes e intercambio de regalos. Los niños, en particular, sue-

Hay quienes ayunan y no obtienen nada de su ayuno salvo el hambre.
Profeta Mahoma

len recibir ropa nueva y otros regalos. En lugares de población musulmana mayoritaria, las celebraciones del Aid son algo muy visible en ciudades y espacios públicos, donde se sirve también comida, solo que durante el día en lugar de por la noche.

Los orígenes del Ramadán

Aunque muchas de las costumbres del Ramadán evolucionaron a lo largo del tiempo, sus orígenes están en el Corán. La segunda sura describe algunos de los elementos básicos del ayuno comunal que observaban ya los primeros musulmanes:

¡Creyentes!; se os ha prescrito el ayuno, al igual que se prescribió a los que os precedieron [...]
Días contados. Y quien de vosotros esté enfermo o de viaje, un número igual de días.
Y los que, pudiendo, no ayunen podrán redimirse dando de comer a un pobre.
Y, si uno hace el bien espontáneamente, tanto mejor para él. Pero os conviene más ayunar. Si supierais... (2,183–184)

Lo que se desprende de este pasaje es que el Ramadán y las actividades con él relacionadas vinculan el islam a sus parientes monoteístas, el judaísmo y el cristianismo, que incorporan también el ayuno y festividades asociadas a él. A pesar de la relación entre el Ramadán y los ayunos practicados por los otros pueblos del libro, tanto judíos como cristianos, se pretende imprimir al acontecimiento un sabor marcadamente islámico. El Ramadán no es la sombría Cuaresma del cristianismo ni el Yom Kipur del judaísmo; aunque sea también, sin duda, un periodo de disciplina espiritual, introspección personal y purificación, se entiende como una ocasión alegre y por ello los musulmanes rompen el ayuno cada noche con comidas comunales.

El Ramadán cumple también otro fin: la primera revelación del Corán no fue lo único que tuvo lugar en este mes; también la batalla de Badr, el nacimiento de Alí y de su hijo Husein, la muerte de Jadiya —primera esposa del profeta— y la conquista definitiva de La Meca en 630. Al recordar a los participantes su historia y formación, el espíritu comunitario reavivado durante el Ramadán refuerza también la identidad musulmana. ∎

Las linternas de Ramadán, o *fanus*, se popularizaron en El Cairo en la época de los fatimíes y son hoy una tradición en todo el ámbito del islam.

Las especialidades de Ramadán varían de un país a otro, pero en muchos consisten en una galleta de dátiles, el *kahk*, que se come durante el Aid.

Horas flexibles de ayuno

Como el islam sigue un calendario lunar, el mes de ramadán se adelanta once días cada año en relación con el calendario gregoriano. Algunos años –cuando coincide con el calor y los días largos de julio– el ayuno es arduo. (El término árabe *ramad* significa 'calor abrasador'.)

El tiempo que pasa entre el amanecer y la puesta de Sol también varían en distintas partes del globo: suelen dictar un ayuno de entre 11 y 16 horas, pero en las regiones polares pueden superar las 22. Hasta hace poco no hubo comunidades musulmanas en el Ártico, pero eso ha cambiado con la migración global. Enfrentados a la imposibilidad de seguir la regla estricta del amanecer a la puesta, los musulmanes han tenido que buscar otras formas de determinar las horas de ayuno, como ayunar durante las horas del país musulmán más próximo, o sincronizarse con La Meca.

HEME AQUÍ, OH DIOS, HEME AQUÍ

LA *TALBIYA* (ORACIÓN DEL PEREGRINO)

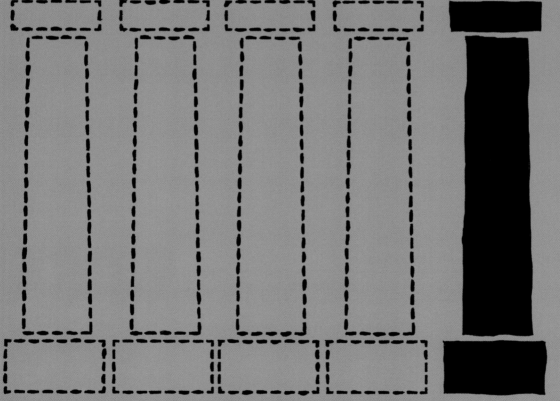

EN CONTEXTO

FUENTE
Los cinco pilares del islam: el *hach*

CUÁNDO Y DÓNDE
630, La Meca

ANTES
Siglo V La tribu coraichí controla La Meca, donde la Kaaba atrae a los peregrinos de las tribus árabes politeístas.

DESPUÉS
Desde el 631 El *hach* se declara obligatorio después de que Mahoma conquiste La Meca. Los futuros dirigentes musulmanes en Siria, Egipto e Irak ofrecerán apoyo oficial para organizar grandes caravanas de peregrinos.

2012 El número de peregrinos en el *hach* alcanza el récord de 3 161 573 personas. Las cifras se han reducido desde entonces por las obras de ampliación en La Meca.

El quinto pilar del islam es el *hach*, 'peregrinación', a la ciudad santa de La Meca. Sus orígenes se remontan al viaje de Mahoma entre Medina y La Meca y su purificación de la Kaaba, para volver a hacer de ella el centro del culto al Dios único. Al participar en el *hach*, los musulmanes dejan atrás los vínculos cotidianos y terrenales para regresar físicamente al centro espiritual del islam. Es tanto un viaje hacia el interior de uno mismo como un modo de acercarse más a Dios.

La prehistoria del *hach*

Muchos elementos de la peregrinación son anteriores a la época de Mahoma y están vinculados a la historia de Abraham (Ibrahim en árabe). Esta cuenta que dejó solos a su esposa Agar (Hagar en árabe) y su hijo pequeño, Ismael (Isma'il), en el desierto cerca de La Meca. Al terminársele el agua y preocupada por no poder amamantar al bebé, Agar fue y volvió corriendo siete veces entre las colinas de Safa y Marwa, buscando ayuda. Aquella búsqueda se refleja en los rituales que practican los peregrinos a La Meca hoy.

Según la tradición islámica, fue Abraham quien construyó el edificio original de lo que hoy es la Kaaba e incorporó a la estructura una piedra negra que le había entregado el ángel Gabriel. Esta sigue inserta en una esquina de la Kaaba y los peregrinos intentan besarla o señalarla durante las vueltas que dan alrededor de la Kaaba.

Preparación para el *hach*

El *hach* comienza dos meses después del fin del Ramadán. Se considera que todos los musulmanes adultos físicamente capaces y con medios económicos suficientes están obligados a hacer la peregrinación al menos una vez en la vida. Para ello, los musulmanes viajan a Arabia Saudí por cualquier medio posible. Hay numerosas agencias de viajes de los países islámicos que ofrecen paquetes del *hach* para grupos e individuos, y tratan de garantizar que los peregrinos disfruten de una visita memorable. Algunos Gobiernos cubren incluso parte de los gastos de la peregrinación y hay organizaciones benéficas que ayudan a quienes no pueden costearse el viaje.

Antes de emprender el *hach*, son necesarios algunos preparativos; de ellos, el más importante es la limpie-

Una ciudad solo para musulmanes

Musulmanes y no musulmanes por igual pueden viajar a Arabia Saudí, pero solo los primeros pueden entrar en la ciudad sagrada de La Meca, una prohibición que especifica el Corán (9,28). (Los no musulmanes pueden visitar la otra ciudad santa del país, Medina, pero no los aledaños de la mezquita del Profeta). Al llegar a La Meca por carretera, las señales de «solo musulmanes» dirigen hacia allí y desvían a los demás hacia la ciudad de Yeda.

Asimismo, las señales de «solo musulmanes» en el aeropuerto principal de Yeda dirigen a los viajeros a una terminal especial del *hach* para continuar hacia La Meca. Los intentos de ir a la ciudad por parte de no musulmanes pueden castigarse con una multa y, si los descubren allí, serán conducidos ante un juez y lo más probable es que sean deportados. Discernir la identidad religiosa no es fácil, pero la policía religiosa vigila y controla los accesos a la ciudad.

La Gran Mezquita de La Meca es el foco del *hach*. En época de Mahoma no era más que un patio amurallado alrededor de la Kaaba; hoy día tiene capacidad para 1,5 millones de fieles.

Véase también: Hégira, la huida de La Meca 28–31 ▪ La Kaaba de La Meca 34–35 ▪ Los cinco pilares del islam: la *shahada* 36–41 ▪ Los cinco pilares del islam: la *saum* 46–49 ▪ El nacimiento de Arabia Saudí 232–237

Completar el *hach* suele llevar alrededor de una semana. Los peregrinos siguen los rituales prescritos, en su mayoría relacionados con episodios de la vida del profeta Abraham. Al final del *hach*, muchos van a Medina a visitar la mezquita del profeta Mahoma.

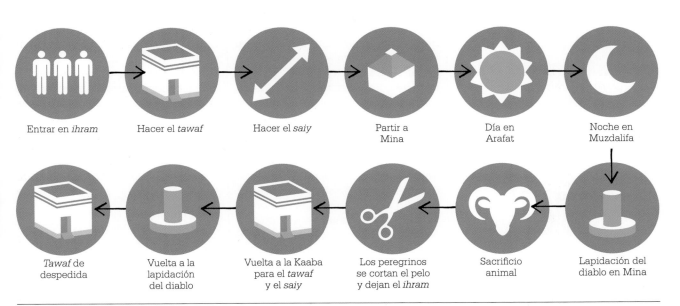

| Entrar en *ihram* | Hacer el *tawaf* | Hacer el *saiy* | Partir a Mina | Día en Arafat | Noche en Muzdalifa |

| *Tawaf* de despedida | Vuelta a la lapidación del diablo | Vuelta a la Kaaba para el *tawaf* y el *saiy* | Los peregrinos se cortan el pelo y dejan el *ihram* | Sacrificio animal | Lapidación del diablo en Mina |

---

za y purificación ritual de todos los peregrinos, *ihram* en árabe, para el que se viste el hábito del peregrino. Para los hombres, este consiste en dos sábanas blancas sin costuras, una alrededor de la cadera y otra sobre el hombro. Muchas mujeres llevan también ropa blanca, pero otras optan por prendas sencillas que reflejan su país de origen. El rostro debe ir descubierto y, por tanto, no pueden llevar *niqab*.

Cuando están en el estado de *ihram*, los peregrinos deben dejar de bañarse y no ponerse adornos, ni joyas ni perfume. Además, deben abstenerse de toda actividad sexual y de participar en toda actividad que pueda considerarse pecaminosa. La finalidad es reforzar el sentido comunitario y la unidad. Mujeres y hombres de todas las naciones, co-lores y niveles sociales se presentan así sin distinción alguna e iguales ante Dios.

Hacer el *hach*

Al aproximarse los peregrinos a La Meca, suelen gritar: «¡Heme aquí,

Llevad a cabo la peregrinación mayor y la menor por Dios.
Corán 2,196

oh, Dios, heme aquí!». Ya en la Gran Mezquita (o Mezquita Sagrada; en árabe, Masyid al-Haram), hacen el *tawaf*, la circunvalación de la Kaaba en sentido antihorario. Dan hasta siete vueltas y tratan de acercarse todo lo que puedan a la Kaaba. Los peregrinos que llegan hasta la estructura besan o tocan la Piedra Negra, situada en la esquina sureste de la Kaaba. El *tawaf* se completa tres veces durante el *hach*.

Durante la semana de peregrinación, los musulmanes rezan en la Gran Mezquita y participan en una serie de ritos que se pueden llevar a cabo en su recinto, como beber agua que llega del pozo de Zamzam, a solo 20 metros al este de la Kaaba. En la tradición islámica, Dios creó milagrosamente ese pozo para dar de beber al niño Ismael » cuando él y su madre Agar estaban perdidos en el desierto; Ismael vivió para ser un gran profeta y antecesor de Mahoma. Muchos peregrinos caminan, o corren, siete veces entre las colinas de Safa y Marwa, como hizo Agar en busca de ayuda; en árabe, este rito se llama *saiy*. Estas colinas, como el pozo de Zamzam, se encuentran dentro del recinto actual de la Gran Mezquita. La dis-

Luego, ¡que den fin a sus prohibiciones, que cumplan sus votos y que den las vueltas alrededor de la Casa Antigua!
Corán 22,29

tancia entre una y otra es de unos 450 metros; un paseo cubierto entre ellas protege a los peregrinos del sol. Tiene cuatro carriles de sentido único, con los centrales reservados para los caminantes.

Rituales fuera de La Meca

El *hach* puede incluir también ritos que tienen lugar fuera de La Meca. Por ejemplo, todos los peregrinos viajan hasta Mina, a 8 km, y luego otros 14,5 km hasta el monte Arafat. En la tradición islámica, Arafat es donde Mahoma pronunció el último sermón a quienes lo acompañaron a La Meca en el que sería su peregrinación final. La montaña se conoce también como montaña de la Misericordia (*yabal ar-rahma* en árabe), como el lugar donde Dios perdonó a Adán, considerado el primer profeta del islam. Los peregrinos musulmanes pasan mucho tiempo rezando ahí por el perdón divino de sus pe-

cados y los de toda la comunidad del islam.

En Mina, los peregrinos participan en la lapidación del diablo. Según la tradición, fue en Mina donde Abraham se sintió tentado de ignorar el mandato de Dios y rechazar a su hijo Ismael. El diablo se le apareció tres veces y en cada ocasión Abraham lanzó siete piedras para ahuyentarlo. Los peregrinos representan el acontecimiento en Mina lanzando guijarros, con los que apuntan a muros elevados (que hasta 2004 eran tres pilares) para evitar alcanzar a los peregrinos al otro lado, que lanzan guijarros también. Los ritos de Mina son tan populares que se monta una ciudad con más de 100 000 carpas con aire

Peregrinos en el *tawaf*, rito consistente en caminar siete veces en sentido antihorario alrededor de la Kaaba. Los primeros tres circuitos son rápidos; los siguientes cuatro, más lentos.

Los peregrinos musulmanes lanzan guijarros en el ritual simbólico de la lapidación del diablo en Mina, cerca de La Meca. Muchos reúnen los guijarros en Muzdalifa, entre el monte Arafat y Mina.

acondicionado para albergar a los peregrinos que llegan de Arafat tras la puesta de sol para rezar y aprovisionarse de guijarros en el llano de Muzdalifa antes de ir a Mina.

Aid al-Adha

La culminación del *hach* es el Aid al-Adha, la fiesta religiosa de tres días que conmemora la devoción de Abraham hacia Dios cuando acató la voluntad divina de sacrificar a su hijo; que Dios sustituyó a este por un cordero es un relato presente también en las biblias hebrea y cristiana. Esta fiesta la celebran todos los musulmanes, se encuentren donde se encuentren, no solo los que están de peregrinación, y se considera el momento más sagrado del año.

Los musulmanes celebran habitualmente el Aid al-Adha con un sacrificio. Tradicionalmente es el cabeza de familia quien mata al animal, pero en la actualidad muchos prefieren que lo haga un carnicero profesional. El animal sacrificado –que puede ser una cabra, una oveja, una vaca o un camello, según la riqueza de la familia– se divide en tres partes. Al menos un tercio de la carne se dona a los pobres y otro tercio a parientes. Algunos musulmanes optan hoy por una celebración vegana; algunas consideraciones sobre el bienestar animal y la conveniencia de consumir menos carne les mueven a donar dinero a la beneficencia en lugar de hacer un sacrificio.

Los musulmanes que celebran el Aid al-Adha en La Meca ponen a menudo fin a la peregrinación con una visita a la ciudad de Medina para ver la mezquita del Profeta, se-

gundo lugar más sagrado del islam y que contiene la tumba de Mahoma.

La ʿumra

Hay una segunda peregrinación a La Meca, la ʿumra, o peregrinación menor, que se puede emprender en cualquier época del año, en contraste con el *hach*, que tiene lugar en fechas concretas determinadas por el calendario islámico. La ʿumra no sustituye al *hach* y no es obligatoria. Solo se llevan a cabo los dos primeros ritos del *hach* (caminar alrededor de la Kaaba y correr entre las colinas de Safa y Marwa) y acaba con el ritual de los hombres de afeitarse la cabeza. Aunque requiere de los peregrinos alcanzar el mismo estado de pureza, se puede completar en unas horas, en lugar de en días.

Por supuesto, son muchos los musulmanes que nunca tendrán ocasión de visitar la ciudad santa de La Meca y tomar parte en los ritos y festividades del *hach* ni de la ʿumra.

Se dan exenciones de varios tipos para quienes no pueden hacerlo por motivos de salud o de incapacidad económica. Para los musulmanes que sí logran ir, el *hach* y, en menor grado, la ʿumra son un objetivo y una experiencia importantes que contribuyen a afianzar y reforzar su identidad como seguidores de Mahoma y fieles del culto monoteísta. ∎

Safa y Marwa figuran entre los ritos prescritos por Dios. Por eso, quien hace la peregrinación mayor a la Casa o la menor no hace mal en dar las vueltas alrededor de ambas.
Corán 2,158

MAHOMA NO ES SINO UN ENVIADO, ANTES DEL CUAL HAN PASADO OTROS ENVIADOS

CORÁN 3,144

TEMA
La muerte del Profeta

CUÁNDO Y DÓNDE
632, Medina

ANTES
632 Mahoma pronuncia en Arafat su sermón de despedida, en el que recuerda a sus seguidores que deben tratarse unos a otros con bondad y abandonar los pleitos de sangre.

DESPUÉS
632 La *umma* elige a Abú Bakr, compañero y suegro del profeta, como primer califa, o líder de la comunidad islámica.

634–656 A Abú Bakr lo suceden como califas Úmar, Uzmán y, finalmente, Alí, primo y yerno de Mahoma.

661 El asesinato de Alí, último de los cuatro califas *rashidun* ('bien guiados' u 'ortodoxos') resultará en la división del islam en las facciones sunní y chií.

Después de la conquista de La Meca en el año 630, Mahoma regresó a Medina. Allí pasó gran parte del tiempo tratando de establecer alianzas para consolidar su poder en Arabia y hacer crecer el número de seguidores del islam. En 632, el Profeta completó la que sería su peregrinación de despedida; así sentó el precedente de lo que luego será el *hach*. En marzo pronunció su sermón de despedida, en el que instó a los musulmanes a seguir las enseñanzas contenidas en el Corán. Poco después regresó a Medina por última vez; en el verano del 632 enfermó y se retiró a la casa que compartía con su esposa favorita, Aisha. Según la tradición, débil y febril, Mahoma posó la cabeza en el regazo de Aisha y murió.

'Umar ibn al-Jattab, uno de los compañeros más próximos de Mahoma, se negó a creer que el Profeta había muerto y afirmó que regresaría a los 40 días, como Moisés había regresado junto a su pueblo tras ir a visitar a Dios. Abú Bakr, compañero y suegro de Mahoma, le recordó a Úmar que Mahoma había advertido constantemente que no le honraran del modo que hacían los cristianos con Jesús; no era divino, sino mortal al igual que ellos y negar que hubiera muerto era negar una verdad evidente.

De la negación a la aceptación
Abú Bakr se dirigió a la comunidad de los musulmanes en la mezquita junto a la casa de Aisha y les aseguró que el Profeta, en efecto, había fallecido: «Si alguno alaba a Mahoma, Mahoma está muerto. Si alguno alaba a Dios, Dios está vivo, es inmortal».

A continuación recitó una aleya revelada al Profeta después de la batalla de Uhud. Los musulmanes habían sufrido tantas bajas en Uhud

Si alguno alaba a Mahoma,
Mahoma está muerto.
Si alguno alaba a Dios,
Dios está vivo.
Abú Bakr

Véase también: La vida temprana de Mahoma 22–27 ■ Un sucesor del Profeta 102–103 ■ Los califas bien guiados 104–107 ■ Los califatos omeya y abasí 136–139

La tumba del profeta Mahoma, en la mezquita de Medina, se halla detrás de múltiples cortinas. Millones de musulmanes la visitan cada año, a menudo como parte del *hach*.

que se rumoreaba que había muerto también Mahoma, pero esa aleya (Corán 3,144) insiste:

Muhammad no es sino un enviado, antes del cual han pasado otros enviados.
Si, pues, muriera o le mataran, ¿ibais a volveros atrás?
Quien se vuelva atrás no causará ningún daño a Dios. Y Dios retribuirá a los agradecidos.

Al oír estas palabras, Úmar aceptó al fin que el Profeta estaba muerto y comenzó el duelo.

El islam después de Mahoma

El impacto de la muerte de Mahoma, quien había guiado cada paso dado por los seguidores del islam, fue profundo. No solo había dejado orientaciones conforme a las cuales podían vivir sus seguidores como individuos; también una sociedad políticamente fuerte y estable, unida por una fe común. Tras la Hégira, la comunidad formada por Mahoma en Medina había crecido hasta dominar casi toda Arabia y había sustituido la constante guerra entre tribus por estabilidad. No todos estaban entregados a la visión religiosa del Profeta, pero este había establecido un núcleo de devotos suficiente para desarrollar su legado.

Si bien había discrepancias en cuanto a qué hacer a continuación y sobre quién debía suceder a Mahoma, la *umma* seguía siendo fuerte y poderosa, gracias en gran medida a que el objetivo del Profeta no había sido lograr poder político para él, sino crear una sociedad justa. Como hombre más que como figura divina, Mahoma había dejado un modelo que todos los musulmanes podían tratar de emular. ■

La cúpula verde

Cuando murió Mahoma, hubo desacuerdo acerca del lugar donde enterrarlo. Había quien proponía que debía ser en La Meca, su ciudad natal, donde vivían sus parientes; otros, que fuera en Jerusalén, donde se había enterrado a los profetas anteriores. Al final se acordó que fuera en Medina; faltaba determinar la localización exacta. Algunos creían que debía ser en la mezquita en la que había predicado, pero Abú Bakr dijo haberle oído decir que los profetas deben ser enterrados en el lugar de su muerte. Así, Mahoma fue enterrado bajo su lecho en la casa de Aisha, junto a la mezquita.

Más adelante, durante el reinado del califa Wálid (r. 705–715), la mezquita an-Nabawi ('del Profeta'), se agrandó para albergar la tumba. Luego se amplió y se reconstruyó en muchas ocasiones, sobre todo durante el reinado del sultán mameluco Qaitbay (r. 1468–1496). En la actualidad, una cúpula verde en el complejo de la mezquita marca el lugar del descanso final del Profeta.

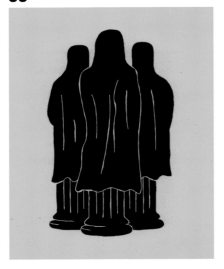

¿QUÉ SON ESTAS ESTATUAS A CUYO CULTO ESTÁIS ENTREGADOS?
CORÁN 21,52

EN CONTEXTO

TEMA
Representaciones del Profeta

CUÁNDO Y DÓNDE
630, La Meca

ANTES
Desde 500 A.C. En el judaísmo, la única imagen de Dios es el hombre. Dios no tiene forma visible; es absurdo hacer o venerar imágenes suyas y se debe venerar solo al Dios invisible.

Siglos III–IV D.C. Aunque la Biblia prohíbe los ídolos o imágenes, las antiguas iglesias cristianas representan la vida de Jesús y los santos con figuras en lugar de símbolos.

DESPUÉS
Actualidad Incluso en la época de los medios de comunicación de masas y la transmisión de imágenes en muchos formatos, la mayoría de los musulmanes respetan la prohibición de representar a Dios o Mahoma.

Una doctrina clave del islam es que hay un solo Dios. Violar ese principio –venerando a otra deidad, afirmando que Dios no lo es o creando algo que lo represente– es el mayor de los pecados. Nada debe interponerse entre el hombre y Dios. Si bien nada en el Corán prohíbe con precisión las representaciones de Dios, históricamente el islam las ha desalentado, con el fin de evitar caer en la tentación de la idolatría.

Así entendida, la prohibición se extiende a Mahoma y todos los profetas del islam. Los primeros musulmanes reaccionaban con ello frente al cristianismo, del que creían que se había desviado al concebir a Cristo no como mero hombre, sino como un ser divino. El propio Profeta era consciente del riesgo de que comenzaran a venerarlo si los fieles veían imágenes de su rostro.

El texto citado más a menudo en defensa de esta prohibición es un hadiz, palabras que se tienen como pronunciadas por el Profeta, en las que habría advertido lo siguiente: «Quien haga una imagen será castigado por Dios hasta que le dé vida, y nunca podrá darle vida» (*Sahih al-Bujari* 3,428). Esto se ha interpretado como que, para un ser humano, el intento de crear un nuevo ser es usurpar el papel de Dios y está condenado al fracaso. Esta actitud a veces se ha llevado al extremo, como en el caso de los Budas de Bamiyán. Aquellas estatuas de Gautama Buda se tallaron en una pared de roca en Afganistán entre los siglos VI y VII d.C. y la mayor alcanzaba 55 m de altura. Tras permanecer intactas durante siglos bajo dominación musulmana, fueron dinamitadas por el Gobierno talibán en 2001. Por una parte, el mulá Omar alegó motivos humanitarios para ordenar su destrucción, como protesta por la falta de interés mundial por el bienestar de los afganos, pero otras fuentes dicen que defendió la decisión en tanto que destrucción de ídolos.

El apóstol de Dios, Dios lo bendiga, no es ni muy bajo ni muy alto.
Alí ibn Abi Talib
Primo y yerno de Mahoma

Véase también: El surgimiento del islam chií 108–115 ■ El divino arte de la caligrafía islámica 190–191 ■ Arte y arquitectura islámicos 194–201

Los edificios islámicos como esta mezquita de Estambul (Turquía), se suelen adornar con trazos intrincados y caligrafía religiosa.

> Los que hagan esas imágenes serán castigados el Día de la Resurrección.
> **Profeta Mahoma**

Un rostro velado o una llama

La postura de los talibanes la comparte la organización Estado Islámico (EI, EIIL, ISIS o Dáesh), cuya destrucción de monumentos antiguos en Siria, por ejemplo, causó indignación en todo el mundo, también entre muchos musulmanes. Tales actitudes están lejos de ser representativas de todo el islam.

Incluso en vida de Mahoma, la actitud ante las imágenes era poco clara: según una tradición, el Profeta le reprochó a su esposa Aisha tener en su casa un tapiz con imágenes cosidas, pero al convertirlo en fundas de cojines, no tuvo ya queja alguna.

De modo similar, durante la conquista de La Meca en 630, se retiraron y destruyeron todos los ídolos e imágenes de la Kaaba, pero, cuando se sacó de ella una pintura de María y Cristo, Mahoma mandó que no fuera destruida por reconocer su valor para la comunidad cristiana.

Aunque sean muchos los ejemplos de la aversión del islam a la imaginería religiosa, hay también ejemplos de devoción musulmana por tales imágenes, junto con argumentos en favor de que no tiene por qué tratarse de idolatría. Como otras religiones de ámbito mundial, el islam tiene una teología compleja y diversa en lo tocante al arte religioso.

El islam chií, en particular, se mostró siempre mucho más abierto a la representación de la figura humana, incluida la del propio Mahoma, personaje central de muchas miniaturas persas creadas bajo el mandato tanto de dirigentes sunníes como de chiíes. Con raras excepciones, en esas imágenes, el rostro del Profeta aparece velado, o bien representado y honrado de forma simbólica por una llama. Por esta razón, los musulmanes perciben a menudo como irrespetuosos los intentos de representar a Mahoma por los no musulmanes. ■

El caso *Jyllands-Posten*

En 2005, el periódico danés *Jyllands-Posten* publicó doce caricaturas bajo el título *Muhammads ansigt* ('La cara de Mahoma'). Casi todas eran caricaturas de Mahoma, algunas muy provocadoras. Como aclaró el editor, tenían como finalidad criticar la hipersensibilidad y la aversión a la crítica de los musulmanes. Varios líderes islámicos exigieron una disculpa y hubo reacciones en todo el mundo por parte de comunidades islámicas en forma de protestas, disturbios y –un decenio más tarde– ataques terroristas en París y Copenhague.

Algunos comentaristas musulmanes compararon las caricaturas con la cuestión de la quema de banderas en EE. UU. y recalcaron que muchos estadounidenses son favorables a su prohibición legal por considerarla un ataque a su identidad cultural o al propio país. Los musulmanes ven de modo similar la falta de respeto al Profeta.

EL COR

ÁN

La sura inaugural del Corán (sura 1), **al-Fatiha**, es un texto clave del islam. Se recita como parte de la oración diaria y las demás suras, salvo la 9, comienzan por su primera aleya.

La sura 4, **an-Nisa'**, contiene una serie de aleyas legislativas que regulan las relaciones interpersonales y el matrimonio.

La sura 12, **Yusuf,** vuelve a contar la historia del maltrato del profeta José a manos de sus hermanos y su vida subsiguiente en Egipto.

La sura 36, **Ya Sin**, se nombra por las dos letras por las que comienza: ya y sin, y establece el Corán como fuente divina.

LA APERTURA LAS MUJERES JOSÉ YA SIN

LA VACA EL ARREPENTIMIENTO LA CAVERNA EL LUJO

La sura 2, **al-Baqara**, es la más larga, con 286 aleyas. Contiene la historia del ternero (o la vaca) que Dios le mandó a su pueblo sacrificar cuando Moisés los sacó de Egipto.

La sura 9, **at-Tawba**, es la única que no comienza con la aleya siguiente: «En el nombre de Dios, el Compasivo, el Misericordioso».

La sura 18, **al-Kahf**, incluye la historia de la cueva de los siete durmientes, que durmieron durante 300 años por huir de la persecución religiosa.

La sura 43, **az-Zujruf**, recuerda a los creyentes que la bondad de Dios no reside en la riqueza material e insta a valorar su fe en Dios y su amor por Él.

Mahoma comenzó a recibir las revelaciones que conforman el Corán de Gabriel en el 610 y siguió recibiéndolas a intervalos a lo largo de 23 años. Durante ese periodo, huyó de La Meca en la Hégira (migración a Medina), y volvió y conquistó La Meca en el 630, antes de acabar sus días de regreso en Medina, sin dejar de recibir el mensaje divino. Las revelaciones fueron transmitidas a Mahoma aleya a aleya, sura a sura, y el Profeta se las comunicó a su pequeño grupo de seguidores.

Un libro como ningún otro
El Corán es difícil de describir, pues tiene varios niveles de lectura. Ante todo, es un relato de Dios, a quien se considera la fuente de toda la creación. Sin embargo, también está lleno de relatos sobre los patriarcas y los profetas de la Biblia hebrea (Tanaj) o del Antiguo Testamento cristiano. Asimismo, contiene reglas para la vida social, además de oraciones y una descripción de cómo fue creado el universo.

Fueron escrituras creadas para los árabes en su propio idioma, y el texto árabe, elegante y poético, impresiona al lector por su belleza. Quien habla a lo largo del texto es Dios, que le habla directamente al lector, mostrando su misericordia, pero también su duro castigo para quienes se aparten del camino recto de la fe.

A medida que las aleya le eran reveladas al Profeta, eran memorizadas y puestas por escrito por sus seguidores, quienes las registraron sobre lo que tuvieran más a mano: hojas de palmera, trozos de pergamino e incluso huesos de camello. Poco después de la muerte de Mahoma, los fragmentos del Corán se reunieron y codificaron en el libro sagrado que hoy conocemos. Rápidamente, se mandaron copias manuscritas del libro por todo el califato en expansión y en no más de 120 años desde la revelación de la primera aleya, el Corán se había convertido en el punto de referencia cultural, intelectual, emocional y sociopolítico de una civilización que se extendía desde la península ibérica, al oeste, hasta el subcontinente indio, al este.

Mensaje central
A pesar de las diferencias rituales y de enfoque que se observan entre los musulmanes del mundo, el aspecto en el que concuerdan todas las ramas del islam es el mensaje central de la unicidad de lo divino, o *tawhid*. El Corán se presenta como

Ar-Rahman, la sura 55, reprende al hombre por su falta de gratitud a Dios, quien lo ha colmado de tan abundantes bendiciones.

La sura 80, ʿ**Abasa**, se reveló al Profeta después de que se dijera que había fruncido el ceño y se había apartado de un ciego que interrumpió su prédica.

La dramática sura 99, **az-Zalzala**, trata del Día del Juicio, cuando la Tierra sufrirá un terremoto terrible y otras calamidades.

La 113, **al-Falaq**, es una sura corta que se recita (a menudo con la sura 114) para invocar la protección divina contra males humanos y de otro tipo.

EL COMPASIVO

FRUNCIÓ LAS CEJAS

EL TERREMOTO

EL ALBA

EL ACONTECIMIENTO

LA SANGRE COAGULADA

LA FE PURA

LOS HOMBRES

La sura 56, de título aciago, **al-Waqia**, contiene indicios de la inevitabilidad del fin el mundo.

Las cinco aleyas iniciales de **al-ʿAlaq**, la sura 96, fueron las primeras reveladas a Mahoma y señalaron el comienzo de su misión profética.

La mayoría de los musulmanes conoce la sura 112, **al-Ijlas**. Sus cuatro aleyas son afirmaciones profundas de unidad y unicidad (*tawhid*) divinas.

An-Nas, sura 114 y última del Corán, pide la protección divina contra los espíritus malignos y los malvados entre los hombres.

---

un libro dirigido a quienes «creen en lo no visto» y, como tal, el mensaje central no es que Dios existe, sino que solo existe un dios: su misión no es demostrar la existencia del Creador, sino mostrar que el Creador no tiene iguales implicados en la creación del cosmos ni en su constante mantenimiento y renovación del mundo y de todas las criaturas.

El mensaje del dios único, así como el rechazo de la idea de que la naturaleza, el azar, o cualquier otra causa tenga parte alguna en la creación, resulta clave para comprender las revelaciones que recibió Mahoma y que forman el Corán. Todas las demás enseñanzas del libro sagrado —como la ley islámica, la teología, la filosofía y la teoría política— están informadas e imbuidas del espíritu de la unicidad de lo divino que transita por todo el Corán.

La justicia social es también parte central del mensaje. Se insta a los musulmanes a ayudar a los pobres, a tratarlos con justicia y compasión, dando limosna a los necesitados y ayunando en solidaridad con los hambrientos. Estas prácticas ayudarían a garantizar una sociedad estable y duradera. Mahoma no se propuso fundar una nueva religión, sino tratar de recordar a los árabes la antigua fe, la de una época en la que la sociedad tenía una sola deidad y todos musulmanes recibían un trato justo e igual.

La palabra viva de Dios

El Corán tiene un lugar central en el islam, similar en importancia para los musulmanes a la que tiene Jesucristo para los cristianos. En la fe cristiana, en la Biblia se describe a Jesucristo como «el verbo hecho carne». Para los musulmanes, el Corán es la palabra siempre viva de Dios, no solo revelada entre las cubiertas de un libro, sino también en la naturaleza y la estructura del universo físico mismo, que se dice refleja el libro sagrado.

Los musulmanes creen que el Corán fue revelado a Mahoma para aclarar para toda la humanidad nuestra posición y nuestro papel en la Tierra, así como para ayudarnos a comprender por qué estamos aquí. En resumen, el Corán se considera un mensaje divino enviado para ayudar a la humanidad a resolver el misterio de la existencia humana. Fue recibido como tal, como la palabra de Dios, por un hombre que vivió en Arabia hace unos 1400 años; y en la actualidad, por casi un tercio de la humanidad. ∎

ESTA ES LA ESCRITURA, EXENTA DE DUDAS

CORÁN 2,1

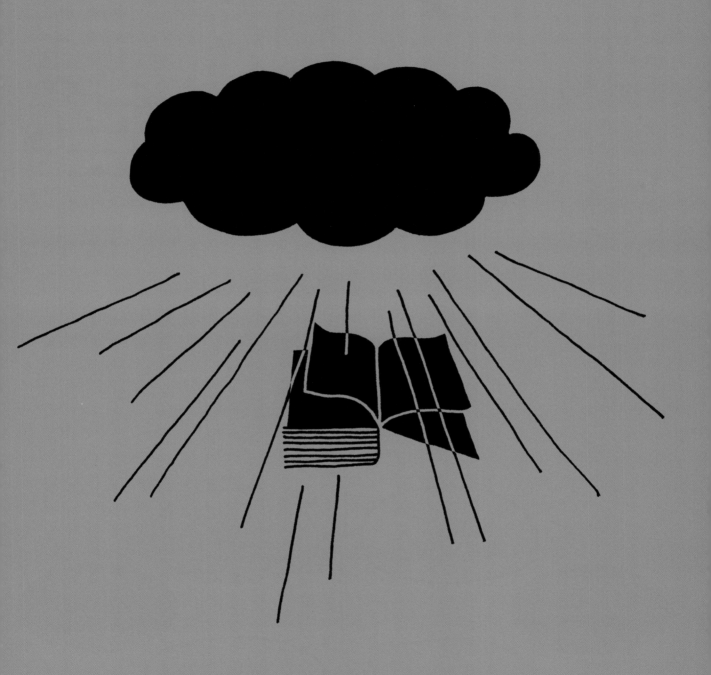

EN CONTEXTO

TEMA
La compilación del Corán

MÁS SOBRE ESTE TEMA

La sura 2, la Vaca (al-Baqara), declara inequívocamente: «Esta es la Escritura, exenta de dudas», lo que plantea la idea de que el Corán es constante, inmaculado, inalterable e inimitable.

La sura 10, Jonás (Yunus), comienza con una discusión entre el islam y los incrédulos, que dicen «Tráenos otro Corán o modifica este», implicando que las revelaciones son fruto de la mente de Mahoma. La escritura afirma que es la palabra de Dios y que no se puede alterar.

La sura 25, el Criterio (al-Furqan), hace preguntar a los incrédulos por qué el Corán no se reveló entero de una vez; la respuesta es la siguiente: «Para, así, confirmar con él tu corazón».

Para los musulmanes es incuestionable que el Corán le llegó a Mahoma en una serie de revelaciones divinas. Tales revelaciones comenzaron cuando Mahoma tenía 40 años y continuaron hasta el final de su vida, 23 años después. Menos certeza hay acerca de cuándo se pusieron por escrito y compilaron para dar forma al libro que conocemos como *Corán.*

La mayoría de los estudiosos musulmanes opinan que el Corán fue copiado en el tiempo de la vida de Mahoma y que, a medida que las aleyas le iban siendo reveladas, el Profeta las recitaba en presencia de sus seguidores, que transcribían las palabras. Mahoma no pudo escribirlas él mismo, pues, como nos informa el Corán, era analfabeto. Varias aleyas se refieren al Profeta como «iletrado», por ejemplo 7,157 y 7,158.

Algunos estudiosos también señalan que, hacia el final de su vida, el Profeta declaró: «Les dejo dos cosas, el Corán, y mi sunna». Esto les da pie para proponer que el Corán existía ya en forma de libro durante la vida de Mahoma, pero la frase no

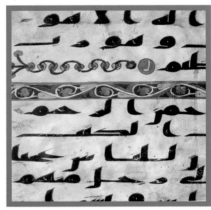

Fragmentos antiguos del Corán, como este descubierto en Saná, capital de Yemen, y datado en el siglo VIII, son idénticos en contenido al Corán tal como lo conocemos en la actualidad.

debería tomarse en sentido literal; lo más probable es que el libro existiera solo como conjunto de revelaciones, ya transmitidas, pero aún no reunidas.

Corrobora esta versión el escriba Zayd ibn Zabit. Según la tradición islámica, este fue un joven seguidor de Mahoma, del grupo de sus compañeros y defensores, y uno de

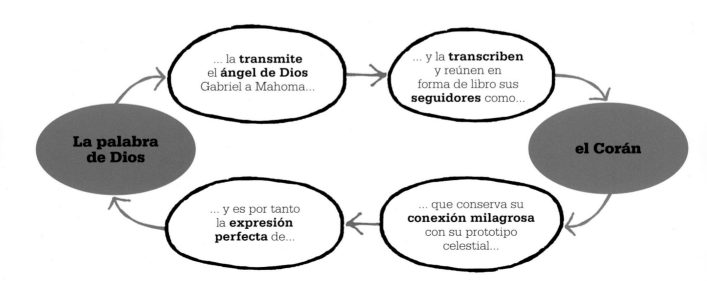

La palabra de Dios

... la **transmite** el **ángel de Dios** Gabriel a Mahoma...

... y la **transcriben** y reúnen en forma de libro sus **seguidores** como...

el Corán

... que conserva su **conexión milagrosa** con su prototipo celestial...

... y es por tanto la **expresión perfecta** de...

Véase también: La vida temprana de Mahoma 22–27 ■ La muerte del Profeta 56–57 ■ La composición del Corán 70–75
■ Los califas bien guiados 104–107

los elegidos por el Profeta para escribir las revelaciones, que aprendía también de memoria. Ibn Zabit confirmó que en el momento de morir Mahoma el Corán no se había aún «reunido en una cosa». Que usara el verbo *reunir* en lugar de *escribir* sugiere que existían en forma escrita elementos del Corán, pero no habían sido aún dispuestos sura a sura en un conjunto. Es posible que en vida del Profeta el Corán fuese un proyecto en marcha. Se le estaban revelando aleyas, y hasta suras enteras, y Mahoma no habría sabido cuándo iba a terminar su misión profética.

Reunir y compilar el Corán

El catalizador de la decisión de compilar el Corán fue la batalla de Yamama, que tuvo lugar en el año 632, solo unos meses después de la muerte de Mahoma. En ella los musulmanes derrotaron a la tribu Banu Hanifa, cuyo líder, tratando de emular a Mahoma, se había declarado también profeta. Para entonces, muchos de los compañeros de Mahoma habían muerto y eran *recitadores* (en árabe, *qurra'*) que habían memorizado enteras las revelaciones y cuya tarea era transmitir el Corán a otros.

Los musulmanes temían que la pérdida de tantos transmisores hiciera peligrar la supervivencia del Corán, por lo que los líderes de la *umma* ('comunidad islámica') decidieron que era necesario reunirlo y ponerlo por escrito. Las fuentes históricas ofrecen relatos diversos acerca de cómo se hizo y bajo la dirección de quién. Así, se cuenta que una de las viudas del Profeta, Hafsa, tenía muchos pliegos sueltos de escrituras coránicas. Los

Este Corán no puede haberlo inventado nadie fuera de Dios.
Corán 10,37

líderes musulmanes les pidieron a todos los que pudieran tener aleyas que las entregaran. Se reunieron textos escritos en tablas de arcilla, hojas de palmera e, incluso, huesos de animales. Todo aquel material se entregó a un comité de cuatro miembros, o cinco según algunas fuentes, compañeros destacados del Profeta, a los que se les encargó copiar todos los textos y compararlos con las recitaciones de los *qurra'* mientras lo hacían. Cada aleya se

validaba con el testimonio oral de al menos dos recitadores. Las que existían solo en forma oral y no escrita eran objeto de un escrutinio particular.

El orden de los textos lo estableció el Profeta. Las tradiciones islámicas sostienen que, con cada revelación, Mahoma indicaba siempre su lugar en relación con las revelaciones anteriores y, mientras vivió, se mantuvo ese orden también en las oraciones; y a él se atuvieron, más tarde, los compiladores del Corán.

El códice

Una vez estuvo completo, el códice (libro formado a partir de una serie de pliegos sueltos) se dejó al cuidado de Abú Bakr, primer líder, o califa, de la comunidad islámica después de la muerte del Profeta. De Abú Bakr el códice pasó a su sucesor, Úmar.

Durante los diez años del califato de Úmar, los árabes expandieron el islam mucho más allá de los confines de la península arábiga. A medida que se iban conquistando nuevos **»**

Significado y origen de la palabra *corán*

El significado exacto de la palabra *corán* (escrito a veces *Alcorán, Qurán* o *Korán*) no está claro. Sus posibles orígenes son cuatro. Uno de ellos es la raíz *qara'*, que significa 'reunir' o 'compilar'. En relación con ello, el Corán es un libro reunido y compilado bajo la protección de Dios. La segunda raíz es *qarana*, que significa 'unión' o 'conjunción', e indica la combinación de letras para formar palabras, palabras para formar aleyas, aleyas para formar suras y así sucesivamente. La tercera raíz es *qarain*, que significa 'símbolo', 'prueba' o 'argumento'; en el contexto del libro sagrado, esto se entiende como referido a que una sura interpreta, elabora y ofrece argumentos y pruebas para otras suras. El cuarto origen posible, y el que más a menudo se da por bueno, es *qira'*, que significa 'lectura' o 'recitado', lo cual tiene sentido, ya que el Corán existió originalmente como una serie de aleyas recitadas.

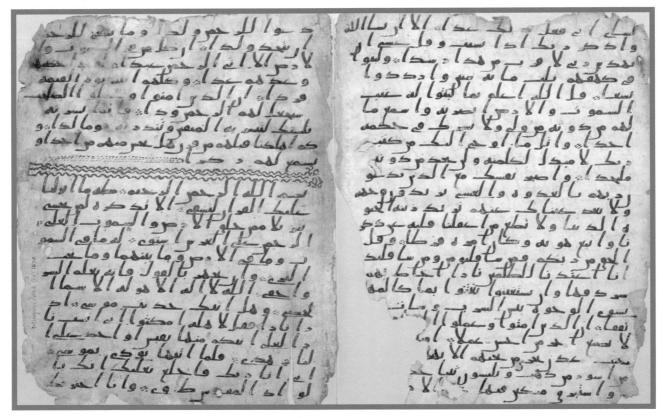

El Corán de Birmingham no es un libro completo, sino dos pliegos de un manuscrito con texto coránico. La datación por radiocarbono lo situó en la época aproximada de Mahoma.

Es un Corán
que hemos
dividido para que
lo recites a la gente
reposadamente.
Corán 17,106

territorios, Úmar enviaba compañeros del Profeta versados en el Corán para difundir la palabra. Diez fueron enviados a Basora y el muy destacado Ibn Mas'ud fue a Kufa, ambas ciudades en el actual Irak. Otros fueron a Damasco, en Siria, y según una de las tradiciones, a otros compañeros los mandaron a Yemen y al actual Baréin.

El Corán de Uzmán

Bajo el siguiente califa, Uzmán, la expansión territorial continuó. Para aquel entonces había un imperio islámico mucho más diverso que las tribus de la península arábiga. En los nuevos territorios, mucha gente, procedente de distintas provincias, pueblos y tribus, se convirtió al islam. Recitaban el Corán, bien en su dialecto si hablaban árabe, bien

en un árabe mal aprendido si no era su lengua materna. En consecuencia, en este periodo se introdujeron diferencias de pronunciación en las recitaciones e, incluso, desacuerdos sobre el sentido correcto de los textos.

Las autoridades musulmanas comprendieron que esas discrepancias no harían más que crecer con el tiempo y socavarían la unidad de la comunidad islámica.

Se cuenta que Uzmán decidió poner remedio al problema antes de que fuera a más en el año 653; según la tradición, encargó hacer varias copias del códice compilado en la época de Abú Bakr, todas en el dialecto de la tribu Quraysh, que dominaba La Meca. De esa recensión, o edición revisada, se guardó una copia en Medina y otras se mandaron a los confines del imperio islámico junto con la orden de quemar todos los demás manuscritos y fragmentos de revelaciones proféticas.

El Libro Eterno

Que Abú Bakr compiló el Corán y Uzmán creó una sola versión autorizada lo acepta la gran mayoría de los estudiosos e historiadores, sobre todo en el mundo islámico. Algunos, por lo general occidentales, han propuesto que la estandarización final del Corán tuvo lugar en fecha mucho más tardía de lo que afirma la tradición islámica.

A mediados de la década de 1970, John Wansbrough, profesor de la Escuela de Estudios Orientales y Africanos (SOAS) de Londres, mantuvo que el Corán fue puesto por escrito y compilado no en época del Profeta, sino a lo largo de un periodo de 200 años. Los historiadores Michael Cook y Patricia Crone asumieron este planteamiento en la obra *Hagarism: The Making of the*

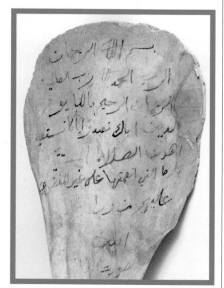

A falta de papel, algunas partes del Corán se inscribieron en materiales de todo tipo, como estas líneas de la sura Al-Fatiha, escritas sobre la escápula de un camello.

¡Por la Escritura clara! hemos hecho de ella un Corán árabe. Quizás, así, razonéis. Está en la Escritura Matriz que Nosotros tenemos, sublime, sabio.
Corán 43,1

Islamic World (1977), donde cuestionaron la autenticidad de los relatos islámicos acerca del surgimiento del islam.

En el siglo XXI, sin embargo, la datación por radiocarbono de una serie de fragmentos coránicos antiguos parece respaldar la tesis tradicional, que sostiene que el Corán ya existiría antes de pasar unos 20 años de la muerte del Profeta. Los análisis de radiocarbono de textos coránicos en la Universidad de Birmingham (Reino Unido) han fechado el pergamino sobre el que está escrito el texto entre el 568 y el 645, con una precisión del 95 %. Eso coincide con la época en que vivió Mahoma y queda respaldado por el hecho de que el Corán no mencione ningún hecho notable de la historia islámica posterior a la muerte del profeta.

Así, el Corán de Uzmán es casi universalmente aceptado como las revelaciones reunidas de Mahoma tal y como las recibió de Dios. El Corán tiene siempre y en todas partes las mismas 114 suras y las mismas 6200 aleyas, presentadas en el mismo orden, y así ha permanecido, sin cambiar o modificar una palabra, durante casi 1400 años. ∎

Los compañeros del Profeta

Llamados en árabe los *sahaba*, los compañeros del Profeta en el sentido más estricto vivieron en la época de Mahoma y tuvieron algún contacto personal con él, por escaso que fuera. Son figuras clave en la historia del islam, pues tras la muerte del Profeta fue el testimonio de los *sahaba*, transmitido por cadenas de narradores fiables, lo que dio a conocer la vida y los dichos de Mahoma, es decir, los hadices. Estos son el fundamento del modo de vida musulmán (sunna) y su código legal y de conducta (sharía).

Hay categorías distintas de *sahaba*; por ejemplo, los *muhayyirun* ('emigrantes') son los que acompañaron al Profeta de La Meca a Medina en la Hégira; los *ansar* ('ayudantes') son los medineses que acogieron al Profeta y a sus seguidores.

Los nombres y las biografías breves de algunos de los compañeros más destacados están registrados en varias obras tempranas de la erudición islámica, una de las cuales tiene más de 3000 entradas.

LA ESCRITURA [...] PARA LOS TEMEROSOS

CORÁN 2,1

EN CONTEXTO

TEMA
La composición del Corán

MÁS SOBRE ESTE TEMA
La sura 39, los Grupos (az-Zumar), es un buen ejemplo de sura de La Meca. Relativamente breve, comienza reafirmando la autoridad del Corán («La revelación de la Escritura procede de Dios») y luego habla de su creación y de su cometido («En este Corán hemos dado a los hombres toda clase de ejemplos» 39,27).

La sura 5, la Mesa Servida (al-Ma'ida), es un ejemplo señero de sura de Medina. De 120 aleyas, toca asuntos muy diversos, entre ellos, alimentos prohibidos, la higiene ritual, el castigo adecuado para el robo, la penitencia por romper un juramento, la redacción de testamentos y muchas otras cuestiones de carácter práctico.

Una crítica habitual que se hace al Corán se refiere a su forma y estructura. A primera vista, las suras y aleyas que lo forman parecen dispuestos de manera arbitraria. El Corán no es un libro lineal, con un comienzo y un final. Las escenas, los temas y los protagonistas cambian con una frecuencia desconcertante, lo cual complica para el lector seguir la narrativa. La primera revelación aparece como las aleyas uno a cinco de la sura 96 y las 14 aleyas restantes de la sura fueron reveladas más tarde.

No obstante, la mayoría de las críticas de las que ha sido objeto el Corán proceden de personas que lo han leído traducido. En cambio, la vasta mayoría de los musulmanes capaces de leer en árabe lo tienen por un milagro, tanto de lenguaje como de estilo, y lo consideran una obra del todo inimitable, tan única y extraordinaria que nunca podrá ser igualada.

Suras y aleyas

El Corán es comparativamente breve, más que el Nuevo Testamento de la Biblia cristiana. Si resulta bien visible en la estantería de las bibliotecas se debe a que la mayoría

> Pero quienes no crean y desmientan Nuestros signos, esos morarán en el Fuego eternamente.
> **Corán 2,39**

de las ediciones incluyen abundantes notas a pie de página, en muchos casos de mayor extensión que el propio texto. El texto del Corán cubre una gama amplia de asuntos y ofrece orientación sobre el culto, la vida en el más allá, el matrimonio, la vida familiar, el cuidado de las personas necesitadas y desfavorecidas, e incluso cuestiones relacionadas con la higiene, temas comunitarios, política y economía. Constituye una guía completa para la vida y el más allá.

Para presentar esta información, hay dos divisiones internas principales en el libro: las suras (o azo-

Memorizar y recitar

En Occidente se añadieron números a las suras y aleyas del Corán para facilitar las referencias; sin embargo, los musulmanes prefieren usar el nombre de las suras o citar el inicio del pasaje en particular del que se trate. Además de una familiaridad considerable con el texto completo del Corán, este método requiere también buena memoria.

Muchos musulmanes memorizan partes extensas del Corán y algunos incluso son capaces de memorizar el libro entero. Aprenderse todo el Corán de memoria trae un gran prestigio y bendiciones. El musulmán que lo consigue es un *hafiz*, 'guardián' del Corán.

Los *hafiz* mantienen vivo el libro sagrado de Dios y son muy respetados por ello. Muchos recitan el Corán en las plegarias diarias en la mezquita y en otros rituales y ceremonias importantes. Esta habilidad es tan apreciada que, a menudo, se llenan auditorios para presenciar competiciones de recitado.

Dos jóvenes afganos leen el Corán en la mezquita. Algunos padres les recitan el Corán a sus hijos en vez de rimas infantiles y les hacen aprender a recitar fragmentos desde los tres años.

Véase también: La vida temprana de Mahoma 22–27 ▪ La compilación del Corán 64–69 ▪ La Fatiha, la primera sura 76–77 ▪ Lo que el Corán dice sobre Dios 78–79 ▪ La forma física del Corán 88–89 ▪ *Tafsir*, o el arte de interpretar el Corán 90–91

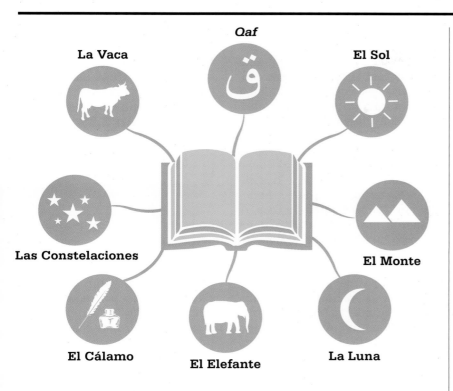

Las suras, o capítulos, del Corán toman a menudo su nombre de una historia o tema que contienen. No están dispuestas en ningún orden narrativo ni cronológico. Se empiece a leer por donde se empiece, confirman al lector la voluntad de Dios.

ras; *sura* en árabe) y las aleyas (*aya* en árabe); a menudo se designan como *capítulo* y *verso*, respectivamente. Aunque no sean perfectas, estas traducciones son adecuadas en el sentido de que la sura y la aleya funcionan más o menos del mismo modo que los capítulos y versículos de la Biblia.

La sura

La palabra *sura* significa 'hilera' o 'valla', o un elemento que sirva para separar una cosa de otra. Hay 114 suras en el Corán, todas ellas de distinta longitud. No están dis-

puestas cronológica ni temáticamente, sino por extensión: las suras más largas se encuentran al principio del Corán y las más breves hacia el final. La excepción a este orden es la Fatiha, la breve sura que abre el libro.

Todas las suras tienen título. Por lo general, los títulos reflejan el tema principal, o uno de ellos, y funcionan como una especie de sinopsis. Así, por ejemplo, la segunda sura del Corán, la Vaca (al-Baqara), es una referencia al becerro de oro hecho por Aarón y venerado por los israelitas mientras Moisés estaba

en el monte Sinaí. Aunque la sura la forman 286 aleyas, hay menos de una docena de referencias explícitas al animal que le da nombre. El lector inexperto no sabrá necesariamente por el título de una sura cuál será su tema principal. Entre las excepciones destacables están la sura 4, las Mujeres (an-Nisa'), que tiene mucho que decir sobre las esposas, y la sura 12, José (Yusuf), que cuenta la historia del patriarca y profeta así llamado. Esta sura es también notable por tener un comienzo, un desarrollo y un final narrativos claros.

La aleya

Que la palabra *aya* se haya traducido a menudo como 'verso' refleja su papel como la división más breve en el Corán. Lo que significa realmente el término árabe es 'señal clara' o 'prueba'; esto refleja la creencia islámica de que el Corán presenta el universo entero y, así, sus partes constituyentes son signos o pruebas de la existencia de Dios.

Cada una de las líneas abajo es una aleya:

[1] *Cuando sea sacudida la tierra por su terremoto,*
[2] *expulse la tierra su carga*
[3] *y el hombre se pregunte: «¿Qué es lo que le pasa?»,*
[4] *ese día contará sus noticias,*
[5] *según lo que tu Señor le inspire.*
[6] *Ese día los hombres surgirán en grupos, para que se les muestren sus obras.*
[7] *Quien haya hecho el peso de un átomo de bien, lo verá.*
[8] *Y quien haya hecho el peso de un átomo de mal, lo verá.*

Estas ocho aleyas (en árabe el plural es *ayat*) forman juntas la » sura 99 del Corán, el Terremoto (az-Zalzala). Cada aleya no constituye necesariamente una oración gramatical completa; en este ejemplo, una sola oración abarca las cinco primeras aleyas. Sin embargo, otras no son más que unas pocas palabras.

En la mayoría de las ediciones del Corán en lengua árabe, los lectores pueden ver el número de la aleya, pues cada una va seguida de una pequeña roseta que contiene el número que le corresponde dentro de la sura. En las traducciones del Corán, esos números que identifica la aleya suelen estar en el margen. Mientras que la costumbre de dividir las aleyas y marcar las divisiones es una práctica antigua,

Los ejemplares antiguos del Corán suelen tener una decoración suntuosa y enmarcados hermosos. En este del siglo XIV de El Cairo se ven las rosetas que marcan las aleyas de la Fatiha.

numerarlas fue algo adoptado más tarde, pero es bastante habitual en el mundo islámico en la actualidad. Como las suras son de diferente extensión, tienen un número de aleyas muy variable; por ejemplo, la sura 108, la abundancia (al-Kawzar), tiene solo tres aleyas. La más larga de las suras, la Vaca (al-Baqara), tiene 286 aleyas.

Comienzo de la sura

Cada sura comienza con la *basmala*; en árabe, *bismillah ar-rahman ar-rahim* ('en el nombre de Dios, el Clemente, el Misericordioso' o, en otras traducciones, 'en el nombre de Dios, el Compasivo, el Misericordioso!'), que es también la primera aleya de la Fatiha, primera sura del Corán. La excepción es la sura 9, el Arrepentimiento (at-Tawba), que es un ultimátum de Dios a los no creyentes de la ciudad recién conquistada de La Meca, todavía con-

Te hemos revelado, en verdad, signos claros y solo los perversos pueden negarlos.
Corán 2,99

trarios al islam, a los que retira su misericordia.

Después de la *basmala*, en 29 suras hay una combinación de letras. Se escriben juntas, pero se deben pronunciar por separado. Por ejemplo, la Vaca» (sura 2) comienza por las letras *alif, lam* y *mim*, equivalentes de las letras *a, l* y *m*. Hay suras que se nombran por las letras

Leer el Corán en una tableta es cada vez más común y hay para ello aplicaciones dedicadas al Corán. Los colores actúan como diacríticos que ayudan a la pronunciación estándar del texto.

sura 95 comienza diciendo «¡Por las higueras y los olivos! ¡Por el monte Sinaí! ¡Por esta ciudad segura!». Las suras mequíes posteriores son más serenas y presentan numerosas ilustraciones de la verdad del mensaje de Dios tomadas de la naturaleza y la historia. Son más formales que otras suras, a menudo tratan cuestiones doctrinales y en ellas a menudo se alude a Dios como *el misericordioso*.

Suras de Medina

Los capítulos de Medina son bastante diferentes de los de La Meca, pues Mahoma no lideraba ya un grupo de seguidores incipiente, sino una gran comunidad independiente de musulmanes. Como resultado, las suras de Medina no tratan tanto de establecer las credenciales del Profeta y las pruebas de las señales de Dios, sino que se centran en los deberes y normas de conducta desde una perspectiva legal y social, y dan consejos sobre cómo aplicar tales normas para regular la vida en una comunidad musulmana que estaba creciendo.

Un buen ejemplo es la sura 24, en la que se les dice a los musulmanes que hay que reunir cuatro testigos para corroborar las acusaciones de adulterio. Esta era una salvaguarda importante para las mujeres en una sociedad en la que solo ver juntos a un hombre y una mujer sin relación conocida era ya motivo de sospecha. Las acusaciones de quienes no aporten cuatro testigos deben rechazarse y tales personas deben ser tratadas con dureza, según esa sura de Medina. ■

por las que comienzan, como la 20: sura Ta Ha, o T. H.. El significado de esas letras se desconoce, lo cual ha dado pie a especulación y a muchas y diversas interpretaciones. Los comentaristas clásicos del Corán con frecuencia mantienen que las letras representan palabras y frases relativas a los nombres o atributos de Dios. A otros no les preocupan demasiado las explicaciones al respecto y se conforman con el supuesto, muy extendido, de que únicamente Dios sabe lo que significan las letras.

Suras de La Meca

Otra división coránica importante puede ser menos importante para el musulmán de a pie que para los eruditos islámicos. Los estudiosos distinguen entre las suras reveladas a Mahoma durante los años en que vivió en La Meca –inicios de su carrera profética– y las que le fueron reveladas más adelante, ya asentado en Medina. Las suras de La Meca son, por lo general, más breves que las de Medina y tienden a ocuparse de asuntos relacionados con los fundamentos de la fe, y de comunidades y acontecimientos pasados. Así, si una sura parece centrarse más en cuestiones metafísicas, la unicidad de Dios, historias de los antiguos patriarcas o en el cielo, el infierno y el más allá, es probable que fuera revelada en La Meca. Las primeras de estas revelaciones son muy rítmicas y ricas en imágenes, y muchas comienzan con juramentos. Así, por ejemplo, la

[…] y recita el Corán lenta y claramente! Vamos a comunicarte algo importante.
Corán 73,4–5

EN EL NOMBRE DE DIOS, EL COMPASIVO, EL MISERICORDIOSO
CORÁN 1,1

EN CONTEXTO

TEMA
La Fatiha, la primera sura

MÁS SOBRE ESTE TEMA
La sura 16, las Abejas (an-Nahl), advierte contra el culto a dioses distintos de Dios y habla de los favorecidos y los descarriados. «Dios, si hubiera querido, habría hecho de vosotros una sola comunidad. Pero extravía a quien Él quiere y dirige a quien Él quiere».

La sura 36, Ya Sin, a veces llamada el Corazón del Corán, insiste en que Dios es único y recuerda a los musulmanes que es «¡Por el sabio Corán, que tú eres, ciertamente, uno de los enviados y estás en una vía recta!».

La sura 55, el Compasivo (ar-Rahman), describe algunos de los recursos que Dios le ha dado al hombre y reprende su falta de gratitud a Dios.

El **dios único** existe a escala cósmica como **Señor del universo**.

Dios mantiene una relación estrecha con la humanidad, y es **misericordioso y compasivo**.

Dios puede mostrar también **ira** hacia la humanidad.

Hay **dos tipos de personas**: los que van por el **camino recto** y los que se han **descarriado**.

Ambos tipos de personas serán llamados a rendir cuentas ante Dios el Día del Juicio.

L a primera sura del Corán, prosaicamente titulada «la Apertura» (al-Fatiha), es, probablemente, la más conocida de todas las narrativas coránicas y ocupa un lugar especial en la liturgia y la fe islámicas. Además de servir de introducción al Corán —pese a no ser la primera revelación—, la Fatiha es también una invocación que forma parte de la oración cotidiana, o *salat*. Por lo general, se recita en silencio —sea individualmente, sea en grupo—cuandoquiera que los creyen-

Véase también: Los cinco pilares del islam: la *shahada* 36–41 ▪ Los cinco pilares del islam: la *salat* 42–43 ▪ El divino arte de la caligrafía islámica 190–191

tes sienten la necesidad de alabar o dar gracias a Dios. Las siete aleyas que componen la Fatiha pueden traducirse como sigue:

*¡En el nombre de Dios, el
Compasivo, el Misericordioso!
Alabado sea Dios, Señor del
universo,
el Compasivo, el Misericordioso,
Dueño del día del Juicio,
a Ti solo servimos y a Ti solo
imploramos ayuda.
Dirígenos por la vía recta,
la vía de los que Tú has agraciado,
no de los que han incurrido en
la ira, ni de los extraviados.*

La *fatiha* es una declaración de la unicidad divina y un reconocimiento de los «nombres hermosos» de Dios y sus atributos de perfección. Se puede emplear para pedir orientación, ayuda y misericordia, y sirve también como afirmación del poder y la soberanía divinos, y una admisión de que la humanidad depende por completo de Dios para su socorro y salvación.

A los que no recitan la *fatiha* en su oración, su oración les será inválida.
Profeta Mahoma

La *basmala*
La primera aleya del Corán aparece al comienzo de todas las suras coránicas salvo una. Habitualmente conocida como *basmala*, es un enunciado que se pronuncia antes de cualquier acto importante: «En el nombre de Dios». Se oye antes de empezar a comer y los creyentes lo pronuncian también cuando salen de casa, antes de emprender un viaje o de dar comienzo a cualquier tarea particularmente difícil e, incluso –pues en un hadiz se anima a

hacerlo así– antes del acto sexual. En el subcontinente indio se celebra una ceremonia que lleva ese nombre para marcar la iniciación de los niños en el islam.

Compasión y misericordia
La *fatiha* es importante por su énfasis en un aspecto con frecuencia ignorado de lo divino: la compasión y misericordia de Dios. Describir al creador como compasivo (*rahman*) supone subrayar la misericordia de Dios para con el conjunto de la creación. Describirle como misericordioso (*rahim*), por el contrario, señala la compasión divina con todos y cada uno de los seres creados, de manera separada y única. Así, que la *basmala* deba estar al principio de todas las suras, salvo una, demuestra la importancia que se le da en el Corán a la compasión divina, lo cual encuentra eco en una aleya posterior, que celebra a Mahoma y su mensaje «Nosotros no te hemos enviado sino como misericordia para todo el mundo» (Corán 21,107). ▪

La *fatiha* expresa gran parte del mensaje fundamental del islam y aparece a menudo en la caligrafía decorativa, como se ve en la cúpula de Santa Sofía, en Estambul.

La Madre del Libro
La *fatiha* tiene muchos nombres alternativos. En la tradición islámica se la llama *umm al-quran*, 'la madre del Corán', o *umm al-kitab*, 'la madre del Libro'. En árabe es bastante habitual calificar como *la madre de* todo aquello que represente o resuma algo, o sea su parte más importante. También se la conoce como *madre del Libro* por ser el primer capítulo escrito en el Corán y por comenzar por ella la oración canónica. La *fatiha*

se conoce también como as-sab'a al-mazani ('las siete aleyas que se repiten') y como Gran Corán. El historiador At-Tabari dijo que esto último se debe a que el significado del Corán entero se resume en las siete aleyas que componen la fatiha.

A la fatiha se alude en ocasiones como ash-shifa', 'la cura', pues en la tradición islámica, Mahoma afirmó que «la apertura del Libro es una cura para todos los males y todos los venenos».

SEÑOR DE TODO CUANTO EXISTE

CORÁN 1,1–7

EN CONTEXTO

TEMA
Lo que el Corán dice sobre Dios

MÁS SOBRE ESTE TEMA
La sura 23, los Creyentes (al-Mu'minun), cuenta el papel de Dios en la creación de la humanidad: «Hemos creado al hombre de arcilla fina» (23,12), y confirma la creación divina del cielo y la tierra.

La sura 24, la Luz (an-Nur), contiene la aleya *an-nur*, líneas líricas, casi místicas, sobre la naturaleza de Dios: «Dios es la luz de los cielos y de la tierra. Su luz es comparable a una hornacina en la que hay un pábilo encendido. El pábilo está en un recipiente de vidrio, que es como una estrella fulgurante» (24,35).

La sura 25, el Criterio (al-Furqan), afirma que Dios «ha creado todo y lo ha determinado por completo» (25,2).

A la humanidad se le dice que **toda abundancia está en la mano de Dios**.

→ **No sabemos cómo**, o en qué sentido, es eso cierto.

↓

Debemos **creer y aceptarlo** sin más.

← **Podemos pensar en Dios, pero no podemos comprenderlo.**

En el Corán predomina el énfasis en que Dios es trascendente, que está más allá de la comprensión humana. Es remoto, en el sentido de ser completamente distinto de cualquier cosa que haya creado. Y, sin embargo, es a la vez, en palabras del Corán (50,16), más cercano al hombre «que su vena yugular». Al subrayar la presencia de Dios en el mundo físico, el Corán revela también que Dios está constante y continuamente implicado en el acto de crear. El Dios que retrata el Corán es un creador comprometido (no crea el cielo y la tierra en seis días y «descansa» el séptimo). Dios, según el Corán, está entregado a un acto de «creación continua».

No hacen falta pruebas

El Corán no intenta recurrir a argumentos racionales o filosóficos para demostrar la existencia de Dios. De hecho, el Corán no intenta demostrar la existencia de Dios en absoluto. A tono con la misión de los patriarcas y profetas que precedieron a Mahoma, el Corán se propone demostrar no que hay Dios, sino que Dios es único.

Véase también: La compilación del Corán 64–69 ▪ La Fatiha, la primera sura 76–77 ▪ Los seis pilares de la fe 86–87

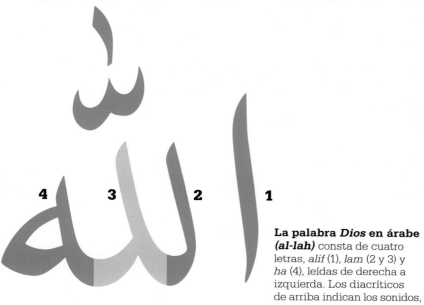

La palabra *Dios* en árabe (al-lah) consta de cuatro letras, *alif* (1), *lam* (2 y 3) y *ha* (4), leídas de derecha a izquierda. Los diacríticos de arriba indican los sonidos, pero no siempre se escriben.

El Corán hace hincapié en la unidad de Dios: es indivisible y, por tanto, no puede tener cuerpo de ninguna clase hecho de partes como el de los humanos. El Corán revela los aspectos del *carácter* divino que son accesibles al intelecto y la razón humanos. Por ejemplo, en cuanto a la unicidad, afirma explícitamente que Dios «no ha adoptado un hijo, ni

Cuidado, pues no se puede describir a Dios con atributo alguno.
Alí ibn Abi Talib
Yerno del profeta Mahoma

tiene asociado en el dominio» (25,2). En 2,255 dice: «Ni la somnolencia ni el sueño se apoderan de Él»; y en 6,59 insiste en su omnisciencia: «Él sabe lo que hay en la tierra y en el mar. No cae ni una hoja sin que Él lo sepa».

Hay pasajes en el Corán, sin embargo, que se refieren de forma específica a las manos y los ojos de Dios, por ejemplo: «La mano de Dios está sobre sus manos» (48,10). La mayoría de los musulmanes tiene esto por alegórico y, de hecho, tomar tales descripciones en sentido literal resultaría en antropomorfismo (atribuir características humanas a Dios) y se podría entender que se compara a Dios con los seres que ha creado, lo cual es un gran pecado. Hay, sin embargo, literalistas, que rechazan todas las interpretaciones del Corán e insisten en que se ha de tomar en sentido literal.

Mientras que Dios en su esencia absoluta es insondable, puede

Los nombres de Dios

Allah (Dios) es un nombre universal de la divinidad y no se refiere exclusivamente al Dios islámico, sino que es el mismo que aparece en la Biblia cristiana y la Torá judía.

La palabra *allah* es la contracción de *al-ilah*, que significa 'el dios' en árabe. Guarda relación etimológica con los nombres arameo y hebreo de Dios, *Allaha* y *Elohim*, respectivamente. La palabra *Dios* –o Alá– aparece más de 3000 veces en el Corán y hay incontables pasajes en los que se nombra por los diversos atributos de perfección, entre ellos *ar-Rahman* ('el Clemente'), *ar-Rahim* ('el Misericordioso'), *al-Malik* ('el Soberano'); *al-Qudus* ('el Santo'), *as-Salam* ('Fuente de la Paz') y otros semejantes. Pese a la creencia popular, los nombres divinos no son 99, sino que son innumerables: dondequiera que la perfección exista –en la belleza, la sabiduría o el poder–, Dios posee dicho atributo de forma absoluta. Así, afirma el Corán, es omnisciente, omnipotente y omnipresente.

ser visto, por así decir, a través del *velo* de sus creaciones, que se consideran señales *(ayat)* que apuntan a él. Las exhortaciones del Corán a meditar sobre las incontables señales de la creación que conforman el universo no obedecen solo a que la humanidad adquiera conocimiento de su universo por el mero conocimiento; más bien, se anima a la humanidad a estudiarse a sí misma y el mundo para, así, conocer y comprender mejor al creador. ▪

NO CABE COACCIÓN EN RELIGIÓN

CORÁN 2,256

Si bien el islam no acepta la Biblia cristiana en su totalidad como escritura revelada por Dios, sí venera ciertas partes fundamentales: los primeros cinco libros del Antiguo Testamento, los Salmos de David y el Evangelio. Muchos de los patriarcas del Antiguo Testamento, como Noé, Abraham, Job y Moisés, aparecen en el Corán, donde son alabados como profetas y mensajeros. A Jesús también se le reconoce como profeta, no así como hijo de Dios, una idea que el Corán rechaza. En el Corán hay muchas más menciones a fi-

Comparación de las religiones abrahámicas

	Moisés 1391–1271 a. C.	Jesús 3 a. C–33 d. C.	Mahoma 570–632 d. C.
El judaísmo cree en Moisés, pero no acepta que Jesús y Mahoma sean profetas.	✡	✡	✡
El cristianismo cree en Jesús como hijo de Dios y reconoce a Moisés como profeta, pero no reconoce como tal a Mahoma.	✝	✝	✝
El islam honra a Moisés, Jesús y Mahoma como profetas enviados con el mensaje monoteísta.	☪	☪	☪

Véase también: La *umma*, la comunidad del islam 32–33 ▪ El ejemplo de Al-Ándalus 166–171 ▪ Las Cruzadas vistas por los musulmanes 180–181 ▪ El islam en Europa 210–215

> Los creyentes, los judíos, los sabeos y los cristianos –quienes creen en Dios [...]– no tienen que temer y no estarán tristes.
>
> **Corán 5,69**

guras bíblicas, como José, a quien se dedica una sura entera, que a Mahoma.

La percepción general entre los musulmanes es que las escrituras reveladas a los judíos y los cristianos («gentes del libro») fueron de alguna manera corrompidas y de ahí la necesidad de una revelación final e incorruptible, la del Corán. Si bien hay diferencias doctrinales claras entre el islam y el cristianismo, en lo que concierne a los relatos sobre Jesús y los patriarcas del Antiguo Testamento, el Corán está lleno de referencias y alusiones a los textos cristianos. Esto apunta a que para sus lectores originales, como el propio Mahoma, la Biblia era una obra bastante conocida.

Los pueblos protegidos

Las aleyas que dicen: «No cabe coacción en religión» (2,256) y «Vosotros tenéis vuestra religión y yo la mía» (109,6) parecen garantizar el derecho de todos los seres humanos a adherirse a las prácticas religiosas de su propia fe o, incluso, a no creer en dios alguno. Esas aleyas también parecerían sancionar la existencia en paz de comunidades religiosas minoritarias en el seno del islam. Sin embargo, otras aleyas presentan una actitud más ambivalente hacia los judíos y los cristianos. Así, de los segundos se dice que son «los más amigos de los creyentes» (5,82), y, sin embargo, los musulmanes no deben tomar a judíos ni cristianos como «amigos» (5,51). Esto refleja la experiencia diversa de Mahoma y la comunidad musulmana de los inicios. En un primer momento, Mahoma buscó la aceptación de los cristianos y los judíos; sin embargo, cuando sus líderes lo rechazaron por considerarlo un falso profeta, recibió revelaciones que le ordenaron distanciarse de ellos. En la Carta de Medina, que Mahoma negoció con los judíos de esa ciudad, los judíos formaban parte de la *umma*.

Al encontrarse los ejércitos musulmanes con nuevas comunidades de judíos y cristianos, se les concedió la condición de *ahl al-dimma*, esto es, de 'pueblo protegido'. Lo que significaba esto en la práctica varió según la época y el lugar, pero, por lo general, se permitía a los *dimmi* practicar su religión, si bien con menos privilegios que los musulmanes y sujetos a un impuesto de capitación: la *yizya*. La convivencia por lo general armoniosa entre los musulmanes y las gentes del libro en Medina, en época del Profeta, en Al-Ándalus y en el Imperio otomano fueron un reflejo del ideal coránico. ▪

El Corán y la Biblia

Los lectores del Corán y de las biblias hebrea y cristiana hallarán muchos personajes e historias en común. Las palabras del Corán parecen indicar alguna familiaridad con los textos judíos y cristianos, a la vez que los enmiendan levemente en determinados detalles. En el Corán, por ejemplo, Dios perdona a Adán y Eva antes de mandarles marchar del paraíso, pues suplicaron su misericordia, en lugar de maldecirlos como en la Biblia. El niño Jesús, en un milagro que la Biblia no recoge, habla desde la cuna para defender el honor de su madre cuando esta es acusada de fornicación. El Corán afirma también que los judíos no mataron ni crucificaron a Jesús; solo les pareció que así había sido. Jesús fue elevado por Dios al cielo, al que los musulmanes creen que entró vivo. Creen que regresará en una segunda venida para combatir al Falso Mesías y traer la paz a la tierra.

> Los judíos dicen: «Los cristianos carecen de base», y los cristianos dicen: «Los judíos carecen de base» [...] Dios decidirá entre ellos el día de la Resurrección sobre aquello en que discrepaban.
>
> **Corán 2,113**

TODO LO CREAMOS POR PAREJAS

CORÁN 51,49

EN CONTEXTO

TEMA
Las mujeres en el Corán

MÁS SOBRE ESTE TEMA
La sura 4, las mujeres (an-Nisa'), es el capítulo más citado sobre este tema y el islam. Habla de las madres, hermanas, esposas, viudas, divorciadas, huérfanas, esclavas y mujeres acusadas de adulterio, y plantea marcos legales para cuestiones como la herencia y el matrimonio.

La sura 24, la luz (an-Nur), trata sobre la modestia femenina: «Y di a las creyentes que bajen la vista con recato, que sean castas y no muestren más adorno que los que están a la vista, que cubran su escote con el chal y no exhiban sus adornos sino a sus esposos, a sus padres, a sus suegros, a sus propios hijos [...]».

La cuarta sura del Corán es an-Nisa', 'las Mujeres', y comienza así: «¡Hombres! ¡Temed a vuestro Señor, que os ha creado de una sola persona, de la que ha creado a su cónyuge, y de los que ha diseminado un gran número de hombres y de mujeres!».

Esta aleya encarna un aspecto básico e importante de las enseñanzas del Corán sobre el tema de los hombres y las mujeres: que los sexos son complementarios y fueron creados «de una sola persona». Refuerza esta idea la sura 51: «Y el cielo, lo construimos con fuerza [...] Todo lo creamos por parejas» (51,47–49).

El Corán también revela que la recompensa en el más allá espera a

Véase también: La compilación del Corán 64–69 ■ El Estado islámico moderno 266–269 ■ ¿Un islam feminista? 292–299 ■ El hiyab y el nicab 300–303

En algunas épocas del islam las mujeres debían rezar en casa, pero hoy tienen un espacio designado en la mayoría de las mezquitas, como en la de al-Barka en Bekasi (Indonesia).

los creyentes, hombres y mujeres por igual: «Dios ha preparado perdón y magnífica recompensa para los musulmanes y las musulmanas, los creyentes y las creyentes, los devotos y las devotas, los sinceros y las sinceras, los pacientes y las pacientes, los humildes y las humildes, los que y las que dan limosna, los que y las que ayunan, los castos y las castas, los que y las que recuerdan mucho a Dios» (33,35).

Está claro que, según el Corán, hombres y mujeres son dos elementos iguales a ojos de Dios.

Derechos protegidos

El Corán fue compilado en la Arabia tribal del siglo VII, una sociedad en la que las mujeres eran consideradas más que nada posesiones, con pocos derechos formales. En este contexto cultural, las enseñanzas del Corán sobre la igualdad no tenían precedente y anunciaron una mejora clara de la posición de las mujeres en la sociedad árabe.

El Corán prohibió directamente determinadas prácticas comunes en la época, como el infanticidio femenino y el abuso sexual de las esclavas. También concedió a las mujeres derechos en el matrimonio y el divorcio, y derechos de herencia, propiedad y custodia que no tendrían antes del advenimiento del islam. Aunque el Corán permite a un hombre tomar varias esposas («casaos con las mujeres que os gusten: dos, tres o cuatro»), a continuación estipula que deben ser mantenidas de forma adecuada e igual y que todo hombre que no sea capaz de ello debe casarse «con una sola» (4,3).

Estas y otras enseñanzas garantizan la seguridad económica de las divorciadas: la sura 2, la Vaca, afirma explícitamente que es contrario a la ley que un hombre le quite a la mujer divorciada nada de lo que le haya dado y añade que debe tratarla bien y no hacerle ningún mal. Tampoco se ha de impedir a las antes »

Los creyentes
y las creyentes
son amigos unos
de otros.
Corán 9,71

Mariam, el nombre árabe de María, es una figura muy honrada en el Corán y da título a la sura 19. Se cree que esta pintura persa del siglo XVII es una imagen de ella con su hijo Jesús (Isa).

María, madre de Jesús

El Corán menciona unos 25 personajes femeninos, pero solo a María (Mariam en árabe), la madre de Jesús ('Isa), se la identifica por su nombre. El nombre Mariam aparece más veces en el Corán que María en el Nuevo Testamento e, incluso, da título a la sura 19 del Corán. Aunque reverenciada en el islam, los estudiosos musulmanes no le conceden a María la categoría de profeta, aunque sí lo hicieran algunos autores musulmanes medievales.

Otras figuras femeninas del Corán son la reina de Saba, la madre de Moisés, las esposas y las hijas de Mahoma, las hijas de Lot y la esposa del amo del profeta José en Egipto. De estas, la reina de Saba destaca como la única cuya condición principal no es la de esposa o hija; de hecho, las feministas la mencionan a menudo como un ejemplo histórico de liderazgo femenino, y del derecho de las mujeres a ejercer el poder político.

casadas casarse de nuevo: «Estas son las leyes de Dios, no las violéis» (2,229). La misma sura ordena: «Los que de vosotros mueran dejando esposas deberían testar en favor de ellas para su mantenimiento durante un año sin echarlas» (2,240). También estipula que la esposa heredará un cuarto de la propiedad del marido.

Hay, sin embargo, dos áreas en las que el Corán parece favorecer a los hombres sobre las mujeres. Una es la condición de testigo legal. En algunas situaciones legales en las que se requieren testigos, el sexo de estos es indiferente, pero, cuando son necesarios para contratos económicos, el Corán estipula que un hombre vale por dos mujeres. Algunos estudiosos afirman que esto meramente refleja el hecho de que las mujeres del siglo VII tenían menos experiencia en materia financiera, aunque la primera esposa del Profeta, Jadiya, comerciante respetada, fuera una excepción notable.

Otro ámbito de manifiesta desigualdad es la herencia, pues las hijas recibían solo la mitad de lo que heredaran los hijos. La explicación habitual para ello es que los hombres tenían la carga añadida de mantener a las mujeres en el hogar familiar. Así, el Corán pudo traer avances, pero refleja también la realidad de su tiempo y, con ello, el distinto papel de los dos sexos en la familia.

Autoridad patriarcal

Uno de los pasajes más controvertidos del Corán es la aleya 34 de la sura 4, las Mujeres. Estas pocas líneas son muy debatidas y se las tiene a menudo por responsables

> "
> El hombre y la mujer
> son ambos de la creación
> de Dios, y Dios [...] nunca
> pretende oprimir a nadie
> de su creación.
> **Sayyid Qutb**
> Pensador egipcio
> "

del carácter patriarcal de muchas sociedades islámicas y de las restricciones impuestas a las mujeres musulmanas:

«Los hombres tienen autoridad sobre las mujeres en virtud de la preferencia que Dios ha dado a unos sobre otros y de los bienes que gastan. Las mujeres virtuosas son devotas y cuidan, en ausencia de sus maridos, de lo que Dios manda que cuiden. ¡Amonestad a aquellas de quienes temáis que se rebelen, dejadlas solas en el lecho, pegadles! Si os obedecen, no os metáis más con ellas. Dios es excelso, grande».

La primera frase se presenta a menudo como un enunciado definitivo de la superioridad de los hombres sobre las mujeres. Esto, sin embargo, no concuerda con el mensaje del Corán en su conjunto, que, por lo general, presenta a los hombres y las mujeres como iguales. Los teóricos modernos cuestionan más atentamente la interpretación de la superioridad: ¿Tienen todos los hombres autoridad sobre todas las mujeres? ¿Está restringida esta al cabeza de familia? ¿Es solo el marido el que tiene autoridad sobre la esposa? Las opiniones se inclinan hacia esto último, pues se argumenta que

la oración debe entenderse como condicional: el único fundamento de la autoridad del marido es la provisión del sustento económico. Los estudiosos señalan también que la aleya en su conjunto trata sobre asuntos entre el marido y la mujer, y no entre todos los hombres y mujeres.

La última parte de la aleya, que describe castigos progresivamente más punitivos que aplicar contra la esposa *desobediente*, es aún más controvertida, sobre todo en lo referente a la instrucción final. En árabe, esta sanción la expresa el verbo *daraba*, que significa, entre otras cosas, 'golpear, pegar'. Muchos musulmanes de todas las épocas han tenido dificultades para reconciliar esta aleya con el mensaje general del Corán y también con las acciones del Profeta, al que se cita en un hadiz diciendo: «El mejor entre vosotros es el que trata mejor a su esposa».

Entonces y ahora

Aunque la disciplina recomendada en la sura 4,34 refleje una mejora enorme comparado con la situación anterior al islam, las traducciones modernas se han esforzado en proponer lecturas menos sexistas. En 2007, la autora musulmana iraní-estadounidense Laleh Bakhtiar hizo la primera traducción feminista del Corán, en la que rechaza el supuesto permiso para pegar a las mujeres eligiendo una acepción alternativa del verbo *daraba*, que interpretaba como 'alejarse de', en lugar de 'golpear'. Los estudiosos más conservadores prefieren el sentido literal, pero con reservas y mantienen que estipula pegar a la esposa solo como último recurso con el fin de mantener unido el matrimonio, pero sin que sea una licencia para la violencia doméstica.

Escrituras como estas son, en definitiva, rehenes de quienes las interpretan. Lo que está claro es que si las

La marroquí Asma Lamrabet, feminista islámica opuesta al predominio masculino en la interpretación de textos religiosos, defiende el derecho de las mujeres a ser autoridades religiosas.

mujeres han estado históricamente oprimidas y privadas de poder y voto en las sociedades islámicas —y si lo siguen estando hoy—, eso es el resultado de la persistencia de tradiciones culturales problemáticas, la interpretación errónea de los preceptos coránicos por juristas o una amalgama desafortunada de ambas.

En lo fundamental, el Corán trata a las mujeres como iguales sociales, políticas y metafísicas de los hombres, y las considera seres de factura distinta con origen en la misma fuente: Dios. A pesar de su distinto papel a lo largo del tiempo, enseña que los hombres y las mujeres fueron creados para complementarse, darse paz, felicidad y reposo, y ayudarse a cultivar este mundo y a alcanzar la salvación y la felicidad eternas en el próximo. ∎

CREYENTES, CREED EN DIOS
CORÁN 4,136

EN CONTEXTO

TEMA
Los seis pilares de la fe

MÁS SOBRE ESTE TEMA
La sura 4, las Mujeres
(an-Nisa'), una sura larga,
trata de proteger a la recién
formada comunidad
musulmana señalando la
conducta aceptable en el
islam. Presenta artículos
de fe (4,136).

La sura 50, Qaf (letra *qaf*),
trata sobre la Resurrección
y el Día del Juicio. Menciona
también a los dos ángeles
(50,16–18), o *kiraman katibin*,
de los que los musulmanes
creen que llevan la cuenta
de todos los actos de un
ser humano.

La sura 112, la fe pura
(al-Ijlas) es una declaración
breve del *tawhid*, 'unicidad
de Dios'. Se compone de
solo cuatro aleyas.

El credo ('*aqida*) y las prácticas rituales del islam
se identifican claramente en el Corán y los hadices.

Los **cinco pilares del
islam** (*arkan al-islam*)
son **actos rituales**.

Los **seis pilares de
la fe** (*arkan al-iman*) son
creencias indisputables.

Junto con las obligaciones sociales y las prohibiciones
descritas en el Corán y los hadices, los pilares **definen
el islam** como **religión y modo de vida**.

Además de los cinco pilares del islam, los musulmanes practicantes aceptan también seis pilares de la fe fundamentales. Mientras que los cinco pilares del islam son, en general, prácticas rituales cotidianas, los pilares de la fe son más intangibles; además, como sugiere su nombre, tienen que ver con las creencias, y sirven, así, para definir la religión. Cinco de estos pilares de la fe se mencionan juntos en una aleya clave del Corán (4,136): la creencia en el Dios único, en sus ángeles, en sus escrituras, en sus apóstoles y en el Último Día. El otro pilar de los artículos de fe fundamentales es el destino divino (*qadr*), que se traduce a veces como 'sino' o 'predestinación'.

Hay diferencias entre las ramas sunní y chií, y entre otras escuelas,

Véase también: Hégira, la huida de La Meca 28–29 ∎ Los cinco pilares del islam: la *shahada* 36–41 ∎ Los cinco pilares del islam: la *salat* 42–43 ∎ Los cinco pilares del islam: la *zakat* 44–45 ∎ Los cinco pilares del islam: la *saum* 46–49

Di: «¡Él es Dios, Uno, Dios, el Eterno. No ha engendrado, ni ha sido engendrado. No tiene par».
Corán 112

acerca de los detalles de la interpretación, sobre todo en relación con el *qadr*, pero los seis principios no se discuten. La creencia en que Dios es la única divinidad, concepto llamado en árabe *tawhid*, es el punto de referencia principal del Corán y el principio del que depende todo lo demás. Dios es único, no tiene asociados, y ni engendra ni fue engendrado. El pecado supremo, contrario al *tawhid*, es la deificación o culto de cualquier ser o cosa distinta de Dios o, en otras palabras, la práctica de la idolatría o el politeísmo, en árabe, *shirk*. El Corán sostiene que Dios lo perdonará todo, salvo «que se le asocie» (4,48), es decir, que se sirva a otras deidades.

Ángeles y profetas

En el Corán se mencionan a menudo los ángeles, seres invisibles de orden superior que, según un hadiz, fueron creados de luz. El cometido de los ángeles es transmitir mensajes del creador del universo a sus siervos. El ejemplo más obvio es el arcángel Gabriel, que comunicó la revelación del Corán a Mahoma. La palabra árabe para *ángel*, *malak*, recoge la idea de

comunicación, por derivar de *laka* ('enviar en una misión').

Los musulmanes no solo deben creer en la revelación final, esto es, en el Corán; también han de reconocer los textos que lo precedieron, sobre todo la Torá y el Evangelio. Este reconocimiento de textos anteriores viene a mostrar que Dios nunca ha abandonado a la humanidad, sino que ha enviado mensajeros a intervalos irregulares. Según la tradición musulmana, ha habido unos 124 000 mensajeros o profetas, cada uno de ellos portador del mismo mensaje de unidad divina, conforme al contexto y la situación. En el Corán aparecen 25 mensajeros, pero solo a 5 de estos les fueron reveladas escrituras: Noé, Abraham, Moisés, Jesús y Mahoma.

El Último Día

Alrededor de un cuarto del Corán está dedicado a la vida después de la muerte y a asuntos del alma, pues la creencia en Dios no es separable de la creencia en el más allá. En el Último Día, o Día del Juicio (*Yaum al-Qiyama* o *Yaum ad-Din*), el universo será destruido. Después de esto, los muertos resucitarán para comparecer ante Dios y dar cuenta de sus actos. Los justos serán recompensados con un lugar en el paraíso, mientras que los infieles y pecadores irán al infierno.

El sexto pilar, que es el *qadr*, implica la omnisciencia de Dios. Él conoce todo lo que ha ocurrido y todo lo que está por venir. Este conocimiento se conserva de forma imperecedera en una «tabla protegida» *(al-lawh al-mahfuz)*. Los actos de la persona no están determinados por estar en el libro: el hombre tiene libre albedrío, pero Dios conoce sus actos de antemano. ∎

Durante el *mi'rach* (ascensión al cielo), Mahoma, a lomos de su corcel Buraq, estuvo entre los ángeles, representados en esta miniatura persa del siglo XVII.

QUE SOLO LOS PURIFICADOS TOCAN
CORÁN 56,79

Los musulmanes creen que el Corán se basa en un prototipo celestial, un libro escrito en árabe que existe junto a Dios en el cielo. Le fue comunicado a Mahoma en forma de revelaciones que no se pusieron por escrito hasta más tarde. La creencia de que la escritura sagrada existe en el cielo convierte el manejo de sus representaciones terrenales en un asunto de gran cuidado y delicadeza.

El Corán se retrata a sí mismo como un libro «noble», que «solo los purificados tocan» (56,79). Las interpretaciones más esotéricas se inclinan por una lectura metafórica de esa aleya, según la cual lo que quiere decir es que solo los espiritualmente purificados serán capaces de tocar —es decir, acceder a comprender— los verdaderos significados del libro. El enfoque más popular y literal toma la aleya en su sentido obvio, pero las dos interpretaciones no se excluyen.

Un libro por encima de todos los demás
En observancia de la aleya que afirma que solo los purificados pueden tocarlo, la mayoría de los musulmanes tratan el Corán como un objeto sagrado. En consecuencia, quienes se encuentren en un estado ritualmente impuro, por no haber hecho las abluciones, y las mujeres que tengan la menstruación tienen prohibido el contacto físico con las páginas del Corán.

En muchos hogares musulmanes, el Corán ocupa un lugar distinguido, tanto literal como metafóricamente: a menudo se guarda en el estante más alto de la casa, de manera que es, en verdad, el «libro por encima de todos los demás libros». Aunque el Corán sea un mensaje de Dios revelado para ser leído y ponderado siempre que haya ocasión, en algunos hogares se queda en la estantería y solo se toma y lee

Es una ofensa terrible que un hombre se siente, aun sin querer, sobre el Corán.
Ogier Ghiselin de Busbecq
Diplomático flamenco del siglo XVI

Véase también: Los cinco pilares del islam: la *salat* 42–43 ▪ La compilación del Corán 64–69 ▪ La composición del Corán 70–75

Para mostrar respeto al Corán, los lectores suelen usar un *rihal*, o atril plegable en forma de X, como cuna del libro sagrado. El Corán no debe tocar el suelo nunca.

Este Corán no puede haberlo inventado nadie fuera de Dios.
Corán 10,37

en ocasiones especiales, como nacimientos, muertes y bodas, o, en una costumbre cultural particular, se emplea como amuleto bajo el que pasan quienes van a emprender un viaje largo.

Los musulmanes creen que el Corán se debe transportar con gran cuidado, preferiblemente en una bolsa, para evitarle daños. Si por accidente se cae, debe ser honrado, a veces con un beso. Algunos musulmanes hacen un donativo a la caridad si se han mostrado descuidados en el manejo de un Corán.

Deshacerse de un libro sagrado

El respeto dispensado al Corán se mantiene en el caso de copias vie-jas y gastadas. Estas no se pueden tirar, sino que se deben envolver en tela y enterrarlas en un lugar sobre el que la gente no camine de manera habitual; puede ser el recinto de una mezquita o, incluso, un cementerio. Algunos musulmanes aceptan que es aceptable que se queme o se triture, o también atarlo a una piedra y depositarlo en una corriente de agua.

No obstante, no todos los musulmanes tratan el Corán de esta manera. Muchos lo consideran un libro de trabajo, un libro para leer, recitar y estudiar asiduamente, sin que sea necesario tratarlo como un objeto intocable. Para tales musulmanes, el Corán bien puede ser un libro venerable; sin embargo y por encima de todo, es un libro que debe ser vivido. ▪

¿Creado o no creado?

La cuestión de si el Corán fue creado o no fue objeto de un debate teológico intenso durante los primeros siglos del islam, con repercusiones que llegan hasta hoy. Claramente, la tinta y el papel sobre el que está escrito el Corán, junto con los sonidos de las palabras con las que se recita, son todos creados. Pero ¿qué hay de la palabra de Dios que se refleja en el mensaje del Corán? ¿Fue creada o ha existido siempre, y es por tanto no creada?

Quienes afirmaron la eternidad del Corán creían que negar su eternidad significaba negar la divinidad de la revelación y, por tanto, su validez eterna. Si el Corán fue creado, argumentaron algunos teólogos, entonces es producto de un contexto histórico particular y, una vez que cambia dicho contexto, la validez del Corán desaparece. Para estos, la idea de un Corán creado comprometía los fundamentos mismos de la fe y, en último término, era corrosiva para la autoridad del islam.

NUEVO EN TODAS LAS ÉPOCAS, FRESCO PARA TODOS LOS PUEBLOS

YA FAR AS-SADIQ (SIGLO VIII)

EN CONTEXTO

TEMA
Tafsir, o el arte de interpretar el Corán

CUÁNDO Y DÓNDE
883, Bagdad

ANTES
610–632 Mahoma recibe revelaciones de Dios, que sus compañeros memorizan.

632 Tras morir Mahoma, su sucesor Abú Bakr manda reunir las revelaciones en un solo volumen, el Corán.

Siglos VII–VIII Los estudiosos musulmanes comienzan a reunir anécdotas orales sobre los dichos del Profeta (hadices), así como sus comentarios sobre las aleyas coránicas.

DESPUÉS
1972 Abul Ala Maududi completa *Tafhim al-Quran* ('La comprensión del Corán') en seis volúmenes, una combinación muy influyente de interpretaciones ortodoxas y modernas del Corán.

... A lo largo del tiempo, el tafsir aportó una variedad enorme de opiniones ...

El *tafsir* aporta **interpretaciones** para desentrañar el Corán y dar **orientación** al mundo.

... que trajo una rica diversidad al pensamiento y la práctica islámicos.

El Corán se puede leer y comprender en distintos niveles. Algunas aleyas tienen un mensaje relativamente claro y accesible para el lector general, pero el texto se puso por escrito hace mucho tiempo y hoy es difícil comprender buena parte de él. Eso a veces ocurre porque las palabras tienen varios significados y el que se pretendía originalmente puede haberse perdido. En otros casos, una aleya es muy dependiente de circunstancias históricas, como en la sura 111, que comienza: «¡Perezcan las manos de Abu Láhab!» y amenaza a su mujer, «la acarreadora de leña», con echarle al cuello «una cuerda de fibras de palma»; ahí, el contexto lo es todo.

Para comprender plenamente los niveles y matices de significado del Corán, el lector debe familiarizarse con el contexto histórico: cuándo y dónde el texto fue revelado, escrito y transmitido. Poco después de la

Véase también: La vida temprana de Mahoma 22–27 ▪ La compilación del Corán 64–69 ▪ Dichos y hechos del Profeta 118–123 ▪ La creación de Pakistán 242–247

Los musulmanes leen el Corán y hasta pueden aprenderlo de memoria, pero muchas aleyas pueden ser oscuras por lo arcaico del lenguaje y las referencias. El *tafsir* orienta sobre ello.

muerte del Profeta, se desarrolló todo un campo de estudio dedicado a interpretar y comentar el significado de las aleyas del Corán, la práctica conocida como *tafsir*.

Estudiosos del significado

La palabra *tafsir* procede de la raíz árabe *fassara* («interpretar»). En los años formativos del islam, en los siglos VII y VIII, la interpretación coránica se basó principalmente en las explicaciones presentes en muchos hadices, que citaban los comentarios hechos sobre el Corán por el profeta y sus compañeros. Los primeros adeptos, sin embargo, pronto comprendieron la necesidad de explicaciones más detalladas y aleya a aleya de las ambigüedades del Corán, lo cual, a su vez dio lugar al ámbito más amplio del *tafsir* –que abarca la lingüística, la jurisprudencia y la teología– y que surgieran estudiosos entregados: los *mufassirun* ('exégetas').

Surgieron escuelas de *tafsir* en varias ciudades, desde Medina y La Meca hasta Bagdad. Sus comenta-

rios escudriñaron el Corán entero y se publicaron en libros con explicaciones gramaticales y de contexto histórico, además de opiniones personales. Entre los *mufassirun* célebres del periodo clásico se cuentan at-Tabari (839–923), cuyo exhaustivo *tafsir* del 883 es el comentario extenso del Corán más antiguo que se conserva.

Según el historiador y teólogo cairota sufí al-Suyuti (1445–1505), autor de más de 500 obras, un *mufassir* debe dominar el árabe clásico y ser experto en no menos de quince campos de estudio –tales como teología, jurisprudencia y lingüística–, además de conocer el contexto histórico en el que fueron reveladas las aleyas. Solo de un *mufassir* que cumpla estos y otros criterios esenciales cabe esperar que evite la malinterpretación, o una lectura demasiado literal, del texto coránico.

Un proceso en marcha

El hecho de que el *tafsir* sea un proceso continuo y que nunca produzca un comentario definitivo lo explicó el estudioso y sexto imán chií del siglo VIII Ya'far as-Sadiq: «Dios no hizo el Corán para una época o un pueblo específicos, y por tanto es nuevo en todas las épocas, fresco para todos los pueblos, hasta el Día del Juicio». La tradición del *tafsir* continúa hasta hoy. Entre los *mufassirun* eminentes de la modernidad están Abul Ala Maududi (1903–1979), conocido sobre todo como fundador del partido islamista pakistaní Jamaat-e-Islami, quien pasó 30 años trabajando en su traducción y comentario en seis volúmenes, y el estudioso chií iraní Allama Tabatabai (1904–1981), quien comenzó su obra en 27 volúmenes de comentarios coránicos en 1954 y la acabó en 1972. ▪

At-Tabari

Abu Ya'far Muhammad ibn Yarir at-Tabari (nacido en Tabaristán, Irán, 839) pasó la mayor parte de su vida como estudioso en Bagdad, donde murió en 923. Autor prolífico, su reputación se debe a dos obras en particular: la primera, una historia de 8000 páginas de los profetas y reyes desde la creación hasta alrededor de 914-915; la segunda, su comentario del Corán.

Acabado en el 883, *Tafsir at-Tabari* es el más antiguo –de los conservados– intento extenso de comprender el texto del Corán. En más de 30 volúmenes, condensa la vasta riqueza de los hadices y comentarios de estudiosos islámicos anteriores y los clasifica por su compatibilidad entre sí. También ofrece significados léxicos de las palabras y examina su uso en la cultura árabe. Tanto la historia de at-Tabari como su *tafsir* se consideran los ejemplos más destacados de su género.

Quien diga algo sobre el Corán sin conocimiento ha tomado su asiento de fuego.
Profeta Mahoma

¡ENTRAD, PUES, EN ÉL, POR TODA LA ETERNIDAD!
CORÁN 39,73

EN CONTEXTO

TEMA
La concepción coránica del cielo

MÁS SOBRE ESTE TEMA
La sura 9, el Arrepentimiento (at-Tawba), incluye uno de los muchos ejemplos del paraíso descrito como un jardín: «Dios ha prometido a los creyentes y a las creyentes jardines por cuyos bajos fluyen arroyos, en los que estarán eternamente, y viviendas agradables en los jardines del Edén. Pero la satisfacción de Dios será mejor aún» (9,72).

La sura 47, Mahoma (Muhammad), que cuenta la batalla de Badr, dice que hay en el paraíso «arroyos de agua incorruptible, arroyos de leche de gusto inalterable, arroyos de vino, delicia de los bebedores, arroyos de depurada miel» (47,15).

S egún el Corán, todas las personas morirán en su momento asignado y volverán a Dios (6,60). Los musulmanes entierran a sus muertos, y la cremación está prohibida. El mundo se acabará y toda la vida será aniquilada en el Día del Juicio (en árabe, *Yaum al-Qiyama*), cuando se determinará el destino de todos en función del contenido del libro donde están anotadas todas sus obras, grandes y pequeñas. Aquellos cuyas buenas obras en la Tierra pesen más que las malas irán al paraíso *(Yanna)*.

El Corán ofrece varias descripciones del paraíso. La sura 55 habla de jardines bien regados y de la dicha que allí vivirán los creyentes, reclinados sobre «alfombras forradas de brocado» (55,54) con frutas de todo tipo al alcance de la mano y muchas vírgenes, «las de recatado mirar, no tocadas hasta entonces por hombre ni genio» (55,56).

Según los hadices, hay ocho puertas al paraíso, correspondiente cada una de ellas a una práctica virtuosa del islam. Así, por ejemplo, está *Bab as-Salah*, para quienes fueron puntuales en la oración; *Bab ar-Rayyan*, para quienes ayunaron, y *Bab al-hach* para quienes hicieron la peregrinación.

Las opiniones varían en cuanto a si los no musulmanes pueden acceder al paraíso. La sura 2,62: («quienes creen en Dios y en el Último Día y obran bien») sugiere que podrían. ∎

El paraíso, en una miniatura persa en la imagen, se describe como una serie de niveles custodiados por ángeles, de los que el más alto es el *firdaus*.

Véase también: Los seis pilares de la fe 86–87 ∎ El paraíso en la Tierra 202–203 ∎ Ritos de paso 256–259

¡LEJOS, MORADORES DEL FUEGO DE LA GEHENA!
CORÁN 67,11

EN CONTEXTO

TEMA
La concepción coránica del infierno

MÁS SOBRE ESTE TEMA
La sura 4, las Mujeres (an-Nisa') hace muchas referencias al infierno y sus castigos, tales como «A quienes no crean en Nuestros signos les arrojaremos a un Fuego. Siempre que se les consuma la piel, se la repondremos, para que gusten el castigo» (4,56).

La sura 37, los Puestos en Fila (as-Saffat) introduce el árbol de Zaqqum, que «crece en el fondo del fuego de la gehena, de frutos parecidos a cabezas de demonios» (37,64–65).

La sura 78, la Noticia (an-Naba') revela que «La gehena, al acecho, será refugio de los rebeldes, que permanecerán en ella durante generaciones, sin probar frescor ni bebida, fuera de agua muy caliente y hediondo líquido [...]» (78,21–25).

El Día del Juicio, aquellos cuyas malas obras pesen más que las buenas serán relegados a los tormentos del *yahannam*, por su nombre árabe: el infierno, traducido a veces como *gehena*. En el Corán hay incontables descripciones de lo que encontrarán allí los pecadores, con el fuego y las llamas como motivo constante.

El libro sagrado es también concreto en cuanto a los pecados que llevan al infierno: morir no siendo creyente; («Esos morarán en el Fuego eternamente» 2,39); matar a un creyente (4,93); la hipocresía (4,145); y la blasfemia (39,60), entre otros. Los textos coránicos revelan que habrá distintos grados del infierno según los actos del pecador (6,132), con los hipócritas arrojados a sus mayores profundidades. Los hadices introducen otros pecados y castigos, y más información sobre el infierno que falta en el Corán: por ejemplo, en *Sunan an-Nasai* Mahoma dice que hay siete pecados que condenan al infierno, entre ellos huir en batalla y calumniar a una mujer casta.

Al paraíso se llega cuesta arriba, y al infierno, cuesta abajo. Así, hay esfuerzo por llegar al paraíso, y no al infierno.
Al-Gazali
Estudioso persa (1056–1111)

Una serie de aleyas en el Corán habla del tiempo de los pecadores en el infierno como eterno, pero para algunos estudiosos musulmanes, además de un castigo, el infierno es una oportunidad de redención, como revela la sura 6,128: «Tendréis el Fuego por morada, en el que estaréis eternamente, a menos que Dios disponga otra cosa». Hay también un hadiz en el que Mahoma expresa el deseo de que «en verdad venga un día al infierno en el que no haya en él un solo ser humano». ∎

Véase también: Hégira, la huida de La Meca 28–31 ▪ Los seis pilares de la fe 86–87

LA IDEN

ISLÁM

632–786

TIDAD
CA

Abú Bakr es elegido primer califa, o sucesor de Mahoma, por un consejo de compañeros.

Durante el reinado de Úmar, los ejércitos árabes toman la ciudad santa de **Jerusalén**.

El yerno y primo de Mahoma **Alí ibn Abi Talib** se convierte en el cuarto califa.

Husein (hijo de Alí) es asesinado en **Kerbala** por orden del califa omeya Yazid.

632   **638**   **656**   **680**

633   **641**   **661**

Abú Bakr emprende las **guerras de apostasía** contra las tribus secesionistas de la península arábiga.

Los ejércitos árabes conquistan los territorios del **Imperio sasánida** persa.

Alí es asesinado y el gobernador de Siria, **Muʻawiya**, toma el poder.

Los logros de Mahoma fueron extraordinarios. Como transmisor de la palabra de Dios, difundió el mensaje del Corán, primero a un mero puñado de seguidores –parientes suyos, sobre todo– que acabó siendo una comunidad de creyentes, la *umma*. Esta, en el año 630, contaba con, al menos, 10 000 adeptos.

Mahoma fue un líder político que unió a personas de creencias distintas en Medina; por necesidad, también fue el líder militar de dichas comunidades en la guerra contra los poderosos clanes comerciales de La Meca, a los que acabaría por imponerse. Ofreció a sus seguidores una visión de un modo de vida más justo, caritativo y espiritualmente satisfactorio presentándose a sí mismo ante los musulmanes como ejemplo que seguir. Murió en el 632.

Después de Mahoma

La comunidad que había construido Mahoma pasó los primeros 30 años después de su muerte tratando de no desintegrarse y sus lecciones no fueron olvidadas. Cuando el consejo de los musulmanes eligió a un sucesor, este fue su buen amigo y suegro Abú Bakr (*r.* 632–634), quien se enfrentó de inmediato a la rebelión de las tribus árabes, para las que la muerte del Profeta había cortado sus lazos con el islam. En las guerras de la apostasía, Abú Bakr aplastó a los rebeldes y sometió la península arábiga.

Los sucesores de Abú Bakr, Úmar (*r.* 634–644) y Uzmán (*r.* 644–656), que también eran del grupo de compañeros del Profeta, continuaron la expansión mucho más allá de Arabia. No había pasado un decenio desde la muerte del Profeta y ya se habían apoderado de Damasco, Jerusalén, Egipto y gran parte del antiguo Imperio sasánida persa.

Además del fervor y la ferocidad de los ejércitos árabes, las conquistas tuvieron éxito por otros motivos. Los musulmanes dejaron intacta gran parte de la burocracia que heredaron de los imperios bizantino y sasánida; además, en gran medida, permitieron que la gente continuara con sus actividades y su modo de vida como hasta entonces. No trataron de imponer el islam a los vencidos; se limitaron a cobrar un impuesto de capitación a los no musulmanes, que sirvió como fuente de fondos para la guerra.

Un cisma duradero

Elegir al sucesor de Mahoma no fue un proceso del todo unánime: al-

Un ejército musulmán dirigido por Tariq ibn Ziyad **cruza el Mediterráneo** desde el norte de África y derrota a los visigodos de Hispania.

Los ejércitos andalusíes avanzan **hacia el norte hasta Francia**, donde son derrotados, entre Tours y Poitiers, por el líder franco Carlos Martel.

El omeya superviviente 'Abd ar-Rahman (Abderramán) establece un nuevo califato en Al-Ándalus (Hispania) con **capital en Córdoba** y se separa del califato abasí.

711

732

756

692

717

750

786

Se termina la **Cúpula de la Roca** en Jerusalén, el ejemplo más antiguo conservado de arquitectura musulmana.

Comienza el califato del omeya Úmar II, primer califa que favorece la **conversión al islam**.

El califa As-Saffah, primero de los **califas abasíes**, masacra a casi todos los miembros de la familia de los omeyas.

Harún ar-Rashid se convierte en califa y la dinastía abasí alcanza la cúspide de su poder.

---

gunos defendieron la candidatura del primo y yerno de Mahoma, Alí, que fue relegado en tres ocasiones. Acabó siendo el cuarto califa, pero lo asesinaron unos fanáticos en el 661. Entonces se hizo con el liderazgo el gobernador de Damasco, al que sucedió su hijo. A esto se opuso la familia de Alí, lo cual condujo a la batalla de Kerbala, en la que murió Husein, hijo de Alí. Aquella muerte cimentó la división entre los partidarios de Alí, los chiíes, y la comunidad sunní mayoritaria.

Codificar el islam

El cisma entre el islam sunní y el chií no impidió que continuara la expansión bajo la nueva dinastía omeya radicada en Damasco; y con la expansión vino también la consolidación. Como los musulmanes no tenían ya a Mahoma para responder a sus

preguntas sobre las cuestiones del islam, el califa Uzmán había supervisado la estandarización del texto del Corán. Bajo los califas omeyas, los estudiosos revisaron los dichos y hechos del Profeta de los que había noticia (los hadices) y los compilaron en volúmenes autorizados. Estos se convirtieron en fuentes de la ley islámica (sharía) y claves para nuevas interpretaciones del Corán (tafsir).

Fue en esa época cuando se codificó gran parte de lo que hoy entendemos como islam. Los estudiosos islámicos establecieron el proceder correcto en materias tales como cuándo y cómo deben rezar los musulmanes y la práctica obligatoria de la caridad (zakat). Se pronunciaron sobre las normas relativas al consumo de alcohol, el juego y las restricciones alimentarias. Formularon el calendario lunar y fijaron las

fechas de los días festivos islámicos. Las instituciones del derecho islámico proliferaron y se consolidaron cuatro escuelas principales de jurisprudencia: la hanafí, la malikí, la shafií y la hanbalí, así llamadas por los nombres de sus fundadores.

Algunos musulmanes reaccionaron contra esa codificación y buscaron el regreso a lo que entendían como las raíces más espirituales del islam. A estos musulmanes esotéricos se les acabaría conociendo como sufíes y fueron a menudo ilegalizados y perseguidos, pero resistieron con una tenacidad sorprendente.

Mientras tanto, los omeyas, que se habían impuesto por la fuerza de la espada murieron de la misma manera: masacrados por los abasíes, quienes en lo sucesivo envainarían sus armas y presidirían un periodo dorado de la civilización musulmana. ∎

TODA LA TIERRA ES UNA MEZQUITA

PROFETA MAHOMA

EN CONTEXTO

TEMA
Un lugar de culto islámico

CUÁNDO Y DÓNDE
***C*.622, Medina**

ANTES
Antes del islam No se conocen los orígenes de la Kaaba de La Meca, pero probablemente fuera un santuario desde los albores de la civilización en Arabia.

DESPUÉS
715 El califa omeya Wálid I construye una de las primeras grandes mezquitas en el lugar de una catedral cristiana en Damasco (Siria).

1575 Mimar Sinan, el mayor arquitecto del islam, completa su obra maestra, la mezquita de Selim en Edirne (Turquía), para el sultán otomano Selim II.

A los musulmanes se les permite realizar las cinco oraciones diarias en casi cualquier sitio siempre que el lugar donde lo hagan esté limpio o, al menos, pueda hacerse puro usando una alfombra. Solo se nombran algunos lugares donde no está permitido rezar, entre los que se encuentra el tejado de la Kaaba –en La Meca–, cementerios, vertederos, mataderos, cuartos de baño, áreas en las que descansan los camellos y carreteras principales. Aparte de esos lugares, más de un hadiz sostiene que el mundo entero es una mezquita *(masyid)*.

Como prácticamente cualquier sitio puede ser un lugar de postra-

Véase también: La vida temprana de Mahoma 22–27 ▪ Los califatos omeya y abasí 136–139 ▪ El califato del Imperio otomano 186–189 ▪ Arte y arquitectura islámicos 194–201

La mezquita tiene pocos elementos esenciales; los principales son un espacio limpio donde rezar, un *mihrab*, que indica la dirección de la oración, y una fuente de agua limpia para las abluciones de los fieles. Otros elementos son opcionales o simbólicos.

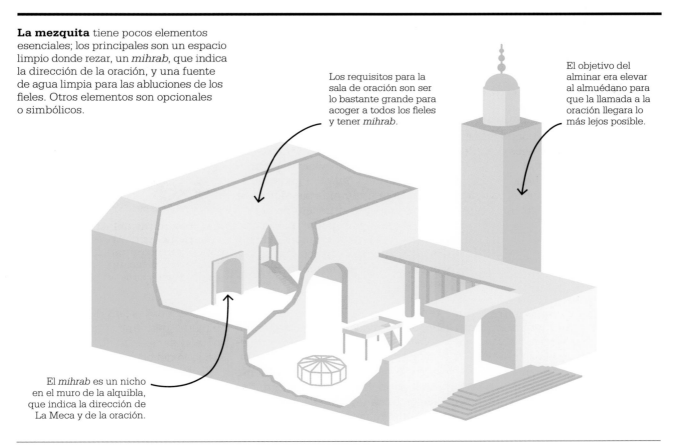

Los requisitos para la sala de oración son ser lo bastante grande para acoger a todos los fieles y tener *mihrab*.

El objetivo del alminar era elevar al almuédano para que la llamada a la oración llegara lo más lejos posible.

El *mihrab* es un nicho en el muro de la alquibla, que indica la dirección de La Meca y de la oración.

ción, la mezquita en el islam no se considera un lugar sagrado de la misma manera que una iglesia en el cristianismo. Cuando se construye una mezquita, por ejemplo, no hay necesidad de consagrar el suelo. La mezquita se ha convertido en el símbolo central del islam y, aunque no sea esencial para la oración, es un referente de la identidad islámica. De ese modo, la mezquita sirve a la causa del islam y, por este motivo, otro hadiz afirma: «A quien construya una mezquita para Dios, Dios le construirá una casa en el paraíso».

Las primeras mezquitas

Durante la fase de La Meca de la misión del Profeta, el área alrededor de la Kaaba se solía conocer como *masyid*. Sin embargo, por motivos de seguridad, Mahoma y sus seguidores realizaban sus oraciones en las casas.

Se considera que la primera mezquita propiamente fue Masyid at-Taqwa, 'mezquita de la piedad', construida por el Profeta y sus seguidores cuando llegaron a Medina, en el 622, tras huir de la persecución en La Meca. Al llegar al oasis justo al sur de Medina, el Profeta desató su camello, le permitió vagar y dijo que donde parara sería el lugar donde construirían la mezquita. El Profeta se instaló en una casa cerca de la nueva mezquita por un tempo breve y se mudó más tarde, cuando se construyó una mezquita mayor y más permanente en el centro de Medina.

Esa mezquita mayor fue Masyid an-Nabawi, 'mezquita del Profeta'. Tenía forma de patio abierto lo bastante grande para que una comunidad creciente pudiera reunirse en un solo lugar y era de construcción lo bastante sencilla para poderla ampliar fácilmente a medida que iba creciendo el número de fieles. Los muros eran de adobe, unos troncos de palmera servían de columnas y las hojas de palmera servían de tejado para un área cubierta que protegía a los fieles del sol del mediodía. La dirección en que se debía orar –la *qibla*, que da en castellano » *alquibla*– estaba indicada por una gran piedra. En aquella fase temprana de la estancia del Profeta en Medina, la alquibla apuntaba a Jerusalén; así fue hasta el 624, cuando se cambió a La Meca.

El Profeta y sus seguidores pasaban mucho tiempo en la mezquita, no necesariamente rezando. Mahoma no era solo profeta y predicador, sino también el líder político de los medineses y sus paisanos mequíes en el exilio y se ocupaba de la administración de la ciudad desde la mezquita. Así, esta era tanto ayuntamiento y oficina del gobierno como lugar de culto.

Fundamentos de la mezquita

A medida que el islam se expandía por la península arábiga, y muy pronto más allá, se construyó un gran número de mezquitas para emular a la del Profeta en Medina. Si bien la forma y el estilo variaban –y siguen variando– en función de las tradiciones constructivas y de los materiales locales, la mayoría de las mezquitas compartían elementos y características que han permanecido constantes, incluso hasta el día de hoy.

Como la oración hay que hacerla mirando hacia La Meca, las mezquitas deben tener algún modo claro de indicar dicha dirección. Esa es la función del *mihrab*, que suele adoptar la forma de nicho o concavidad en el muro de la alquibla en la sala de oración principal. En las mezquitas grandes, junto al *mihrab*, hay un púlpito, *minbar*, que es una plataforma elevada a la que se accede por escaleras, donde el imán que dirige la oración del viernes pronuncia su sermón *(jutba)*. Puede haber también una segunda plataforma, la *dikka*, en la parte trasera de la sala de oración o en el patio; en ella otro ministro repite el sermón y dirige la oración para los fieles que se encuentran lejos del *minbar* y no oyen al imán.

Todas las mezquitas deben tener un lugar para que los fieles hagan las abluciones antes de orar; a veces está en un área cubierta adyacente al espacio de oración principal, o bien puede ser una fuente en el patio. Las mezquitas grandes suelen tener un lugar separado para que recen las mujeres. La disposición de las plantas varía, pero, si ambos sexos comparten el mismo espacio, lo habitual es que los hom-

Las mezquitas del África sahariana, como esta en Diafarabé (Mali), parecen surgir del suelo de barro como si fueran parte de él y su decoración es sencilla y austera.

bres ocupen las filas delanteras y las mujeres permanezcan detrás. Otra opción es que los hombres ocupen un lado del espacio de oración y las mujeres el otro, separados por cortinas o pantallas. En cambio, en algunas mezquitas pequeñas y sobre todo en el ámbito rural, hay una lamentable falta de lugares para las mujeres que quieran orar en la mezquita. También es esencial no

La Cúpula de la Roca

Una de las mezquitas más antiguas conservadas, la Cúpula de la Roca *(Qubbat as-Sachra)* es diferente de cualquier otro edificio islámico. Se construyó entre el 688 y el 692 sobre la roca del Monte del Templo en Jerusalén, desde la que cuentan que Mahoma ascendió al cielo en el milagroso viaje nocturno. El lugar era hasta entonces parte de las ruinas del Templo de Jerusalén, lugar de inmensa importancia religiosa para los judíos. Actualmente, la propiedad del terreno continúa enfrentando a judíos y musulmanes.

Fue el califa omeya Abd al-Málik quien la ordenó construir. A falta todavía de una tradición establecida de construcción de mezquitas, la Cúpula fue obra de artesanos sirios formados en el estilo bizantino, y su arquitectura y decoración deben mucho al estilo constructivo de los cristianos orientales. De tamaño modesto y sin espacio para los fieles en el interior, su fin nunca fue acoger la oración de una congregación, sino que se erigió como símbolo del poder musulmán en la recién conquistada Jerusalén.

Mantened a los infantes, a los dementes y a los malvados lejos de vuestra mezquita.
Profeta Mahoma

Cuando cualquiera de vosotros entre en la mezquita, deseadle la paz al Profeta.
Profeta Mahoma

entrar nunca calzado a la mezquita, para no ensuciar la sala de oración; por tanto, hay siempre un lugar para dejar el calzado.

Alminares y cúpulas

La mayoría de las personas a quien se pregunte qué es una mezquita hablarían de un alminar y una cúpula, pero ninguno de los dos elementos es obligatorio; desde luego, no en la actualidad. El alminar evolucionó a partir de la plataforma elevada a la que subía el almuédano, que llama a los fieles a la oración, para proyectar más la voz. Con el tiempo, estas plataformas se convirtieron en torres, o alminares, a las que ascendía el almuédano para que su voz llegara aún más lejos.

Como elemento más visible de la mezquita, el alminar acabó convertido en una especie de emblema de la presencia física del islam. Muchos alminares están hermosamente adornados con azulejos o piedra tallada y alcanzaron alturas cada vez mayores. El alminar más alto del mundo hoy es el de la Jamaa al-

La mezquita del Sheij Zayed de Abu Dabi tiene capacidad para más de 50 000 fieles, la mayor alfombra tejida a mano del mundo y uno de los mayores candelabros del mundo.

Jazair, en Argel, de 265 metros. Por su parte, la cúpula, una imagen habitual en todo el mundo islámico, no es más que una opción arquitectónica. Con raíces en la antigua Mesopotamia y Roma, se usa no solo por su fuerza estructural, sino porque encontrarse debajo recuerda al cielo.

Mezquitas modernas

La tecnología del micrófono y el altavoz dejó obsoleto el alminar y la tecnología constructiva moder-

na les da a los arquitectos muchas opciones diferentes de la cúpula para cubrir espacios grandes. La mezquita moderna puede ser tan modesta como un apartamento reformado con un altavoz en el tejado o tan deslumbrante como la mezquita del Sheij Zayed de Abu Dabi, que combina lo tradicional y lo moderno; su construcción duró 11 años (se acabó en 2007) y costó casi 500 millones de euros. Sin embargo, ni se acerca a la mezquita más cara hasta ahora: la Gran Mezquita de La Meca, en Arabia Saudí, también conocida como Masyid al-Haram, reconstruida en 2016 a un coste estimado en unos 91 000 millones de euros.

Aunque no tan esencial para el culto islámico como muchos podrían suponer, la mezquita cumple un papel importante como foco e imagen pública de toda comunidad musulmana, por grande o pequeña que esta sea. En consecuencia, las mezquitas pueden ser desde manifestaciones suntuosas del orgullo nacional hasta centros vecinales humildes, pero acogedores. ∎

ERA SUPERIOR A NOSOTROS COMO MUSULMÁN
TARIJ AL-TABARI POR AT-TABARI (*C.* 915)

EN CONTEXTO

TEMA
Un sucesor del Profeta

CUÁNDO Y DÓNDE
632–634, Arabia

ANTES
C. 570–632 Mahoma establece el islam y es el primer líder de los musulmanes. Muere en el 632 sin haber nombrado un sucesor.

DESPUÉS
634 Umar ibn al-Jattab sucede como califa a Abú Bakr y gobierna durante 10 años. Lo suceden Uzmán y Alí ibn Abi Talib. A los cuatro se los conoce como los califas *rashidun* ('bien guiados' u 'ortodoxos').

661 Los omeyas de Siria salen victoriosos en la guerra por la sucesión. Establecen un nuevo califato en Damasco y el cargo de califa se hace hereditario.

l morir el profeta Mahoma, después de una breve enfermedad, en el año 632, la comunidad musulmana se vio abocada a una crisis. Mahoma se había ido para siempre y el Corán había dejado muy claro que no habría ya más enviados. Como revelación final de Dios, el Corán debía bastarle a la humanidad hasta el final de los tiempos. Sin embargo, ¿quién debía suceder a Mahoma como líder de la comunidad y cómo debía ser elegida esa persona? Y no menos importante: ¿cuál sería la naturaleza de su autoridad?

Abú Bakr es elegido líder de la primera comunidad musulmana tras la muerte de Mahoma.

⬇

Creía que el **liderazgo religioso y político** de los musulmanes **correspondía a los compañeros** de Mahoma en **La Meca**, no a sus parientes.

⬇

Combatió a los musulmanes que **se negaron a pagar la *zakat*…**

⬇

… y devolvió **la paz y la estabilidad** a la península arábiga.

Véase también: La *umma*, la comunidad del islam 32–33 ▪ La muerte del Profeta 56–57 ▪ Los califas bien guiados 104–107
▪ El surgimiento del islam chií 108–115 ▪ Sunníes y chiíes en el Oriente Próximo actual 270–271

La mayoría de los seguidores de Mahoma creían que este, como el Corán, había guardado silencio al respecto: ni nombró sucesor ni propuso como elegirlo. No obstante, algunos mantenían que el profeta había escogido para sucederlo a su yerno y primo Alí, que era su pariente masculino más próximo. A los partidarios de este se los conocía como la *shía*, 'partido', de Alí, palabra que pasó a denominar la escisión de los chiíes de la mayoría de los musulmanes; esta mayoría será más adelante la sunna ('los que se adhieren al camino del Profeta') y sus seguidores serán los sunníes.

El primer califa

Pese a los argumentos en su apoyo, no fue Alí quien sucedió a Mahoma como nuevo líder. El título de califa (del árabe *jalifa*, 'sucesor') pasó al suegro y compañero próximo de Mahoma Abú Bakr. Fue nominado y elegido por un pequeño comité de ancianos, quienes consideraron a Alí demasiado inexperto para la responsabilidad del liderazgo.

Durante los 10 años anteriores a la muerte del Profeta, Abú Bakr había sido el consejero principal de Mahoma, pero no había detentado ninguna función pública destacada aparte de dirigir la peregrinación anual a La Meca en el 631 y sustituir a Mahoma al frente de las oraciones públicas en Medina durante la enfermedad del Profeta.

El historiador persa At-Tabari (839–923) atribuye a Muhammad bin Sa'ad bin Abi Waqqas, un compañero del Profeta, estas palabras: «Le pregunté a mi padre si Abú Bakr había sido el primer musulmán. Me respondió: "No, más de cincuenta abrazaron el islam antes que Abú Bakr, pero era superior a nosotros como musulmán"».

Las guerras Ridda

Al convertirse en califa, el problema inmediato de Abú Bakr fue sofocar las insurrecciones tribales que estallaron en cuanto murió el Profeta. En vida de Mahoma, muchas de las tribus beduinas le habían jurado lealtad como mensajero de Dios y la mayoría habían aceptado pagar un impuesto, el azaque, *zakat*. Al morir el Profeta, muchos repudiaron los acuerdos argumentando que eran leales a Mahoma, pero no a sus sucesores. Algunos afirmaron que seguirían siendo musulmanes, pero no pagarían impuestos; otros dijeron tener sus propios profetas y revelaciones de tipo coránico.

Temiendo el colapso de la *umma* y un regreso a la fragmentación existente antes del islam, Abú Bakr emprendió una serie de campañas militares contra las tribus: las guerras de la *ridda* ('apostasía'). En nombre del califato, las emprendió, en gran medida, el general Jalid ibn al-Walid (585–642). Cuando Abú Bakr murió apaciblemente mientras dormía, las tribus estaban ya de nuevo bajo el control de Medina. ▪

Se me ha entregado la autoridad sobre vosotros. Si hago bien, ayudadme; y, si hago mal, corregidme.
Abú Bakr

Abú Bakr

Abú Bakr as-Siddiq ('el Sincero') nació en el 573 en La Meca, en un clan menor de la tribu Quraysh, que allí gobernaba. Comerciante de telas, viajó a menudo a Yemen y Siria, y era relativamente rico. Al oír hablar de un hombre llamado Mahoma que predicaba una nueva fe, lo visitó y fue de los primeros conversos.

Se cuenta que Abú Bakr se esforzó por ganar nuevos adeptos al islam y que compró esclavos que se habían convertido y los liberó. Actuó como tesorero de Mahoma y le aconsejó sobre las relaciones con los diversos clanes. Su prestigio entre los primeros musulmanes se vio reforzado también por el matrimonio de Mahoma con su hija Aisha.

Mahoma, en sus últimos días, le pidió a Abú Bakr que dirigiera las oraciones en la mezquita, lo cual se tomó luego como señal para que sucediera al Profeta. Fue califa durante dos años, dos meses y quince días, hasta enfermar y morir en 634.

VOY A PONER UN SUCESOR EN LA TIERRA

CORÁN 2,30

A Abú Bakr lo sucedieron como califas 'Umar ibn al-Jattab (*r.* 634–644) [castellanizado Úmar], 'Uzman ibn 'Affan (*r.* 644–656) [Uzmán] y 'Ali ibn Abi Talib (*r.* 656–661) [Alí]; estos cuatro califas son los *rashidun*, 'ortodoxos' o 'bien guiados'. Después de Mahoma, se consideran los cuatro califas guiados por Dios para gobernar con justicia la comunidad islámica *(umma)*. Al gobierno de los *rashidun* puso fin la guerra civil, en la que el califato pasó a manos de los vencedores.

Príncipe de los creyentes
Poco antes de morir, Abú Bakr designó a Úmar como sucesor en el

> Sobre todo hombre insincero hay dos vigilantes: uno son sus posesiones, y el otro, su modo de vida.
> **'Umar ibn al-Jattab (califa Úmar)**

califato. Aunque Úmar era un compañero próximo al Profeta, los partidarios de Alí se opusieron a que asumiera el cargo, indignados por que se hubiera relegado a su candidato una vez más, como ya había sucedido con el nombramiento de Abú Bakr. Aun así, Úmar, al que Alí iba a servir como consejero, no encontró demasiada resistencia interna durante un califato memorable que duró 10 años.

Una de las primeras cosas que hizo Úmar como califa fue añadir a su título el epíteto *amir al-mu'minin* ('emir o príncipe de los creyentes'), para subrayar la condición espiritual, además de política, de su liderazgo. Úmar no pretendió emular la categoría profética de la misión original de Mahoma, pero sí insistir en que, como califa, era el líder de los musulmanes en todos los aspectos.

Durante el califato de Úmar los árabes llevaron a cabo sus primeras grandes conquistas. Estas comenzaron como continuación de las guerras *Ridda* de Abú Bakr contra las tribus rebeldes de Arabia, patria desde la que los ejércitos islámicos no tardaron en avanzar hacia el norte. Gran parte del territorio de lo que hoy es Irak cayó en el 633, seguido de la ciudad de Damasco en el 634. En la batalla de Yarmuk, en el 636, los árabes derrotaron a un ejército bizantino y pusieron fin a mil años de predominio de la cultura y la lengua griegas en el Mediterráneo oriental. Aquel mismo año los musulmanes derrotaron también a

Los primeros cuatro califas del islam (Abú Bakr, Úmar, Uzmán y Alí, representados en esta miniatura turca) conocieron todos a Mahoma en persona, lo cual les dio una categoría eminente.

los persas sasánidas en la batalla de Al-Qadisiyya, cerca del río Éufrates.

Las conquistas continúan

En el 638, los musulmanes tomaron Jerusalén, cuya rendición aceptó en persona el califa Úmar. Al año siguiente los musulmanes avanzaron sobre Egipto. En el 640 capturaron la fortaleza bizantina de Babilonia, en el lugar de lo que más tarde sería El Cairo, y en el 641 se apoderaron de la capital de Egipto, Alejandría. Esto marcó el final de la primera ola de conquistas musulmanas. »

El **vicerregente de Dios en la Tierra** y la más alta autoridad religiosa del islam.

Califa

Un **líder político y guerrero** que puede proteger a los pueblos islámicos y extender su dominio en el mundo.

En solo siete años, los ejércitos de Úmar se habían hecho con una vasta extensión de territorios y así habían construido un imperio entonces solo superado en tamaño por China. Otro de los triunfos de Úmar se dio en el ámbito de la Administración. Consciente de que la lealtad de los vencidos era de vital importancia para el éxito de un imperio islámico en expansión, procuró que los que habían perdido sus tierras no se vieran demasiado afectados y, con ese fin, dejó la estructura administrativa de los nuevos territorios en gran medida como estaba antes de la conquista. Buen ejemplo de ello fue Siria, donde el viejo funcionariado bizantino siguió intacto. Un caso similar se dio en Persia, donde el persa se mantuvo como lengua predominante y las antiguas estructuras quedaron como estaban. Las poblaciones conquistadas tuvieron también libertad para seguir practicando su religión y no hubo imposición forzosa del islam.

La entrega a los asuntos mundanos alimenta la oscuridad del corazón; la entrega a los del mundo que vendrá, lo ilumina.
'Uzman ibn 'Affan (califa Uzmán)

Semillas de descontento

Úmar murió en el 644, asesinado por un esclavo persa. Su prestigio como gran conquistador árabe fue aún mayor por sus hábitos personales austeros: se cuenta que solía dormir en un rincón de una mezquita, envuelto en su capa. El califato pasó a Uzmán, que fue elegido por un consejo, o *shura*, formado por los compañeros del Profeta. Uzmán era un hombre pío y uno de los primeros seguidores de Mahoma; no obstante, de nuevo su nombramiento provocó el resentimiento entre los partidarios de Alí.

Bajo Uzmán, la expansión del imperio continuó, pero a un ritmo más lento. Sus campañas añadieron Chipre a los dominios musulmanes en el 649 y pusieron fin al poder de los sasánidas de Persia con la muerte de su último sah ('rey'). El mayor logro de Uzmán fue su proyecto para redactar la versión definitiva del Corán.

El reinado de Uzmán quedó ensombrecido por problemas fiscales, resultado, según sus críticos, del desmedido gasto. Más dañinas para su reputación fueron las acusaciones de nepotismo, pues colocó a miembros de su clan en posiciones de poder e influencia. Hubo revueltas en Egipto e Irak y un grupo de rebeldes logró llegar hasta Medina, capital del califato. Allí encontraron a Uzmán abandonado por los que habían sido sus partidarios y lo asesinaron. Se cuenta que estaba leyendo el Corán y que este quedó salpicado de sangre. Siglos después, los califas abasíes exponían el «Corán de Uzmán», copia del libro sagrado supuestamente manchada por la sangre del califa, en las ocasiones ceremoniales.

La primera guerra civil musulmana

Muerto Uzmán, el califato pasó al fin a Alí, primo y yerno de Mahoma, y uno de los primeros conversos al islam. Pese a sus credenciales y

En la batalla del Camello Alí derrotó a un ejército que mandaba en parte Aisha (viuda de Mahoma), que dirigió las operaciones montada en un camello.

La Gran Mezquita de Kufa fue construida por el califa Úmar, según algunos, pero la ciudad tiene una vinculación más estrecha con Alí, pues se cree que fue asesinado allí en el 661.

al tiempo que había pasado siendo candidato, no fue aclamado por todos. Se opusieron a su nombramiento un grupo de musulmanes destacados, entre ellos Zubayr ibn al-'Awwam, uno de los compañeros eminentes, y Aisha, la viuda del Profeta. Alí se enfrentaba también a la presión de los omeyas, el clan del califa mártir Uzmán. Nadie acusaba a Alí de estar implicado en el asesinato, pero los omeyas le exigían que castigara a los asesinos. Mientras Alí no cumplió con este deber, Mu'awiya ibn Abi Sufyan, líder sirio del grande y poderoso clan de los omeyas, se negó a jurar lealtad al nuevo califa.

En el primer año del reinado de Alí, los musulmanes se enzarzaron en su primera guerra civil. En diciem-

Nunca des explicaciones a nadie, pues los que están de tu parte no las necesitarán y los que no lo están nunca las creerán.
**'Ali ibn Abi Talib
(califa Alí)**

bre del 656, Alí se enfrentó a los ejércitos de Zubayr cerca de Basora (en el actual Irak), en la batalla del Camello, así llamada porque Aisha dirigió las fuerzas desde su montura. Alí venció, Zubayr murió y Aisha se retiró a Medina.

El fin de los *rashidun*

Alí no volvió a Medina, sino que estableció su capital en Kufa (Irak), entre sus aliados. Por primera vez desde la muerte de Mahoma, la sede del califato se desplazó fuera de Arabia. Zubayr había sido derrotado, pero seguía presente la amenaza de Mu'awiya. Este gobernaba Siria como provincia autónoma y contaba con un gran ejército. No reclamó para sí el califato, pero seguía insistiendo en que Alí castigara a los asesinos de Uzmán y estos eran, precisamente, los aliados de Alí en Irak.

En el 657, Alí remontó con su ejército iraquí el valle del Éufrates, donde se encontró con el ejército sirio de Mu'awiya. Las dos fuerzas se enfrentaron en Siffin, cerca de la actual Raqqa. Durante semanas solo hubo escaramuzas, pero, cuando parecía probable una batalla abierta, las fuerzas sirias arrancaron hojas de sus ejemplares del Corán y las clavaron en la punta de las lanzas, exigiendo un arbitraje conforme al libro de Dios. Alí estuvo de acuerdo y se decidió que los representantes de las facciones enfrentadas se encontraran al año siguiente.

A muchos de los partidarios de Alí los decepcionó su decisión, que consideraron un error. Los desafectos serán conocidos como *jariyíes* («los que se salen») y contaron con una teología y una estrategia polí-

tica propias. Luego Alí les infligió un duro golpe en la batalla de Nahrawan, en el 658, pero los jariyíes iban a tener la última palabra. Tres años más tarde, uno de ellos accedió a los aposentos privados de Alí, donde este estaba rezando, y lo asesinó.

A pesar de las convulsiones de los reinados de Uzmán y Alí, en general los musulmanes siguen viendo el periodo de los califas *rashidun* como la expresión más pura de la sociedad islámica. Fue una época en que la revelación final de Dios se expresó en la construcción de un imperio cohesionado por la fe religiosa. Fue también un periodo de 30 años en el que se dio forma definitiva al Corán, garantizando con ello que la revelación quedara registrada para las generaciones futuras. ∎

Los jariyíes

Tras asesinar a Alí, los jariyíes siguieron siendo una fuerza menor, pero perturbadora, que encabezó rebeliones contra los omeyas sucesores de los *rashidun*. Conocidos por su puritanismo y fanatismo, los jariyíes consideraban apóstata a todo musulmán que hubiera cometido un pecado capital. Aborrecían los matrimonios mixtos y las relaciones con otros musulmanes, e insistían en interpretar literalmente el Corán. Un estudioso del siglo XIV escribió de ellos: «Si se hacen alguna vez fuertes, sin duda corromperán la Tierra toda [...] no dejarán ni un infante, niño o niña, ni hombre ni mujer, ya que a su entender el pueblo ha causado tal corrupción que no puede rectificarse más que por la matanza en masa».

EL IMÁN ES EL LÍDER ELEGIDO POR DIOS

ʿALI IBN ABI TALIB (601–661)

EN CONTEXTO

TEMA
El surgimiento
del islam chií

CUÁNDO Y DÓNDE
***C.* 680, Irak**

ANTES
632 El profeta Mahoma muere
sin haber nombrado sucesor.

DESPUÉS
909–1171 Los fatimíes, que
se dicen descendientes de
Fátima, hija del Profeta, se
convierten en la primera gran
dinastía chií. Establecen una
nueva capital en Al-Qahira (El
Cairo), desde la que controlan
gran parte del norte de África
y oeste de Arabia.

***C.* 1501** La dinastía safaví
persa convierte el imperio
sunní en chií. Hasta hoy,
Irán (antes Persia) continúa
siendo el bastión del chiismo
en un mundo islámico
predominantemente sunní.

Entre el 12 y el 15 % de los musulmanes pertenecen a la rama chií del islam, a menudo descrita como secta o denominación, pero que no es ninguna de las dos: la tradición chií es un subconjunto doctrinal, teológico y jurídico del islam.

El término chií procede del árabe *shia'a* ('grupo') y los chiíes o partidarios en este caso eran quienes apoyaron la candidatura de 'Ali ibn Abi Talib, primo y yerno del profeta Mahoma, como líder de los musulmanes después de la muerte de este. La crisis sucesoria, que fue un rasgo constante de la era de los califas *rashidun*, acabó dando lugar al chiismo como interpretación distinta y minoritaria del islam. Nada ha generado una división más profunda entre los musulmanes que este antiguo cisma y los musulmanes de todo el mundo continúan viviendo esta disputa no resuelta en el siglo XXI.

La candidatura de Alí

Cuando Mahoma murió sin –al decir de muchos– haber nombrado un sucesor, la mayoría de los musulmanes consideraron que elegir un líder por consenso era lo más conforme al es-

Es la ley de la naturaleza
que los árboles de frutos
más dulces sean los
más golpeados.
'Ali ibn Abi Talib

píritu de la sunna, el ejemplo de la vida y enseñanzas del Profeta.

Sin embargo, había un grupo que creía que Mahoma había escogido al hombre que había de continuar su cometido como líder y guía de la comunidad islámica. Este era 'Ali ibn Abi Talib, quien, además de ser primo del Profeta y uno de los primeros conversos al islam, estaba casado con su hija Fátima. Alí y Fátima habían pasado mucho tiempo junto a Mahoma y, por ello, se los conocía como *ahl al-beit* ('gente de la casa'), es decir, miembros del hogar del Profeta. Alí era también, en general, considerado digno de

---

Tras la muerte de Mahoma, muchos
seguidores consideran que la **elección
del líder** debe ser conforme a la sunna
(enseñanzas y dichos del Profeta).

Después de la muerte de Mahoma,
el partido de Alí (la *shía*) cree que
Dios ha indicado una **línea sucesoria
legítima** dentro de la familia del Profeta.

Por tanto, el islam sunní lo encabeza
un **líder elegido por consenso**.

Por tanto, el islam chií lo encabeza un
imán que ha sido elegido por Dios.

Véase también: Los califas bien guiados 104–107 ■ El Imperio safaví 192–193 ■ El surgimiento de la modernidad islámica 222–223 ■ La Revolución iraní 248–251 ■ Sunníes y chiíes en el Oriente Próximo actual 270–271

confianza, leal y valeroso. Ahora bien, en el momento en que el Profeta falleció, Alí tenía 28 años y los ancianos encargados de nombrar al califa creían que era demasiado joven para gobernar.

Los partidarios de Alí aducían determinadas aleyas del Corán, que según ellos respaldaban su postura de que solo los miembros de la familia del Profeta debían estar al frente de la comunidad musulmana. También citaban un sermón pronunciado por Mahoma al volver de su última peregrinación a La Meca, poco antes de morir. Detuvo la caravana en Gadir al-Yumm, donde se dirigió a sus seguidores; se cuenta que tomó a Alí de la mano y declaró: «De quien yo sea su líder, este, Alí, es su líder».

Alí acabó siendo elegido para dirigir la comunidad islámica en el 656, después de la muerte del tercer califa, Uzmán, pero los musulmanes siguieron divididos. Alí se vio obligado a recurrir a las armas en defensa de su gobierno y lo asesinaron solo cinco años después de su nombramiento como califa. Paradójicamente, sus asesinos no fueron sus enemigos, sino antiguos partidarios que consideraban que no había sido lo bastante contundente para castigar a los asesinos de Uzmán y proteger su propia posición como califa.

Masacre en Kerbala

Al morir Alí, mucha gente esperaba que el califato pasara al mayor de sus hijos, Hasan. Sin embargo, Mu'awiya, el poderoso gobernador de Siria, se opuso a Hasan y le aconsejó evitar el derramamiento de sangre renunciando a sus pretensiones al califato. Hasan accedió con ciertas condiciones, entre ellas que Mu'awiya no usara nunca el título

de *amir al-mu'minin* ('príncipe de los creyentes') y que no nombrara sucesor. Hasan se retiró a Medina y se cree que allí, en el 669 o el 670, fue envenenado por su esposa, probablemente instigada a ello por Mu'awiya.

Desde su base de poder en Damasco, Mu'awiya gobernó como califa durante 20 años. Cuando enfermó gravemente en el 680, en lugar de cumplir lo acordado con Hasan, declaró sucesor a su hijo Yazid, y les escribió a los gobernadores regio-

Una sola lágrima derramada por Husein lava cien pecados.
Dicho popular chií

Peregrinos chiíes en la mezquita del Imam Husein en Kerbala (Irak) conmemoran el martirio del nieto de Mahoma, asesinado el día 10 del mes de muharram en el 680.

nales ordenándoles jurar lealtad al nuevo califa.

Muchos se negaron, en particular en Irak, donde el apoyo a la familia del Profeta era muy fuerte. Se enviaron cartas a Medina instando al hermano menor de Hasan, Husein, a ir a Irak, donde sus partidarios prometían expulsar a los sirios y «reclamar el alma del islam». Husein salió de Medina con 18 miembros de su familia, en un grupo de poco más de 70 personas. Tres semanas después, cuando estaban llegando a Kufa (Irak), se encontraron con un ejército omeya que les ordenó volver a Medina. En lugar de obedecer, Husein llevó a los suyos al río Éufrates, donde acamparon en el llano de Kerbala (hoy en día una ciudad importante de Irak). Allí los rodeó un ejército de 4000 hombres, que trataron de rendir por hambre a »

Sunníes

**El profeta Mahoma
no nombró sucesor.**

Los líderes de la comunidad islámica
(califas) son **elegidos por un consejo**
según varios criterios, como la aptitud
para gobernar y la piedad.

Los **califas** son líderes políticos y
espirituales, pero **no son profetas**.

No se permiten estatuas ni
pinturas como parte del culto.

La Meca, Medina y Jerusalén
son los centros de la fe.

El único lugar de **peregrinación**
es **La Meca**.

Alrededor del **85 %** de los
musulmanes del mundo
son sunníes.

**Todos los
musulmanes
se atienen al
Corán, la sunna
y los cinco
pilares del
islam.**

Chiíes

**El profeta Mahoma
escogió a Alí como su sucesor.**

Los **descendientes directos** del
Profeta son los únicos verdaderos
líderes (imanes) del islam.

Los **imanes** son líderes políticos y
espirituales y **guías infalibles**.

Las representaciones de Alí y otros
imanes son **objetos de veneración**.

La Meca, Medina, Jerusalén, **Nayaf**
y **Kerbala** son los centros de la fe.

Los **imanes son venerados como
santos** y los chiíes peregrinan a
otros santuarios además de La Meca.

Alrededor del **15 %** de
los musulmanes del
mundo son chiíes.

Las diferencias entre sunníes y chiíes son pocas;
ambos creen en los mismos fundamentos del islam.
Divergen en cuanto a la sucesión del liderazgo tras
la muerte del Profeta y las diferentes experiencias
históricas desde aquella época.

Husein y sus seguidores. El séptimo día, Husein y un pequeño grupo
de sus guerreros cargaron contra el
enemigo, pero fueron abatidos. Se
cuenta que el nieto del Profeta fue el
último en morir. Le cortaron la cabeza, la empalaron en una lanza y se la
mandaron a Yazid. Llamada por los
musulmanes chiíes la masacre de
Kerbala, aquella batalla se convirtió
en un símbolo que cohesionó a los
partidarios de Alí y galvanizó su desarrollo como comunidad religiosa
de carácter propio, con sus rituales
y su versión propia de los acontecimientos.

Duodecimanos

La idea fundamental que define a los
chiíes es que la familia del profeta
tenía una categoría especial dentro
del islam. Los musulmanes sunníes
también veneraban a la familia del
Profeta, pero lo que distinguía a los
chiíes era la creencia de que solo
esa familia estaba cualificada para
dirigir la *umma* (comunidad islámica) y ser califa o, en la terminología
chií, imán.

Incluso este postulado básico
daba lugar a muchas preguntas.
Por ejemplo, ¿quién era miembro
de la familia del Profeta? ¿Lo eran

todos los descendientes de sus hijos
Hasan y Husein? ¿Y qué había de los
hijos de estos? Según el criterio aplicado, podía haber un número enorme de candidatos al puesto de imán.
¿Debía corresponder solo al primogénito? Tales cuestiones traían apa-
rejadas muchas implicaciones para
el liderazgo de la *shia'a* y, no es de
extrañar, hubo desacuerdo y el islam
chií pronto se fragmentó en varias
tendencias distintas.

Después de la muerte de Husein,
su hijo 'Ali Zayn al-'Abidin fue el
imán (líder espiritual) de los chiíes.
El título siguió pasando de padre a

hijo hasta el duodécimo imán. Se supone que este último, Muhammad ibn Hasan, no murió, sino que pasó a llevar una existencia oculta en el 874 y regresará un día como figura mesiánica: *imam al-mahdi*. Su reaparición será señal del inicio de la lucha definitiva por el bien que en el islam anuncia el fin del mundo. Los chiíes defensores de esta creencia son los duodecimanos, o imamíes, y son mayoritarios dentro del chiismo. La mayoría de la población del Irán actual es duodecimana y en los consejos de ministros del presidente Mahmud Ahmadineyad había siempre una silla vacía para el imán al Mahdi.

Ismailíes y zaidíes
La segunda rama mayor del chiismo, surgida en el siglo VIII, es la de los ismailíes, también llamados septimanos. Para estos, la línea del

A Dios pertenecemos y a Él regresaremos.
Imán Husein
Discurso en Kerbala (680)

imanato pasó de Ya'afar as-Sadiq a su segundo hijo Isma'il ibn Ya'afar, que fue designado imán pero murió antes que su padre. No reconocen la legitimidad de Musa al-Kazim, el medio hermano más joven de Isma'il al que reconocen los duodecimanos, sino que consideran séptimo imán a Muhammad ibn Isma'il (hijo de

Isma'il). Algunos ismailíes creen que este fue el último imán; de ahí la designación posterior de septimanos. Otros ismailíes creen que la línea del imanato ha continuado por sucesión hereditaria desde Muhammad ibn Isma'il hasta el actual imán 49, descendiente directo de Mahoma. Desde el siglo XIX, el imán ismailí se conoce por el nombre honorífico *aga kan* (o *agá jan*). El imán actual, Shah Karim al-Hussayni, es Aga Khan IV. Actualmente hay ismailíes en una diáspora mundial liderada por el aga kan.

Otro subgrupo chií opina que la línea de los imanes pasa de Ali Zayn al-'Abidin no a su hijo mayor »

En la actualidad, los ismailíes se conocen por las iniciativas culturales, filantrópicas y educativas de su líder, ejemplificadas en el Museo Aga Khan de Toronto (Canadá).

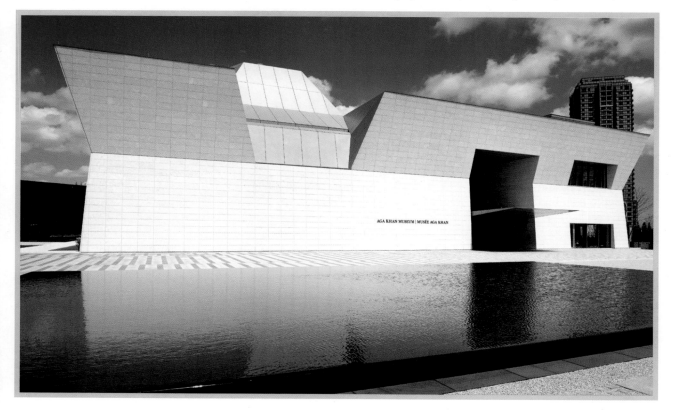

Muhammad al-Baqir, sino al más joven Zayd; de ahí su nombre: zaidíes. Hoy solo hay zaidíes en algunas zonas de Yemen.

Lo que creen los chiíes

Todas las ramas del chiismo comparten con los sunníes la creencia en un solo Dios *(tawhid)*, los profetas, la resurrección y el más allá. A esto todos los chiíes añaden dos principios más: la justicia divina *('adl)* y el imanato *(imama)*, para conformar sus cinco artículos de fe. En cuanto a los tres primeros elementos, sunníes y chiíes apenas difieren. En cuanto a la justicia divina, unos y otros creen que los humanos conocen la diferencia entre el bien y el mal, y disponen por completo de libre albedrío. Los sunníes, sin embargo, creen que Dios conoce de antemano nuestras decisiones y, por tanto, creen en la predestinación.

La mayor diferencia entre las creencias de sunníes y chiíes es lo relativo al imanato. Para los chiíes, los imanes de la casa de Alí continúan la misión profética de Mahoma. Consideran a los imanes como sucesores espirituales y políticos del Profeta, inspirados divinamente y dotados de un conocimiento infalible dado por Dios. Los sunníes encuentran este elemento en particular de las creencias chiíes, aparte de cuestionable, inaceptable como doctrina.

En materia de devoción hay también diferencias importantes entre sunníes y chiíes. Los segundos peregrinan a menudo a los santuarios de los imanes y sus descendientes, *imamzadeh* en persa. En tales santuarios les piden a los imanes que intercedan ante Dios en su favor; esta práctica es el *tawassul*, algo muy poco ortodoxo desde el punto de vista sunní. Los chiíes también insisten en celebrar las tradiciones de los imanes y acontecimientos con ellos relacionados, como la Ashura, que conmemora la muerte de Husein en Kerbala.

En lo relativo al derecho y las prácticas cotidianas, es poco lo que diferencia a chiíes y sunníes, pero mientras que los sunníes dependen de la sunna del Profeta, los chiíes añaden los doce imanes como fuente de inspiración espiritual y de orientación social y política. El chiismo es una tradición muy estructurada, a diferencia del sunismo, en el que no hay clero organizado. El chiismo hace también mayor hincapié en los

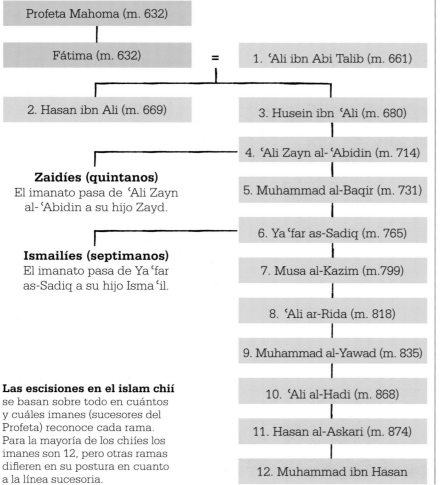

Profeta Mahoma (m. 632)

Fátima (m. 632) = 1. 'Ali ibn Abi Talib (m. 661)

2. Hasan ibn Ali (m. 669)

3. Husein ibn 'Ali (m. 680)

4. 'Ali Zayn al-'Abidin (m. 714)

Zaidíes (quintanos)
El imanato pasa de 'Ali Zayn al-'Abidin a su hijo Zayd.

5. Muhammad al-Baqir (m. 731)

6. Ya'far as-Sadiq (m. 765)

Ismailíes (septimanos)
El imanato pasa de Ya'far as-Sadiq a su hijo Isma'il.

7. Musa al-Kazim (m.799)

8. 'Ali ar-Rida (m. 818)

9. Muhammad al-Yawad (m. 835)

10. 'Ali al-Hadi (m. 868)

Las escisiones en el islam chií
se basan sobre todo en cuántos y cuáles imanes (sucesores del Profeta) reconoce cada rama. Para la mayoría de los chiíes los imanes son 12, pero otras ramas difieren en su postura en cuanto a la línea sucesoria.

11. Hasan al-Askari (m. 874)

12. Muhammad ibn Hasan

Esta religión [el islam] permanecerá en pie hasta que doce califas, todos coraichíes, os gobiernen.
Profeta Mahoma

> Chiíes y sunníes pueden coexistir y cooperar, fieles a sus propias interpretaciones del islam, pero confederados en la fe.
>
> **Shah Karim al-Huseini**
> **Actual aga kan (n. 1936)**

significados e interpretaciones esotéricas del Corán.

Ascenso al poder

Después de Alí, ninguno de los imanes chiíes ejerció un poder político importante. El más notable entre ellos fue el sexto imán, Ya'far as-Sadiq (702–765), que se distinguió por sus dictámenes legales y fue una figura importante en la formulación de la doctrina chií. El octavo imán, 'Ali ar-Rida, también conocido como Imam Reza, estuvo cerca de alcanzar el poder al ser adoptado como heredero por el califa abasí al Mamún con el fin de reunificar el islam, pero murió antes que el califa, posiblemente envenenado. Su tumba en Mashhad (Irán) sigue siendo un lugar de peregrinación importante.

La primera ocasión que tuvieron los chiíes de asentarse en el poder en alguna parte del mundo islámico llegó en el siglo X, cuando algunos refugiados chiíes del califato abasí fundaron una nueva dinastía política en Túnez. Fueron los fatimíes (por Fátima, hija del Profeta y esposa de Alí), que se apoderaron de Egipto y fundaron su nueva capital, El Cairo, desde la que gobernaron durante más de 200 años. El chiismo volvió a ocupar un lugar destacado con

El imán Alí, primer imán chií, es un tema popular de retratos, en particular en *muharram*, mes del martirio de su hijo Husein, como se ve aquí en la ciudad iraní de Kashan.

la creación del Imperio safaví en el siglo XVI. Sus soberanos transformaron Irán en una nación chií y el chiismo ha seguido siendo la religión oficial del Estado iraní desde entonces.

Un Estado chií moderno

La reputación de radicalismo de los chiíes es un fenómeno moderno. La politización del clero chií, por ejemplo, fue obra en gran medida de una nueva generación de teóricos del siglo XIX. Culminó en la revolución iraní de 1979, cuando los partidarios del ayatolá Jomeini acabaron con el régimen monárquico del sha Muhammad Reza Pahleví y crearon la primera república islámica moderna del mundo. Desde entonces, Irán se ha regido por una teoría de gobierno

chií concreta, conocida como tutela o Gobierno del jurista, en la que el líder supremo ejerce el poder en nombre del ausente imán Al-Mahdi.

El ejemplo de Jomeini e Irán subraya la diferencia crucial entre el sunismo y el chismo, que no es una cuestión teológica, sino de liderazgo. Dejando aparte la disputa sucesoria de casi 1400 años de antigüedad, cabe decir que hay más diferencias entre los distintos grupos sunníes, en cuanto a la ley islámica al menos, que entre el sunismo y el chiismo. ∎

HEMOS DETERMINADO PARA LA LUNA FASES

CORÁN 36,39

En 638, seis años después de la muerte de Mahoma, un administrador al servicio del califa Úmar se quejó de la falta de fechas en la correspondencia oficial, que hacía imposible determinar cuáles eran las instrucciones más recientes. Los funcionarios de la corte decidieron que los musulmanes debían tener un calendario

El calendario islámico sigue un sistema lunar, pero los nombres árabes de los doce meses reflejan las estaciones del año solar.

- Du al-Hiyya 'El mes de la peregrinación'
- Muharram 'El mes santificado'
- Safar 'El mes vacío'
- Rabi' al-Awwal 'La primera primavera'
- Rabi' az-Zani 'La segunda primavera'
- Yumada al-Awwal 'El primer mes seco'
- Yumada az-Zaniya 'El segundo mes seco'
- Rayab 'El mes del respeto'
- Sha'ban 'El mes de la división'
- Ramadan 'El mes del calor abrasador'
- Shawwal 'El mes de la caza'
- Du al-Qa'da 'El mes del descanso'

Véase también: Hégira, la huida de La Meca 28–31 ▪ Los cinco pilares del islam: la *saum* 46–49 ▪ Los cinco pilares del islam: la *hach* 50–55 ▪ Los usos de la astronomía 162–163

propio, y que el año de la llegada a Medina de Mahoma y la subsiguiente fundación de la *umma* (en el 622 d. C. en el calendario gregoriano, u occidental) sería el año 1. Como la fundación de la *umma* fue fruto de la Hégira, o migración a La Meca, el nuevo calendario se conoció como calendario de la Hégira: sus fechas llevan la indicación A. H., abreviatura del latín *anno hegirae* ('años desde la Hégira'), y los años anteriores a la Hégira se indican con la expresión «antes de la Hégira».

Una diferencia de 11 días

El de la Hégira es un calendario lunar, basado en los ciclos mensuales de la Luna. Aunque en teoría un mes lunar discurre desde el avistamiento físico de una luna nueva hasta la siguiente, en la práctica ya no se recurre al avistamiento como método, sino que los días del calendario discurren conforme a cálculos astronómicos más precisos basados en la órbita de la Luna. Algunas escuelas del derecho islámico hacen una excepción para el primer día del

> El número de meses, para Dios, es de doce. Fueron inscritos en la Escritura de Dios el día que creó los cielos y la tierra.
> **Corán 9,36**

Ramadán, tradicionalmente basado en el avistamiento de la luna nueva. Esta es la razón por la que la fecha exacta de inicio del Ramadán a menudo no se conoce hasta poco antes.

Los meses del año alternan entre 29 y 30 días y, por tanto, la media mensual es de 29,5 días. Así, los 12 meses del calendario lunar suman un año de solo 354 o 355 días. Por contraste, el calendario gregoriano sigue el año solar, que dura 365 o 366 días. El calendario islámico no tiene años bisiestos. Debido a esta disparidad, el año islámico no se

puede calcular simplemente restando 622 al año gregoriano, pues cada 33 años el calendario de la Hégira suma un año más que el gregoriano. La posición de los meses islámicos en relación con los del calendario gregoriano se retrasa 11 días al año. Por ejemplo, si el Ramadán comienza el 12 de abril o alrededor de esa fecha un año, comenzará el 1 de abril o alrededor de esa fecha al año siguiente.

Uso cotidiano

La mayoría de los países islámicos usan dos o más sistemas de calendario. Irán, por ejemplo, emplea tres: el calendario de la Hégira para identificar los días festivos y de ayuno del islam; un calendario solar, que también fija el año 1 en la migración a Medina del Profeta (el calendario oficial iraní); y el calendario gregoriano. De hecho, es probable que el calendario gregoriano sea el más habitualmente usado entre las comunidades musulmanas, en particular en el mundo de los negocios, que mantiene contactos frecuentes con clientes y socios en el extranjero. ▪

Fechas clave del calendario islámico

Además del Ramadán y los dos festivos importantes Aid al-Fitr y Aid al-Adha, hay otras fechas relevantes del calendario para los musulmanes. El 1 de *muharram* es el Año Nuevo islámico *(Ra's as-Sana al-Hichriya)* y un festivo mundial en el ámbito del islam. El 10 de *muharram* es la Ashura *('ashura')*, cuando las comunidades chiíes conmemoran el martirio de Husein, nieto del Profeta, en la batalla de Kerbala. El 12 de *rabi' al-awwal* es la fiesta de Mawlid an-Nabi, o natalicio de Mahoma. Este se celebra en todo el mundo islámico, salvo en Catar y Arabia

Saudí, cuya interpretación del islam prohíbe celebrar los cumpleaños de figuras santas.

El 12 de *rayab* se celebra Laylat al-Mi'rach, 'la noche del Viaje Nocturno' del Profeta a Jerusalén y al cielo. Algunos musulmanes hacen oraciones especiales en esta noche y encienden velas o luces. El 15 de *sha'aban* es la Laylat al-Bara' ('noche del perdón' o 'de la salvación'), noche en la que Dios puede perdonar a los pecadores. Los chiíes duodecimanos también celebran en esta fecha el natalicio del 12.º imán.

QUIEN SE APARTE DE MI CAMINO, NO ES DE MÍ

PROFETA MAHOMA

EN CONTEXTO

TEMA
**Dichos y hechos
del Profeta**

CUÁNDO Y DÓNDE
Siglo IX, Arabia

ANTES
***C.* 570–632** En vida del
Profeta, sus seguidores
observan sus dichos y
hechos, que toman como
ejemplo de vida recta en
el islam.

DESPUÉS
***C.* 767–820** El jurista islámico
As-Shafi'i emite un dictamen
sobre la autoridad de un hadiz
de Mahoma por el que incluso
el Corán «debe interpretarse a
la luz del hadiz y no viceversa».

Siglo XIX Los coranistas
rechazan la autoridad de
los hadices, pues consideran
que la ley y las orientaciones
islámicas deben basarse solo
en el Corán.

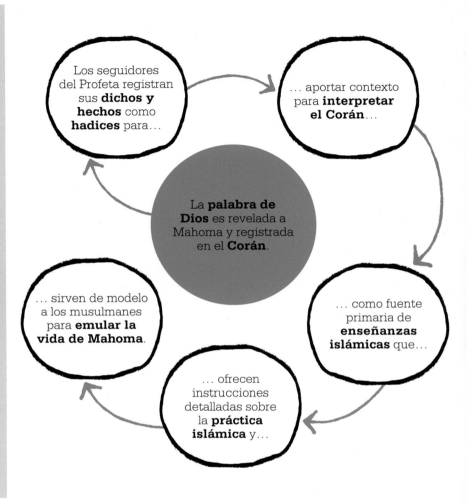

El islam se basa en dos conjuntos de escrituras: el fundamento de la religión es el Corán, que los musulmanes consideran la palabra de Dios tal como fue revelada al profeta Mahoma; como complemento, están las enseñanzas de Mahoma. Estas, recogidas en los hadices, son relatos orales de los dichos y hechos del Profeta, y los actos de los compañeros a los que respaldó. La diferencia consiste en que el Corán es la palabra de Dios, mientras que los hadices, en tanto que dichos y hechos de Mahoma, no tienen la categoría de revelaciones divinas.

El número exacto de hadices se discute, pero, excluyendo los de autenticidad dudosa, hay miles de ellos. Por los hadices, los musulmanes tienen noticia de casi todas las facetas de la vida personal de Mahoma y su misión profética. Si la respuesta a una pregunta sobre el islam y la vida en el islam no se encuentra en el Corán, se recurre a los hadices en busca de orientación.

En conjunto, los hadices constituyen la sunna ('el camino'), el ejemplo ofrecido por la vida de Mahoma que todo musulmán trata de emular.

Usos del hadiz

Gran parte de la práctica cotidiana del islam no procede del Corán, sino de los hadices. Muchas de las aleyas del Corán son de un carácter muy general y los hadices sirven para añadirles detalle. Por ejemplo, el Corán manda a los musulmanes rezar, pero es en los hadices donde se detallan las palabras exactas que se deben decir, las acciones que se ejecutan durante la oración. Los ha-

Véase también: La vida temprana de Mahoma 22–27 ▪ Los cinco pilares del islam: la *shahada* 36–41 ▪ La muerte del Profeta 56–57 ▪ La guía divina a través de la sharía 128–133

dices también explican cómo observar correctamente otros pilares del islam, como la cantidad de limosna que hay que dar, cómo y cuándo ayunar y los rituales que hay que hacer en la peregrinación a La Meca. Los hadices tratan casi todos los asuntos concebibles –desde proclamaciones legales (sobre la apostasía, la usura y los castigos penales) hasta el trato a las mujeres– y fueron una fuente primaria para la formulación de la sharía, la ley islámica. Otros hadices ofrecen instrucciones sobre etiqueta (cómo recibir a los invitados o qué hacer si una mosca va a parar a tu copa), mientras que otros son más esotéricos: un hadiz, por ejemplo, afirma que Adán medía 60 codos de alto y otro promete 72 huríes, cifra citada a menudo, a los mártires que van al cielo.

Muchos enunciados atribuidos al Corán resultan ser, en realidad, de un hadiz. Luego hay otros supuestos hadices –como los que condenan a los judíos, a los cristianos o la homosexualidad, los que prescriben la lapidación como castigo del adulterio

> Dios todopoderoso dijo: «Ocúpate en adorarme y llenaré tu corazón de riquezas».
> **Profeta Mahoma**

o la muerte como castigo de la apostasía– cuya autenticidad algunos estudiosos consideran cuestionable.

La compilación de los hadices

Hasta donde pueden determinar los historiadores, las principales colecciones de dichos y hechos del Profeta no existieron hasta unos 200 años después de su muerte, pues no consta que circularan libros de ha-

dices hasta el siglo IX. Esto supone un lapso muy largo entre la época en que el Profeta habló y actuó y el tiempo en que se registraron sus palabras y actos.

Hay varias explicaciones posibles para esto: una es que los relatos sí quedaran registrados en vida del Profeta, pero no se compilaran hasta mucho tiempo después; otra, que los relatos se transmitieran primero oralmente de generación en generación y que no se pusieran por escrito hasta que no se temió que cayeran en el olvido. Algunos historiadores proponen que los hadices quizá no se pusieron por escrito hasta tan tarde porque lo prohibieron los califas por temor a que los musulmanes identificaran al Profeta con Dios y los hadices con las revelaciones del Corán.

El lapso prolongado entre la muerte de Mahoma y la puesta por escrito de los hadices dio cabida a que proliferara un número casi ilimitado de ellos por todo el mundo islámico. Probablemente muchos fueron obra de individuos que actuaban en beneficio de sus propias creencias o intereses. A la altura del siglo IX, la situación estaba tan fuera de control que un grupo de juristas, trabajando cada uno por su cuenta, comenzaron a compilar los hadices más fiables en colecciones autorizadas.

Colecciones clave

En lo que al islam sunní se refiere, las dos colecciones principales de hadices son *Sahih al-Bujari* y *Sahih Muslim*, compiladas por Muhammad al Bujari (810–870) y Muslim ibn »

Musulmanes chiíes orando en Karachi (Pakistán). Según un hadiz, todos los musulmanes rendirán cuentas el Día de la Resurrección por cómo observaron la oración diaria.

Una boda en Shkodra (Albania). Un hadiz dice que las razones para casarse con una mujer son su riqueza, linaje, belleza o piedad, y que esta última es el mejor de los motivos.

al-Hayyach (*c.* 815–874) respectivamente. Sahih significa 'verdadero'. La obra de Al-Bujari es, para la mayoría de los sunníes, el texto religioso de mayor autoridad después del Corán. Contiene no menos de 7275 hadices a lo largo de varios volúmenes. Esta organizado temáticamente, con 93 capítulos sobre asuntos tales como la creencia, la oración, las abluciones, la limosna, el ayuno, el comercio, la herencia, los delitos, castigos, testamentos, juramentos, la guerra, alimentos y bebidas, el matrimonio, la caza y la etiqueta del baño. La colección de Muslim contiene 4000 hadices, también organizados por temas.

Tanto Al-Bujari como Muslim fueron conocidos por ser meticulosos en tratar de determinar la autenticidad de los hadices documentando la cadena de transmisión. A Al-Bujari se le considera fundador de la disciplina llamada *'ilm ar-riyal* ('la ciencia de los hombres'), o estudio detallado de los individuos que transmitieron los hadices.

Cadenas de autenticidad

En todos los libros de hadices, cada entrada se dispone en dos partes: una principal de texto, el *matn*, que registra lo que el Profeta hizo o dijo, y el *isnad*, 'cadena'; este toma la forma de una larga línea de transmisores que, idealmente, se remonta hasta el Profeta. Tal y como explicó el estudioso islámico y jurista experto del siglo IX As-Shafi'i, «si una persona fiable refiere un hadiz de otra persona fiable hasta acabar la cadena en el enviado de Dios, queda entonces establecido que procede del enviado de Dios».

En la época en que se compilaron las principales colecciones de hadices, esto es, a mediados del siglo IX, estas cadenas solían consistir en cinco, seis, o más personas,

Ninguno de vosotros puede creer de verdad si no desea para su hermano lo que desea para sí.
Profeta Mahoma

Hadices sunníes y chiíes

Muchos hadices han sido motivo de división en el islam. Así, lo que unos consideran auténtico puede ser falso para otros. Entre los musulmanes sunníes, hay seis libros de hadices que se consideran los más auténticos. Además de *Sahih al-Bu jari* y *Sahih Muslim*, los sunníes tienen en alta estima también las colecciones de Abu Dawud (*c.* 817–889), Tirmidi (824–892), Ibn Mayah (824–*c.* 887) y An-Nasa'i (*c.* 829–915). Muchos hadices están en todas esas colecciones, pero con diferencias de opinión e interpretación acerca de ellos.

Los musulmanes chiíes cuentan con un conjunto propio de hadices, con cuatro libros canónicos a los que llaman los «cuatro principios», ninguno de los cuales utilizan los sunníes. Los chiíes suelen conceder prioridad a los hadices transmitidos desde el Profeta a través de los *ahl al-beit* (los doce imanes y Fátima, la hija del Profeta).

> Quien no agradece
> a la gente no da
> gracias a Dios.
> **Profeta Mahoma**

hasta llegar al profeta Mahoma. Un hadiz típico se leería de la siguiente manera: «X dijo que Y dijo que W dijo que V dijo que oyó decir al Profeta…». En el caso de un hecho del Profeta, sería: «X dijo que Y dijo que W dijo que V dijo que se vio al Profeta…». Si se rompe la cadena, como en el caso de una persona que no recordara quién le había contado un hadiz, o que citara a alguien a quien no hubiera conocido, el hadiz no se considera fiable. Los especialistas en el estudio de los hadices —los *muhadizzun*– reconocen más de 40 clasificaciones de hadices, desde los considerados del todo auténticos *(sahih)* hasta los claramente falsos *(mardud)*, pasando por los dudosos *(da'if)* pero aún aceptables para algunos.

Además de verificar la cadena de transmisión, los especialistas estudiaron la relación de cada hadiz con el Corán. Este análisis en dos niveles llevó a diferencias en el contenido de las compilaciones, en sus clasificaciones de qué hadices eran auténticos y cuáles no, y en su interpretación.

El hiyab, o velo, como el que lleva esta mujer que lee el Corán en una mezquita de Damasco, no se menciona en el Corán, sino en un hadiz sobre la modestia.

El coranismo

Aunque los hadices continúan siendo extremadamente populares entre los musulmanes y se citan de manera constante en libros, sermones y demás material religioso, hay una minoría de musulmanes que rechazan todos los hadices como falsos. Desde el siglo XIX, los denominados coranistas mantienen que el libro sagrado es suficiente por sí solo para orientar a la humanidad y que los hadices son cualquier cosa menos fiables. Esta fue la tendencia de los Partidarios del Corán *(Ahl-e Quran)*, grupo de intelectuales musulmanes indios formado en la década de 1890 en la región del Punyab, que fue una escuela de pensamiento muy influyente también en Turquía. La mayoría de los musulmanes reconoce los inconvenientes que plantean los hadices en la cuestión de la autenticidad, pero también señalan que rechazar los hadices implica recha-

> Quien obedece
> al Enviado,
> obedece a Dios.
> **Corán 4,80**

zar también gran parte del propio islam: la sunna, que orienta la vida de la mayoría de los musulmanes del mundo, los sunníes, deriva de los hadices. El hecho es que el Corán, como los hadices, se transmitió de manera oral y, si el Corán es auténtico, afirman, hay que conceder a los hadices, al menos, el beneficio de la duda. ∎

OS HA PROHIBIDO [...] LA CARNE DE CERDO
CORÁN 16,115

EN CONTEXTO

TEMA
Normas de la comida en el islam

CUÁNDO Y DÓNDE
Siglo VII, Arabia

ANTES
Era preislámica La Torá y la Biblia prohíben algunos alimentos y diferencian entre puros e impuros.

DESPUÉS
Siglo VIII Al difundirse el islam fuera de Arabia e incorporar a distintos pueblos, los estudiosos sistematizan otras normas alimentarias además de las instrucciones del Corán.

Actualidad Desde finales del siglo XX, los fabricantes y distribuidores se dirigen a una población musulmana creciente con productos *halal* que ya no son alimentos sino cosméticos, ropa, finanzas y viajes.

Todos los alimentos son *halal* **(permitidos)** salvo los específicamente prohibidos.

El Corán señala varios alimentos como *haram* **(prohibidos)**, en particular el cerdo.

Algunos alimentos se consideran *makruh* **(desaconsejables, pero no prohibidos)**, como la carne de caballo, las gambas y otros mariscos.

Para los creyentes musulmanes, los alimentos y las bebidas son regalos de Dios y, como tales, muestra de su compasión, provisión y generosidad. Este es el motivo por el que muchos musulmanes practicantes pronuncian las palabras *bismillah wa barakati Allah* ('en el nombre de Dios y con la bendición de Dios') antes de comenzar todas las comidas. No existe una cocina islámica en sentido estricto: los musulmanes comen lo que se acostumbre a comer en función de sus respectivas tradiciones familiares o culturales. No obstante, sí existen normas dietéticas rigurosas que determinan lo que un musulmán practicante tiene o no permitido comer o beber.

Halal y haram
Es sorprendentemente poco lo que tiene que decir el Corán sobre la

Véase también: Los seis pilares de la fe 86–87 ▪ El islam y el alcohol, el juego y las drogas 126 ▪ El negocio global *halal* 292

cuestión de los alimentos y bebidas. No incluye nada semejante al código tan detallado del Antiguo Testamento, por ejemplo. El Corán dice que los creyentes tienen permitido consumir lo que sea «bueno y puro»: alimentos presumiblemente limpios, frescos y saludables. En general, todo está permitido *(halal)* a menos que esté expresamente prohibido *(haram)* e, incluso, lo prohibido, se puede consumir en circunstancias excepcionales en las que no exista otra opción.

También es poco lo que tienen que decir los textos coránicos acerca de los alimentos y las bebidas prohibidos para los musulmanes. Hay una prohibición clara de todas las bebidas embriagantes, y los alimentos que contengan alcohol están también prohibidos por defecto. También se consideran *haram* los productos siguientes: la carroña, entendida como tal toda carne de un animal no sacrificado como prescribe el islam, la sangre, y la carne de un animal sacrificado a ídolos, la de un animal que haya muerto estrangulado o golpeado, la que ya

> Comed de lo lícito y bueno de que Dios os ha proveído.
> **Corán 16,114**

hayan comido animales salvajes y la de cerdo de cualquier clase.

Carne *halal*

Si bien la palabra *halal* significa meramente 'permitido', como adjetivo aplicado a la carne se refiere a la de animales sacrificados conforme al método que prescribe la doctrina islámica. Este consiste en un corte lo más rápido y limpio posible en la garganta, mientras se dice la basmala en reconocimiento de que solo con su permiso se puede matar un animal. El cuchillo debe estar lo más

afilado posible y hay que seccionar de una sola vez la arteria carótida, la vena yugular y la tráquea, y luego desangrar al animal.

Muchos hadices contienen un tratamiento más detallado de los alimentos prohibidos, e incluyen otros no mencionados en el Corán. Entre los alimentos prohibidos están los animales depredadores con colmillos, como gatos, perros, leones, osos y otros; las aves con talón, como los búhos; los ratones y las ratas; y serpientes, escorpiones y otros animales tradicionalmente considerados alimañas.

Una tercera categoría legal, llamada *makruh* (desaconsejable pero no prohibido), es la referente a productos como la carne de caballo y el marisco. Hay otras gradaciones entre lo *halal* y lo *haram*, como *mubah* ('neutral') y *mustahab* ('recomendado'), aunque no se aplican necesariamente a los alimentos. Las escuelas legales son unánimes en cuanto a qué es *halal* y qué es *haram*; sin embargo, hay muchas diferencias de opinión en cuanto a qué se considera *makruh* y qué no. ▪

En la mesa

El Corán no dice nada acerca de la cuestión de los modales y la etiqueta en la mesa, pero muchos hadices señalan lo que es digno de alabanza o censura. Cuando se come con las manos, por ejemplo, los alimentos deben tomarse con la mano derecha y no la izquierda, pues esta es la tradicionalmente utilizada para limpiarse en el baño. Comer en exceso está mal visto: un hadiz aconseja terminar de comer antes de sentirse lleno y destinar «un tercio del estómago

a la comida; un tercio, a la bebida; y un tercio, al aire». La etiqueta requiere comer acompañado mejor que solo, para compartir la abundancia que Dios ha dado y también, si a uno no le agrada la comida que se le ofrece, abstenerse de comerla, pero no criticarla.

Muchos musulmanes ayunan durante el mes de Ramadán, pero se les anima a hacerlo también durante seis días del mes siguiente, dos días alrededor del día 10 del mes de *muharram* y el noveno día del mes de la peregrinación.

Toda la carne que se vende en los países musulmanes es *halal* y cada vez más comercios en los países donde son minoritarios ofrecen productos también *halal*.

EL VINO Y LOS JUEGOS DE AZAR [...] NO SON SINO ABOMINACIÓN

CORÁN 5,90

EN CONTEXTO

TEMA
El islam y el alcohol, el juego y las drogas

CUÁNDO Y DÓNDE
Siglo VII, Arabia

ANTES
Era preislámica Aunque tanto cristianos como judíos toman vino en sus ceremonias, las escrituras de ambas religiones advierten acerca del peligro del alcohol y la embriaguez. Por ejemplo, en Proverbios 20,1: «El vino es escarnecedor, la bebida fuerte, alborotadora, y cualquiera que por su causa yerre no es sabio».

DESPUÉS
En la actualidad El alcohol está del todo prohibido en algunos países musulmanes. Otros lo permiten en alguna medida, como para la venta a los no musulmanes, pero lo prohíben durante el Ramadán.

Todas las bebidas alcohólicas están prohibidas por la ley islámica, junto con todas las demás sustancias que afecten negativamente a la conciencia y se tomen con fines recreativos.

El uso medicinal de fármacos como los opiáceos se permite de manera condicional. El Corán contiene tres referencias específicas al alcohol, dos de las cuales únicamente lo reprueban levemente, y solo una, la sura 5,90, lo condena sin paliativos. Según los estudiosos tradicionales, esto refleja la naturaleza pragmática de la ley islámica. Los árabes del desierto estaban tan habituados a la embriaguez que la prohibición no podría haberse aplicado de la noche a la mañana. Por lo tanto, el alcohol fue abolido de manera gradual, con dos advertencias sobre sus efectos adversos, seguidos después de una prohibición clara. A pesar de la prohibición, actualmente en todos los países de mayoría musulmana hay musulmanes que beben y consumen drogas.

El Corán condena a menudo el juego en los mismos versos que pro-híben el alcohol: «Te preguntan acerca del vino y del *maysir*, Di: «Ambos encierran pecado grave» (2,219). Ambos se consideran adicciones capaces de destruir vidas y perturbar el tejido social. También están prohibidas las apuestas deportivas, así como cualquier tipo de lotería o juegos de azar.

Las distintas escuelas legales difieren acerca de si el juego incluye las rifas o sorteos y también son objeto de continuo debate juegos de azar como las cartas cuando no se juega por dinero. ∎

¡Creyentes!
No os acerquéis
ebrios a la azalá [...]
Corán 4,43

Véase también: Normas de la comida en el islam 124–125

DIOS HACE QUE SE MALOGRÉ LA USURA

CORÁN 2,276

El término árabe *riba* es un sustantivo derivado de una raíz que significa 'aumento' o 'crecimiento'. Suele traducirse como 'usura', es decir, el cobro de un interés excesivo (o de cualquier interés) al prestar dinero.

Varias aleyas del Corán advierten a los creyentes que se abstengan de practicar la usura en modo alguno y de que Dios castigará a quienes lo hagan: «¡Creyentes! ¡Temed a Dios! ¡Y renunciad a los provechos pendientes de la usura, si es que sois creyentes! Si no lo hacéis así, podéis esperar guerra de Dios y Su Enviado» (2,278–279).

Los estudiosos musulmanes plantean varias ideas acerca de por qué la usura se declaró *haram*, o prohibida, relacionadas con los comerciantes de La Meca. Algunas aleyas que mencionan la usura datan de los primeros tiempos de la carrera del Profeta, cuando su mensaje se dirigía en gran parte a los mequíes, para que cambiaran de costumbres. Consta la gran desigualdad de la riqueza entre los comerciantes de la ciudad y los pobres, y Mahoma

Quienes usurean no se levantarán sino como se levanta aquel a quien el Demonio ha derribado con solo tocarle [...]
Corán 2,275

habría observado que a través de la usura, a los ricos, por serlo, se les premiaba, mientras que a los pobres se les penalizaba. Eso era contrario al espíritu de hermandad que era parte del mensaje del islam.

En la mayoría de los países de mayoría musulmana, hay desacuerdo en cuanto a qué constituye exactamente *riba* y hay instituciones que aplican intereses, con frecuencia gracias a lagunas legales por las que el interés se considera 'comisión de servicio'. ■

Véase también: La guía divina a través de la sharía 128–133 ▪ La banca islámica 293

A CADA UNO OS HEMOS DADO UNA NORMA Y UNA VÍA

CORÁN 5,48

EN CONTEXTO

TEMA
La guía divina a través de la sharía

CUÁNDO Y DÓNDE
Siglo VIII, Arabia

ANTES
C. siglo VI A. C. La Torá recoge los Diez Mandamientos, leyes religiosas y morales dadas a Moisés por Dios.

610–632 D. C. Mahoma recibe la revelación del Corán, y sus seguidores comienzan a difundir sus dichos y hechos.

DESPUÉS
C. siglo XIV El estudioso islámico Ibn Taymiyya emite una fetua (dictamen legal) contra los mongoles por no basar sus leyes en la sharía.

1997 Se funda el Consejo Europeo para la Fetua y la Investigación para ayudar a los musulmanes europeos a interpretar la sharía.

La palabra árabe *sharía* significa 'camino', y más concretamente, en un contexto histórico, 'el camino al bebedero'. En la península arábiga, en gran parte desierto, de un camino a un lugar con agua puede depender la propia supervivencia. Por analogía, en el sentido islámico, la sharía es el camino, por la ley de Dios, a la salvación espiritual. Se trata de un sistema ético y legal (*fiqh*) que pretende gobernar a la humanidad y guiarla en todo lo que haga. Como se dice a menudo, el islam no es solo una afirmación de fe, sino todo un modo de vida.

Al principio, los musulmanes contaron como referencia con la revelación divina (el Corán) y el ejemplo de la vida del Profeta (sunna), con los que no pudieron contar ya tras morir Mahoma. Durante los 100 años siguientes, la comunidad islámica creció de los adeptos limitados a las ciudades de Medina y La Meca hasta un imperio que se extendía de Al-Ándalus a Asia Central. La aplicación de las revelaciones coránicas a la vida cotidiana en culturas tan diversas de la creciente comunidad islámica se iba volviendo cada vez más compleja. Pese al número también creciente de jueces islámicos que decidían

> Luego, te pusimos en una vía respecto a la Orden. Síguela, pues, y no sigas las pasiones de quienes no saben.
> **Corán 45,18**

sobre asuntos públicos y privados, se requería un tipo de orientación más uniforme y definido: la sharía.

Definir la ley islámica

Los estudiosos decididos a estandarizar la jurisprudencia islámica destacaron en muchas comunidades musulmanas y surgieron desacuerdos sobre cómo aplicar la ley. ¿Debía restringirse la actuación de los juristas a las enseñanzas del Corán y de la sunna o podían incorporar análisis y razonamientos propios?

Ya en el siglo VIII había grandes diferencias en cuanto a la aplicación de la sharía. El estudioso Abu 'Abdullah Muhammad ibn Idris as-Shafi'i dio un paso adelante para ofrecer una concepción unificadora de las cuestiones legales de la época. Según él, las fuentes de la ley son cuatro: el Corán, la sunna, el consenso de la comunidad (*ichma'*) y el razonamiento analógico (*qiyas*).

La principal fuente de la sharía es el propio Corán, que en muchos pasajes se refiere directamente a asuntos como la explotación de los pobres, la usura, el robo y el adulterio. El Corán orienta también a los musulmanes en cuestiones personales y comunitarias. Tiene mucho que decir, por ejemplo, sobre los derechos de las mujeres, incluido el divorcio, la cus-

Abu 'Abdullah Muhammad ibn Idris as-Shafi'i

La vida del gran estudioso As-Shafi'i es rica en leyendas. Los detalles de su vida temprana no están claros pero, según los relatos más antiguos que se conservan, nació en una familia de Gaza de la tribu Quraysh en el 767. En su juventud la familia se mudó a La Meca, donde estudió los hadices. Se cuenta que a los 10 años había memorizado el Corán. Más tarde se trasladó a Medina, donde tuvo por maestro a Malik ibn Anas, fundador de la escuela de jurisprudencia malikí.

Sirvió como gobernador en Yemen, enseñó en Bagdad y, finalmente, se asentó en Egipto.

En sus viajes, As-Shafi'i comprobó que la aplicación de la ley islámica por el mundo islámico era de lo más variable y decidió «tomar la ley de la fuente», es decir, retornar al Corán y los hadices. A través de sus enseñanzas y escritos se le atribuyen los fundamentos del *fiqh*, o jurisprudencia islámica. Murió en el 820 y fue enterrado en El Cairo.

Véase también: La vida temprana de Mahoma 22–27 ▪ Dichos y hechos del Profeta 118–123 ▪ La lucha por hacer suprema la palabra de Dios 134–135

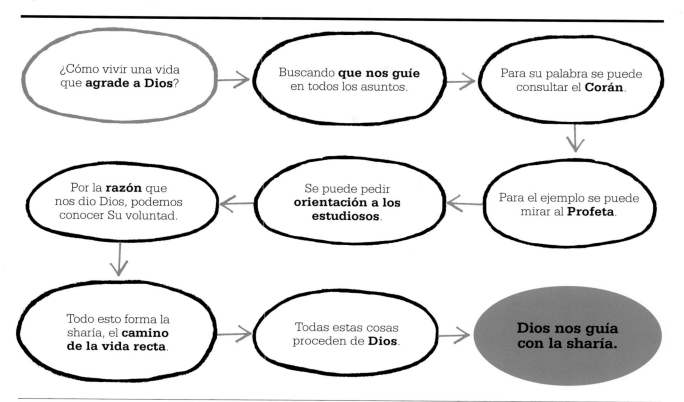

¿Cómo vivir una vida que **agrade a Dios**?

Buscando **que nos guíe** en todos los asuntos.

Para su palabra se puede consultar el **Corán**.

Por la **razón** que nos dio Dios, podemos conocer Su voluntad.

Se puede pedir **orientación a los estudiosos**.

Para el ejemplo se puede mirar al **Profeta**.

Todo esto forma la sharía, el **camino de la vida recta**.

Todas estas cosas proceden de **Dios**.

Dios nos guía con la sharía.

todia de los niños y los derechos de herencia, pero el tratamiento que da a las cuestiones legales es en gran medida general: «Y quien mate a un creyente premeditadamente, tendrá el infierno como retribución» (4,93); está

No vivas en una tierra en la que no haya ni un estudioso que te informe de tu religión, ni un médico que te hable sobre tu cuerpo.
As-Shafi'i

bastante claro en cuanto a lo teológico, pero no dice nada sobre el castigo que debe recibir el asesino en la Tierra. Por este motivo, la palabra del Corán se complementa con el ejemplo de Mahoma, derivado de la sunna, es decir las colecciones eruditas de los relatos de dichos y hechos del Profeta conocidos como los hadices.

La tercera fuente de la ley es el consenso de la comunidad, o *ichma'*. Se cuenta que Mahoma afirmó que su comunidad nunca se pondría de acuerdo en un error y, por tanto, As-Shafi'i concede autoridad a los dictámenes legales formulados por consenso entre musulmanes. Con el tiempo, «la comunidad» se definió legalmente como un conjunto de juristas y autoridades religiosas que toma sus decisiones de parte de la sociedad musulmana en general. »

El camino al abrevadero (la traducción literal de sharía) fue un concepto evocador para los creyentes que procedían de las inhóspitas tierras desérticas de la península arábiga.

El razonamiento analógico puede determinar qué conducta es aceptable.

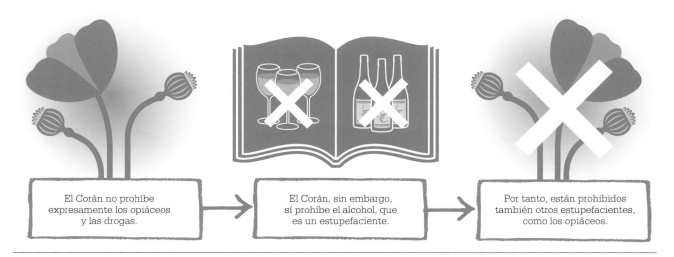

El Corán no prohíbe expresamente los opiáceos y las drogas.

El Corán, sin embargo, sí prohíbe el alcohol, que es un estupefaciente.

Por tanto, están prohibidos también otros estupefacientes, como los opiáceos.

Esfuerzo intelectual

Mu'ad ibn Yabal era compañero de Mahoma y fue enviado a Yemen a instruir al pueblo en el islam. Antes de partir, este le preguntó cómo resolvería las disputas entre los yemeníes.

—Por referencia al Corán— respondió Ibn Yabal.

—¿Y si la respuesta no se encuentra en el Corán?— preguntó Mahoma.

—Siguiendo vuestro ejemplo.

—¿Y si no hay precedente para la pregunta?

Os ha venido de Dios una Luz, una Escritura clara, por medio de la cual Dios dirige a quienes buscan satisfacerle por caminos de paz [...]
Corán 5,15–16

—Entonces ejercitaré mi propia razón y juicio— respondió Ibn Yabal.

En situaciones en las que el Corán y la sunna no ofrecen respuesta y en las que no se puede alcanzar consenso, siguiendo el ejemplo de Ibn Yabal, los juristas emplean su propio criterio para arbitrar en asuntos legales nuevos, en lo que se conoce como *ichtihad*, que puede entenderse como el esfuerzo de reflexionar.

As-Shafi'i restringió el papel de la reflexión personal del *ichtihad* a lo analógico, o *qiyas*, que consiste en derivar una conclusión de la experiencia en una o más situaciones similares. Esta, la cuarta fuente de la ley islámica, se basa en hallar situaciones análogas en el Corán o en la sunna de las que deducir nuevos dictámenes legales. Así, el Corán prohíbe vender o comprar durante la llamada a la oración del viernes; a los musulmanes se les insta a dejar de comerciar y a que se reúnan para rezar (62,9–10). ¿Qué hay de otros contratos que pudieran tener lugar durante la llamada a la oración? ¿Se puede convenir un matrimonio, por ejemplo, en dicho momento? El Corán no se pronuncia al respecto, pero, recurriendo al razonamiento analógico, se deduce una opinión para establecer jurisprudencia. Si el objetivo del Corán es desalentar los actos que impidan venerar a los musulmanes, cabe suponer que las restricciones de los negocios pueden aplicarse a otros contratos, como el matrimonio.

Cerrar la puerta

A partir del siglo X, algunos estudiosos comenzaron a criticar el recurso al juicio independiente para obtener nuevos dictámenes por creer que animaba a depositar una confianza excesiva en el poder de la razón humana. El consenso de la comunidad fue objeto también de rechazo y surgió la idea de que la «puerta de la razón independiente *(ichtihad)*» estaba cerrada y que los juristas debían ocuparse en el estudio y la reinterpretación de las leyes antiguas e imitar a sus predecesores en lugar de proceder con innovaciones legales propias.

Cuatro escuelas

Con el tiempo fueron surgiendo escuelas de jurisprudencia distintas

La presencia de eruditos en el islam en esta conferencia de paz en Bagdad (Irak) es muestra del papel destacado de los líderes religiosos en la vida política.

en diferentes partes del imperio. A partir del siglo XIII, cuatro escuelas en particular pasaron a predominar en el islam sunní, cada una de ellas nombrada en referencia al jurista que formuló sus rasgos principales: la hanafí, la malikí, la shafií y la hanbalí.

La más extendida de las cuatro es la escuela hanafí, nombrada en honor del experto legal Abu Hanifa (699–767), de Kufa (Irak). Tanto esta como la escuela malikí, fundada por Malik ibn Anas (711–795), son partidarias de recurrir a las cuatro fuentes de la ley. Las escuelas shafií y hanbalí se centran exclusivamente en el Corán y la sunna: As-Shafi'i rechazaba de plano los dictámenes basados en la discreción del jurista y el interés público. Los adherentes de la escuela shafií predominan en India y el sureste asiático. La cuarta y menor escuela legal sunní, nombrada en honor de Ahmed ibn Hanbal (780–855), se considera la más conservadora de todas.

La hanbalí es la escuela legal oficial en Arabia Saudí y Catar. El islam chií tiene sus propias escuelas, entre las que destaca la yafarí, reconocida como quinta escuela de la ley islámica junto con las cuatro escuelas sunníes.

La sharía hoy
En la era moderna, muchas leyes procedentes de sistemas legales europeos introducidos durante la época colonial han reemplazado a las leyes tradicionales en gran parte del mundo islámico. Sin embargo, la mayoría de los países predominantemente islámicos incorporan la sharía en alguna medida a su marco legal, sobre todo en lo relativo a la legislación civil sobre cuestiones como el matrimonio y la herencia. Los musulmanes que quieren consultar algo acerca de la mejor manera de vivir en el islam suelen preguntarle a un jeque considerado una autoridad.

Con el auge del islamismo a finales del siglo XX, la sharía ha quedado asociada a las formas extremas de ley punitiva, que prescriben cortar las manos a los ladrones, la lapidación por adulterio y las decapitaciones públicas. Todo ello horroriza a la mayoría de los musulmanes, más favorables a una visión de la sharía como la descrita por el jurista sirio Al-Yawzi (m. 1350), que escribió: «El fundamento de la sharía es la sabiduría y la salvaguarda del bienestar de la gente en esta vida y la siguiente […] Todo fallo que sustituya la justicia por la injusticia, la compasión por su contrario […] es un fallo que no pertenece a la sharía». ∎

La emisión de fetuas

Una fetua es un edicto o un fallo religioso. Solo las puede emitir un muftí (o, muy raramente, una) cualificado, es decir, un estudioso del islam, o, tras haber considerado las cuatro fuentes de la sharía. Hoy día, las fetuas amplían y ponen al día aspectos de la sharía para adaptarse a circunstancias sociales y económicas cambiantes. Pueden versar sobre todos los asuntos imaginables. Hay páginas web con bases de datos de fetuas, con decenas de miles de entradas.

Si una fetua en particular no se puede encontrar en la base de datos, el sitio web puede conectar al usuario a un cibermuftí, que emitirá una fetua en menos de 24 horas.

A veces las fetuas generan controversia; tras la invasión iraquí de Kuwait en 1990, por ejemplo, las autoridades religiosas de Arabia Saudí emitieron una que sancionaba la guerra santa de todos los musulmanes contra Saddam Husein.

LA YIHAD SUPREMA ES CONTRA UNO MISMO

LA HISTORIA DE BAGDAD DE AL-JATIB AL-BAGDADI (SIGLO XI)

La palabra **yihad** deriva de una raíz compartida con palabras referentes al **esfuerzo**, la **lucha** y la **resistencia**.

Según el Profeta, la **yihad mayor** es la lucha que todos los musulmanes entablan **en y contra sí mismos**.

La **yihad menor** es la lucha **contra otros** y puede adoptar **la forma de la guerra**.

El término **yihadismo** es actual y se aplica erróneamente en Occidente a una **concepción violenta y extremista del mundo** sin relación con la yihad coránica. Muchos musulmanes lo consideran islamofóbico.

La palabra *yihad* se suele traducir de manera inexacta como 'guerra santa', sea por ignorancia o, en algunos casos, por mala interpretación deliberada. La reducción del significado de la palabra ha traído equívocos y reacciones negativas tanto entre los musulmanes como entre los no musulmanes.

El significado de *yihad*

Yihad es una de las palabras que se forman con la raíz *yhd*, todas relacionadas con las nociones de esfuerzo, lucha y resistencia. El concepto de *ichtihad*, el esfuerzo intelectual o de razonar, procede de la misma raíz. En el Corán, *yihad* se emplea en el sentido general de ejercer la voluntad o aplicarse con energía a una causa particular y siempre en el nombre de Dios *(fi sabil Allah)*. Se dice que Mahoma se refería a la lucha contra los caprichos y exigencias del yo *(nafs)* al hablar de yihad mayor *(yihad al-akbar)*. El Corán es claro en cuanto a que la forma de yihad que mayor recompensa ofrece es la lucha que todos los musulmanes entablan en y contra sí mismos: «¡Bienaventurado quien la purifique! ¡Decepcionado, empero, quien la corrompa! [su alma]» (91,9–10).

La yihad puede adoptar también la forma de lucha armada en la pequeña yihad o yihad menor; para ella hay un término propio en árabe, *qital* ('combate'). Mientras que la yihad mayor es una lucha espiritual inte-

Les está permitido a quienes son atacados, porque han sido tratados injustamente.
Corán 22,39

rior y continua por mantenerse en el camino recto de la creencia y la práctica correctas, la yihad menor es temporal y responde a unas circunstancias concretas.

La yihad a través de la historia

La política de cada época ha influido en el modo en que se ha interpretado y llevado a cabo la yihad. En los primeros tiempos del islam, a menudo fue lucha armada. Desde el principio, el Profeta se vio obligado a de-

fenderse a sí mismo y a los suyos de los mequíes, quienes primero persiguieron a los musulmanes y luego trataron de exterminarlos. Al tomar las armas, sin embargo, Mahoma se atuvo a las lecciones del Corán: «Si castigáis, castigad de la misma manera que se os ha castigado. Pero, si tenéis paciencia, es mejor para vosotros» (16,126). La yihad armada se dio bajo los omeyas, durante la expansión territorial del califato y, por extensión, del islam. En el más pacífico periodo abasí que la siguió, la yihad quedó más vinculada a la lucha personal interior.

En tiempos recientes, los críticos del islam han empleado casi exclusivamente el término yihad en el sentido de guerra santa para dar a entender que los musulmanes pretenden islamizar el mundo. Por otra parte, algunos musulmanes han reaccionado negando cualquier relación entre la yihad y la guerra, en una postura también errónea. El Corán es claro en cuanto a que el significado de yihad es más amplio que luchar contra un enemigo, pero es cierto que tampoco lo excluye. ▪

¿Qué es el yihadismo?

La palabra *yihad*, tal como aparece en el Corán, puede tener significados diversos, de los que el más puro es una lucha espiritual interna. Por su parte, *yihadismo* y *yihadista* son términos relativamente recientes, aplicados sobre todo en Occidente a los movimientos islamistas militantes que usan la violencia para lograr sus fines.

Se define yihadista como quien considera necesaria la lucha armada para erradicar los obstáculos para la instauración del gobierno de Dios en la Tierra y para defender la comunidad musulmana, la *umma*, contra los infieles. Para esas personas, la yihad es una obligación colectiva con la que todos los musulmanes capaces deben cumplir y los que no lo comparten no solo son «desviados», sino objetivos legítimos. El término *yihadismo* quedó vinculado recientemente a grupos militantes, como Al-Qaeda y Estado Islámico. La mayoría de los musulmanes no lo usan por considerar que asocia un concepto noble a violencia ilegítima.

Habéis venido desde la yihad menor a la yihad mayor: la lucha de un siervo (de Dios) contra sus pasiones.
Al-Jatib al-Bagdadi
Erudito islámico (1002–1071)

PARTE DE LA CULMINACIÓN DEL ISLAM

CALIFA WÁLID II (*R.* 743–744)

Con la muerte de 'Ali ibn Abi Talib en el año 661, su rival Mu'awiya, gobernador de Siria, pasa a ser califa y es el primero no elegido por un consejo de compañeros del Profeta, ya que recurrió a su poder militar para tomar el poder.

Mu'awiya fue el primer califa omeya, es decir, de los omeyas de La Meca. El califato omeya duraría menos de 90 años, pero en ese tiempo los límites del mundo islámico se ampliaron hasta crear un imperio

Véase también: Un lugar de culto islámico 98–99 ▪ Los califas bien guiados 104–107 ▪ La Casa de la Sabiduría 150–151 ▪ El califato del Imperio otomano 186–189 ▪ Arte y arquitectura islámicos 194–201

Tras la muerte de Mahoma, los **califas *rashidun*** gobiernan la comunidad islámica desde **Medina**.

Después de morir el último de los *rashidun*, el **califato omeya** asume el poder con sede en **Damasco**.

Los **abasíes** derrotan a los omeyas y gobiernan desde **Bagdad**. Los **mongoles** aplastan a los abasíes, ponen fin al califato y el poder vuelve a los centros regionales.

Selyúcidas en Anatolia

Buyíes en Irán

Mamelucos en Egipto

nombró a su hijo, el incompetente Yazid, como heredero al califato. Ofendidos por la idea de que el califato pasara a ser hereditario, muchos clanes se negaron a presentar sus respetos y algunas de las antiguas familias de La Meca respaldaron a 'Abdullah ibn Zubayr, hijo de uno de los compañeros más próximos de Mahoma, quien convocó un consejo para elegir un nuevo califa. En la propia familia del Profeta, el hijo menor de Alí, Husein, hizo causa común con los disidentes. Yazid se ocupó brutalmente de la amenaza enviando a 4000 soldados, que masacraron a los 70 seguidores y parientes de Husein en Kerbala (Irak) en el 680.

Construcción imperial
Yazid no tuvo un heredero natural, por lo que un candidato de otra rama omeya asumió la posición de califa. Al acceder al poder, con el objetivo de mantener unido el califato, Abd al-Málik (*r.* 685–705) se vio obligado a sofocar un intento de golpe de Estado en Damasco, derrotar rivales en Irak y eliminar la amenaza de 'Abdullah ibn Zubayr en La Meca. Una vez lo hubo conseguido, llevó »

cuyo tamaño no sería igualado hasta el apogeo del Imperio otomano, unos 900 años más tarde. Más importante aún es que, al nombrar Mu'awiya sucesor a su hijo, estableció una nueva era del islam, en la que el gobierno no se basó ya en la idoneidad o la piedad, sino en el linaje.

Gobierno hereditario
Bajo los califas *rashidun*, la fe había sido el factor unificador principal. Para los omeyas de Damasco, en cambio, la fe parecía contar poco y la sangre y las relaciones tribales pasaron a ser el principio predominante. Bajo Mu'awiya, el ejército se

modernizó y el imperio se siguió expandiendo.

Para gobernar los territorios lejanos, volvió a un estilo de gobierno más tribal en el que revivieron prácticas antiguas como el *wufud*, consistente en que las tribus enviaban delegados para mantener informado al califa de sus intereses. La reintroducción de tales prácticas llevó a muchos críticos de Mu'awiya a calificarlo como *malik*, es decir, rey secular, en vez de califa, al estilo de los soberanos preislámicos de Arabia.

Quedó de manifiesto que el propio Mu'awiya se veía a sí mismo más como rey que como califa cuando

[Mu'awiya] Situó el trono en Damasco y se negó a ir a la sede del trono de Mahoma [Medina].
Crónica maronita
Manuscrito sirio del siglo VII

la guerra al Imperio bizantino, avanzando sobre Anatolia, el Cáucaso y el norte de África. Bajo Abd al-Málik, el árabe pasó a ser la lengua de la Administración y se acuñaron monedas nuevas que sustituyeron a las bizantinas y persas, con un sistema único y centralizado de dinares de oro y dirhams de plata para todo el imperio en expansión. En la parte final del periodo omeya se llevaron a cabo también proyectos de construcción impresionantes, entre ellos palacios imponentes para la elite adinerada, pero también lugares de culto; el más notable de todos fue la magnífica Cúpula de la Roca, en Jerusalén (688–692).

A Abd al-Málik lo sucedió su hijo Wálid I (r. 705–715), bajo cuyo liderazgo tuvo lugar una segunda ola expansionista, en la que el ámbito del islam incorporó la península ibérica y parte del subcontinente indio.

Durante el reinado de Wálid, el califato alcanzó su mayor extensión territorial; no obstante, en el 732 los ejércitos musulmanes de Al-Ándalus avanzaron hasta el río Loira en Francia, hasta que los detuvo en la batalla de Tours el líder franco Carlos Martel.

A esas alturas, que el califa nombrara a su sucesor era ya una práctica aceptada. Ilustra el privilegio que acarreaba el puesto una carta escrita por un califa omeya posterior, Wálid II (r. 743–744), en la que afirmaba que el califato es «parte de la culminación del islam y la perfección de los grandes favores por los que Dios hace que su pueblo le sirva».

Tensiones por la desigualdad

Por debajo de todos esos grandes progresos había conflictos graves. Bajo los omeyas revivieron muchas tradiciones preislámicas, los viejos clanes árabes volvieron a imponerse como elite terrateniente y el califato se vio envuelto en sangrientas luchas de poder.

Igual de pernicioso fue el surgimiento del *arabismo*, pues con frecuencia se le concedía mayor valor a ser árabe que a ser musulmán. El resultado fue una sociedad estratificada, con los árabes musulmanes en la cúspide, los conversos al islam no árabes por debajo, seguidos por los judíos y los cristianos, y, por último, los esclavos en la base. El descontento de los musulmanes no árabes fue la causa del fin de la dinastía omeya.

Los abasíes del norte de Arabia, que afirmaban descender del tío del Profeta 'Abbas ibn 'Abd al-Muttalib, mantenían una larga rivalidad con los omeyas. Cultivaron astutamente el apoyo de los no árabes desafectos de la periferia del califato omeya para fomentar la rebelión. Con su ayuda, los agentes abasíes tomaron el poder primero en el noreste de Irán, después de lo cual sus ejércitos se enfrentaron a los omeyas en una serie de batallas que acabaron en la muerte del último califa omeya, en la batalla del Gran Zab (750).

De Damasco a Bagdad

En su inauguración, el primer califa abasí, As-Saffah (r. 750–754), para justificar el nuevo califato pronunció un sermón en el que dijo que los abasíes eran «parientes del mensajero de Dios» y creados «de los antepasados del Profeta, por lo que crecimos de su árbol».

La Gran Mezquita de Damasco se construyó durante el reinado de Wálid I. Los mosaicos de la imagen, que cubren las fachadas que rodean el patio, fueron obra de artesanos bizantinos.

La Gran Mezquita de Samarra (Irak) fue durante un tiempo la mayor del mundo. Construida por los abasíes en el siglo IX, tiene un desacostumbrado cono espiral como alminar.

El segundo califa abasí, Mansur (*r.* 754–775), inició la construcción de una nueva capital dinástica en Bagdad, o orillas del río Tigris. Creó una magnífica ciudad redonda, rodeada de muros altos y con cuatro grandes puertas, que simbolizaba la centralización del poder en manos del califa. Entronizados en su nueva ciudadela, los primeros abasíes fueron sólidamente autocráticos, mantuvieron el poder dentro de la familia, y, siempre expeditivos a la hora de despachar posibles rivales, los ponían en manos del verdugo.

Al quinto califa abasí, Harún ar-Rashid (*r.* 786–809), nieto de Mansur, se le suele considerar el más grande de todos los califas. Su reinado inició una edad dorada de la cultura y la ciencia islámicas, que continuaría su hijo Al-Mamún. Padre e hijo promovieron la erudición islámica y su mecenazgo produjo avances en los campos de la jurisprudencia, la filosofía, la teología, las matemáticas, la medicina y las ciencias.

Declive y caída

Los siguientes 300 años de la era abasí no fueron tan abundantes en éxitos. De la docena de califas que gobernaron entre los años 860 y 934, la mitad fueron asesinados. Uno de los últimos, Mustaq (*r.* 944–946), se vio obligado a ceder el control de Bagdad a una dinastía de líderes militares, los buyíes, para conservar el califato. Mientras tanto, otras dinastías sedientas de poder se aprovecharon de un califato débil para proclamarse gobernadores o sultanes de otras partes del imperio. Los abasíes se vieron forzados a menudo a permitir que los señores regionales establecieran bases de poder a cambio de dinero. Cuando los ejércitos mongoles llegaron del este y atacaron Bagdad en 1258, el imperio estaba ya fragmentado, pero el fin de los abasíes no fue por ello menos cruento: Bagdad fue saqueada, sus palacios y centros de estudios arrasados y casi un millón de sus habitantes masacrados. El 37 y último califa abasí fue envuelto en una alfombra y pisoteado por caballos hasta morir. El califato, que había sido la institución política y espiritual islámica más importante desde la época de Mahoma, se extinguió con él. ∎

Esta gente [los omeyas] ha obrado como infieles, por Dios, de la manera más insolente. Malditos sean pues, ¡Dios los maldiga!
Abu Hamza el-Jariyi
(siglo VIII)

Las vidas de los califas abasíes

En 932 se encargó al cortesano Muhammad ibn 'Ali al-'Abdi la crónica de los califas abasíes. No todos sus retratos fueron halagadores. Cuenta, por ejemplo, que el primer califa abasí, As-Saffah, era «pronto dado a derramar sangre». Su sucesor, Mansur, fue «el primero en sembrar la discordia entre la familia de 'Abbas y la familia de Alí, que hasta entonces habían hecho causa común». Para Harún ar-Rashid, por el contrario, no tuvo más que buenas palabras y dijo que era «escrupuloso en cumplir con su cometido como peregrino al emprender guerras santas». También menciona las muchas obras públicas que llevó a cabo en el camino a La Meca y en Mina y Arafat, paradas importantes del *hach*, y que destinó riquezas y el tesoro de su justicia a todos sus súbditos. Escribió: «El error fue reprimido, reapareció la verdad, y el islam, brillando con nuevo esplendor, lo eclipsó todo».

CONCÉDEME, ENTONCES, LA HERMOSURA DE TU ROSTRO

RABI'A AL-'ADAWIYYA (*C.* 714–801)

EN CONTEXTO

TEMA
El sufismo y la tradición mística

CUÁNDO Y DÓNDE
Siglos VIII–IX, Siria e Irak

ANTES
***C.*610–632** Mahoma establece el islam y ofrece ejemplo de una vida de piedad, sencillez y caridad.

DESPUÉS
Siglo XIII Algunas prácticas sufíes, como recitar los nombres de Dios, se incorporan al culto judío.

1830–1847 El estudioso sufí 'Abd el-Qader dirige la lucha contra la invasión francesa de Argelia.

1925 La nueva república turca abole las órdenes sufíes.

Siglo XXI Hay más de 100 órdenes sufíes en el mundo.

Los orígenes del sufismo —o misticismo islámico, como algunos prefieren llamarlo— se remontan a los primeros días del islam. Bajo el califato omeya, iniciado menos de 30 años después de la muerte del Profeta, algunos musulmanes estaban ya desencantados con la autocomplacencia de la elite gobernante y aspiraban a un retorno a lo que entendían como la sencillez del islam de los tiempos de Mahoma. Había también aversión al empeño continuo de codificar la ley islámica, que parecía reducir la fe a las minucias de la normativa y los rituales. Mientras los estudiosos de la sharía se preocupaban por dónde rezaban los musulmanes y por la secuencia correcta de acciones al hacerlo, a otros musulmanes les importaban más el estado del corazón y de la mente de los fieles, y querían reproducir en sí mismos la disposición mental que le hizo posible a Mahoma recibir las revelaciones del Corán.

Pensamiento y práctica

El término *sufí*, que comenzó a circular a mediados del siglo IX, procede de una tela basta de lana (*suf*), de la que estaban hechas las prendas de los primeros místicos musulma-

Existe en este mundo como si nunca hubieras puesto antes el pie aquí y en el otro como si nunca lo hubieras dejado.
Hasan al-Basri

nes. El sufismo temprano o clásico, que abarca los tres primeros siglos de la era islámica, se centró en el intento sincero del individuo de lograr la comunión directa con Dios. Las enseñanzas sufíes son diversas, pero su fin último es alcanzar el estado de *ihsan*, en el que sufí venera a Dios como si pudiera verlo.

Conseguirlo requiere borrar todo rasgo negativo del carácter, con el fin de lograr el estado de unidad. Hay otras fases posteriores a esta y todas tienen como objetivo liberarse del yo hasta que no quede nada, salvo Dios. El proceso se describe a menudo como un viaje, comparable al acto de la peregrinación.

Para emprender ese viaje, los sufíes rompían sus ataduras con el mundo material por medio de la pobreza, el ayuno o el celibato. Con el tiempo, desarrollaron técnicas diversas para concentrar la mente, como la vigilia nocturna, cantar repetidamente los nombres de Dios o ejercicios de meditación basados en la respiración. Más tarde, otros grupos de sufíes añadieron la música y la

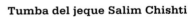
Tumba del jeque Salim Chishti (m. 1572) en Fatehpur Sikri (India). Chishti fue el fundador de una *tariqa* sufí y la tumba la hizo construir el emperador Akbar como muestra de respeto.

Véase también: Los cinco pilares del islam: la *shahada* 36–41 ▪ La guía divina a través de la sharía 128–133 ▪ Los escritos de Yalal ad-Din Muhammad Rumi 174–175 ▪ La difusión del islam a través del comercio 182–185

danza extática como vehículos para inducir un estado de trance.

Figuras fundacionales

A pesar de la insistencia del sufismo en lo personal en el diálogo con Dios, hubo varias grandes figuras influyentes en el sufismo de los inicios. Hasan al-Basri (642–728), uno de los que predicaron contra la mundanidad y el materialismo en los comienzos del califato omeya, instruyó a generaciones de discípulos, motivo por el cual algunos historiadores lo describen como el gran patriarca del sufismo temprano. Se cuenta que Al-Basri recibió sus conocimientos en gran parte de Alí y por ello muchas órdenes sufíes hacen remontar su linaje espiritual al cuarto califa.

Rabi'a al-'Adawiyya (*c.* 714–801), un raro ejemplo de mujer a la que se recuerda por su nombre en los inicios de la historia del islam, vivió una vida apartada, de sacrificio y devoción por Dios en los desiertos de Irak, y se le atribuye haber introducido la doctrina del amor divino, consistente en creer que solo Dios es digno de amor y es el único que puede devolver dicho amor. Un ejemplo de esta perspectiva se expresa en un dicho a ella atribuido: «¡Oh,

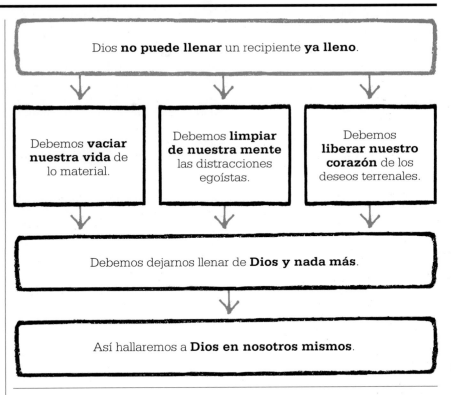

Dios **no puede llenar** un recipiente **ya lleno**.

Debemos **vaciar nuestra vida** de lo material.

Debemos **limpiar de nuestra mente** las distracciones egoístas.

Debemos **liberar nuestro corazón** de los deseos terrenales.

Debemos dejarnos llenar de **Dios y nada más**.

Así hallaremos a **Dios en nosotros mismos**.

mi Señor!, si te adoro por miedo al infierno, quémame en el infierno. Si te adoro esperando el paraíso, exclúyeme del paraíso. Pero, si te adoro por ti mismo, concédeme entonces la hermosura de tu rostro».

Husein al-Mansur, conocido como Al-Hallach (858–922), pasó un año entero ayunando en completo silencio en el patio de la Kaaba. Se hizo famoso por decir: «Yo soy la verdad», lo que causó indignación, pues parecía que se atribuía la divinidad. Fue encarcelado y se negó a retractarse, pero fue su afirmación de que era posible hacer un *hach* espiritualmente válido sin salir de casa lo que lo llevó de nuevo a la cárcel y a la ejecución.

El camino

Los primeros sufíes viajaron mucho por todo el ámbito del islam y en las

ciudades principales se establecieron en hospedajes en los que podían parar e intercambiar conocimientos. Con el tiempo, esos lugares acabaron convertidos en escuelas de las órdenes sufís: las *tariqas*, 'camino' o 'calzada' en árabe, en referencia al viaje espiritual hacia Dios. Las órdenes contaban con un maestro sufí, o jeque, que ejercía como guía espiritual de los discípulos *(murid)*. Cada *tariqa* desarrolló su metodología propia, con un conjunto propio de fases y niveles para alcanzar un alma purificada. La mayoría de las órdenes insistían en aspectos como la generosidad, la humildad y la unión con Dios. Cuando moría un jeque, uno de sus discípulos se hacía cargo de la *tariqa* y guiaba a la generación siguiente. De este modo, cada *tariqa* se atribuía legitimidad »

El que conoce a Dios lo ama y el que conoce el mundo se abstiene de él.
Hasan al-Basri

Girar es una forma de meditación que practica la *tariqa* Mevleví de Turquía. Tiene lugar en la ceremonia del *sema*, durante la cual los sufíes tratan de alcanzar la unidad con Dios.

a través de una cadena (*silsila*) de autoridad espiritual, que, indefectiblemente, acababa por remontarse hasta el Profeta. Algunas de las *tariqas* más influyentes desarrollaron varias ramas, algunas de las cuales se difundieron por todo el mundo islámico.

Órdenes y devociones sufíes

Una de las *tariqas* más antiguas e influyentes se remonta al Bagdad del siglo XII. Nombrada en honor del respetado predicador 'Abdul Qadir Gilani (1077–1166), la *tariqa* Qadiriyya había llegado hasta Marruecos, Al-Ándalus, Anatolia e India, y al este y oeste de África al final del siglo XV. Los sufís viajaban a menudo inspi-

rados por sueños en los que el Profeta les mandaba que llamaran a la gente hacia Dios en lugares lejanos. El mensaje de amor del sufismo, sus enseñanzas esotéricas y la piedad tan visible de sus devotos contribuyeron a difundir el islam por territorios nuevos.

Ayer era inteligente y quería cambiar el mundo. Hoy soy sabio y me estoy cambiando a mí mismo.
Rumi

Los devotos de la Qadiriyya son conocidos por usar como vehículo de sus actos de devoción (*dikr*) el canto repetitivo de la *shahada*, cada vez más rápido hasta que la frase pierde la forma. Los discípulos de la *tariqa* Naqshbandiyya, con origen en los inicios del siglo XIV en Bujara (Asia central), emplean el *dikr* silencioso, en el que los nombres de Dios se repiten mentalmente en un acto de meditación, en lugar de pronunciarlos en voz alta como invocación. Esta *tariqa* se difundió por el subcontinente indio en el siglo XVI y sigue siendo enormemente influyente, con unos 60 millones de discípulos en países de todo el mundo.

La más conocida de todas las *tariqas* es, sin duda, la Mevleví, fundada en Iconio (Konya), en Anatolia (actual Turquía) por los seguidores del místico y poeta del siglo XIII Yalal ad-Din Muhammad Rumi. La forma única de *dikr* de los mevlevíes es una danza en la que giran lentamente, por lo que reciben el nombre de *derviches giróvagos*.

La *tariqa* Chishti, muy seguida en el subcontinente indio, emplea música y poesía, mientras que otras órdenes sufíes tienen formas más esotéricas de *dikr*. La *tariqa* Rifaiyya, de Macedonia, es famosa por la práctica de sus discípulos consistente en atravesarse con pinchos durante los trances. Por su parte, en algunas partes de Marruecos hay sufíes cuyo *dikr* consiste en pruebas de fuerza física.

Omar Jayam

Al parecer de muchos musulmanes, los sufíes siempre han estado en los límites de la ortodoxia islámica, o los rebasan. Esta es desde luego una acusación plausible en el caso de uno de los sufíes más famosos, el persa Omar Jayam (1048–1131). Hijo de un fabricante de tiendas de campaña (que es lo que significa en árabe *jayam*, de donde procede también *jaima*), fue un astrónomo y matemático brillante, al que se recuerda sobre todo como poeta. Sus *Rubaiyat* —cuartetas, o poemas de cuatro líneas— se siguen publicando. Muchos de esos versos son odas al vino y la embriaguez, prohibidos

Bebe vino y mira la Luna, y piensa en todas las civilizaciones que la Luna ha visto pasar.
Omar Jayam

por el Corán, aunque el hecho de que Jayam se refiera tanto al vino parece indicar que beber alcohol no era en absoluto inusual en la Persia del siglo XII. Sigue siendo un autor muy leído en persa, además de traducido a muchos otros idiomas, como el inglés; a ese idioma el poeta inglés Edward FitzGerald hizo una traducción discutida, publicada en 1868.

El sufismo en la actualidad

A los sufíes raramente les ha interesado el poder político, pero provocaron con frecuencia la ira de las autoridades. El islam es una religión comunal y el radicalismo o el individualismo no suelen ser bien vistos. Para los musulmanes, en general, apartarse de la comunidad en busca de una relación personal con Dios es algo contrario al espíritu del islam y a lo largo de la historia la persecución de los sufíes ha sido algo habitual: en el Irán safaví del siglo XVI, en La Meca y Medina en el XIX, en Turquía después de fundarse la república en 1923 y en Pakistán en la actualidad.

Sin embargo, el sufismo cuenta con cientos de millones de adeptos por todo el mundo y muchas de sus ideas y formas se han incorporado a la corriente principal de la cultura global. Los ejemplos van desde la poesía de Rumi y la música *qawwali* de Pakistán —famosa gracias a artistas como Nusrat Fateh Ali Khan— hasta vídeos de música pop de Madonna y las novelas superventas del autor brasileño Paulo Coelho.

De forma directa o indirecta, la labor misionera del sufismo continúa, siguiendo —en palabras del estudioso y poeta místico andalusí Ibn Arabi— «la religión del amor, por el camino que encuentren sus camellos». ∎

El lenguaje de los pájaros

La tradición sufí produjo algunas de las obras literarias más memorables en la historia del islam. Una de sus obras maestras es *El lenguaje de los pájaros*, del poeta persa sufí Farid ad-Din 'Attar (*c.* 1145–*c.* 1221 o 1230). En ella, los pájaros del mundo se reúnen en torno a la abubilla, escogida como guía en un viaje en busca del *simurg*, o rey de las aves. Para encontrarlo deben cruzar siete valles traicioneros, cada uno de los cuales representa una etapa del camino. Al final del viaje, y solo después de haber aprendido a «destruir la montaña del yo», se les permite aproximarse al trono del *simurg*. De los miles de pájaros que emprendieron el viaje, solo 30 logran terminarlo, pero, cuando por fin pueden mirar al rey de las aves, lo que ven no es ese rey, sino ellos mismos. Aunque los pájaros han viajado lejos y han superado muchas pruebas, era ellos mismos lo que habían estado buscando. Esa viene a ser la esencia del sufismo.

El *qawwali* es un tipo de música devocional popular en algunas partes de Pakistán. La dieron a conocer internacionalmente los conciertos y grabaciones de Nusrat Fateh Ali Khan.

LA EDAD

ORO DE

756–1526

DE
ISLAM

Un ejército musulmán conquista el reino visigodo de Hispania, conocido desde entonces en árabe como **Al-Ándalus**.

El príncipe omeya ʿAbd ar-Rahman I establece una corte en Córdoba.

El médico y filósofo persa **Ibn Sina (Avicena)** completa su obra enciclopédica en cinco volúmenes *El canon de medicina*.

El sultán ayubí **Salah ad-Din (Saladino) arrebata Jerusalén** a los cruzados cristianos.

711   **756**   **1025**   **1187**

750   **813–833**   **1138–1154**

La **dinastía abasí** llega al poder y funda la ciudad de Bagdad en 762.

El califa abasí Al-Mamún funda la **Casa de la Sabiduría** como depósito de todo el conocimiento del mundo.

El estudioso musulmán **Al-Idrisi confecciona un mapamundi** para Roger II de Sicilia.

En el 762, el segundo soberano de la dinastía abasí trasladó la capital del califato islámico de su sede en Damasco a la recién fundada ciudad de Bagdad. El traslado se considera el inicio de una edad de oro en la que florecieron las ciencias, el arte y la cultura.

La civilización islámica englobaba entonces culturas y tradiciones intelectuales diversas. La nobleza abasí promocionó a estudiosos que reunieron los conocimientos aportados por los nuevos territorios. Aquellos estudiosos tradujeron obras de otras civilizaciones, en particular la griega, cuyos conocimientos aplicaron a sus propios avances. Determinados progresos de los astrónomos, geógrafos y matemáticos musulmanes respondieron a problemas planteados en la tradición islámica; fue el caso del desarrollo del álgebra por parte de Al-Juarismi, que sirvió para resolver las leyes islámicas de la herencia; de la misma manera, el desarrollo de la astronomía y la geometría sirvieron para determinar la dirección de La Meca.

En el 802, el califa Harún ar-Rashid envió una embajada a Carlomagno, rey de los francos, con un regalo: una clepsidra que marcaba las horas dejando caer bolas de latón sobre címbalos. Aquel sofisticado reloj de agua era un ejemplo de los avances que se habían producido en el mundo islámico, muy por delante de nada que hubiera en Europa.

Una edad dorada

Con el árabe como lengua franca, se difundieron conocimientos por todo el ámbito del islam. Quienes tenían como lengua materna el persa, el siriaco o el bereber, si eran musulmanes, era necesario un conocimiento al menos rudimentario del árabe para leer el Corán. Los soberanos musulmanes en las cortes de las grandes ciudades competían por el prestigio de contar con los estudiosos más eminentes. Así, la corte creada por un príncipe omeya refugiado en Córdoba se convirtió en polo de atracción para los intelectuales de Oriente.

Los historiadores sitúan la cumbre de esa edad de oro en los siglos X y XI, en los que un panteón de estudiosos y científicos del islam logró avances importantes en múltiples campos: Al-Hayzam puso los cimientos de la óptica moderna experimentando con la luz y la visión; Al-Biruni especuló con un sistema heliocéntrico en el que el Sol era el centro del universo; Ar-Razi describió por primera vez la viruela y el sarampión; e Ibn

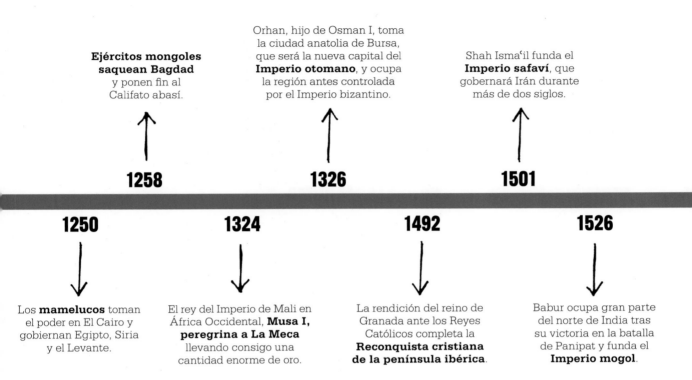

Ejércitos mongoles saquean Bagdad y ponen fin al Califato abasí.

1258

Orhan, hijo de Osman I, toma la ciudad anatolia de Bursa, que será la nueva capital del **Imperio otomano**, y ocupa la región antes controlada por el Imperio bizantino.

1326

Shah Isma'il funda el **Imperio safaví**, que gobernará Irán durante más de dos siglos.

1501

1250

Los **mamelucos** toman el poder en El Cairo y gobiernan Egipto, Siria y el Levante.

1324

El rey del Imperio de Mali en África Occidental, **Musa I, peregrina a La Meca** llevando consigo una cantidad enorme de oro.

1492

La rendición del reino de Granada ante los Reyes Católicos completa la **Reconquista cristiana de la península ibérica**.

1526

Babur ocupa gran parte del norte de India tras su victoria en la batalla de Panipat y funda el **Imperio mogol**.

Sina (conocido en Occidente como Avicena) compiló una enciclopedia de un millón de palabras que sirvió como libro de texto en Europa hasta el siglo XVII.

La difusión del islam

Aunque los abasíes fueron menos expansionistas que sus predecesores, la religión se propagó igualmente, junto con los bienes que transportaban las caravanas de camellos, por los desiertos hasta África oriental y occidental, y por Asia central hasta China. Viajó a bordo de los barcos a puertos en islas del océano Índico y archipiélagos de los mares del sureste asiático. Cuando el gran viajero bereber Ibn Battuta pasó casi 30 años viajando durante la primera mitad del siglo XIV, la mayoría de las tierras que visitó pertenecían al ámbito islámico. Gracias a la in-

formación transmitida por comerciantes y viajeros, con el respaldo de las observaciones de los científicos, durante un tiempo los mejores cartógrafos del mundo y algunos de los primeros etnógrafos y autores de viajes, fueron musulmanes. La enorme influencia del comercio islámico quedó reflejada en las muchas palabras árabes que incorporaron los idiomas europeos, tales como *alkohl* (alcohol), *laymun* (limón), *naranga* (naranja), *qahwa* (café), *qairawan* (caravana), *sukkar* (azúcar) y *qutun* (algodón).

Tres grandes imperios

Desde el siglo X hasta el XIII, el mundo islámico fue atacado de forma casi constante. Los mongoles desde el este arrasaron el Imperio abasí y saquearon Bagdad, los ejércitos cris-

tianos iban reconquistando gradualmente la península ibérica y los cruzados invadieron el Mediterráneo oriental. El poder pasó de los abasíes a otras dinastías, como la de los mamelucos, quienes desde su base de poder en El Cairo vieron un florecimiento de las artes y la arquitectura que duró 250 años. Durante esa época, los europeos redescubrieron la cultura griega clásica a través de textos árabes, de manera que ese interés daría lugar al Renacimiento en Italia y más allá.

Mientras tanto, el islam revivió y se expandió una vez más a través de tres imperios poderosos, ninguno de ellos árabe: los otomanos eran turcos, los safavíes, persas, y los mogoles, indios descendientes de los mongoles. Combinados, estos imperios controlaron la mitad del mundo conocido. ∎

BUSCAR EL CONOCIMIENTO ES OBLIGATORIO PARA TODO MUSULMÁN
PROFETA MAHOMA

Los sasánidas **traducen al persa textos griegos** de Aristóteles, Euclides, Galeno, Platón, Ptolomeo y otros.

Los abasíes conquistan a los sasánidas, cuyos textos se **traducen al árabe** en Bagdad.

Los textos latinos **se traducen a los idiomas de Europa** y los textos clásicos perdidos se difunden por Occidente.

A lo largo del proceso de la Reconquista de la península ibérica, **se traducen al latín textos árabes**.

La búsqueda del conocimiento y el afán por ilustrarse están consagrados en el islam. La primera palabra que dirigió Dios a Mahoma en la cueva de Hira y con la que comenzó la revelación del Corán fue *lee*. Los compiladores de los hadices le atribuyen a Mahoma las frases siguientes: «Buscar el conocimiento es obligatorio para todo musulmán» y «a quien siga un camino en busca del conocimiento, Dios le facilitará el camino al paraíso».

Plan de traducciones
Los primeros estudiosos islámicos se dedicaron a transcribir e inter-

pretar el Corán. Eso cambió con los abasíes, que patrocinaron a otros intelectuales para que estudiaran los conocimientos recogidos en obras foráneas en lugar de depender en exclusiva de la orientación del Corán. Los abasíes ocuparon territorios gobernados por los persas sasánidas desde el 224 hasta el 651 y encargaron la traducción de sus textos al árabe. Los traductores se ocuparon también de los textos de otras civilizaciones, entre las que destacan la griega y la india. A los estudiosos les interesaron las obras de filósofos como Aristóteles y Platón, los escritos médicos de

> La tinta del sabio
> es más sagrada que
> la sangre del mártir.
> **Profeta Mahoma**

Galeno, los tratados de geometría de Euclides y los de astronomía de Ptolomeo; de esta manera, las traducciones hicieron circular las ideas clásicas por el mundo islámico en lengua árabe.

Papel y caligrafía

La conservación y difusión del conocimiento se vio facilitada por la sustitución del costoso pergamino por el papel, inventado en China, con la que comerciaba el mundo islámico. En Bagdad empezó a funcionar una fábrica de papel en el 795. A la vez se desarrolló una nueva escritura árabe más fluida y rápida y, como resultado, en el Bagdad del siglo VIII fue posible por primera vez en la historia de la humanidad escribir un libro y venderlo en el mercado.

La Casa de la Sabiduría

La actividad traductora llegó a su máximo esplendor durante los 20 años del reinado del séptimo califa de la dinastía, Al Mamún (r. 813–833). Este, medio árabe medio persa, promovió la apertura hacia otras religiones y culturas, lo que atrajo a Bagdad a estudiosos de todos los campos y de todo el imperio.

Aquel ambiente favorable a pensar libremente condujo a una producción creciente de obras originales en astronomía, matemáticas, medicina, filosofía y otras ramas de la ciencia. La entrega de libros fue a menudo una de las condiciones exigidas a los soberanos extranjeros derrotados. Al-Mamún aspiró a reunir todo el conocimiento del mundo bajo un solo techo y la institución que creó para acomodarlo

La Casa de la Sabiduría acogió a estudiosos que tradujeron del griego al árabe, desarrollaron los conocimientos clásicos y lograron avances en campos como la astronomía, como se ve en la imagen.

fue la Casa de la Sabiduría, en árabe, Beit al-Hikma.

No se conoce qué aspecto pudo tener el edificio de la Casa de la Sabiduría, pues no se conserva descripción alguna ni restos arqueológicos, pero probablemente fue más que una mera biblioteca. Las referencias que han llegado hasta nosotros dan a entender que funcionaba también como academia y que atrajo a muchas de las figuras sobresalientes de la edad de oro de la cultura islámica. El programa de traducciones duró unos 200 años, periodo de tiempo en el que el Bagdad de los abasíes fue un centro del saber sin igual hasta la Italia del Renacimiento de los siglos XV y XVI. ■

Las universidades más antiguas

Bagdad no fue, ni mucho menos, el único ejemplo de centro del saber pionero del islam. La universidad más antigua del mundo que haya funcionado sin interrupción, la de Qarawiyyin, fue fundada en el 859 en Fez (Marruecos) por Fátima al-Fihri, una mujer de una familia que procedía de la tribu Quraysh.

En el 972, la dinastía chií ismailí de los fatimíes fundó la mezquita de Al-Azhar en El Cairo, que tres años después comenzó a admitir alumnos a las clases de derecho islámico, astronomía, filosofía y lógica. Durante el reinado del sultán Salah ad-Din (r. 1174–1193), la universidad se convirtió en una institución sunní y hoy día sigue siendo la universidad de prestigio del islam sunní. Representa un islam más moderado que sus equivalentes en Arabia Saudí y para algunos musulmanes el gran jeque de Al-Azhar es la máxima autoridad de la jurisprudencia y el pensamiento islámicos sunníes.

NO HAY CONFLICTO ENTRE EL ISLAM Y LA CIENCIA

OSMAN BAKAR, DEL CENTRO PARA EL ENTENDIMIENTO ENTRE MUSULMANES Y CRISTIANOS

EN CONTEXTO

TEMA
**Los primeros
científicos modernos**

CUÁNDO Y DÓNDE
**Siglos x–xi, por todo
el mundo islámico**

ANTES
Siglos v y iv a. C. Las
grandes figuras de la Grecia
clásica producen grandes
obras en campos diversos de
la ciencia, pero de carácter
casi exclusivamente teórico.

762 d. C. El califato abasí
se estrena con una nueva
capital en Bagdad, desde
donde promueve el saber
y la investigación.

DESPUÉS
1543 Andrés Vesalio publica
la obra *De humani corporis
fabrica*, y Nicolás Copérnico,
*De revolutionibus orbium
coelestium*.

Algunos musulmanes mantienen la postura radical de que los textos del Corán y los hadices contienen todo lo que cualquiera pudiera necesitar saber acerca del mundo y, por lo tanto, los estudios científicos carecerían de sentido. Algunos musulmanes incluso consideran contraria al islam la actividad científica.

Dicha forma de pensar existió siempre en el islam, pero fue siempre la de una pequeña minoría. La mayoría de los musulmanes ve la ciencia como un modo de adquirir mayor conocimiento, a lo cual anima expresamente el Corán. Hay bastantes aleyas que instan a los fieles a observar los fenómenos naturales y

Véase también: La Casa de la Sabiduría 150–151 ▪ Los números arábigos y *al-yabr* 158–161 ▪ Los usos de la astronomía 162–163 ▪ El ejemplo de Al-Ándalus 166–171 ▪ Ibn Sina y *El canon de medicina* 172–173

> Algunos musulmanes creen que **el estudio de la ciencia es un deber colectivo** de la comunidad islámica. Muchas aleyas del Corán instan a observar y estudiar el mundo.

> Algunos musulmanes creen que el Corán **contiene las respuestas** a todas las preguntas sobre el mundo que un creyente pudiera hacerse.

reflexionar sobre ellos, lo que, por lo general, se ha entendido como favorable a los afanes científicos.

El modo correcto de ver

Abu 'Ali al-Hasan ibn al-Hayzam, más conocido como Al-Hayzam o Al-Haytam (o Alhacén en Occidente), nació en Basora, en lo que en la actualidad es el sur de Irak, alrededor del año 965. En su juventud trabajó como funcionario de los gobernantes abasíes de su ciudad natal, pero pronto abandonó el puesto para formarse en El Cairo, capital de los fatimíes, la dinastía rival. Su propuesta de construir una presa atrajo la atención del califa fatimí y, aunque sus proyectos de construcción en este ámbito fracasaron, Al-Hayzam produjo muchas otras obras de gran valor, y sus más de 200 manuscritos versan sobre astronomía, ingeniería, ética, matemáticas, música, política y teología. Su pensamiento más influyente está recogido en la obra *Kitab al-manazir (El libro*

En el *Libro de óptica*, Al-Hayzam describe cómo suponía que era la anatomía del ojo y a continuación considera cómo funcionaría dicha anatomía como sistema óptico.

de la óptica), un tratado revolucionario en siete volúmenes sobre la teoría matemática de la visión, publicado en 1021.

Fueron Platón y Euclides quienes asentaron los principios básicos de la óptica geométrica en la antigua Grecia, entre ellos ideas tales como que la luz viaja en línea recta y las leyes de la reflexión. Lo que distinguió a Al-Hayzam es que, en lugar de presentar un enfoque puramente teórico, *El libro de la óptica* era una verdadera obra científica, con des-

cripciones detalladas de experimentos, incluidos los aparatos necesarios y cómo emplearlos. Los resultados de los experimentos se presentaban en apoyo de sus teorías.

La teoría más importante que propuso Al-Hayzam explica cómo vemos. Los griegos creían que vemos porque los ojos emiten rayos de luz que iluminan los objetos. Al-Hayzam, en cambio, fue el primero en deducir que es al contrario y que la visión funciona por la refracción de la luz que atraviesa el cristalino. También dedujo que la refracción se explica correctamente por moverse la luz más lenta en un medio más denso, como el cristalino, al encontrarse más partículas en el camino. También estudió los aspectos meteorológicos relacionados con el arco iris y exploró la naturaleza de fenómenos celestes como los eclipses y la luz de la Luna.

La traducción al latín del *Libro de óptica* de Al-Hayzam fue muy influyente entre los científicos y filósofos medievales europeos, y, gracias a **»**

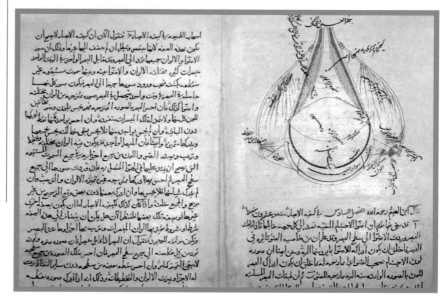

> El extremista entre ellos denostará las ciencias como ateas.
> **Al-Biruni**

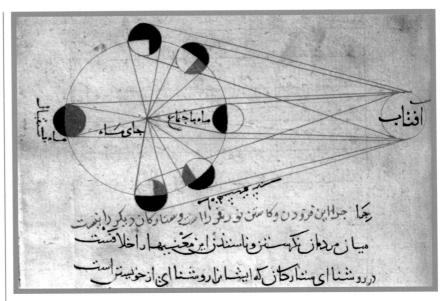

Al-Biruni estudió casi todos los campos de la ciencia y escribió tratados sobre la mayoría. Esta ilustración de una de sus obras astronómicas explica las fases de la Luna.

una edición publicada en Basilea en 1572, también entre matemáticos como Johannes Kepler (1571–1630), René Descartes (1596–1650) y Christiaan Huygens (1629–1695).

La altura del cielo

Otro físico del siglo XI, el andalusí Ibn Muʿad al-Yayyani (989–1079), trabajó también en el campo de la óptica y los fenómenos celestes. Comprendió que el crepúsculo se debe a que, después de ponerse el sol, el vapor de agua en la atmósfera superior refleja la luz. De ello, aplicando la geometría y un valor para el tamaño de la Tierra aportado por astrónomos de Bagdad, Al-Yayyani dedujo que

la atmósfera terrestre medía 84 kilómetros de altura. En el siglo XX, con la ayuda de aviones a reacción, la geofísica determinó que el límite entre la atmósfera terrestre y el espacio está a unos 100 kilómetros, de modo que el científico islámico de hace 900 años se había equivocado solo por 16 kilómetros.

El polímata supremo

Si bien resulta fácil señalar los logros más relevantes de Al-Hayzam

y Al-Yayyani, la producción de Abu Raihan Muhammad al-Biruni (973–1050) fue tan excepcional en tantos campos que es difícil saber por dónde empezar.

Al-Biruni nació en Asia central y pasó la mayor parte de su vida adulta en Gazni (Afganistán), sirviendo como erudito y consejero en la corte del sultán gaznaví. No hubo prácticamente cosa que viera que no atrajera su interés. Escribió un libro sobre cómo determinar las coordenadas de las ciudades, que resultó de utilidad decisiva para establecer en qué dirección orar para mirar hacia La Meca. También produjo un gran estudio de India, la primera obra de ese tipo, con análisis de las relaciones entre la civilización griega y la de los hindúes, y entre el islam y el hinduismo.

Al-Biruni compiló una farmacopea que describía todos los medicamentos que se conocían en aquella

Qué fue de la ciencia islámica

La ciencia floreció en el mundo islámico desde alrededor del año 700 hasta el siglo XI; desde entonces, decayó. La actividad científica en Europa, en cambio, fue insignificante hasta el siglo XV, cuando su eclosión repentina superó rápidamente a la cultura islámica. ¿Qué le pasó a la ciencia islámica?

Hay quien considera que, con la toma de Bagdad por los mongoles y el fin de la Reconquista en la península ibérica, el islam perdió sus

dos polos del saber y que a los imperios islámicos emergentes —turco, persa e indio— les faltaba el espíritu de cooperación. Hay quienes creen también que la ortodoxia islámica se impuso a la racionalidad y logró en algún grado *reislamizar* la ciencia, al presentar el Corán como fuente única de todo conocimiento.

En tiempos recientes, la ciencia ha resurgido en el mundo islámico y ha habido tres musulmanes distinguidos con premios Nobel de ciencias.

época, en la que figuraban los nombres de los fármacos en varios idiomas. También fue un matemático extraordinario, y empleó el cálculo para describir el movimiento de los cuerpos celestes, con lo que puso los cimientos para las leyes del movimiento de Isaac Newton más de 600 años después. En el ámbito de la física, dio con diversos métodos para medir la densidad, el peso e, incluso, la gravedad.

Método científico

En común con los experimentos de los que dejó constancia Al-Hayzam, la manera en que Al-Biruni enfocó sus descubrimientos científicos era muy similar al método científico moderno. Consistía en un ciclo repetido de observación, hipótesis y experimentación, respaldado por la verificación independiente. Cuando no podía dar con pruebas definitivas para una teoría, Al-Biruni se mantenía neutral, incluso cuando se trataba del asunto en el que se implicaron algunas de las mejores mentes de la época, como si el Sol y los planetas giraban alrededor de la Tierra (según la teoría geocéntrica de Ptolomeo) o si, por el contrario, eran la Tierra y los demás planetas los que giraban alrededor del Sol (la teoría heliocéntrica). Al mantenerse neutral, Al-Biruni actuaba conforme al Corán, que dice en la sura 17,36: «No vayas tras algo de lo que no tienes ningún conocimiento».

Los historiadores consideran en ocasiones que la ciencia moderna comenzó en 1543, año de la publicación de la obra *De humani corporis fabrica*, del anatomista flamenco

Exponente del talento islámico en las ciencias aplicadas, el ingeniero Al-Yazari (1136–1206) inventó varios relojes, como el reloj elefante, con un mecanismo hidráulico en el vientre del falso animal.

Andrés Vesalio y también de *De revolutionibus orbium coelestium* (que presentaba la tesis de que la Tierra orbita alrededor del Sol), del astrónomo polaco Nicolás Copérnico. Sin embargo, no hay duda de que Al-Hayzam y Al-Biruni fueron científicos *modernos* 500 años antes, pues ambos encarnaron el espíritu del método experimental en la ciencia. No conocemos las opiniones de Al-Hayzam en materia de teología, pero Al-Biruni fue muy claro al afirmar que el Corán «no interfiere con la práctica de la ciencia ni infringe el ámbito de la ciencia».

Renacimiento moderno

El pakistaní Muhammad Abdus Salam (1926–1996), galardonado con el Nobel de Física de 1979 por su aportación al campo de la física de partículas, citó el Corán en su discurso de aceptación para decir que cuanto más profundizamos en la búsqueda más nos mueve al asombro. Salam fue el primer científico musulmán premiado con el Nobel desde que se instituyó el premio en 1901, pero, como señaló alguna vez, seguía los pasos de una tradición muy distinguida y venerable de científicos islámicos innovadores. ∎

NO DEBEMOS AVERGONZARNOS DE RECONOCER LA VERDAD

SOBRE LA FILOSOFÍA PRIMERA DE AL-KINDI (SIGLO IX)

EN CONTEXTO

TEMA
Los inicios de la filosofía islámica

CUÁNDO Y DÓNDE
Siglo IX, por todo el mundo islámico

ANTES
Antes del siglo IX El saber de la Grecia antigua se pierde en Occidente con la caída del Imperio bizantino, pero muchos textos griegos se conservan en traducciones al persa de los sasánidas.

DESPUÉS
Siglo XI Ibn Sina (Avicena) trata de reconciliar filosofía racional y teología islámica.

Siglo XI Al-Gazali escribe *La incoherencia de los filósofos*, donde ataca el empleo de la filosofía en la teología.

Siglo XII Ibn Rushd (Averroes) publica *La incoherencia de «La incoherencia»*, donde refuta la obra de Al-Gazali.

De la Casa de la Sabiduría de Bagdad surgieron varios estudiosos célebres, muchos de ellos polímatas que destacaron en campos muy diversos.

El primero de estos polímatas abasíes fue Al-Kindi, conocido sobre todo por introducir la filosofía de Aristóteles en el mundo arabófono en el siglo IX. Hizo la obra del filósofo griego no solo accesible, sino también aceptable, al combinar la filosofía de Aristóteles con la teología islámica.

Al-Kindi (*c.*800–873) fue seguidor de la *mu'tazila* ('separación'), una doctrina teológica que defendía el espíritu del examen racional y se oponía a la interpretación literal del Corán. Los mutazilíes creían que era el intelecto humano el que guiaba a la humanidad hacia el conocimiento verdadero de Dios y a la comprensión más clara de las palabras del Corán. Sus oponentes, sin embargo, consideraron que la filosofía secular era contraria al islam.

Sobre la filosofía primera

De las muchas obras escritas por Al-Kindi, la más famosa es *Sobre la filosofía primera*, que comienza invitando al lector a honrar la antigua sabiduría filosófica griega. Al-Kindi mantiene que nadie debería ignorar los logros de los estudiosos anteriores porque fueran de distinta raza, cultura o credo, y acusa de estrechez mental y falta de fe en el islam a quienes no aprecian las aportaciones de los griegos.

Sobre la filosofía primera presenta un célebre debate sobre la cuestión de la eternidad del mundo. Aristóteles pensaba que el universo

Encajar a Dios en Aristóteles

Aristóteles creía que el universo ha existido siempre; **por tanto, no hay creador**.

Al-Kindi argumentó que el universo tuvo un punto de partida y fue obra de un **creador**.

Véase también: El sufismo y la tradición mística 140–145 ▪ La Casa de la Sabiduría 150–151 ▪ Los números arábigos y *al-yabr* 158–161 ▪ El ejemplo de Al-Ándalus 166–171 ▪ Ibn Sina y *El canon de medicina* 172–173

> La ignorancia lleva al miedo, el miedo al odio y el odio a la violencia.
> **Ibn Rushd**

había existido siempre. Pero ahora bien, si el universo es eterno, entonces no hay creador y, por lo tanto, no hay Dios. Para Al-Kindi, musulmán devoto, el problema consistía en hacer encajar a Dios y la creación, tal y como los describen los textos coránicos, en esta visión del cosmos.

A Al-Kindi se le ocurrió un razonamiento persuasivo para refutar la idea del universo eterno y supo expresarlo en términos matemáticos. Su argumentación lo llevó a creer que el tiempo no pudo haber existi-

do antes de la creación del universo y que tuvo que comenzar a existir junto con el universo mismo. Esta finitud del universo le permitía a Al-Kindi identificar a Dios como creador del mundo, que lo hizo comenzar a ser a partir de la nada.

Ibn Sina e Ibn Rushd

En el siglo x, Al-Farabi (*c.* 872–950), un estudioso conocido en Occidente como Farabius, continuó explorando la intersección del islam y la filosofía clásica. Escribió comentarios sobre obras de los antiguos griegos, en los que incidía en temas centrales del islam, como la ley, la profecía, la sucesión política y la jurisprudencia.

Ibn Sina (980–1037), más conocido en Occidente como Avicena, fue un musulmán devoto, persa de Asia Central, que trató de reconciliar la filosofía racional y la filosofía islámica. Creó una argumentación formal para demostrar la existencia de Dios; la prueba de la veracidad, considerada como una de las más influyentes de la Edad Media. El an-

Al-Farabi fundó su propia escuela filosófica, el farabismo, y buscó la síntesis de la filosofía y el sufismo. Su efigie figura en este sello de Kazajistán, donde se cree que nació.

dalusí Ibn Rushd (1126–1198), Averroes, mantuvo que la filosofía no contradice las revelaciones del islam por tratarse de dos métodos diferentes para llegar a la verdad y puesto que «la verdad no puede contradecir a la verdad». ∎

Al-Kindi

Es poco lo que se sabe de la vida de Ya'qub ibn Ishaq al-Kindi. Nació alrededor del año 800 en el seno de una familia aristocrática árabe de la poderosa tribu de Kinda. Esta era originaria de Yemen, pero influyente en Arabia desde antes de la época del islam. Él nació en Kufa (actual Irak), pero es probable que pronto se mudara a Bagdad, donde se formó.

Destacó ya en sus inicios como estudioso y trabajó bajo el mecenazgo del califa Al-Mamún (*r.* 813–833). Además de supervisar la traducción de textos griegos, Al-Kindi produjo

más de 200 obras de su propia mano. Escribió sobre asuntos asombrosamente diversos, desde la ética hasta la música, y desde el funcionamiento del ojo hasta la manufactura de espadas. Desempeñó un papel muy importante en la adopción de los números indios en el mundo islámico y, en último término, los indoarábigos en el ámbito cristiano. No obstante, a Al-Kindi se le conoce sobre todo por fundar toda una tradición filosófica que serviría de base al pensamiento islámico durante siglos. Murió en el 873.

LA REUNIÓN DE PARTES ROTAS

EL *COMPENDIO DE CÁLCULO POR REINTEGRACIÓN Y COMPARACIÓN* DE AL-JUARISMI (SIGLO VIII)

A lrededor del año 830, el estudioso de la Casa de la Sabiduría Muhammad ibn Musa al-Juarismi completó una obra que iba a revolucionar las matemáticas. Sus páginas iniciales presentaban una dedicatoria que expresaba el vínculo entre la fe islámica y el empeño intelectual: «Ese gusto por la ciencia, con el que Dios ha distinguido al imán Al-Mamún, príncipe de los creyentes [...] me ha animado a componer una obra breve sobre el cálculo por (las reglas de) la reintegración y la comparación».

Aquel libro, titulado *Compendio de cálculo por reintegración y com-*

paración (en árabe, *Al-kitab al-muj-tasar fi hisab al-yabr wa al-muqa-bala*) estableció los principios que constituyen el fundamento del álgebra moderna, que es en sí misma el hilo conductor de casi todas las matemáticas.

Al-yabr es igual a álgebra

Al-Juarismi introdujo algunas operaciones fundamentales, a las que llamó *reducción, reintegración* y *comparación*. El proceso de reducción (al que llamamos hoy día *simplificar una ecuación*) se podía hacer por reintegración (en árabe, *al-yabr*, de donde deriva *álgebra*) –o, en otras palabras, moviendo términos al otro lado de una ecuación– y después equilibrando la ecuación.

Al-Juarismi no inventó esas operaciones, pero sí combinó reglas matemáticas que en la época solo conocían unos pocos y dio forma a un manual de instrucciones para resolver problemas matemáticos que se planteaban en situaciones cotidianas. Al comienzo del libro, mencio-

na varios ejemplos de situaciones en las que esas fórmulas matemáticas podían resultar útiles: «En casos de herencias, patrimonio, particiones, pleitos y comercio [...] o en lo relativo a medir tierras, abrir canales, cómputos geométricos y otros objetos de diverso tipo».

El *Compendio de cálculo* se divide en dos mitades. En la primera, Al-Juarismi plantea las reglas del álgebra y las secuencias necesarias para resolver distintos problemas. La segunda parte del libro está llena de ejemplos de sus métodos, tal como se aplican a una serie amplia de »

El **álgebra** se ocupa de números y **cantidades desconocidas**.

→

Estas guardan **relación** con otras **conocidas**.

↓

Las cantidades desconocidas se pueden determinar **examinando otras conocidas**.

←

Es posible determinar las cantidades **desconocidas**.

Al-Juarismi

Poco se sabe de la vida de Al-Juarismi. Algunos historiadores creen que nació alrededor del 780 en Jiva, en Jorasmia (antes parte del Imperio persa, hoy en Uzbekistán), de donde deriva su nombre. En algún momento se mudó a Bagdad, donde trabajó en la corte del califa Al-Mamún, que lo nombró primer astrónomo y lo puso al frente de la biblioteca de la Casa de la Sabiduría.

Aunque probablemente era persa, Al-Juarismi se considera a menudo árabe por escribir en ese idioma y por haber desarrollado todo su trabajo en el contexto cultural árabe abasí. Además de su obra sobre álgebra, hizo aportaciones importantes a la trigonometría, promovió el empleo de los números indios, revisó la *Geografía* de Ptolomeo, supervisó la confección de un nuevo mapamundi, participó en un proyecto para determinar la circunferencia de la Tierra y compiló una serie de tablas astronómicas para trabajar con los movimientos del Sol, la Luna y los cinco planetas que se conocían en aquella época. Al-Juarismi murió en torno al 850.

problemas cotidianos. En lugar de los símbolos matemáticos que se emplean en la actualidad, Al-Juarismi escribía sus ecuaciones enteramente en palabras, ilustradas con diagramas. Así, la ecuación $(x/3 + 1)(x/4 + 1) = 20$ la escribía como sigue: «Una cantidad: multipliqué un tercio de ella y un dirham por un cuarto de ella y un dirham; da veinte». Al-Juarismi usaba el dirham, una moneda, para representar una sola unidad.

El calculista egipcio

El texto de Al-Juarismi inspiró a incontables matemáticos de todo el mundo islámico. El matemático egipcio Abu Kamil (c. 850–930), apodado el Calculista Egipcio, escribió *Libro de álgebra (Kitab al-yabr wa al-muqabala)*, pensado como tratado académico para otros matemáticos. En otra obra, *Libro de cosas raras en el arte del cálculo (Kitab at-taraif al-hisab)*, trató de resolver ecuaciones

> Cuando considero qué es lo que se suele buscar al calcular, encuentro que es siempre un número.
> **Al-Juarismi**

indeterminadas (las que tienen más de una solución). Siguió explorando ese tema en *Libro de los pájaros (Kitab at-ta'ir)*, en el que planteó una miscelánea de problemas de álgebra relacionados con aves, entre ellos: «¿De cuántas maneras se pueden comprar 100 aves en el mercado con 100 dirhams?».

El persa Omar Jayam (1048–1131), aunque es más conocido por su poesía, fue también un matemático consumado. Su *Tratado sobre demostraciones de problemas de álgebra* (1070) se ocupaba de las ecuaciones de tercer grado.

Números arábigos

Entre las aportaciones duraderas de los matemáticos islámicos está la popularización del sistema decimal que se utiliza actualmente en todo el mundo. Este nació en India, donde se desarrolló el empleo de nueve símbolos junto con el cero entre los siglos I al IV d. C. para representar de manera eficiente cualquier número. El sistema fue adoptado y refinado por matemáticos en Bagdad, por lo que se conoce como sistema decimal indoarábigo. En el siglo IX, tanto Al-Juarismi como el filósofo Al-Kindi escribieron libros sobre el tema. Sus obras se tradu-

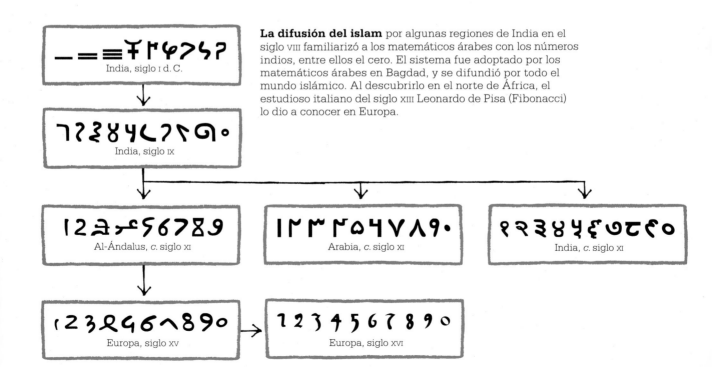

India, siglo I d. C.

India, siglo IX

Al-Ándalus, c. siglo XI

Arabia, c. siglo XI

India, c. siglo XI

Europa, siglo XV

Europa, siglo XVI

La difusión del islam por algunas regiones de India en el siglo VIII familiarizó a los matemáticos árabes con los números indios, entre ellos el cero. El sistema fue adoptado por los matemáticos árabes en Bagdad, y se difundió por todo el mundo islámico. Al descubrirlo en el norte de África, el estudioso italiano del siglo XIII Leonardo de Pisa (Fibonacci) lo dio a conocer en Europa.

Matemáticos islámicos en la biblioteca de una mezquita en una ilustración de un manuscrito del poeta y estudioso del siglo XII Al-Hariri de Basora.

jeron más tarde al latín y se publicaron en Occidente, de manera que así se introdujo el sistema decimal entre los europeos. Durante la Edad Media en Europa, en la medida muy escasa en que se conocían los números arábigos, se consideraban símbolos del enemigo infiel y se persistió en el empleo de los números romanos, en los que las cifras se representan por medio de letras. Estos servían para la mayoría de los fines de la vida cotidiana y todos los números hasta 1000 se podían representar con combinaciones de siete letras (I, V, X, L, C, D y M; que representan 1, 5, 10, 50, 100, 500 y 1000). Su empleo en matemáticas, sin embargo, resultaba muy engorroso: una multiplicación básica como 42 × 58 = 2436, por ejemplo, es así: XLII × LVIII = MMCDXXXVI. Finalmente, fue el interés en las matemáticas durante el Renacimiento italiano lo que llevó a la adopción en Europa de los números indoarábigos, cuyo uso se generalizó a finales del siglo XV o principios del XVI.

La coma decimal

También se atribuye a los árabes la introducción de la coma o punto decimal, que permitió a los matemáticos expresar fracciones de números enteros. Este símbolo pequeño pero crucial aparece por primera vez en el *Libro de los capítulos de la aritmética india (Kitab al-fusul al-hisab al-hindi)* de Abu al Hasan al-Uqlidisi (*c.* 920–980), escrito, posiblemente, alrededor del 952 en Damasco. El nombre Uqlidisi se deriva de Euclides, lo que podría indicar que Al-Uqlidisi se ganaba la vida haciendo y vendiendo copias de la obra famosa de Euclides, *Elementos.* En su libro, Al-Uqlidisi usa sobre el número decimal una barra inclinada, que evolucionaría luego hasta la coma (o punto) decimal que se utiliza en la actualidad.

Influencia en Occidente

Los descubrimientos y las reglas establecidos por los estudiosos islámicos medievales subyacen aún en gran parte de las matemáticas, en particular, del álgebra. Cuando se tradujo al latín el *Compendio de cálculo* de Al-Juarismi, 300 años después de su muerte, su estilo era tan claro y convincente que se convirtió en el texto smatemático estándar en Europa durante varios siglos. Su título en latín *Liber Algorismi,* convirtió el nombre latinizado de su autor (Algorismi) en sinónimo de la aritmética misma y dio también lugar al término *algoritmo,* que sirve de homenaje al más eminente de los matemáticos musulmanes. ∎

Quien crea que el álgebra es un truco para obtener incógnitas ha pensado en vano.
Omar Jayam

¿NO VEN EL CIELO QUE TIENEN ENCIMA?

CORÁN 50,6

El islam es una de las pocas religiones cuyos rituales religiosos requieren procedimientos científicos. La observación de los cuerpos celestes tiene un papel fundamental en la organización del calendario lunar y las festividades religiosas, así como en la regulación de las cinco oraciones diarias, que se hacen en momentos determinados por la posición del Sol. Este tiene un papel ritual en el islam, al ayudar a determinar la alquibla, es decir, la dirección de la oración.

Situar La Meca

Cinco veces al día, los musulmanes de todo el mundo rezan mirando hacia La Meca. Por tanto, determinar la dirección en la que se halla es una cuestión clave. En el siglo x, los astrónomos islámicos calcularon que hay dos días al año en los que en un momento preciso el Sol pasa directamente sobre La Meca. En estos días, cualquiera que esté en el mismo hemisferio que La Meca (el norte) puede determinar fácilmente la alquibla anotando la posición del Sol a la hora correcta del día y comprobando la dirección de la brújula. Los fieles del hemisferio sur pueden usar dos días diferentes para determinar la dirección correcta de la alquibla.

Bagdad fue un importante centro astronómico bajo los califas abasíes, desde el siglo VIII en adelante. Utilizando como referencia el *Almagesto*, el tratado astronómico griego sobre los movimientos de las estrellas y las trayectorias planetarias escrito por Claudio Ptolomeo en el siglo II d. C., los estudiosos de la Casa de la Sabiduría comprobaron sus mediciones. El matemático Al-Juarismi (*c.* 780–*c.* 850) compiló las primeras tablas conocidas de las oraciones diarias basando sus cálculos en observaciones astronómicas directas.

Si la distancia a la Kaaba es pequeña, su dirección la puede determinar una persona diligente, pero, cuando es grande, solo los astrónomos pueden determinar dicha dirección.
Al-Biruni

Véase también: Los cinco pilares del islam: la *salat* 42–43 ▪ El calendario islámico 116–117 ▪ La Casa de la Sabiduría 150–151 ▪ Los números arábigos y *al-yabr* 158–161

La dirección de La Meca se determina desde cualquier lugar por el método de la ortodrómica, o el camino más corto (pasando por uno de los polos si es necesario).

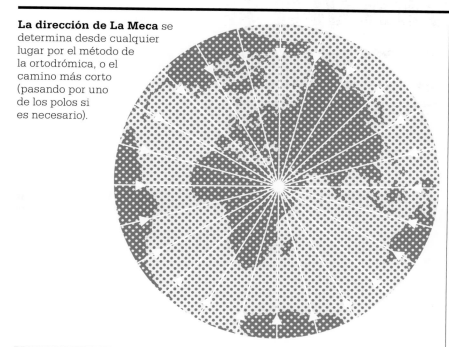

Cualquiera que no sepa que no sabe está siempre atrapado en una ignorancia doble.
Nasir ad-Din at-Tusi

teorías solares y lunares. Para explicar la velocidad variable de algunos planetas en sus trayectorias por el cosmos, por ejemplo, Ptolomeo había propuesto que rotaban alrededor de polos que no coincidían con su centro, lo cual es imposible; los astrónomos musulmanes crearon modelos nuevos que producían los mismos efectos sin violar las leyes de la física.

Algunas de las ideas desarrolladas por los astrónomos islámicos inspiraron al astrónomo polaco Nicolás Copérnico, quien dejó obsoleto el universo ptolemaico en 1543 al proponer que los planetas orbitaban alrededor del Sol, en vez de alrededor de la Tierra. ∎

Una serie de astrónomos musulmanes célebres desarrollaron el trabajo de Al-Juarismi; entre los más destacados están el sirio Al-Battani (c. 858–929) y el egipcio Ibn Yunus (c. 950–1009). Uno de los logros más famosos de Al-Battani fue determinar la duración del año solar en 365 días, 5 horas, 46 minutos y 24 segundos, con un error de solo 2 minutos y 22 segundos.

La Tierra en el centro
Influidos por el *Almagesto* de Ptolomeo, los primeros astrónomos islámicos adoptaron su concepción de la Tierra como centro del sistema solar, con los planetas girando a su alrededor. Esto no se cuestionó más que de forma ocasional: el astrónomo del siglo X Al-Biruni sí propuso un sistema heliocéntrico, con el Sol en el centro, pero no lo pudo demostrar y optó por mantener la mente abierta al respecto.

La revolución de Maraghe
En el siglo XIII, la astronomía islámica estaba en su cénit. En 1259, el gobernante mongol Hulagu Kan construyó un observatorio en Maraghe (noroeste del actual Irán), donde el astrónomo persa Nasir ad-Din at-Tusi (1201–1274) y sus sucesores se sirvieron de un cuadrante gigante que medía la elevación de los planetas cuando atravesaban el meridiano. Con aquel aparato se crearon tablas astronómicas cada vez más precisas.

El observatorio atrajo a estudiosos de lugares tan lejanos como China y colectivamente contribuyeron a lo que se conoció como revolución de Maraghe, que superó el trabajo astronómico de Ptolomeo y sustituyó sus hipótesis por nuevas

La dirección de La Meca, o alquibla, suele estar indicada en los edificios públicos del mundo islámico.

LA GENTE NECESITA HISTORIAS MÁS QUE EL PAN MISMO

LAS MIL Y UNA NOCHES

El Corán existió en forma oral
mucho antes de que se reu-
nieran y pusieran por escrito
sus diversas partes en el siglo VII. Los
seguidores del Profeta aprendieron y
repitieron las palabras que se le habían revelado. Aleyas como «Hemos
facilitado el Corán para que pueda
servir de amonestación» (54,17) su-
gieren que el libro sagrado de los
musulmanes estaba pensado para
ser recitado. Hasta hoy, los musulmanes devotos siguen memorizan-
do el Corán, recitan sus aleyas y lo
citan como manera de expresar sus
pensamientos.

El Corán es producto de un tiempo y lugar en que la escritura se
usaba poco. Los árabes preislámicos
eran aficionados a los poemas largos
recitados, tradición que se mantiene. En el golfo Pérsico, por ejemplo,
El poeta del millón, programa de
telerrealidad en el que los concur-
santes compiten por dinero recitando sus propios versos, es uno de los
programas árabes de televisión de
mayor éxito de la historia.

El *hakawati*, o contador profesional de
historias, casi desapareció durante el
siglo XIX. Muy pocos individuos, como
el de la imagen en un café de Damasco,
mantienen viva la tradición.

Contadores de historias

En una sociedad que daba gran importancia a la antigua tradición de
contar historias, los relatos del profeta Mahoma comunicaron el islam del
modo más eficaz y los *qussa* ('historia') se especializaron en contar historias religiosas en las mezquitas.

Fuera de la mezquita, los relatos
más populares eran los épicos de
héroes islámicos, como el romance
de Abu Zeid, que relata las victorias árabes sobre los bereberes en
el norte de África, y las historias de
Az-Zahir Baibars, inspiradas en las
aventuras de un sultán mameluco
que gobernó Egipto en el siglo XIII. Si
bien esas sagas de relatos se ponían

Véase también: La *yahiliyya*, la Edad de la Ignorancia 20–21 ▪ Dichos y hechos del Profeta 118–123 ▪ Los califatos omeya y abasí 136–139 ▪ El orientalismo 218

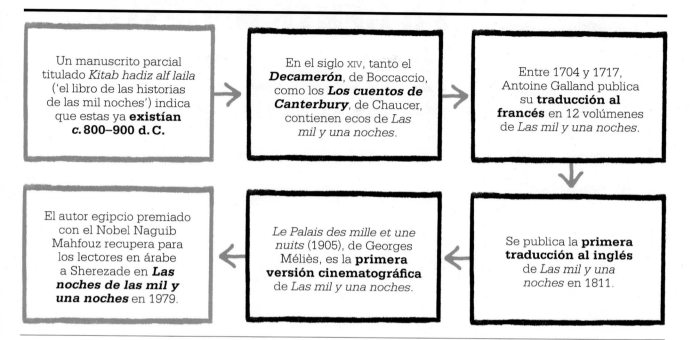

Un manuscrito parcial titulado *Kitab hadiz alf laila* ('el libro de las historias de las mil noches') indica que estas ya **existían** *c.* **800–900 d. C.**

En el siglo XIV, tanto el **Decamerón**, de Boccaccio, como los **Los cuentos de Canterbury**, de Chaucer, contienen ecos de *Las mil y una noches*.

Entre 1704 y 1717, Antoine Galland publica su **traducción al francés** en 12 volúmenes de *Las mil y una noches*.

El autor egipcio premiado con el Nobel Naguib Mahfouz recupera para los lectores en árabe a Sherezade en **Las noches de las mil y una noches** en 1979.

Le Palais des mille et une nuits (1905), de Georges Méliès, es la **primera versión cinematográfica** de *Las mil y una noches*.

Se publica la **primera traducción al inglés** de *Las mil y una noches* en 1811.

alguna vez por escrito, sobre todo las recitaban profesionales, los *hakawati*. Estos fueron parte habitual de la vida en las ciudades islámicas, ya desde el Damasco omeya y el Bagdad abasí, y contaban sus historias allí donde se reuniera un público dispuesto a oírlas. Su actividad fue algo común hasta tiempos tan recientes como el siglo XIX.

Las mil y una noches

Entre todas las historias que relataban los *hakawati*, las que han alcanzado mayor fama fuera del ámbito del islam son las que conforman *Las mil y una noches*. Es un conjunto de historias que se presentan como contadas a un sultán que tiene por costumbre acostarse con una esposa nueva cada noche, para luego hacerla ejecutar a la mañana siguiente. Cuando el sultán escoge a la astuta Sherezade, esta pasa las noches contándole historias cautivadoras que promete continuar la noche si-

guiente y de esta manera consigue aplazar el encuentro con la espada del verdugo.

Existen manuscritos árabes de algunas de estas historias que se remontan al siglo IX, pero Sherezade es probablemente anterior al islam. *Las mil y una noches* no tiene autor conocido ni un índice de contenidos fijo. Como las suras del Corán, algunas historias ocupan un solo párrafo

Recita mientras camina de una a otra parte en medio del café.
Alexander Russell
The Natural History of Aleppo (1794)

breve, y otras, cientos de páginas. Los relatos no tienen una procedencia clara, pero sí raíces en el folclore de Oriente Próximo, Persia, India y todo el mundo islámico, aunque con una gran presencia del Bagdad y El Cairo medievales.

A pesar de numerosas alusiones al Profeta y ecos del Corán, se trata de historias demasiado repletas de magia, brujería, obscenidad y amoralidad como para considerarse respetables. Son historias para contar en los cafés, no en familia ni en la mezquita.

Las mil y una noches alcanzó la fama fuera del mundo de habla árabe gracias a la traducción del orientalista francés Antoine Galland, publicada entre 1704 y 1717, y esta fue la primera versión impresa de la obra en cualquier idioma. Desde entonces, sus historias se han retraducido, recontado y adaptado a la cultura occidental, en libros, música, ballet y películas. ▪

ADORNO BRILLANTE DEL MUNDO

EL DRAMA DE SAN PELAGIO DE ROSWITHA DE GANDERSHEIM (SIGLO X)

EN CONTEXTO

TEMA
El ejemplo de Al-Ándalus

CUÁNDO Y DÓNDE
912–961, Al-Ándalus

ANTES
Desde el siglo v D. C.
Gobiernan Hispania los visigodos, uno de los pueblos germánicos que la invadieron al decaer el poder de Roma.

641 Los ejércitos musulmanes se apoderan de Egipto y luego Libia. Túnez cae en el 647, Argelia en el 680 y Marruecos al año siguiente.

711 Tariq ibn Ziyad cruza el estrecho y conquista el sur de Hispania con un ejército árabe y bereber.

DESPUÉS
1492 El último soberano musulmán de Al-Ándalus, el sultán de Granada Muhammad XII (Boabdil) se rinde a los Reyes Católicos.

El Bagdad de los primeros califas abasíes inauguró una edad de oro de la ciencia y la cultura islámicas, que hallaría su máxima expresión aproximadamente un siglo más tarde, pero no en Oriente Próximo, sino en la península ibérica.

En el 711, el general bereber al servicio de los omeyas Tariq ibn Ziyad cruzó con un ejército el estrecho desde el norte de África y desembarcó en lo que los romanos habían llamado, indistintamente, Hispania o Iberia. Con ello extendió el ámbito del islam a Europa. La presencia de los musulmanes en lo que ellos llamaron Al-Ándalus iba a durar siglos y en algunas partes casi 800 años. En su apogeo –entre principios del siglo x y principios del xi– Al-Ándalus vivió un capítulo célebre de la civilización islámica, en el que musulmanes, cristianos y judíos coexistieron para beneficio de todos.

Cuando el ex primer ministro británico Tony Blair escribió en 2007 que «los abanderados de la tolerancia en los inicios de la Edad Media vivían con mucha mayor probabilidad en tierras musulmanas que en las cristianas», se refería a Al-Ándalus.

Los ciudadanos ismaelíes lo llaman Al-Ándalus y el reino se llama Córdoba.
Hasdai ibn Shaprut
Visir judío de Abderramán III

Una nueva capital en Córdoba

Al principio, Al-Ándalus fue una provincia lejana del califato gobernado desde Damasco. En la década del 750, los abasíes derrocaron a los omeyas y exterminaron a su clase dirigente. Un príncipe omeya, 'Abd ar Rahman (o Abderramán), huyó hacia el oeste hasta llegar al territorio más lejano del ámbito del islam: Al-Ándalus. Allí se ganó la lealtad de los soldados y colonos musulmanes del territorio recientemente conquistado y fundó un Estado omeya independiente del califa de Bagdad y con la ciudad de Córdoba como capital.

La conquista de Hispania

El estrecho de Gibraltar que separa el extremo suroeste de Europa del norte de África se llama así por el peñón de Gibraltar (en la imagen), cuyo nombre procede del árabe *Yabal Tariq*, 'montaña de Tariq').

Tariq ibn Ziyad fue el general al servicio de los omeyas que llevó un ejército invasor al otro lado del estrecho en 711. Los relatos difieren, pero es probable que Tariq fuera un esclavo bereber. Los bereberes, habitantes de gran parte del norte de África antes de la llegada de los árabes, se convirtieron al islam en el siglo vii y formaban con mucho la mayor parte del ejército de Tariq. De los diversos relatos de la campaña, en al menos uno, al llegar a Hispania, Tariq declaró: «No hemos venido aquí para volver. Conquistaremos y nos quedaremos aquí, o moriremos», y mandó incendiar los barcos para impedir la retirada.

Los musulmanes se enfrentaron al ejército visigodo, con su rey Rodrigo al frente, en la batalla de Guadalete en el año 711. Los musulmanes vencieron y Rodrigo murió en la batalla.

Véase también: La tolerancia de otras creencias 80–81 ▪ Los califatos omeya y abasí 136–139 ▪ Arte y arquitectura islámicos 194–201 ▪ El paraíso en la Tierra 202–203

Durante el siglo y medio siguiente, Abderramán y sus descendientes gobernaron como emires de Córdoba, con un control nominal sobre el resto de Al-Ándalus. Su nieto Abderramán III, emir desde el 912 no solo gobernó todo Al-Ándalus, sino que extendió sus dominios al noroeste de África también. En el 929 se proclamó califa de todo el mundo islámico, en competencia con el califa abasí de Bagdad.

La gloria de Al-Ándalus

Con Abderramán III, su hijo Al-Hakam II (r. 961–976) y el regente Al-Mansur ibn Abi Amir (r. 981–1002), —o Alhaquén II y Almanzor, respectivamente— Al-Ándalus y, en particular, Córdoba, brillaron como uno de los centros culturales y económicos más eminentes del islam. En palabras de la monja alemana Roswitha de Gandersheim (c. 935–973), Córdoba era «adorno brillante del mundo» y «resplandecía en occidente, ciudad noble con el soberbio orgullo de un guerrero, que colonos hispanos elevaron».

Además de las calles pavimentadas y bien iluminadas, acueductos

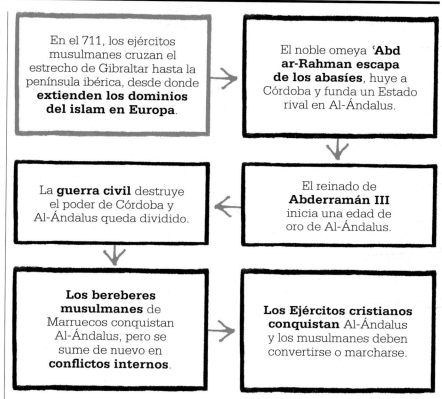

En el 711, los ejércitos musulmanes cruzan el estrecho de Gibraltar hasta la península ibérica, desde donde **extienden los dominios del islam en Europa**.

El noble omeya **'Abd ar-Rahman escapa de los abasíes**, huye a Córdoba y funda un Estado rival en Al-Ándalus.

El reinado de **Abderramán III** inicia una edad de oro de Al-Ándalus.

La **guerra civil** destruye el poder de Córdoba y Al-Ándalus queda dividido.

Los bereberes musulmanes de Marruecos conquistan Al-Ándalus, pero se sume de nuevo en **conflictos internos**.

Los Ejércitos cristianos conquistan Al-Ándalus y los musulmanes deben convertirse o marcharse.

que llevaban agua a la población y cientos de baños y mezquitas, se cree que había en la ciudad 70 bibliotecas. El palacio real tenía una propia y se dice que contenía 400 000 libros, en una época en que en la mayor biblioteca del resto de Europa no habría probablemente más de 400. En palabras del historiador estadounidense Firas Alkhateeb, Córdoba fue «una ciudad que sirvió de puente entre la Europa subdesarrollada y por lo general analfabeta y las grandes ciudades cultas del mundo islámico».

Medina Azahara fue la ciudad palatina construida por Abderramán III como capital del califato. Saqueada en 1009, sus ruinas se encuentran en las afueras de la actual ciudad de Córdoba.

El vuelo y el fórceps

La ciencia y la erudición dependieron en los inicios de libros árabes llegados de Bagdad, pero con el tiempo esta avanzada occidental del islam hizo aportaciones importantes al desarrollo intelectual y tecnológico del mundo. Algunos consideran que 'Abbas ibn Firnas (810–887) fue el primer aviador del mundo. Construyó un planeador rudimentario y se lanzó desde la ladera de un monte. Según algunos relatos, se mantuvo en el aire varios minutos hasta dar en el suelo. Abu al-Qasim az-Zahrawi (c. 936–c. 1013) —conocido en Occidente como Abulcasis— fue médico del califa Al-Hakam e inventó más de cien instrumentos quirúrgicos, entre ellos el fórceps usado en los » partos. Se cree que utilizaba esponjas anestésicas empapadas en cáñamo y opio, y perfeccionó el procedimiento de la traqueotomía. Su *Libro de la práctica médica (Kitab at-tasrif)* en 30 volúmenes se tradujo al latín y fue fuente principal de los conocimientos médicos europeos.

Córdoba fue también la ciudad natal de Ibn Rushd (1126–1198), Averroes, filósofo influyente y autor de comentarios sobre la obra de Aristóteles. Muchos lo consideran el padre del pensamiento secular en Europa y uno de los filósofos más relevantes de todos los tiempos. Fue también en Al-Ándalus donde Moshe ben Maimon (1135–1204), Maimónides, escribió su texto definitivo sobre las leyes judías, aún fundamental para la cuestión más de ocho siglos después.

Judíos y cristianos

El hecho de que grandes obras de la cultura judía surgieran en Al-Ándalus es un indicio del pluralismo y la tolerancia religiosa que caracterizaron parte de su historia. Cuando Abderramán III se convirtió en emir de Córdoba en 912, mejoró mucho la condición social y política de los

> Europa estaba sumida en el barro, y las calles de Córdoba, pavimentadas.
> **Victor Robinson**
> *La medicina en la historia* (1932)

judíos, mucho mejor tratados que bajo los visigodos cristianos. Se les permitió practicar su religión y vivir conforme a las leyes y escrituras de su comunidad y se beneficiaron de participar en gran medida de la vida social y económica musulmanas.

A los cristianos se les concedieron los mismos derechos que a los judíos. No obstante, había restricciones para ambas comunidades. Los judíos y los cristianos estaban obligados a pagar un impuesto especial (la *yizya*) y a cumplir ciertas normas de vestimenta, y no tenían permitido practicar en público sus rituales reli-

giosos. Podían prosperar, pero como ciudadanos de segunda clase.

En pocas generaciones se generalizó la conversión de los cristianos al islam, favorecida por las ventajas y privilegios derivados, entre ellos la exención del pago de la *yizya*. Los matrimonios mixtos contribuyeron también a crear una sociedad étnicamente diversa en la que convivían las tres religiones y esta diversidad quedó reflejada en los términos acuñados para describirla: hubo mozárabes (cristianos habitantes de Al-Ándalus), mudéjares (musulmanes habitantes de los reinos cristianos), muladíes (cristianos convertidos al islam), conversos (judíos convertidos al cristianismo), marranos (judíos formalmente convertidos al cristianismo, pero que seguían practicando clandestinamente su religión) y, más tarde, moriscos (musulmanes convertidos al cristianismo).

La caída de Al-Ándalus

El fin de la era islámica en lo que posteriormente serían España y Portugal no fue el resultado tanto de la guerra entre cristianos y musulmanes como de una serie de guerras sucesorias brutales por el califato de Córdoba, que comenzaron en 1009. Terminaron en 1013, cuando un ejército invasor bereber musulmán llegado de Marruecos saqueó Córdoba, masacró a sus habitantes e hizo arder hasta los cimientos el complejo palaciego y su biblioteca.

Los nuevos amos de Al-Ándalus fueron los almorávides y luego los almohades, dos dinastías del Atlas, en el sur de Marruecos, con las que la presencia islámica en la Península se prolongó otros 280 años, pero no

La riqueza y la cultura de Al-Ándalus se expresaron en su arquitectura. La Gran Mezquita de Córdoba, iniciada en el año 784, tiene una sala de oración de magnificencia sin igual.

> Los moros les enseñaron ciencias a España e Italia durante cinco siglos.
> **Voltaire**
> *Diccionario filosófico*

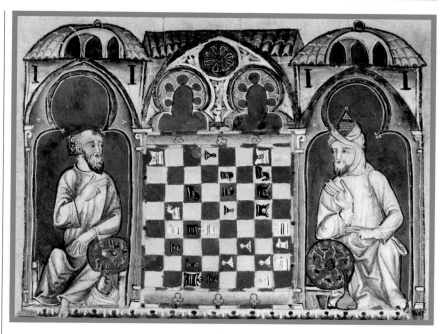

Un cristiano y un moro juegan al ajedrez en una ilustración de una obra hecha para Alfonso X (*r.* 1252–1284) de Castilla y León. Conocido como el Sabio, la suya fue una corte cosmopolita.

con el espíritu favorable a la coexistencia que había imperado antes. Al-Ándalus se desintegró repetidamente en Estados menores, las taifas, gobernadas por emires políticamente débiles que competían entre sí.

Con el tiempo, también la reconquista por los reinos cristianos del norte de la Península fue erosionando el predominio del islam. El último territorio musulmán, el reino nazarí o emirato de Granada, cayó en 1492. Los monarcas católicos Isabel de Castilla y Fernando II de Aragón ordenaron de inmediato la expulsión de todos los judíos y, más tarde, también los musulmanes fueron obligados a convertirse o exiliarse.

El legado de Al-Ándalus

La reconquista de la península ibérica fue dando a la Europa cristiana acceso al tesoro de conocimientos cultivados en el mundo islámico. Varias ciudades, entre las que destaca Toledo, fueron centros en los que se tradujeron textos árabes al latín. Una de las primeras traducciones encargadas fue una versión en castellano de la serie de fábulas de animales *Kalila wa Dimna*, obra cuyo fin era instruir a los soberanos y funcionarios para que tomaran decisiones prudentes. En siglos posteriores, al establecerse las primeras universidades en las principales ciudades de Europa, sus bibliotecas consistieron, en gran parte, en traducciones al latín de textos árabes de Al-Ándalus.

Al-Ándalus ocupa un lugar especial en el imaginario de los musulmanes de hoy: sigue siendo un tema popular de la literatura, poesía incluida, y del cine, y se invoca a menudo como ideal de una sociedad islámica, o incluso global. ∎

Fernando II de Aragón dirigió campañas para la reconquista cristiana de la península ibérica. Su tumba en Sevilla tiene inscripciones en árabe, hebreo, latín y castellano.

> Por cada cristiano capaz de escribir una carta en latín, son incontables los capaces de explicar las ampulosidades verbales de los árabes y son más eruditos en la métrica que los árabes mismos y con más sublime belleza.
> **Álvaro de Córdoba**
> **Erudito cristiano (*c.* 800–861)**

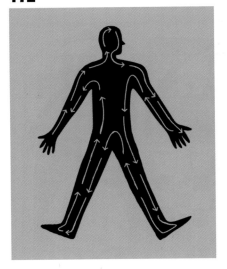

EL CONOCIMIENTO DE CUALQUIER COSA NO ES COMPLETO A MENOS QUE SE CONOZCA POR SUS CAUSAS

IBN SINA (AVICENA)

EN CONTEXTO

TEMA
Ibn Sina y *El canon de medicina*

CUÁNDO Y DÓNDE
***C.* 1012, Bujara**

ANTES
Siglo IX En Persia, Ar-Razi escribe obras médicas luego traducidas al latín.

***C.* 1000** En Córdoba, la enciclopedia médica de Az-Zahrawi incluye la primera guía quirúrgica ilustrada.

DESPUÉS
Siglo XII Averroes escribe una enciclopedia médica, más tarde conocida como el *Colliget* en latín.

Siglo XIII Ibn an-Nafis de Damasco es el primero en describir la circulación pulmonar de la sangre.

Siglo XV En las obras del médico otomano Şerefeddin Sabuncuoğlu se describen procedimientos quirúrgicos avanzados.

La medicina es «una ciencia de la que se aprenden las condiciones del cuerpo humano en relación con la salud y la falta de salud, siendo el fin proteger la salud cuando existe y restaurarla cuando está ausente». Si esta frase parece afirmar lo obvio, no lo era tanto cuando fue escrita, en algún momento alrededor de 1012. Forma parte de la introducción de *Qanun at-tib*, 'el canon de medicina', obra del médico y filósofo Ibn Sina (980–1037). En esa obra en cinco volúmenes, Ibn Sina trató de recopilar y organizar todo el conocimiento médico partiendo del rico legado de la medicina árabe. Fue durante la edad de oro del islam cuando la medicina comenzó a ser tratada como una verdadera ciencia, en la que eran fundamentales las pruebas empíricas y los procedimientos repetibles.

Médicos pioneros

La medicina islámica temprana se basó en la antigua teoría griega de los humores, que divide los fluidos humanos en cuatro tipos básicos: sangre, flema, bilis amarilla y bilis negra. El equilibrio entre estos determinaría la salud del individuo. La teoría fue desacreditada por Muhammad ibn Zakariya ar-Razi (854–925), farmacólogo y médico clínico persa que trabajaba en un hospital de Bagdad a finales del siglo IX. Los hospitales se habían vuelto comunes por todo el mundo islámico bajo los califas abasíes y Ar-Razi introdujo muchas prácticas avanzadas, entre ellas establecer un ala psiquiátrica en su hospital, en una época en

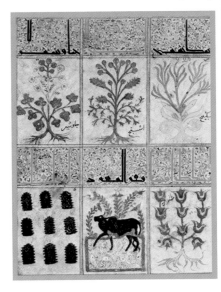

Los tratados médicos islámicos incluían compendios de las plantas y animales necesarios para preparar triacas o antídotos a partir de múltiples ingredientes.

Véase también: La Casa de la Sabiduría 150–151 ▪ Los inicios de la filosofía islámica 156–157 ▪ El ejemplo de Al-Ándalus 166–171

que en otras partes del mundo a los enfermos mentales se les creía poseídos por demonios. Practicó pruebas clínicas con un grupo de control, tratando a un conjunto de pacientes con sangrías, pero no a otro, con el objetivo de comparar los resultados de ambos grupos.

En Al-Ándalus, Abu al-Qasim az-Zahrawi (936–1013) compiló *Kitab at-tasrif* ('el libro de la práctica médica'), enciclopedia en 30 volúmenes que documentaba relatos de su experiencia y la de sus colegas al tratar a enfermos y heridos, además de los procedimientos quirúrgicos e instrumentos que utilizaban. Muchos

Un médico ignorante es el ayudante de campo de la muerte.
Ibn Sina

La medicina islámica fue mucho más avanzada que la occidental en la Edad Media y sus médicos escribieron extensamente sobre enfermedades, curas, anatomía y práctica clínica.

de estos instrumentos fueron inventados por Az-Zahrawi y sus colegas, y fue también un pionero del empleo de la tripa de gato para las suturas después de las operaciones. El médico Abu al-Qasim 'Ammar ibn 'Ali al-Mawsili (996–1020) desarrolló una jeringuilla hueca para retirar cataratas por succión.

El canon de medicina

Los estudios y las prácticas de estos y otros pioneros aportaron a Ibn Sina material abundante para *El canon de medicina*, una síntesis de todo lo habido antes que recogía principios médicos y fisiológicos básicos, y la anatomía, además de un compendio de fármacos y sus propiedades generales. Para las enfermedades, un libro se ocupaba del diagnóstico y tratamiento de las que eran específicas de una parte del cuerpo, y otro, de trastornos no específicos de una sola parte, como mordeduras o picaduras de animales venenosos y

Ibn Sina (Avicena)

Abu 'Ali al-Husein ibn 'Abdullah ibn Sina nació en 980 cerca de Bujara (actual Uzbekistán), que era parte de la Persia samánida y uno de los centros intelectuales del mundo islámico. El joven Ibn Sina tuvo una crianza privilegiada. Ya siendo niño memorizó el Corán entero y también mucha poesía en persa. Después de estudiar lógica, filosofía, metafísica y ciencias naturales, se interesó en la medicina y, cuando tenía solo 18 años, era ya un médico en ejercicio.

Aunque su obra más famosa trata sobre medicina, se dice que Ibn Sina escribió más de 450 obras en total, aproximadamente un tercio de ellas sobre filosofía, y hay quien opina que es el filósofo más influyente de la era premoderna. También escribió sobre alquimia, astronomía, geografía, matemáticas y física, además de poemas. Murió en 1037 en Hamadán (Irán), donde está enterrado.

la obesidad. *El canon* contenía también el trabajo del propio Ibn Sina, como su explicación de las enfermedades contagiosas y la recomendación de la actividad física y el ejercicio como factores importantes en la prevención de varias enfermedades crónicas.

Desde que Gerardo de Cremona tradujo la obra al latín en el siglo XII (e Ibn Sina se dio a conocer en Occidente como Avicena), fue el texto predominante para la enseñanza de la medicina en Europa durante unos seis siglos. ▪

TODO EN EL UNIVERSO ESTÁ DENTRO DE TI

YALAL AD-DIN MUHAMMAD RUMI (SIGLO XIII)

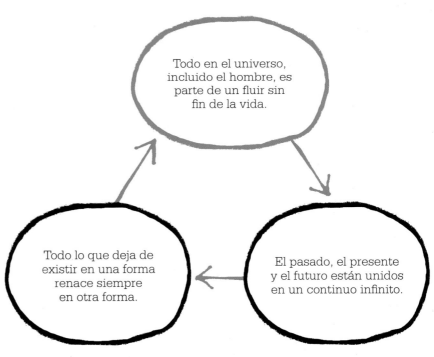

Todo en el universo, incluido el hombre, es parte de un fluir sin fin de la vida.

El pasado, el presente y el futuro están unidos en un continuo infinito.

Todo lo que deja de existir en una forma renace siempre en otra forma.

Yalal ad-Din Muhammad Rumi nació en 1207, en Balj (Afganistán), entonces un centro de la cultura persa. Era un musulmán devoto, estudioso islámico, experto en la ley islámica, teólogo y sufí. Desarrolló una versión del sufismo que trataba de explicar la relación del hombre con lo divino. Fue uno de los poetas más destacados en lengua persa, y es quizá el poeta más vendido en EE. UU. hoy.

Rumi fue criado en la tradición ortodoxa del islam. Su familia se mudó varias veces, y pasó un tiempo en Bagdad antes de asentarse en Anatolia. Como su padre, Rumi fue jurista y maestro, hasta que, según

Véase también: El surgimiento del islam chií 108–115 ▪ El sufismo y la tradición mística 140–145 ▪ La secularización de Turquía 228–231 ▪ La creación de Pakistán 242–247

se cuenta, un encuentro en 1244 con un derviche itinerante, Shams ad-Din Tabrizi, cambió por completo su vida. Rumi se transformó en un asceta dedicado por entero a la vida como sufí.

El fluir eterno de la vida

Rumi se convirtió en maestro de una orden sufí y, en contraste con la práctica general del islam, dio gran importancia a la oración o canto ritual –el *dikr*– en vez de priorizar el análisis racional del Corán para recibir la orientación divina. Alcanzó renombre por sus revelaciones extáticas y consideró que su misión era comunicar las visiones que experimentaba, para lo que las escribió en forma de poesía.

Fundamental en la filosofía de Rumi era la idea de que el universo y todo lo que contiene es un fluir continuo de la vida, en el que Dios es una presencia eterna. Creía que el hombre es un vínculo entre el pasado y el futuro en un proceso continuo de vida, muerte y renacimiento, no como ciclo o reencarnación, sino

> Morí como mineral y me convertí en planta; morí como planta y ascendí a animal; morí como animal y fui hombre.
> **Rumi**

en una progresión de unas formas a otras. La muerte es inevitable, pero al dejar de existir algo en una forma, renace en otra. Así, enseñaba Rumi, no debemos temer la propia muerte, ni afligirnos por la de otros. Para garantizar el progresar de una forma a otra, sin embargo, debemos procurar el crecimiento espiritual y comprender la relación entre lo divino y lo humano. Rumi creía que el entendimiento procede de la emoción, y no de la razón. Entre otras obras, hacia el final de su vida Rumi escribió el *Masnavi*,

poema épico en seis libros con alusiones frecuentes a aleyas coránicas que ofrecen lecciones morales.

El legado de Rumi

Los elementos místicos de las ideas de Rumi fueron inspiradores para el sufismo e influyentes en el islam convencional. También resultaron decisivos para la conversión de gran parte de Anatolia del cristianismo ortodoxo al islam. Después de su muerte, acaecida en 1273, los seguidores de Rumi fundaron la orden sufí mevleví, famosa por los derviches giróvagos, que practican una forma característica y única de *dikr* exclusiva de esta tariqa.

Pese a la prohibición de la que fue objeto la tariqa mevleví por la república secular de Kemal Atatürk en 1925, la obra de Rumi alcanzó una popularidad renovada en el siglo XX, tanto en Oriente como en Occidente. Uno de sus mayores admiradores fue el poeta, filósofo y político Muhammad Iqbal, consejero de Muhammad Ali Jinnah, activista por la fundación de un Estado islámico en Pakistán en la década de 1930. ▪

Rumi en Occidente

THE ESSENTIAL
RUMI

Las ideas e imágenes que utilizó Rumi en su poesía han trascendido épocas y culturas. De su popularidad puede dar una idea que Madonna grabara una traducción inglesa de uno de sus poemas y que la banda británica Coldplay incorporara un recitado de otro de sus poemas en uno de sus álbumes. Lo que resulta llamativo, sin embargo, son los muchos homenajes a la poesía de Rumi que eliminan las referencias islámicas y coránicas de sus versos. Los traductores más populares de su obra, entre ellos Coleman Barks y Deepak

Chopra, prefieren presentar a Rumi como un poeta místico *new age* o un autor de poemas de amor. El amor tiene una presencia abrumadora en la obra de Rumi, pero para él se trataba de un amor más elevado: el amor a Dios. La espiritualidad de Rumi era innegablemente religiosa, lo cual es manifiesto en el *Masnavi*, donde escribe: «Soy el siervo del Corán mientras viva. Soy el polvo del camino de [Mahoma] el elegido. Y a quien diga cosa, yo lo maldigo y maldigo también sus palabras».

LA TIERRA ES REDONDA COMO UNA ESFERA

EL LIBRO DE ROGER DE AL-IDRISI

EN CONTEXTO

TEMA
La cartografía del mundo islámico

CUÁNDO Y DÓNDE
Siglo XII, Sicilia

ANTES
C. **150** D. C. En su *Geografía*, el polímata griego Ptolomeo compila coordenadas geográficas que sirven para confeccionar mapas.

Siglo VII El estudioso hispanovisigodo Isidoro de Sevilla ofrece una descripción del mundo que inspirará mapas europeos durante siglos, pero son más simbólicos que prácticos.

DESPUÉS
1507 Tras los viajes de Cristóbal Colón y otros al Nuevo Mundo, el mapa verdaderamente global del cartógrafo alemán Martin Waldseemüller es el primero en usar el nombre *América*.

1569 El flamenco Gerardus Mercator desarrolla una proyección cilíndrica todavía hoy muy utilizada en cartas náuticas y mapas del mundo.

Los mapas modernos sitúan el norte arriba, con el polo norte y el Ártico como techo del mundo, pero, en realidad, no hay arriba ni abajo en la Tierra: los mapas, simplemente, representan cómo ve el mundo quien los confecciona. Cuando España y Portugal comenzaron a explorar el mundo en los siglos XV y XVI, los cartógrafos pioneros eran europeos y situaron su tie-

Véase también: La Casa de la Sabiduría 150–151 ▪ Los números arábigos y *al-yabr* 158–161 ▪ El ejemplo de Al-Ándalus 166–171 ▪ La difusión del islam a través del comercio 182–185

¿Qué está arriba?

En el **antiguo Egipto**, los pictogramas sitúan **arriba el este**, porque es por donde sale el Sol.

Los **primeros mapas islámicos** ponían **arriba el sur**, la dirección de La Meca para la mayoría de los musulmanes.

En la **antigua China**, el emperador vivía en el **norte** del país y por ello **se situaba arriba en los mapas**.

Los mapas **cristianos medievales** ponen **el este arriba**, porque allí sitúa la Biblia el Jardín del Edén.

---

rra en el centro y la parte superior de los mapas, con el resultado de que el norte quedó arriba. Antes de la Era de los Descubrimientos (siglos XV al XVII), los cartógrafos más avanzados eran musulmanes y para ellos era el sur lo que estaba arriba.

Primeros mapas islámicos

Los primeros mapas islámicos aparecieron en el Bagdad de los abasíes. El califa Al-Mamún (r. 813–833) encargó confeccionar un nuevo mapa del mundo para poner al día los mapas que habían heredado los árabes de los griegos. Bajo la dirección de Al-Juarismi, setenta geógrafos y otros estudiosos volvieron a calcular las coordenadas de las grandes ciudades y otras referencias, y añadieron ciudades islámicas importantes, como La Meca y Bagdad. Corrigieron la concepción griega de los océanos Atlánti-

Los cartógrafos islámicos usaron relatos detallados de los viajes de los peregrinos del *hach* a La Meca, recreados en este cuadro de 1861 del pintor francés Léon Belly.

co e Índico como mares interiores y ajustaron lo que hasta ese momento había sido una sobreestimación exagerada de la longitud del Mediterráneo. El mapa de Al-Mamún no se conserva, pero conocemos algo de él por la descripción de algunos de sus rasgos en la compilación de información geográfica *Surat al-Ard* ('imagen de la Tierra'), completada en el año 833.

Tres siglos más tarde apareció el más influyente de los mapas. Fue obra de Abu 'Abdullah Muhammad al-Idrisi. Nacido alrededor del año 1100 en Sabta (la actual Ceuta), en el norte del actual Marruecos, Al-Idrisi se educó en Córdoba, entonces un centro predominante del saber. Al-Idrisi viajó con frecuencia durante su juventud y acabó asentándose en Sicilia, gobernada por aquel »

entonces por el rey cristiano normando Roger II. Sicilia, en el centro mismo del Mediterráneo, comerciaba con todas las tierras ribereñas de este. Roger quería mapas más precisos y recurrió a la ayuda de Al-Idrisi. Aunque era normando y cristiano, Roger era consciente de que los mapas de la Europa cristiana iban poco más allá de lo simbólico. Mostraban una Tierra circular, con tres continentes de igual tamaño: Asia, África y Europa, separados por franjas estrechas de agua. Jerusalén se encontraba en el centro y las regiones inexploradas estaban habitadas por monstruos.

Cartografía de rutas

Dos son las razones que explican por qué los mapas de los musulmanes eran mejores. Mientras que la Europa medieval era un ámbito fragmentado y provinciano, el del islam estaba unificado por la religión, la cultura, y un comercio floreciente a larga distancia. Los comerciantes y funcionarios musulmanes utilizaban en sus viajes libros de rutas que describían los caminos y las ciudades que estos unían. Este conocimiento era relevante también para la población en general, pues en

Para los musulmanes, los rituales de la peregrinación tienen algo de sublime.
Ibn Yubair

algún momento de su vida muchos peregrinaban a La Meca en el *hach*. Esto podía requerir varios meses de viaje por tierra y mar, y en el siglo XII el mundo islámico se extendía desde las costas atlánticas de África y Al-Ándalus hasta India.

Llevó 15 años preparar el atlas del mundo que encargó el rey de Sicilia en 1138. Al-Idrisi comenzó por evaluar todo el conocimiento geográfico, desde los antiguos griegos y siglos de erudición islámica hasta las fuentes contemporáneas. Sus asistentes preguntaron también a las tripulaciones de los barcos en los puertos sicilianos acerca de los lugares que habían visitado.

El libro de Roger

Una vez terminado el estudio, comenzó la tarea de confeccionar el mapa. El atlas resultante se presentó al rey en 1154, solo unas semanas antes de su muerte, probablemente de un ataque al corazón. Se tituló *Nuzhat al-mushtaq ijtiraq al-afaq* ('Pasatiempo para el que desea recorrer tierras lejanas'), o, más simplemente, *al Kitab ar-Ruyari* ('El libro de Roger').

La obra contiene 70 mapas parciales, pero su elemento más famoso es un mapamundi circular, que se presentó a Roger grabado sobre un gran disco de plata, incluido también en el libro.

El mapa circular de Al-Idrisi reflejaba un conocimiento que, como otros cartógrafos de la Europa medieval, habían heredado de los griegos. «La Tierra es redonda como una esfera y las aguas se adhieren y mantienen sobre ella por un equilibrio natural que no sufre variación», explicaba en las notas que acompañan el atlas. El mundo, añadía, «permanece estable en el espacio como la yema en un huevo». El mapa de Al-Idrisi ofrecía un nivel de detalle cartográfico sin precedentes y una orientación islámica característica.

Roger II de Sicilia reinó en una corte multicultural de cristianos de Oriente y Occidente, musulmanes y judíos. Aquel Estado normando, griego e islámico fue poderoso y próspero.

El *hach* y más allá

Se conservan numerosos relatos de antiguos peregrinos del *hach*. Uno de los más famosos es el de Ibn Yubair, nacido en Valencia (Al-Ándalus, hoy España) y secretario empleado en el palacio del gobernador de Granada. Partió hacia La Meca en febrero de 1183 y estuvo de viaje dos años. Durante ese tiempo redactó un meticuloso relato del viaje, en el que fue hasta Alejandría por mar y luego remontó el Nilo antes de atravesar el desierto hasta

el mar Rojo. Allí se embarcó hacia Yeda, en Arabia, y llegó a La Meca en agosto.

Para el viaje de regreso, se unió a una caravana de peregrinos a Medina, luego se dirigió al norte: a Bagdad, luego a Damasco y de allí a la costa mediterránea. Naufragó junto a Sicilia, gobernada entonces por el rey Guillermo II, nieto de Roger II, y que hablaba árabe. Ibn Yubair llegó finalmente a Al-Ándalus en abril de 1185. El relato de sus viajes inspiró un nuevo género literario, la *rihla*, o diario de viaje.

> La Tierra es en esencia redonda, pero en ningún punto es perfecta su redondez.
> **Al-Idrisi**

El mundo visto por Al-Idrisi

El mapa de Al-Idrisi muestra masas terrestres emergidas contiguas rodeadas por océanos. Son claramente identificables Europa hasta el círculo ártico, Asia, y el norte de África, como lo son varios grandes ríos y lagos. El mapa representa las islas Canarias, al oeste, y China, al este; el Mediterráneo oriental y Arabia, el núcleo del mundo islámico, aparecen en el centro y esas áreas, junto con Asia, se representan con cierto detalle.

Por encima de todos los demás continentes se halla África, donde se representan las fuentes del Nilo, no exploradas por los europeos hasta el siglo XIX, pero que los viajeros musulmanes del siglo XII, evidentemente, conocían. Por debajo del ecuador no hay nada, pues su zona templada meridional se tenía por inalcanzable, debido a un área infranqueable de calor mortífero. El norte de Europa, una región de escaso interés por lo general para los musulmanes, aparece comprimido en la parte inferior del mapa.

Cambio sísmico

Para el observador moderno, lo más llamativo del mapa confeccionado por Al-Idrisi es que se ve al revés, con África arriba y Europa debajo.

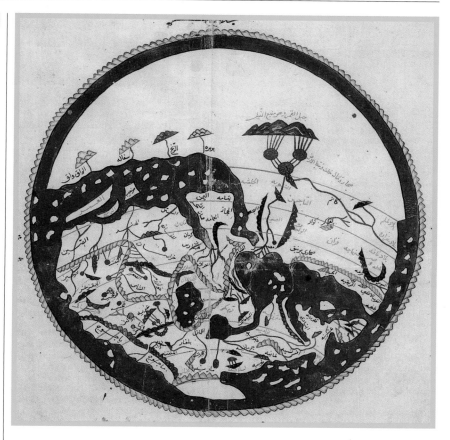

Los mapas islámicos situaban el sur arriba porque La Meca quedaba al sur de la mayoría de las tierras del islam y su importancia exigía que se encontrara en lo alto del mapa. Por motivos similares, los mapas cristianos medievales situaban el este arriba, por ser allí donde la Biblia localiza el jardín del Edén, y la ciudad santa de Jerusalén la situaban en el centro. Los antiguos egipcios situaban también el este arriba, por tratarse del punto cardinal por el que amanece.

Comparado con la simplicidad de los mapas producidos en Europa en la época, el mapamundi de Al-Idrisi es extraordinario. Fue enormemente influyente y durante unos tres siglos los geógrafos siguieron copiando la obra sin más que alteraciones menores.

De las diez copias que sobreviven de *El libro de Roger*, o *Tabula Rogeriana* en latín, esta es la más antigua. Se conserva en la Biblioteca Nacional de Francia.

Los textos que acompañaban los mapas del libro de Roger ofrecen la descripción más elaborada del mundo que produjo la Edad Media. Describen el mundo habitable, de oeste a este y de sur a norte, en diez secciones; cada una de estas presenta una descripción general de la región y un relato de las principales ciudades, junto con las distancias que las separan.

Al-Idrisi compuso más tarde otra obra geográfica para Guillermo I, el sucesor de Roger. Se cuenta que esta era aún más extensa que la anterior, pero solo se han conservado algunos extractos. ∎

180

DIOS DÉ LA VICTORIA AL ISLAM

NUR AD-DIN (SIGLO XII)

Para los musulmanes, Jerusalén es la ciudad santa de todos los profetas del islam que precedieron a Mahoma y la primera alquibla, o lugar al que se dirigen los rezos. A Mahoma se le atribuye haber dicho: «No os preparéis para un viaje más que a tres mezquitas: Masyid al-Haram [La Meca], la de Al-Aqsa [Jerusalén] y la mía [Medina]». Así, Jerusalén está confirmada como una de las tres ciudades más santas del islam. Solo seis años después de morir el Profeta, en el 638, los ejércitos musulmanes al mando del califa Úmar conquistaron Jerusalén.

La Primera Cruzada

El 15 de julio de 1099, unos 15 000 soldados cristianos entraron en Jerusalén tras un mes de asedio. Masacraron a los defensores musulmanes y judíos por igual, en un acto sangrien-

Las **fuerzas cristianas** tratan de **conquistar territorio musulmán** por todo el Mediterráneo.

El papa Urbano II llama a los **guerreros cristianos** a la **guerra santa** para tomar Jerusalén.

Los cristianos **toman Jerusalén** y fundan **cuatro Estados cristianos** en tierras musulmanas.

Saladino reconquista Jerusalén para el islam y expulsa a los cruzados de Tierra Santa.

El Occidente cristiano vuelve a **apropiarse de tierras musulmanas** con el **colonialismo europeo**.

Véase también: La vida temprana de Mahoma 22–27 ■ El islam en Europa 210–215 ■ El ascenso del islam político 238–241

En el sitio de Jerusalén de 1099 los primeros cruzados arrebatan la ciudad santa al califato fatimí de Egipto. Los musulmanes tardarán casi 200 años en reconquistarla.

to que marcó el inicio de 200 años de guerra intermitente entre cristianos y musulmanes en tierras del islam.

El origen de la campaña fue un discurso del papa Urbano II en 1095 en Clermont (Francia), en el que anunció que «una nación completamente extraña a Dios [...] ha invadido [...] las tierras de los cristianos». El papa se refería a los turcos selyúcidas, cuya reciente victoria sobre los bizantinos en Manzikert amenazaba con hacer retroceder las fronteras de la cristiandad hasta las puertas de Constantinopla, pero su objetivo era Jerusalén, lugar de la tumba de Jesucristo. Acudieron a la llamada guerreros cristianos, ávidos tanto de ganar la salvación como del botín que podía darles la guerra calificada de santa en nombre de Dios.

Enemigos y amigos

Los cruzados tomaron también Edesa, Antioquía y Trípoli, que junto con Jerusalén se convirtieron en ciudades-Estado cristianas. La contraofensiva del soberano selyúcida Nur ad-Din desde Damasco allanó el camino a Salah ad-Din (Saladi-

no), sultán de Egipto y Siria, quien reconquistó Jerusalén en 1187. Los cristianos mantuvieron una presencia en tierras musulmanas hasta ser expulsados de su último bastión, Acre, en 1291.

Los musulmanes tenían por bárbaros a los europeos, o *afranj*, como llamaban a los francos, que dominaban la mayor parte de Europa occidental. Un noble musulmán del norte de Siria, Usama ibn Munqid (1095–1188), escribió sobre los *afranj* en su *Kitab al-itibar* ('el libro de aprender del ejemplo'). Denostaba a los invasores con expresiones como *qabbahum Allah* ('Dios los haga feos') y los tildaba de *shayatin* ('demonios'). A sus ojos eran inferiores intelectualmente, en su mayoría analfabetos y bestias, sin virtud alguna salvo la valentía. También le repugnaba de los europeos que veneraran a Dios como niño (Jesús).

Pese a maldecir a los *afranj*, sin embargo, Ibn Munqid hizo amigos entre ellos. Uno de los cruzados le ofreció llevar a su hijo a Europa para educarlo como caballero, idea que el musulmán encontró espantosa.

En la competencia por el poder en la región, hubo jefes militares musulmanes que se alinearon política y militarmente con los cruzados contra otros musulmanes. El comercio entre musulmanes y cristianos se mantuvo y se dieron matrimonios mixtos. Las cruzadas llevaron también a Europa conocimientos del mundo islámico, del que algunos *afranj* aprendieron ciencias, matemáticas, medicina y filosofía. ■

La cruzada continua

Algunos historiadores musulmanes no ven el discurso de Urbano II en 1095 como el comienzo de las Cruzadas ni la caída de Acre en 1291 como su final. Lo que para los historiadores occidentales son las Cruzadas no sería más que un capítulo en un patrón continuo de agresión occidental contra el islam, como las conquistas anteriores en la península ibérica y la de Sicilia por los normandos en el siglo XI.

La amenaza occidental no habría terminado hasta mediados del siglo XV con la conquista de Constantinopla por los otomanos. También es común la perspectiva de que las conquistas coloniales posteriores –comenzando por la invasión de Egipto en 1798 por Francia y su ocupación de Argelia en 1830– son parte de una mentalidad de cruzada. En la década de 1960, el teórico islamista egipcio Sayyid Qutb afirmó que «el espíritu cruzado corre por la sangre de todos los occidentales».

Nunca estuvimos seguros a causa de los francos, cuyo territorio era vecino del nuestro.
Usama ibn Munqid

DIOS ABRIÓ EL CORAZÓN DEL REY AL ISLAM

LOS VIAJES DE IBN BATTUTA (SIGLO XIV)

EN CONTEXTO

TEMA
La difusión del islam a través del comercio

CUÁNDO Y DÓNDE
Siglo XIV, por todo el mundo islámico

ANTES
Siglo VII Según la tradición islámica, los musulmanes llegan hasta Etiopía en vida de Mahoma.

DESPUÉS
1453 Después de la conquista otomana de Constantinopla, la ciudad del Bósforo se convierte en el gran núcleo comercial del mundo islámico.

Siglo XVII Los otomanos dominan el comercio del sureste asiático. Al llegar allí los europeos en el siglo XVII, el islam es predominante en la zona hasta Nueva Guinea.

L a expansión inicial del islam fue fruto de la conquista. Durante el siglo VII, los seguidores de Mahoma avanzaron rápidamente hacia el norte y el oeste por los territorios del Imperio bizantino. En el siglo IX, los dominios del islam se extendían hasta Persia y Asia Central. Mientras tanto, el mensaje del Profeta recorría distancias mucho mayores por el mundo, no en compañía de los ejércitos y las armas, sino en barcos mercantes y caravanas de camellos.

El islam en África

No tuvo que pasar mucho tiempo antes de que África se viera expues-

Véase también: La cartografía del mundo islámico 176–179 ■ El califato del Imperio otomano 186–189 ■ El islam en Europa 210–215 ■ El islam en África 278–279

Del **sureste asiático** los comerciantes musulmanes traían **especias**, como canela, pimienta, clavo y nuez moscada. Exportaban bienes de todo tipo, además del islam.

Las caravanas musulmanas recorrían la **Ruta de la Seda** por Asia Central hasta **China** para traer seda, otros textiles y productos como el papel.

Entre las **grandes ciudades comerciales del islam** en Arabia y el Mediterráneo oriental estaban La Meca, Medina, Bagdad y El Cairo.

Europa importaba sobre todo bienes de lujo del mundo islámico, como algodón, seda, perfumes y especias y frutos exóticos; y exportaba madera, metales y lana.

En **África Oriental**, los musulmanes enviaban al sur caravanas de sal a cambio de **oro y esclavos**.

Ibn Battuta

A la edad de 21 años, Ibn Battuta (1304–1368/1369) partió de su ciudad natal, Tánger (actual Marruecos), en peregrinación a La Meca, con la intención de estudiar la ley islámica en el camino. Pasó viajando la mayor parte de los siguientes 29 años, en los que recorrió unos 120 700 km y visitó el equivalente de 44 países actuales. Durante ese tiempo, fue juez islámico en India; conoció al emperador cristiano en Constantinopla; fue secuestrado, le robaron y naufragó; se casó y divorció diez veces y tuvo numerosos hijos. Como resultado de la expansión del islam, primero por conquista y más tarde a través del comercio, la mayoría de las tierras que visitó eran musulmanas y pertenecían al *dar al-islam*, o mundo islámico, y en las que no lo eran había pequeñas comunidades musulmanas. «Partí solo, sin compañero con cuya amistad solazarme ni caravana a la que unirme», escribió más tarde, pero lo cierto es que en sus viajes, este viajero extraordinario rara vez habría estado lejos de alguno de sus correligionarios.

ta al islam. Ya en vida de Mahoma, un grupo de seguidores suyos huyó de la persecución en La Meca y se asentó en lo que actualmente es Etiopía. Más tarde, algunos comerciantes de Arabia se asentaron en ciudades de la costa de África Oriental. En excavaciones en Kenia, se han descubierto mezquitas que se remontan al siglo x.

Desde la costa del norte de África, el islam se extendió hacia el sur hacia África Occidental. Las rutas comerciales que atravesaban el Sahara comunicaron el norte islámico de lengua árabe con los habitantes de las riberas del río Níger: hacia el norte iban oro y esclavos; hacia el sur, la sal y, con ella, el islam. El islam fue influyendo de forma gradual en las »

El rey de Mali, Mansa Musa, aparece en el *Atlas catalán* (1375) tocado con una corona de oro y sosteniendo un disco de oro, símbolo de la vasta riqueza de su imperio africano.

culturas locales hasta tal punto que Mali se convirtió en el siglo XII en el primer reino musulmán de África Occidental. Cuando su rey Mansa Musa peregrinó a La Meca en 1324, a lo largo del camino él y su comitiva de 8200 cortesanos hicieron tal gasto y dieron tanto en concepto de limosna que el valor del oro en Egipto y Arabia se desplomó durante los siguientes 12 años. Al regresar a Mali, Mansa Musa llevó consigo algunos de los mejores artesanos, científicos y estudiosos islámicos y creó un nuevo centro de investigación y aprendizaje en Tombuctú, donde se erigieron mezquitas y madrasas.

El famoso viajero musulmán Ibn Battuta visitó África Oriental y Occidental en el siglo XIV y habló de la religiosidad de sus habitantes, que no veían el islam como una imposición foránea, sino como una religión nativa de África.

A Asia por mar

En 1343, Ibn Battuta visitó las islas Maldivas, en el océano Índico, donde la conversión de la población antes budista era un fenómeno reciente, resultado, según el relato del viajero, del trabajo de un misionero norteafricano: «Permaneció entre ellos y Dios abrió al islam el corazón del rey, que lo aceptó antes de acabar el mes», escribe Ibn Battuta.

El islam fue un factor de cohesión a lo largo de las rutas que conectaban África Oriental, Arabia, India y más allá. Los comerciantes musul-

c. 651

c. 750

c. 1150

c. 1550

Desde la península arábiga, los musulmanes propagaron su religión al área del Mediterráneo oriental y Persia por conquista al principio. Más tarde, los comerciantes musulmanes la llevaron al sur, a África, y al este, a las islas del océano Índico y del sureste asiático.

manes traían su religión además de sus bienes a los puertos del océano Índico y del sureste asiático, y no tardaron en seguirlos los misioneros, en muchos casos sufíes. El primer Estado musulmán del sureste asiático se fundó en el norte de Sumatra (Aceh). Cuando el comerciante, explorador y escritor veneciano Marco Polo viajó por Asia en el siglo XIII, observó que en Sumatra se adherían a la «ley de Mahomet». El islam pronto se difundió hacia el este por el archipiélago malayo, isla por isla, y de allí a Indonesia, las Filipinas, y más allá.

Las rutas de la seda y las especias

El califa Uzmán envió un embajador a la dinastía china Tang ya en 650. Según la tradición islámica, el emperador que recibió al enviado mandó construir una mezquita en honor de Mahoma, pero no hay prueba alguna de ello. Lo que sí es seguro es que en los siglos siguientes, el comercio de las dinastías islámicas de Damasco y Bagdad con China floreció a lo largo de la gran vía comercial centroasiática de la Ruta de la Seda. Sin embargo, aunque se asentaron musulmanes en las ciudades chinas, sobre todo de la costa

Han convertido a los nativos a la ley de Mahomet.
Marco Polo

Venecia prosperó gracias al comercio con el mundo islámico y ciudades como Damasco inspiraron la influencia oriental en su propia arquitectura.

Si el paraíso está en la Tierra, está en Damasco, y en ningún otro lugar.
Ibn Battuta

sudoriental, vivieron en comunidades aisladas.

Venecia y los mamelucos

Europa también se resistió al islam a la vez que mantenía vínculos comerciales fuertes con el mundo islámico. Los musulmanes controlaban el Mediterráneo oriental, el nexo que conectaba las antiguas rutas comerciales occidentales a Europa y orientales a Asia. Los musulmanes eran así los intermediarios que organizaban el tránsito e intercambio de artículos de lujo. En Europa, el destino principal de las importaciones de lujo de Oriente era Italia. Las ciudades-

estado de Venecia, Florencia y Génova, que controlaban el comercio marítimo mediterráneo, mantuvieron relaciones estrechas con Egipto, Siria y otras áreas del Mediterráneo oriental desde el siglo XIII en adelante.

Venecia, en particular, fue la interfaz más importante de Europa cristiana con el ámbito islámico de Oriente Próximo. Los comerciantes italianos mantenían relaciones sobre todo con los mamelucos de Egipto y Siria, dinastía bajo la que florecieron las artes y la artesanía islámicas, y una gama deslumbrante de productos —textiles, alfombras, taraceados de metal, piedras preciosas, vidrio, porcelana y también papel— viajaron en ambas direcciones. Los mamelucos tuvieron una influencia artística directa sobre la moda y la arquitectura venecianas, cuyos artesanos adoptaron e imitaron los gustos y técnicas islámicos. Pruebas de ello se conservan en la policromía del trabajo de la piedra y los arabescos que embellecen buena parte de la arquitectura veneciana hasta hoy.

Aunque Europa se mantuvo firme ante la difusión del islam como religión, no tuvo inconveniente en beneficiarse de otros aspectos de la abundancia del mundo islámico. ∎

VISTE EL MANTO SAGRADO Y REZA A DIOS

HOCA SADEDDIN EFENDI (1596)

EN CONTEXTO

TEMA
**El califato del
Imperio otomano**

CUÁNDO
1517–1923

ANTES
1258 Los mongoles saquean
Bagdad, ejecutan al califa
abasí y ponen fin a la era
del califato.

1299 Osmán I funda
la dinastía otomana.

1453 Mehmed II toma
Constantinopla y los
otomanos se establecen
como mayor potencia del
mundo islámico.

DESPUÉS
1952 En Jerusalén, el partido
islamista Hizb ut-Tahrir
propone restaurar el califato
para la unificación de todos
los musulmanes.

2014 La organización Estado
Islámico (ISIS) se proclama
nuevo califato.

La conquista de Bagdad por los mongoles en 1258 marcó el fin del califato abasí. Hubo un califato abasí nominal en El Cairo (Egipto), pero sus califas no tenían poder alguno y eran meros símbolos espirituales en manos de los sultanes mamelucos. Ese califato también desapareció, el sultán otomano Selim el Severo conquistó Egipto, 1517, y el sultán de Constantinopla se convirtió en califa. Al derrotar a los mamelucos, los otomanos añadieron a su imperio no solo Egipto, sino también Siria y Arabia, incluidas las ciudades santas de La Meca y Medina. De un imperio en los már-

Véase también: Un sucesor del Profeta Muhammad 102–103 ▪ Los califas bien guiados 104–107 ▪ Los califatos omeya y abasí 136–139 ▪ El islam en Europa 210–215 ▪ La secularización de Turquía 228–231

Cuando muere Mahoma, en el 632, se nombra un sucesor, o **califa**, para sucederlo como **líder de la *umma*, o comunidad de los musulmanes**.

Bajo los **sultanes mamelucos de Egipto**, el título de **califa** es un cargo puramente ceremonial y sin autoridad.

Los **otomanos derrotan a los mamelucos** e incorporan Egipto, Siria y Arabia a su imperio.

El sultán otomano asume el título de califa y se presenta como **líder espiritual y político del mundo islámico**.

genes del mundo islámico centrado en la Anatolia turca, los otomanos habían pasado a dominar la mayoría de los territorios tradicionales del islam. Podían así proclamarse herederos del califato y con ellos el título de califa recuperó su antigua autoridad.

El ascenso de los otomanos

La dinastía otomana recibe su nombre de su fundador, Osmán I (*r*. 1299–1324), quien al frente de una tribu túrquica procedente de Asia Central conquistó parte de lo que hoy es Turquía. Sus sucesores extendieron ese imperio a Grecia en 1345 y a Serbia en 1389. Mehmed II (quien reinó dos veces, entre 1444 y 1446 y de nuevo de 1451 a 1481), conquistó Constantinopla en 1453 –lo cual habían intentado hacer los califas omeyas siete siglos antes– y con ello concluyeron los mil años del Imperio bizantino.

Mehmed, cuyos logros le hicieron merecedor del sobrenombre «el Conquistador», hizo de Constantinopla su capital, que acabaría llamándose Estambul. Como símbolo de la supremacía islámica, Mehmed hizo convertir la catedral de Santa Sofía, una de las mayores de la cris-

tiandad, en mezquita. Junto a esta construyó una gran madrasa y otras instituciones islámicas. En 1463 se construyó como gran monumento a la victoria la nueva mezquita de Fatih ('el Conquistador'), en el lugar de la decrépita iglesia de los Santos Apóstoles. Mehmed también »

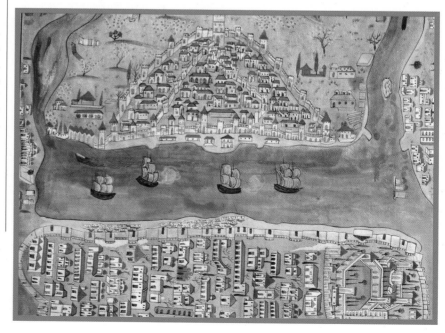

Este mapa de Estambul, capital del Imperio otomano, aparece en una miniatura del militar y cartógrafo Matrakçi Nasuh, en su relato de 1537 de la campaña de Solimán en Irán e Irak.

puso en marcha la construcción del palacio de Topkapi, complejo público y privado de patios, jardines, salones, pabellones, barracones, harenes y aposentos imperiales en un promontorio que se asomaba a la ciudad y al estrecho del Bósforo. Para favorecer el esplendor de la ciudad, el sultán animó a la elite a invertir y construir, reasentó a la fuerza nuevos pobladores en ella y la convirtió en un puerto comercial vital entre Oriente y Occidente.

Mehmed pasó la mayor parte de los 30 años de su reinado en campaña, consolidando y expandiendo los dominios otomanos, unificando Anatolia y conquistando el sureste de Europa hasta Bosnia, en el oeste.

Gobernar el imperio

Con el fin de controlar el vasto territorio, los otomanos crearon un sistema fuerte de gobierno que combinaba la administración local con el control centralizado. El sultán, a cuyos hermanos era costumbre asesinar cuando accedía al trono para evitar candidaturas rivales, era el soberano supremo, pero un consejo de asesores —y más tarde su repre-

Solimán I (1494–1566) gobernó más de 45 años. Décimo soberano de la casa de Osmán, fue conocido localmente como Kanuni ('legislador'), por sus reformas legales.

sentante, el gran visir— gobernaba en su nombre. Se nombraban gobernadores militares regionales *(beys)*, cuyo poder quedaba limitado por consejos locales.

El ejército otomano fue también clave para el éxito del imperio. Era tecnológicamente avanzado —provisto de artillería desde el asedio de Constantinopla en adelante— y

sofisticado en lo táctico. Sus unidades de caballería ligera podían convertir lo que parecía una retirada en un ataque devastador a los flancos, en el que rodeaba y sorprendía al enemigo una formación en forma de creciente.

Los jenízaros

El núcleo del ejército lo constituían los jenízaros, unidad de infantería nacida como guardia imperial y ampliada hasta convertirse en la fuerza de elite más temida de la época. Al principio estuvo compuesta por hombres que se raptaban cuando eran niños de familias cristianas de los Balcanes. Bajo el sistema del *devsirme*, 'impuesto de sangre', el ejército otomano se llevaba a muchachos entre los ocho y los dieciocho años, los convertía al islam (pese a la prohibición coránica de la conversión forzosa) y los enviaba a vivir con familias turcas, donde aprendían la lengua y las costumbres. Luego recibían una formación militar rigurosa y a los que mostraban algún talento particular se les asignaban funciones especializadas, desde arqueros hasta ingenieros.

> Adorar a Dios es el trono más alto, el más feliz de los dominios.
> **Solimán I**

La mezquita Süleymaniye de Estambul fue encargada por Solimán I. Inaugurada en 1557, sus dimensiones y hermosa decoración son un testimonio del poder otomano.

> Nosotros los turcos
> somos musulmanes fieles.
> **Mehmed II**

Para garantizar su lealtad exclusiva al sultán, los jenízaros no tenían permitido casarse hasta que se jubilaran, pero disfrutaban de beneficios y privilegios especiales. Aunque solo constituían una proporción pequeña del ejército otomano, tenían un papel de liderazgo y fueron clave en muchas victorias, entre ellas las de Constantinopla y Egipto.

Apogeo otomano

El imperio alcanzó su cumbre económica, militar y cultural bajo el sultán Solimán I (r. 1520–1566). Conocido como Solimán el Magnífico, forjó una alianza con Francia contra los soberanos Habsburgo del Sacro Imperio Romano Germánico y firmó un tratado con los safavíes de Persia en el que se repartieron Armenia y Georgia. Conquistó gran parte de Hungría e, incluso, llegó a poner sitio a Viena en 1529 si bien no consiguió tomarla.

Los otomanos llevaron la fe islámica a los territorios que conquistaron, construyeron mezquitas por todas partes y con estas llegaron la formación y la erudición islámicas.

Antes, varias dinastías musulmanas habían reclamado para sí el califato –caso de los fatimíes de Egipto (909–1171), los omeyas de Córdoba (929–1031) y los almohades del norte de África (1121–1269)–; sin embargo, a diferencia de los oto-manos, ninguna de ellas cumplía la condición de gobernar a la mayoría de los musulmanes y estar en posesión de las ciudades santas de La Meca y Medina.

Líderes de los musulmanes

Desde la época de la conquista de Egipto en 1517 hasta la Primera Guerra Mundial en 1914–1918, fueron los otomanos quienes protegieron de los bandidos las caravanas anuales del *hach* que partían de Damasco y El Cairo, y quienes aportaban cada año la *kiswa*, la tela adornada que cubría la Kaaba. Ese patrocinio del *hach* hizo mucho por la imagen de los otomanos como líderes del mundo islámico a ojos de todos los musulmanes.

Hubo quien cuestionó la legitimidad del califato turco argumentando que únicamente los miembros de la tribu del Profeta, los coraichíes, podían ser califas. A mediados del siglo XVI, el gran visir otomano Lut Pasha respondió a esta objeción en un panfleto en el que argumentaba que los únicos requisitos para el cargo eran el poder y la competencia, y que la herencia o el parentesco nada tenían que ver.

Subrayaba la legitimidad de los califas otomanos la posesión de reliquias de las que se creía que habían pertenecido al Profeta, entre ellas, un manto de tejido basto, la *burda*. El sultán Mehmed III (r. 1596–1603) lo llevó consigo como talismán a una campaña en Hungría y, en determinado momento, cuando parecía que su ejército llevaba las de perder, Sadeddin, un cortesano, le dijo al sultán: «Viste el manto sagrado y reza a Dios». Así lo hizo el sultán y la suerte de la batalla se invirtió.

El último de los califas

Desde el siglo XVIII, con el Imperio otomano cada vez más amenazado por el poder militar de las potencias europeas, los sultanes se apoyaron en la idea del califato para afianzar su autoridad. Al ascender al trono Abdul Hamid II, en 1876, fue obligado por los reformistas a acceder a un sistema parlamentario de gobierno, y, a modo de compensación por la pérdida de poder temporal, se reafirmó en una nueva constitución la condición del sultán como califa y líder espiritual de todos los musulmanes. El arreglo no iba a durar: la derrota en la Primera Guerra Mundial conllevó el fin del Imperio otomano, sustituido por la República de Turquía de Mustafá Kemal, Atatürk, en 1923. El cargo de califa y el califato fueron abolidos al año siguiente. ■

Los artesanos otomanos fueron excelentes con la cerámica, las alfombras y los textiles, sobre todo la seda, como esta tela tejida con hilos de oro y plata, rica en motivos como flores y arabescos.

LO PRIMERO QUE CREÓ DIOS FUE LA PLUMA

PROFETA MAHOMA

EN CONTEXTO

TEMA
El divino arte de la caligrafía islámica

CUÁNDO Y DÓNDE
Siglo x, Bagdad

ANTES
C. 150 A. C. Los nabateos, cuya capital fue Petra (en la actual Jordania), desarrollan un alfabeto. Empleado para escribir el arameo, tiene 22 letras, todas consonantes, y se escribe de derecha a izquierda.

Siglos III–V D. C. La escritura aramea nabatea adquiere una forma reconociblemente árabe.

Siglo VII Tras la caída del Imperio sasánida, los persas adoptan la escritura árabe.

DESPUÉS
1514 El primer libro impreso en árabe es una traducción de un libro de horas, obra devocional cristiana impresa en Italia.

La caligrafía es un arte enormemente prestigioso en la cultura islámica. El Corán es la palabra de Dios, revelada a Mahoma y recitada por los primeros musulmanes, y se puso por escrito después de la muerte de Mahoma. El primer Corán impreso vio la luz en el siglo XVI, de modo que durante 900 años todos los ejemplares se escribieron a mano.

Copiar el texto del Corán se consideraba un acto de devoción y, al entenderse la caligrafía como la glorificación del lenguaje del Corán, se consideraba que embellecía la faz no vista de Dios. No toda la caligrafía árabe era religiosa, pero era la lengua escogida por Dios para su revelación y, por tanto, hay un vínculo inextricable entre la lengua árabe y el islam.

Para dar a la palabra de Dios un aspecto a la vez digno y hermoso, los escribas desarrollaron una escritura rectilínea y estilizada: la caligrafía cúfica, que surgió a finales del siglo VII en la ciudad de Kufa (Irak), uno de los primeros centros de la cultura islámica. De ella derivaron otras va-

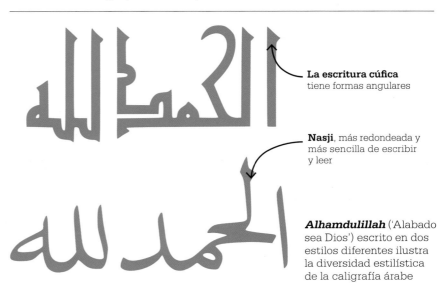

La escritura cúfica tiene formas angulares

Nasji, más redondeada y más sencilla de escribir y leer

Alhamdulillah ('Alabado sea Dios') escrito en dos estilos diferentes ilustra la diversidad estilística de la caligrafía árabe

Véase también: Representaciones del Profeta 58–59 ▪ La compilación del Corán 64–69 ▪ La composición del Corán 70–75 ▪ Arte y arquitectura islámicos 194–201

Si alguien, tanto si sabe leer como si no, ve buena escritura, le gusta disfrutar de verla.
Qadi Ahmed
«Calígrafos y pintores» (1606)

riantes, todas reconociblemente cúficas por los ángulos muy agudos y el rigor de sus líneas verticales y horizontales. Durante unos 300 años, la cúfica se consideró la única escritura adecuada para escribir el Corán. Se usó, por ejemplo, en el monumento más antiguo de la arquitectura islámica que se conserva, la Cúpula de la Roca en Jerusalén (acabada en el 691–692) y en las primeras monedas islámicas, acuñadas durante los reinados de los califas *rashidun* (632–661).

El alfabeto árabe

El alfabeto árabe es el segundo más utilizado en todo el mundo por número de países que lo emplean. Se escribe de derecha a izquierda y tiene 28 letras; no obstante, muchas solo se diferencian por unos puntitos arriba o abajo, de manera que, en realidad, solo hay 18 formas para las 28 letras. Solo tres letras representan sonidos vocálicos, pero otros se representan con signos diacríticos, que, por lo general, no se escriben.

Los seis estilos

Suele atribuirse a un funcionario de la corte abasí en Bagdad, Ibn Muqla (886–940), la invención del nasji, un estilo más redondeado y fluido, fácil de escribir y muy legible, que sustituyó al angular cúfico en la caligrafía islámica estándar. De él se dijo: «Es un profeta en el campo de la caligrafía. Fue vertida sobre su mano, al igual que les fue revelado a las abejas cómo hacer hexagonales los panales».

También se atribuyen a Ibn Muqlah otros cinco estilos de escritura que, junto con el nasji, se conocen como las seis plumas, o estilos *(aqlam as-sitta)* de la caligrafía islámica clásica.

Profusión caligráfica

Dada la prohibición general de la representación figurativa en el islam, tradicionalmente los calígrafos han sido los artistas de mayor prestigio en la cultura islámica. Las técnicas pasaban de maestros a discípulos, a menudo en la misma familia. Para llegar a ser maestro calígrafo, era necesario formarse durante años copiando modelos para perfeccionar

Las letras árabes no tienen mayúsculas. La forma de algunas cambia según su posición en la palabra (principio, medio, final o aisladas). Las letras del alfabeto latino se unen cuando se escriben a mano y se separan en los textos impresos. En cambio, unir o no las letras árabes depende de la letra y no del medio de escritura. todas las letras se unen a la precedente, pero algunas no a la letra siguiente. Según una tradición poética, estas son letras angélicas, por estar unidas a su origen (Dios), pero separadas de lo que sigue (el mundo).

La caligrafía islámica, como en esta lámpara de una mezquita, refleja la idea de que Dios le habla al hombre en árabe, sea hablado o escrito.

la técnica. La pluma del calígrafo, el cálamo, era de caña o bambú y se mojaba en tinta. La introducción del papel desde China en el siglo IX les permitió a los escribas musulmanes producir muchos más libros que sus homólogos europeos, que empleaban todavía el costoso pergamino.

La caligrafía apareció en objetos sagrados y seculares en casi todos los medios: piedra, estuco, cerámica, joyas, bordados, alfombras, tallas en madera y también metal. Aporta información valiosa sobre los objetos que adorna, sobre todo en la arquitectura, en la que además de aleyas coránicas, la escritura refleja los nombres de los mecenas y las fechas.

La práctica de la caligrafía continúa hoy en el mundo islámico. Las nuevas generaciones de artistas reinventan continuamente la tradición y cambian medios tradicionales, como el cálamo y el papel, por otros nuevos, como el grafiti y la grafía digital. Los musulmanes de hoy conservan una conciencia aguda de las letras árabes –las letras del Corán– como reliquia preciosa. ▪

LA SOMBRA DE DIOS EN LA TIERRA

SHAH ISMAʿIL (SIGLO XVI)

EN CONTEXTO

TEMA
El Imperio safaví

CUÁNDO Y DÓNDE
Siglo XVI, Persia

ANTES
661 Después de la muerte de Alí, el cuarto califa, los musulmanes quedan divididos. Unos apoyan a Muʿawiya como siguiente líder del islam, y otros, al hijo de Alí. Los últimos serán los chiíes.

765 Después de la muerte del sexto imán, un grupo chií separado de la corriente principal constituirán los ismailíes o septimanos.

780 La dinastía de los idrisíes asentada en el norte de África funda el primer Estado chií.

DESPUÉS
1979 La Revolución iraní derroca a la monarquía y establece una república islámica bajo el mando del ayatolá Ruhollah Jomeini.

En 1500, con 13 años, Ismaíl se convirtió en líder de la orden sufí safawiyya, de Azerbaiyán, y se propuso vengar a su padre, al que habían matado las tribus túrquicas que gobernaban la mayor parte de Irán.

Al año siguiente sus partidarios tomaron Tabriz y se hicieron con el poder en Irán. Ismaʿil hizo de Tabriz su capital y se proclamó sah ('rey', Ismaíl I), con lo que fundó la dinastía safaví, que gobernaría hasta 1722. También declaró el chiismo duodecimano religión oficial del nuevo imperio, con lo que cambió el curso de la historia del islam.

El Mahdi oculto

El chiismo duodecimano, la mayor rama del islam chií, no había tenido hasta entonces un poder político importante. Sus seguidores mantenían que no podía haber Gobierno legítimo en ausencia del oculto imán duodécimo, el Mahdi, quien un día regresará a traer la justicia y la paz al mundo. Hasta Ismaíl I, la mayoría de los chiíes habían sido árabes y la mayoría de los musulmanes persas eran sunníes. Ismaíl afirmaba descender de Alí, el primen imán, y se presentó como el Mahdi de los duodecimanos, o «sombra de Dios

Mi nombre es Shah Ismaʿil. Soy el misterio de Dios.
Shah Ismaʿil (Ismaíl I)

en la Tierra». También escribió poesía que anunciaba sus credenciales: «Mi madre es Fátima, mi padre, Alí; soy uno de los doce imanes. Recobré de Yazid la sangre de mi padre». (Yazid fue el califa omeya sunní que mató a Husein, hijo de Alí, en la batalla de Kerbala en el 680).

Ismaíl I acometió la tarea de eliminar el sunismo en Irán y ejecutó o deportó a los líderes sunníes. Para ocupar su lugar, se invitó a Irán a estudiosos de la religión de centros árabes duodecimanos para que establecieran escuelas chiíes. La guerra de Ismaíl I contra el sunismo se extendió más allá de Irán: en 1510 derrotó a los uzbecos sunníes en Jorasán, región que hoy ocupa el noreste de Irán y partes de Asia

Véase también: Los califas bien guiados 104–107 ■ El surgimiento del islam chií 108–115 ■ El sufismo y la tradición mística 140–145 ■ La Revolución iraní 248–251 ■ Sunníes y chiíes en el Oriente Próximo actual 270–271

El Isfahán de Abbás I presumía de plazas y jardines públicos, y muchas mezquitas y palacios hermosos de azulejos turquesa.

Central y Afganistán. También se enfrentó a los otomanos, pero fue derrotado por el sultán Selim I en la batalla de Chaldiran, en 1514, y murió en 1524. A finales del siglo XVI casi todos los iraníes eran chiíes, como lo son hasta el día de hoy.

Filosofía y supresión

El Imperio safaví alcanzó su cénit con el bisnieto de Ismaíl I, Abbás I, o Abbás el Grande, (*r.* 1588–1629), que logró victorias decisivas contra los otomanos y estableció acuerdos diplomáticos con potencias europeas para contener a Constantinopla. Sus ejércitos extendieron los dominios safavíes a Irak, hacia el oeste, al Indo, hacia el sur, y al Cáucaso, hacia el norte.

Abbás el Grande trasladó la capital safaví a la ciudad de Isfahán, en la que florecieron la cultura y la actividad intelectual. Aunque mantuvo el predominio de los ulemas chiíes,

clase poderosa con un control férreo sobre la teología y el derecho canónico, durante su reinado surgieron varios grandes pensadores, que formaron lo que hoy se conoce como la Escuela de Isfahán.

Después de Abbás I, hubo una tendencia a alejarse de lo filosófico para ir hacia una lectura más literal del chiismo. Una figura líder de este cambio fue Muhammad Baqir Majlisi (1627–1699). Majlisi, jurisconsulto

influyente, declaró herejes a los sufíes y suprimió la enseñanza de la filosofía islámica, promoviendo en su lugar la observancia estricta de los rituales de duelo en honor del imán Husein en Kerbala y las visitas regulares a los santuarios de los imanes y sus parientes en las ciudades de Náyaf y Kerbala, en Irak, y Mashhad y Qom, en Irán. Estos siguen siendo hoy elementos importantes de la tradición islámica. ■

Santuarios chiíes

Durante la era safaví, como los otomanos controlaban La Meca y Medina, Abbás el Grande promovió Mashhad en Irán como peregrinación alternativa. El santuario del imán Reza en Mashhad (izda.) alberga la tumba de Ali ibn Musa ar-Reza (también llamado Ali ar-Rida), octavo imán chií duodecimano y descendiente directo de Mahoma. Murió en el 818 en una aldea cercana a Mashhad. Se cree que fue envenenado y se le venera como mártir. Como es el único imán chií enterrado en Irán, su tumba tiene una importancia enorme para los chiíes iraníes.

En cierta ocasión Abbás I caminó de Isfahán a Mashhad en 28 días como muestra de devoción y afirmó que eso era equivalente a hacer el *hach*.

Otros lugares santos para los musulmanes chiíes son la mezquita del imán Ali en Náyaf (Irak) –tumba del primer imán chií–, la mezquita del imán Husein en Kerbala (Irak) –donde está enterrado el tercer imán chií– y la mezquita de Sayyida Zaynab en Damasco –donde está enterrada Zaynab, hija de Alí y Fátima, es decir, nieta de Mahoma–.

DIOS ES BELLO Y AMA LA BELLEZA

PROFETA MAHOMA

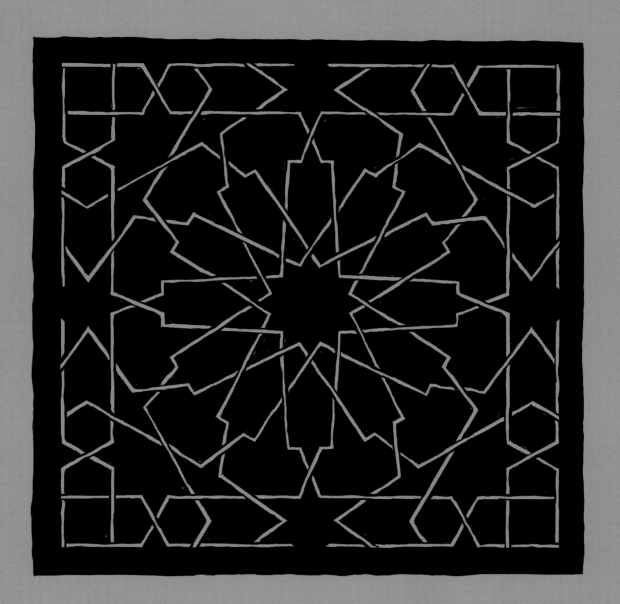

EN CONTEXTO

TEMA
**Arte y arquitectura
islámicos**

CUÁNDO Y DÓNDE
Desde 692, mundo islámico

ANTES
Siglo I D. C. El Imperio romano
extiende su dominio a Oriente
Próximo y construye templos
en lugares como Jerash, en la
actual Jordania, y Palmira,
en Siria.

Siglo IV Los bizantinos,
herederos cristianos del
Imperio romano, comienzan
a construir iglesias en lugares
señalados de la historia del
cristianismo: Jerusalén, todo
Oriente Próximo y Egipto.

DESPUÉS
2016 Los arquitectos
Glenn Murcutt y Hakan
Elevli diseñan una mezquita
llamativamente moderna en
el Australian Islamic Centre
de Melbourne.

Durante su edad dorada, el
islam se extendió por regiones tan geográficamente
lejanas y diversas como la península ibérica, los desiertos del norte de
África y Arabia y las estepas de Asia
Central. Aun así, es posible hablar
de un arte y una arquitectura islámicos comunes. Los historiadores
del arte reconocen una coherencia
extraordinaria de estilos y motivos
compartidos en todas estas áreas,
claramente diferenciados de las tradiciones artísticas occidentales.

La más importante de estas características es la ausencia general
de personas o animales (con algunas
excepciones notables) en el arte islámico. Esto lo distingue no solo de
la estética cristiana, en la que el ser
humano es el tema principal, sino
también del arte de épocas anteriores: el antiguo Egipto, Mesopotamia,
Grecia y Roma. En contraste, el arte
islámico prefiere los patrones, tanto
naturales y fluidos (arabescos) como
geométricos. La tradición occidental

Exquisitos azules, blancos y dorados
adornan la fachada de la mezquita
de la Cúpula de la Roca en Jerusalén.
Añadidos por Solimán I en el siglo XVI,
sustituyeron a los mosaicos originales.

El principio que domina el
arte islámico y la filosofía de
la belleza que lo gobierna
procede directamente del
Corán y de los hadices.
Sayyid Husein Nasr
Filósofo islámico (n. 1933)

es parca en el uso de patrones; en el
islam son omnipresentes y cubren
todas las superficies.

Otro rasgo distintivo del estilo islámico es la caligrafía, tanto religiosa como no religiosa. Considerada
como la forma más elevada de arte,
aparece en edificios y en muchos
objetos decorativos. El contraste es
notable con Occidente, donde la caligrafía está por lo general limitada a
los manuscritos.

No es probable que ningún artista, arquitecto o artesano considera-

Véase también: Representaciones del Profeta 58–59 ▪ Un lugar de culto islámico 98–101 ▪ Los califatos omeya y abasí 136–139 ▪ El divino arte de la caligrafía islámica 190–191

Estilos decorativos islámicos

La caligrafía da forma visible a la palabra revelada del Corán y se considera, por tanto, la más noble de las artes. Se emplea extensamente en la decoración de edificios.

Los patrones geométricos transmiten cierta sensación de unidad y subsumen la creatividad del artesano en un fin general de mayor alcance.

Los patrones de arabescos de motivos florales y hojas repetidos y entrelazados son omnipresentes en el islam. Reflejan la presencia de Dios en el mundo natural.

ra su obra como islámica, pues su trabajo se inscribía en tradiciones locales, regionales y nacionales. La idea de un estilo islámico universal es una invención de los estudiosos occidentales del siglo XIX. Sin embargo, es evidente que el islam sí dio lugar a un lenguaje artístico característico. El filósofo iraní Sayyid Husein Nasr afirmó que todo el arte islámico es la expresión física de «la realidad interior que es el islam».

Préstamos iniciales
El arte y la arquitectura del islam en sus inicios estuvieron marcados por la influencia de otras tradiciones preislámicas, entre ellas la de los mosaicos bizantinos. Los dos monumentos islámicos más antiguos conservados, la Cúpula de la Roca de Jerusalén (acabada en el 692) y la Gran Mezquita de Damasco (715) tienen mosaicos deslumbrantes, obra de artesanos que, probablemente, eran conversos al islam, pero pertenecían a la tradición bizantina. Otras

influencias son las de los edificios griegos y romanos antiguos, de las que los constructores musulmanes tomaron algunos elementos, a menudo, literal y físicamente, como columnas y capiteles.

Los omeyas (661–750), quienes encargaron la construcción de la Cúpula de la Roca y la Gran Mezquita de Damasco, hicieron construir también pequeños palacios en el desierto. Los restos de Mushatta, uno de ellos a 30 km al sur de Amán (Jordania), muestran motivos claramente coptos (cristianos egipcios) y sasánidas (persas) en forma de figuras talladas humanas y animales. Ahora bien, hay una parte sin figuras, cuyas tallas son exclusivamente diseños florales. Los historiadores conjeturan que este pudo ser

Qusair Mushatta fue un encargo del califa omeya Al-Wálid II (r. 743–744). Se abandonó antes de acabarlo, pero la decoración del palacio es de gran interés para los historiadores.

el muro que rodeaba la mezquita del palacio y que los artesanos recibieron instrucciones de no poner en él representaciones idólatras.

Motivos y significado
Las ruinas de Mushatta representan un ejemplo temprano de las figuras florales entretejidas o de arabescos que iban a ser característicos del »

La cúpula de la mezquita del sultán mameluco Qaitbay en El Cairo, cumbre de la talla en piedra, combina un motivo de hojas de vid con un patrón geométrico repetido de estrellas.

arte islámico. Probablemente estaban inspiradas en la decoración de acantos y vides de la arquitectura griega y romana, pero con el tiempo los artesanos islámicos desarrollaron un estilo cada vez más elaborado.

Además de los motivos de hojas o flores, los artistas empleaban un repertorio de formas geométricas, como estrellas, rombos y polígonos, en disposiciones complejas que pueden llegar a tener aspecto de rompecabezas ópticos. Estos diseños se aplicaban a todas las superficies de los edificios, desde cúpulas hasta puertas, techos y suelos, y hasta objetos cotidianos.

Los académicos debaten acerca de si los motivos geométricos del arte islámico tienen o no significado. Una teoría prevalente afirma que simbolizan la unicidad trascendente e infinita de Dios. Los artesanos musulmanes evitan por lo general los puntos focales claros, de modo que la atención no se centra en una parte particular del patrón, sino que debe verse como un todo. La repetición laboriosamente creada de patrones aparta la atención de lo individual y favorece una noción más holística de la belleza. Además, los patrones que todo lo cubren distraen de la forma de una estructura, que es terrenal y meramente temporal.

Legados dinásticos

Los abasíes, que suplantaron a los omeyas en el 750, crearon dos grandes capitales: primero Bagdad y más tarde Samarra. Poco se ha conservado de la época de ninguna de ellas, lo cual dificulta estimar sus aportaciones al arte y la arquitectura. Sin embargo, es posible rastrear los desarrollos que tuvieron lugar bajo los fatimíes (909–1171), que desafiaron a los abasíes y establecieron un califato rival en el norte de África.

Los fatimíes, dinastía chií que afirmaba descender de Fátima, hija del Profeta, gobernaron primero desde lo que hoy es Túnez y luego desde su nueva capital: El Cairo. En sus edificios popularizaron el empleo del arco apuntado —cuyo ápice acaba en punta, como el casco levantado de

La imagen viva

Por lo general, el islam no aprueba la representación de personas ni de animales, pero no todas las culturas acataron la prohibición: en la cerámica fatimí abundaron las imágenes de animales; y en Persia, las dinastías islámicas estimaban el arte preislámico de los imperios aqueménida (*c.* 550–330 a. C.) y sasánida (224–651 d. C.), en los que se representaban figuras humanas. Las miniaturas para mecenas ricos y el iluminar manuscritos fueron una especialidad de los safavíes (1501–1736). Estas composiciones estilizadas a menudo contenían caligrafía y patrones geométricos, en escenas que mostraban episodios de la vida cortesana o de los grandes poemas épicos persas, como el *Shahnamé* ('libro de los reyes'), la historia mitológica del pueblo persa escrita por Ferdowsi a fines del siglo X. Las miniaturas fueron también parte del patrimonio artístico de los turcos otomanos y los mogoles de India.

Quien no haya visto El Cairo no ha visto el mundo. Es la Madre del Mundo […]
Relato del médico judío
Las mil y una noches

un barco– e introdujeron la trompa, estructura que permite asentar una cúpula sobre un espacio cuadrado. Ambos elementos iban a ser característicos de la arquitectura islámica. Bajo los fatimíes se crearon también objetos de talla intrincada en madera, marfil y cristal de roca, y sus alfareros produjeron una característica loza dorada o de esmaltado iridiscente.

El Cairo se convirtió en una ciudad de riqueza cultural aún mayor bajo los mamelucos, que habían sido guerreros esclavos. Tomaron el poder en Egipto en 1250 y establecieron un sultanato propio que controlaba gran parte de Oriente Próximo. Emplearon las riquezas adquiridas para gobernar con gran pompa y ceremonia, y emprendieron fastuosos programas de construcción que hicieron de El Cairo el centro económico, intelectual y artístico del mundo árabe islámico durante los siguientes dos siglos y medio.

Las mezquitas, mausoleos, y madrasas de la era de los mamelucos se caracterizan por muros exteriores de cantería listada, cúpulas y alminares de talla intrincada e interiores suntuosos revestidos de mármol policromo con taracea. El arte decorativo de los mamelucos, enriquecido por influencias de todo el mundo islámico, fue muy estimado en la región del Mediterráneo y Europa. Sus tesoros presentaban vidrio esmaltado y dorado, y trabajo en metal y madera con incrustaciones.

En la segunda mitad del siglo xv, las artes florecieron bajo el mecenazgo del sultán mameluco Al Ashraf Qaitbay (r. 1468–1496), quien, entre otros proyectos, acometió una restauración concienzuda de los santuarios de La Meca y Medina. Uno de sus primeros proyectos fue su propio complejo funerario en El Cairo, una de las estructuras más admiradas de la arquitectura islámica.

Técnicas y color

Las dinastías bereberes de los almorávides (c. 1040–1147) y los almohades (1147–1248) gobernaron desde el norte de África territorios de los que formó parte Al-Ándalus y desarrollaron una estética característica sin dejar de ser enteramente islámica.

Los artesanos de esas regiones llevaron el arte de la talla en yeso a una cumbre de complejidad y belleza, hasta el punto de que sus obras parecen casi bordados. Realzaron formas arquitectónicas básicas, usando el arco de herradura o añadiendo lóbulos a los lados de los arcos. El detalle intrincado del ladrillo y el yeso tenía continuidad en el uso de baldosas con patrones y azulejos en las »

Los patrones intrincados de azulejos adornan la base de muros y pilares en Marrakech (Marruecos), con un estilo característico que se desarrolló tanto en el Magreb como en Al-Ándalus.

paredes o la decoración de los alminares. Todas estas técnicas culminaron en la fortaleza de la Alhambra, construida en Granada (España) entre 1230 y 1492, durante la era crepuscular de Al-Ándalus.

La tradición de los azulejos en la arquitectura, aplicada con efectos deslumbrantes bajo las dinastías bereberes del Magreb y Al-Ándalus, está presente también entre los pueblos mongoles de Asia Central,

La mezquita del jeque Loft Allah de 1619 en Isfahán (Irán), Patrimonio Mundial de la UNESCO y uno de los edificios más exquisitos del islam, se construyó para Abbás el Grande y las mujeres de la corte.

así como en Persia e Irak, donde era anterior a la llegada del islam. La dinastía de los ilkánidas (1256–1335) no fue musulmana hasta finales del siglo XIII, lo cual podría explicar por qué sus artesanos, que trabajaban en los talleres de cerámica de Tabriz, la capital, produjeron azulejos característicos en forma de estrella con imágenes de aves y animales, inusuales en el islam.

Los edificios de la dinastía timúrida (1370–1507) de Asia Central tienen cúpulas esmaltadas de un color turquesa que refleja el color del cielo. Su aspecto deslumbrante se debe a la técnica del vidriado bajo cubierta, en la que se aplica una cubierta transpa-

rente a la superficie pintada antes de hornear las piezas. La técnica procedía de la vecina China, de la que los timúridas obtuvieron también el conocimiento de los pigmentos azules. La paleta timúrida, con colores cobalto, amarillos, herrumbre y dorados, sirvió para crear muros con patrones casi psicodélicos.

Semejante belleza parece contrastar con el fundador de la dinastía, Timur (conocido en Occidente como Tamerlán), con una reputación de soberano brutal: en sus campañas en Persia e Irak masacró a sus correligionarios musulmanes y mandó hacer torres con las cabezas. Ahora bien, solía dejar con vida a los artistas y artesanos y los llevaba a su gloriosa capital, Samarcanda. Tras el colapso del Imperio timúrida, su legado artístico pervivió en Persia y en algunas partes de Turquía e India.

Joya de la corona

Si alguna ciudad iguala el esplendor de Samarcanda es Isfahán, en la actual Irán. Reconstruida a inicios del siglo XVII por Abbás I, en palabras de un historiador es «quizá la galería más espléndida e impresionante de arquitectura islámica del mundo». Un juego de palabras persa con el nombre de la ciudad presume de que «Isfahán es medio mundo» *(Esfehan nesfe jahan)*. La atracción principal es

Una de las ciudades más grandes y hermosas, y la más perfecta en belleza.
Ibn Battuta
Descripción de Samarcanda en 1330

> Si solo se pudiera echar una mirada al mundo, habría que contemplar Estambul.
>
> **Alphonse de Lamartine**
> Escritor francés (1790–1869)

la plaza de Naqsh-e Yahan ('imagen del mundo'), enmarcada por mezquitas, palacios y pabellones.

Entre estos edificios está la mezquita del jeque Loft Allah, nombrada en honor de un predicador venerado que era el suegro del sah. Es original por carecer de patio y de alminar (no requería ni una cosa ni la otra por ser una mezquita privada para uso exclusivo de la corte real) y sus azulejos están entre los más hermosos de cualquier parte del mundo.

A diferencia de la mezquita del jeque Loft Allah, íntima, la otra mezquita que mandó construir Abbás el Grande en la plaza es inmensa:

la Mezquita Real fue concebida por Abbás para ser «sin igual en Irán y, posiblemente, en el mundo entero». Da la medida de su ambición la inscripción que hay en sus cimientos: «Se ha construido una segunda Kaaba».

El gran Sinan

Las obras de arte del islam tienden a atribuirse a sus mecenas, emperadores, sahs o sultanes, mientras que los nombres de quienes en efecto las crearon se pierden para la historia. La gran excepción es Mimar Sinan

La mezquita Süleymaniye de Estambul es una de las obras más famosas del arquitecto Mimar Sinan. Fue un encargo del sultán Solimán I en la década de 1550.

(c. 1488–1588), cuyo título Mimar significa 'arquitecto' en turco.

Sinan fue nombrado arquitecto real de la corte otomana por Solimán I en 1539 y a lo largo de una carrera de casi 50 años diseñó y supervisó la construcción de más de 370 obras, de acueductos, baños y fuentes a palacios, tumbas, escuelas, hospitales, cocinas, depósitos de grano, caravasares y la serie de mezquitas imperiales por las que es más conocido. Estas tienen una gran cúpula central rodeada por una cascada de cúpulas menores y alminares agudos. Pese a su tamaño, son edificios de una ligereza suprema, tanto en el exterior como el interior.

La arquitectura característica de Sinan dejó su impronta no solo en la capital otomana, Estambul, donde sus creaciones siguen dominando la línea del horizonte urbano actual, sino también a lo largo de un vasto imperio que se extendía desde el río Danubio hasta el Tigris. ∎

Mantener vivas las artes

La mezquita de Hasan II en Casablanca (Marruecos), acabada en 1993, tiene una sala de oración en la que cabría la basílica de San Pedro de Roma. Es un edificio extraordinario, emplazado en una plataforma de terreno arrebatado al Atlántico. A través de los paneles de vidrio del suelo se ven las olas, referencia a la aleya 7 de la sura 11 del Corán: «Él es Quien creó los cielos y la tierra en seis días, teniendo Su Trono en el agua». Tiene uno de los alminares más

altos del mundo (210 metros), rematado por un láser cuyo haz, se dice, puede verse a 48 kilómetros de distancia.

Con todo, no solo impresiona por su tamaño, sino también por su belleza. La mezquita es el producto del trabajo de más de 10 000 artesanos, empleados para las tallas de mármol y madera y los mosaicos. Fue la escuela de una nueva generación de artesanos, hombres y mujeres, para mantener vivas las artes del islam.

LOS QUE TEMAN A DIOS ESTARÁN [. . .] ENTRE JARDINES Y FUENTES

CORÁN 44,51

EN CONTEXTO

TEMA
El paraíso en la Tierra

CUÁNDO Y DÓNDE
Siglos XIII–XVII, Al-Ándalus, Persia, India

ANTES
Siglo VI A. C. En la antigua Persia, Ciro el Grande (559–530 a. C.) crea un jardín real en la capital imperial Pasargada, con palacios, monumentos y fuentes en un parque rodeado de árboles.

C. **290 A. C.** El sacerdote babilonio Beroso escribe sobre los jardines colgantes de Babilonia, que atribuye al rey Nabucodonosor II. Los autores griegos los cuentan más tarde entre las siete maravillas del mundo antiguo.

DESPUÉS
2005 El aga kan financia un gran parque público de estilo islámico en El Cairo, con elementos acuáticos, vegetación exuberante y abundante sombra.

La idea del paraíso como jardín es muy anterior al islam. En la *Epopeya de Gilgamesh*, poema épico sumerio de alrededor de 1800 a. C., por ejemplo, hay un «jardín de los dioses». La sumeria fue una de las civilizaciones antiguas de Mesopotamia. El nombre significa 'entre dos ríos' y, de hecho, describe su situación entre los ríos Tigris y Éufrates. Si el paraíso era un jardín para los habitantes de los humedales fértiles de Sumer, el concepto debía resultar tanto más cautivador para los pueblos de los desiertos de Arabia.

No es de extrañar que el Corán incluya más de cien referencias al jardín, que generalmente se presenta como un refugio que acoge a los creyentes en el más allá: «Imagen del Jardín prometido a quienes temen a Dios: fluyen arroyos por sus bajos, tiene frutos y sombra perpetuos» (13,35); «Cerca de ellos, les cubrirán sus sombras; sus frutos podrán ser cogidos muy fácilmente» (76,14).

En el Corán, el agua es un símbolo de la misericordia divina: «Las plantas de la tierra se empapan de ella y alimentan a los hombres y a los rebaños» (10,24); «Dios ha hecho bajar agua del cielo» (16,65). En el mismo sentido, Dios creó «palmerales y viñedos en los que hay frutos abundantes, de los que coméis» (23,19). El agua, los frutos y la bendita sombra que da la vegetación abundante son los tres elementos fundamentales del jardín islámico, pues aportan sustento tanto físico como espiritual.

No es casualidad que el color que se asocia con mayor frecuencia al islam sea el verde del paraíso. Se cuenta que era el color favorito de Mahoma y aparece en una serie de descripciones del Paraíso en el Corán, como estar «Reclinados en cojines verdes y bellas alfombras» (55,76) y «Vestirán de verde satén y de brocado» (76,21).

A sus pies fluirán arroyos en los jardines de la Delicia.
Corán 10,10

Véase también: La concepción coránica del cielo 92 ▪ El ejemplo de Al-Ándalus 166–171 ▪ El Imperio safaví 192–193 ▪ Arte y arquitectura islámicos 194–201 ▪ El Imperio mogol 204–205

Paraíso terrenal

Independientemente de cuándo o dónde hayan sido creados, o de su tamaño, casi todos los jardines islámicos tienen numerosos elementos en común. El eje central o rasgo principal es siempre el agua, presente en un estanque o en canales. Las áreas de vegetación se disponen alrededor del agua, ya sea en un plan simétrico o dispuestas en patrones geométricos. En Persia, un diseño apreciado fue el *chahar bagh*, 'cuatro jardines', cuadrilátero basado en la sura 55 del Corán, que presenta una descripción de dos pares de jardines.

A diferencia de los grandes jardines de Europa, que pueden ser espacios verdes vastos y abiertos, en el mundo islámico suelen ser lugares más íntimos. Históricamente, solían estar vinculados a un palacio u otra residencia noble y casi siempre estaban amurallados para, así, crear espacios favorables a la contemplación. La vegetación, meticulosamente dispuesta para procurar el mayor placer, estaba formada por árboles altos que dieran sombra junto con especies menores que dieran frutos. Los parterres solían ocuparlos arbustos fragantes, como jazmines y rosales.

En ciertas regiones, incluso las casas más modestas de la medina (ciudad amurallada) tenían un pequeño patio interior con una fuente central y algunos árboles frutales: un paraíso en miniatura. En Marruecos, muchas de estas casas con patio, los *riads*, se han convertido hoy en hostales.

En Granada, la dinastía nazarí (1230–1492) construyó la Alhambra, ciudadela elevada desde la que descienden por la ladera terrazas con estanques, fuentes y jardines.

El jardín formal también era apreciado en Persia, en particular en la era de los safavíes (1501–1722), que cultivaron espacios verdes en las ciudades de Isfahán, Kashán y Shiraz. Sin embargo, la máxima expresión del jardín islámico se alcanzó probablemente en la India mogola (1526–1857), donde construir jardines fue un pasatiempo imperial predilecto. A los elementos habituales del jardín islámico se añadieron dis-

Los jardines de la Alhambra combinan color, sombra, plantas aromáticas y agua fluyente para aportar placer a los sentidos.

positivos para elevar agua, para la irrigación y para abastecer los canales, además de pabellones y lomas. El Shalimar Bagh de Lahore, construido en 1619, tenía 450 fuentes, algunas de ellas capaces de lanzar agua a 3,6 metros de altura. ▪

LA MAYORÍA DE LOS QUE VENERAN A DIOS ESTÁN EMPEÑADOS EN LA MEJORA DE SU PROPIO DESTINO
EMPERADOR AKBAR

El emperador mogol Akbar I combina elementos de las diversas religiones de su pueblo en una nueva religión: **Din-i Ilahi**.

Del sufismo, el anhelo de Dios como rasgo clave de la espiritualidad.

+

Del cristianismo, la idea del celibato como virtud.

+

Del jainismo, el rechazo a matar animales.

+

Del zoroastrismo, hacer del fuego y el Sol objetos de veneración divina.

A fines del siglo XVI, el tercer emperador mogol, Akbar I, intentó introducir una nueva interpretación radical del islam en India. Llamada *din-i Ilahi* («religión de Dios»), combinaba el islam sufí con elementos del cristianismo, el hinduismo, el jainismo y el zoroastrismo. Tenía como fin formar un conjunto de creencias comunes para dar cohesión al imperio pero, a la larga, tuvo el efecto de inspirar una reacción ortodoxa entre la comunidad islámica india.

El islam en India
Los primeros musulmanes habían llegado a India en el siglo VIII, durante las repetidas invasiones del norte por ejércitos llegados de Asia

Véase también: Los orígenes de la Ahmadía 220–221 ■ La creación de Pakistán 242–247 ■ La demografía del islam hoy 260–261 ■ La marea creciente de la islamofobia 286–287

Central. A finales del siglo XII, el líder de uno de ellos, Muhammad de Gur, consiguió ocupar de manera estable el territorio que acabaría formando el sultanato de Delhi, un imperio islámico que dominó áreas extensas del subcontinente indio durante más de 300 años.

En 1526, otro conquistador de Asia Central, Babur (r. 1526–1530), que se consideraba descendiente directo de Gengis Kan, derrotó al sultán de Delhi en la batalla de Panipat. El imperio que fundó se conocería como Imperio mogol, en referencia al origen mongol de Babur, y duró hasta 1857. Los mogoles eran musulmanes, pero gobernaban un país con una gran mayoría hindú. Los nuevos soberanos no intentaron imponer el islam a sus súbditos, sino que favorecieron la mezcla de culturas. El idioma urdu, por ejemplo, se desarrolló en la era mogol, al incorporar al indostánico léxico persa y árabe.

Din-i Ilahi

La fusión de culturas alcanzó su máxima expresión durante el reinado de Akbar I (r. 1556–1605), nieto de Babur y mecenas de las artes e intelectual. Fundó una academia, Ibadat Jana («Casa de Adoración») en 1575, en la que se reunían representantes de todas las principales religiones para debatir sobre teología. Fruto de aquellos debates, Akbar concluyó que ninguna religión por sí sola era dueña de toda la verdad, sino que debían combinarse; el resultado fue la din-i Ilahi.

A sus seguidores los animaron a hallar la pureza a través de un Dios islámico —al que se veneraba con oraciones y proclamando Allahu akbar ('Dios es grande')–, pero también veneraban la luz (en forma de

Al emperador Aurangzeb se le culpa a menudo de la caída del Imperio mogol. Su intolerancia religiosa y la demolición de templos aislaron a varios de sus aliados hindúes clave.

fuego y el Sol, como los zoroastristas. La nueva religión favorecía el celibato, como el catolicismo, y prohibía la matanza de animales como reconocimiento al jainismo, pero no tenía un texto sagrado ni clero jerárquico. El centro de la religión era el propio Akbar, como nuevo profeta.

La din-i Ilahi fue la respuesta del emperador al problema que planteaba gobernar un Estado mayoritariamente hindú, pero como religión nunca se propagó fuera del círculo estrecho de los allegados de Akbar. La mayoría de los ulemas y alfaquíes musulmanes la declararon herética.

Después de Akbar

Después de la muerte de Akbar, sus herederos optaron por el regreso a formas más tradicionales. Su hijo Yahangir (r. 1605–1627) restauró la condición de religión oficial al islam, pero su política religiosa fue pluralista. Bajo su sucesor Shah Yahan (r. 1628–1658), este pluralismo en-

> ¡Tened coraje, amigos míos! ¡Hay un Dios! ¡Hay un Dios!
> **Emperador Aurangzeb**

contró su expresión más alta en el Taj Mahal, en Agra. Este mausoleo de mármol blanco marfil, dedicado a la esposa favorita del emperador, es una fusión deslumbrante de lo hindú y lo islámico, y una expresión del talento de artesanos de todo el mundo islámico.

El hijo de Yahan, llamado Aurangzeb (r. 1658–1707), fue el sexto y último gran emperador mogol. Llegó al trono después de haber encarcelado a su padre y haber hecho matar a su hermano, y gobernó durante 50 años. Su reinado se caracterizó por el poderío militar –sus conquistas llevaron al Imperio mogol a su máxima extensión– y por su piedad.

Musulmán devoto y sin concesiones, Aurangzeb puso fin a la política de tolerancia religiosa de los líderes predecesores. No permitió ya a la comunidad hindú vivir bajo sus propias leyes y costumbres, demolió muchos templos e impuso la sharía. Aurangzeb desaprobaba el Taj Mahal de su padre por considerarlo contrario a las enseñanzas de Mahoma. ■

REFORMA
RENACIM
1527–1979

Y
ENTO

Solimán I lleva un ejército a Viena, capital del poderoso Imperio Habsburgo, en el **primer intento de tomar la ciudad**.

1529

El líder tribal Muhammad bin Sa'ud forma una alianza con el líder religioso **Muhammad ibn 'Abd al-Wahhab** y crea el primer Estado saudí.

1744

El sultán Mahmut II introduce las **Tanzimat (reformas occidentalizantes)** en el Imperio otomano.

1808

La **rebelión de India de 1857** sirve de pretexto a los británicos para exiliar al último emperador mogol, Bahadur Shah II.

1858

1683

El gran visir **Kara Mustafa Pasha sitia Viena** y sufre una derrota rotunda a manos de una coalición de fuerzas europeas.

1798

Las fuerzas francesas de **Napoleón Bonaparte invaden el Egipto otomano** para cortar la comunicación de Gran Bretaña con sus territorios en India.

1830

Francia invade y conquista Argelia, provincia del Imperio otomano desde 1529.

1871

El activista persa **Yamal ad-Din al-Afgani** alienta a un círculo de reformadores que buscan **revitalizar el islam**.

En 1521, el ejército otomano de Solimán I conquistó Belgrado, baluarte del reino cristiano de Hungría, y ocho años más tarde sitiaba Viena, capital del Imperio Habsburgo. Viena resistió, y los otomanos se retiraron, no muy afectados por el revés. En 1571 el Imperio otomano sufrió su primera derrota militar importante en la batalla marítima de Lepanto, en la que españoles y venecianos hundieron una flota imperial casi entera. Los otomanos construyeron una flota mayor y más moderna, y consolidaron su poder en el Mediterráneo.

En 1683 hubo otro ejército otomano a las puertas de Viena; de nuevo fue rechazado. En esta ocasión la retirada no fue ordenada y a los otomanos los aplastó una alianza de potencias europeas. Por primera vez, se vieron obligados a abandonar el control de territorios extensos en Europa. En adelante, las fronteras del islam dejaron de expandirse y comenzaron a retroceder.

Colonizar tierras musulmanas

Europa había entrado en una fase de dinamismo, inventiva y creatividad alimentada por el Renacimiento italiano de los siglos XIV al XVII e inspirada en buena parte por la transferencia de conocimientos desde el mundo islámico y la riqueza aportada por el comercio con los países musulmanes del Mediterráneo.

En 1499, el explorador portugués Vasco da Gama halló una ruta marítima hacia India rodeando África que dio a los europeos acceso directo a las codiciadas especias del sureste asiático, las cuales hasta entonces solo podían obtener de intermediarios musulmanes. Potencias en auge como la monarquía hispánica, Portugal, los Países Bajos e Inglaterra exploraron y colonizaron gran parte del mundo; mientras las grandes potencias del islam —los imperios otomano, safaví y mogol— decaían lentamente, las potencias europeas se disputaron el botín. Portugueses, británicos y franceses adquirieron territorios en India y los británicos pusieron fin a la era mogol en 1857. Francia invadió el Egipto otomano y Siria en 1798–1801, y Argelia en 1830.

El colonialismo no fue una empresa exclusivamente europea occidental. En el siglo XIX, China y Rusia ocuparon los territorios musulmanes de Asia central. La provincia china de Sinkiang se formó a partir de oasis de la Ruta de la Seda que los musulmanes habían controlado durante siglos.

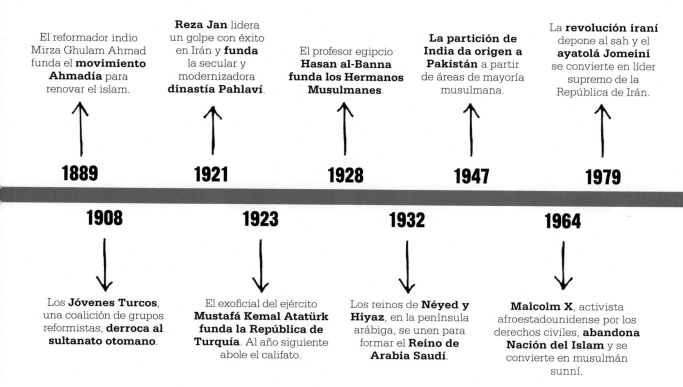

1889 El reformador indio Mirza Ghulam Ahmad funda el **movimiento Ahmadía** para renovar el islam.

1921 **Reza Jan** lidera un golpe con éxito en Irán y **funda** la secular y modernizadora **dinastía Pahlaví**.

1928 El profesor egipcio **Hasan al-Banna funda los Hermanos Musulmanes**.

1947 **La partición de India da origen a Pakistán** a partir de áreas de mayoría musulmana.

1979 La **revolución iraní** depone al sah y el **ayatolá Jomeini** se convierte en líder supremo de la República de Irán.

1908 Los **Jóvenes Turcos**, una coalición de grupos reformistas, **derroca al sultanato otomano**.

1923 El exoficial del ejército **Mustafá Kemal Atatürk funda la República de Turquía**. Al año siguiente abole el califato.

1932 Los reinos de **Néyed y Hiyaz**, en la península arábiga, se unen para formar el **Reino de Arabia Saudí**.

1964 **Malcolm X**, activista afroestadounidense por los derechos civiles, **abandona Nación del Islam** y se convierte en musulmán sunní.

El despertar

A mediados del siglo XIX, gran parte del mundo islámico estaba bajo el control de las potencias coloniales. No fue un choque ideológico ni se trató de un triunfo del cristianismo sobre el islam, pues este era de escaso interés para los colonizadores. El islam, sin embargo, sería la causa común de muchos musulmanes decepcionados con sus líderes nacionales, que habían colaborado con las potencias coloniales. Surgieron así movimientos islámicos liderados por ideólogos carismáticos. Todos compartían el objetivo de hacer despertar y sacudirse el control colonial a los musulmanes, pero hubo planteamientos diferentes. Algunos consideraban que los musulmanes debían emular a Occidente a través de la modernización y la educación para competir en condiciones de igualdad. Esa era la postura de los pensadores reformistas indios Syed Ahmed Khan (1817–1898) y Muhammad Iqbal (1877–1938), figuras clave en la creación de Pakistán—, así como de Mustafá Kemal Atatürk (1881–1938), futuro fundador de la República de Turquía.

Había algunos que pensaban que los musulmanes debían absorber lecciones de Occidente, pero a la vez renovar su fe en el islam. Esta fue la perspectiva de, entre otros, el escritor persa Yamal ad-Din al-Afgani (1838–1897), figura fundacional del reformismo islámico, y de Hasan al-Banna (1906–1949), fundador de los Hermanos Musulmanes de Egipto.

Otros defendieron el rechazo total a todo lo occidental en nombre de una vuelta a la forma pura y original del islam. Entre los proponentes de este enfoque estaba el intelectual egipcio Sayyid Qutb (1906–1966).

Ser o no ser islámico

El auge del islam político llegó acompañado de una ola nacionalista por todo el mundo islámico. Después de la Primera Guerra Mundial, las potencias europeas dividieron el Imperio otomano, lo que propició la creación de las naciones árabes del Oriente Próximo actual. Muchos de esos nuevos países comenzaron a reclamar la independencia, que en su mayoría alcanzaron durante la primera mitad del siglo XX.

La cuestión planteada entonces fue en qué medida el islam tendría un papel en estas naciones modernas y la respuesta varió: desde la recién formada Turquía, cuyo presidente Kemal Atatürk expurgó la religión del Estado en las décadas de 1920 y 1930, hasta Irán, que la revolución de 1979 convirtió en un Estado enteramente islámico. ∎

MEJOR TURCOS QUE PAPISTAS

LOS PROTESTANTES NEERLANDESES (1574)

EN CONTEXTO

TEMA
El islam en Europa

CUÁNDO Y DÓNDE
Siglos XVI–XIX, Europa

ANTES
711 Tariq ibn Ziyad inicia la conquista musulmana de la península ibérica desde el norte de África con un ejército árabe y bereber.

1299 Osmán I funda la dinastía otomana que conquistará Anatolia, y luego Grecia y Serbia.

1453 Mehmed II, apodado el Conquistador, toma Constantinopla, el inicio de siglos de gloria del Imperio otomano.

DESPUÉS
1920 Tras la derrota otomana en la Primera Guerra Mundial, el Tratado de Sèvres impone la partición del Imperio otomano, de la que surgen Turquía y los países árabes actuales.

SACRO IMPERIO
(DE LOS HABSBURGO)

Viena

Mar Negro

Mar Caspio

Estambul

IMPERIO
OTOMANO

Mar
Mediterráneo

Jerusalén

IMPERIO
SAFAVÍ
(PERSIA)

El Cairo

Territorio del
Imperio otomano

Mar
Rojo

La Meca

Cuerno
de África

El Imperio otomano en 1683 abarcaba la mayor parte de lo que hoy llamamos Oriente Próximo, gran parte del norte de África, la costa de África oriental hasta el Cuerno de África, todos los territorios vecinos del mar Negro y parte del sureste de Europa (Grecia, los Balcanes, Rumanía y Bulgaria).

En 1683, como en 1529, un ejército otomano asedió Viena, capital del Sacro Imperio Romano Germánico o Imperio Habsburgo. Este segundo intento fue un momento clave en la historia del islam y de Europa. De haber caído Viena, los otomanos podrían haber seguido avanzando sobre Europa, se habrían apoderado de rutas comerciales y habrían cambiado el curso de la historia del continente. Tal como fueron las cosas, los ejércitos cristianos de Europa bajo el rey Juan III Sobieski de Polonia derrotaron y obligaron a retirarse al ejército otomano.

El sitio de Viena de 1683 suele presentarse como el momento definitorio del choque de dos civilizaciones, el islam contra el Occidente cristiano, pero esto resulta engañoso. La verdad tiene más matices: por ejemplo, mientras los habitantes de Viena estaban aterrados ante el enemigo musulmán acampado fuera de la ciudad, sus correligionarios cristianos en Francia no disimulaban el júbilo que les inspiraba la perspectiva de una victoria otomana. Por otra parte, el polaco Jan Sobieski quizá no habría vencido de no ser por la ayuda de los tártaros musulmanes

de su reino. Los tártaros de Lipka (o de Lituania) eran descendientes de refugiados huidos de Timur y acogidos en Europa Oriental en 1397; jinetes hábiles, habían combatido por su país adoptivo desde entonces.

El enemigo de mi enemigo

Al igual que había cismas políticos en el mundo musulmán –los imperios vecinos de turcos otomanos y persas safavíes estaban a menudo en guerra– también las enemistades y las rivalidades dividían Europa. En 1517, el monje alemán Martín Lutero inició una reforma que rompería

Véase también: La difusión del islam a través del comercio 182–185 ▪ El califato del Imperio otomano 186–189 ▪ El Imperio safaví 192–193 ▪ La secularización de Turquía 228–231

con la Iglesia cristiana católica y dio lugar a un cisma en el que a sus seguidores se les conocería como protestantes. Europa se dividió entre un sur predominantemente católico y un norte en su mayoría protestante. El islam –gracias a la ocupación de los Balcanes, Grecia y el reino de Hungría por el Imperio otomano– constituía una tercera fuerza en liza en Europa. Esto introdujo una danza política compleja en las relaciones entre el islam y el cristianismo basada en el antiguo principio: «El enemigo de mi enemigo es mi amigo».

Los otomanos no tenían inconveniente en sacar ventaja política de los cismas cristianos, como ilustra una carta del sultán Murad III (r. 1574–1595) a protestantes luteranos en la monarquía hispánica, o Católica, su archirrival: «Habéis desterrado los ídolos, retratos y cam-

> No creo que ofenda nada a Dios disponer a uno de sus enemigos contra otro, el infiel [otomano] contra los idólatras [españoles].
> **William Harborne**
> **Embajador inglés en**
> **Constantinopla (1583–1588)**

panas de las iglesias, y habéis declarado vuestra fe afirmando que Dios Todopoderoso es uno, y el santo Jesús es su profeta [...] pero el infiel al que llaman Papa no reconoce al creador como Uno, pues atribuye la divinidad al santo Jesús [...] y pone así en duda la unidad de Dios».

En 1600, en una vena política similar, la corte de Isabel I de Inglaterra recibió a 'Abd al-Wahid ben Mes'ud Anun, embajador del sultán saadí de Marruecos. Estaba en Londres para negociar una alianza comercial y militar entre la reina protestante y el sultán contra su enemigo común, la Monarquía Católica de España.

Hubo muchos ejemplos similares de alianzas entre cristianos y musulmanes contra otros cristianos, u otros musulmanes. En 1598, los hermanos ingleses Robert y Anthony Sherley les propusieron a los persas safavíes un pacto en una posible guerra contra los otomanos. Francia quiso a los otomanos como aliado contra los Habsburgo; Suecia quería ayuda otomana contra los rusos; y los príncipes húngaros protestantes estaban dispuestos a ser vasallos

del Imperio otomano si así podían derrotar a los católicos Habsburgo.

Los cristianos protestantes comprobaron que recibían un trato mejor de los otomanos que de los católicos. El Imperio otomano acogió a refugiados de la persecución católica, como los judíos españoles y los hugonotes franceses. Los protestantes de los Países Bajos sometidos a la monarquía hispánica tenían el dicho *liever turks dan paaps* ('antes turcos que papistas'), es decir: mejor ser musulmanes que católicos.

Un marco para el pluralismo

Formado por territorios que se extendían del norte de África a la frontera con Irán, y hacia el norte hasta los límites de Rusia y Polonia, en el Imperio otomano vivían grandes minorías de judíos y cristianos. No faltaron casos de iglesias reconvertidas »

El sultán Mehmed II por el veneciano Gentile Bellini, cuya obra despertó el interés por Oriente en Europa. Pasó dos años en Constantinopla, de 1479 a 1481.

El embajador marroquí 'Abd al-Wahid ben Mes'ud Anun, cuya estancia en la corte de la reina inglesa Isabel I pudo inspirar el *Otelo* de Shakespeare.

Una misión persa

En 1598, los comerciantes y aventureros ingleses sir Anthony y sir Robert Sherley viajaron a Isfahán para tratar de congraciarse con el sah de Persia. Querían formar una alianza que pudiera acabar con el monopolio de españoles y otomanos sobre el comercio lucrativo con el Oriente lejano. Según su propio relato, los ingleses llegaron a ser figuras muy próximas a Abbás I y le propusieron un pacto entre persas y cristianos para derrotar al turco y darle al sah el control de Asia Central. Este autorizó a Anthony Sherley a negociar de su parte con otras potencias europeas para procurarlo. Entre tanto, Abbás declaró abierto su imperio a todos los cristianos y a su religión.

Los planes de los Sherley acabaron en nada, debido tal vez a que gran parte de Europa, Inglaterra incluida, mantenía relaciones bastante lucrativas con los otomanos.

en mezquitas y conversiones forzosas de cristianos, pero también es cierto que los otomanos presidieron una era de un gran pluralismo. A cada comunidad religiosa se le permitía organizarse en un *millet*, 'nación' separada, basada en la religión y no la etnia o la nacionalidad. Así, todos los judíos del imperio pertenecían automáticamente al *millet* judío. Cada *millet* tenía un sistema educativo y judicial propios. Conceder a cada comunidad religiosa autonomía en sus propios asuntos favoreció una mayor armonía social entre unas y otras. El sistema estaba lejos de ser perfecto, pero se suele señalar como un modelo del pluralismo religioso.

Colonos y conversos

Los datos censales de la época del sitio de Viena de 1683 apuntan a que solo el 20 % de la población de los territorios otomanos en Europa era musulmana, del cual un tercio eran colonos musulmanes, y dos tercios, conversos al islam. El principal incentivo de la conversión era probablemente económico y social, pues los musulmanes tenían más derechos y privilegios que los cristianos: propagar el islam, sin embargo, no fue nunca el fin de la expansión otoma-

[...] una cierta haba de Arabia con la que hacen una bebida llamada café [...] que hoy es muy demandada.
Philippe Sylvestre Dufour
Comerciante francés del siglo XVII

na, motivada más bien por la tierra, la fuerza de trabajo y el botín de guerra. El ejército otomano reclutaba a jóvenes de los territorios conquistados y estos combatían no por el islam, sino por gratificaciones y ascensos.

El atractivo del este

En la cúspide de su poder en los siglos XVI y XVII, los otomanos explotaron los conflictos religiosos de las potencias europeas en provecho político propio y comerciaron con sus vecinos, pero, por lo demás, eran indiferentes hacia los europeos cristianos. Estos, en cambio, sentían curiosidad por «el Turco».

Europa desarrolló una fascinación por el mundo otomano, conocida como *turquerie* o *turkomania*, que culminó entre 1650 y 1750. Se puso de moda imitar aspectos de la cultura otomana, ambientar óperas y ballets nuevos en Oriente, tomar prestados motivos de sus artes decorativas y arquitectura, vestir al estilo turco para retratos y bailes, y beber café. El café

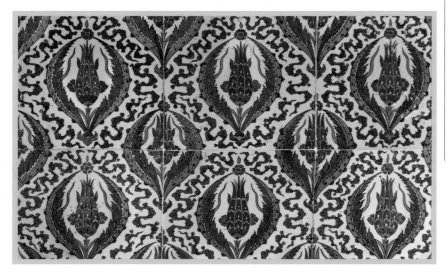

El tulipán procede de Asia Central, la patria ancestral de los turcos otomanos. Fue un motivo predilecto en el arte otomano, presente en telas y azulejos, como estos de la mezquita de Rüstem Paşha (1563) en Estambul.

Cuán útil podría ser la experiencia de los árabes si Europa quisiera llevar su influencia civilizadora a lo profundo de Asia y África.
Michael Jan de Goeje
Orientalista neerlandés (1836–1909)

Mostar, en Bosnia y Herzegovina, en Europa Central, prosperó como población fronteriza otomana en los siglos XV y XVI. El Puente Viejo lo diseñó un discípulo del arquitecto imperial Sinan.

es originario de Arabia y se difundió por el Imperio otomano durante el siglo XVI. Se cree que el primer café de Europa se abrió en Venecia hacia 1630, seguido pronto por otros establecimientos similares en París y Londres. La cultura de los cafés floreció por toda Europa en el siglo XVIII.

Entre tanto, los neerlandeses cayeron víctima de la tulipomanía. A fines del siglo XVI, un botánico de los Países Bajos importó el tulipán de Estambul y se cultivó con éxito. Los tulipanes fueron pronto un lujo codiciado y llegó un momento a mediados de la década de 1630 en que los bulbos se vendían a precios exorbitados.

En Europa nació también el interés por las lenguas *orientales*, entre ellas el árabe. La motivación era en parte comercial: conocer el árabe era útil para el comercio de las especias con Asia y el océano Índico. Este comercio lo dominaba la Compañía Holandesa de las Indias Orientales y uno de los primeros centros de estudios orientales fue el de Leiden, en Holan-

da (Países Bajos), desde 1613. En 1636 se estableció una cátedra de árabe en la Universidad de Oxford; el primero en ocuparla fue Edward Pococke, que había sido capellán de la comunidad mercante inglesa en Alepo.

Los académicos de la Europa cristiana no dejaron de ser hostiles al islam y su actitud consistía en que había que estudiarlo con el fin principal de mostrar su falsedad.

Equilibrio cambiante
En lo militar, el Imperio otomano nunca se recuperó de su derrota ante

El cruasán, según un relato popular, se horneó por primera vez en Viena para celebrar la derrota de los otomanos en 1683. Su forma se dice inspirada en el creciente de la bandera otomana.

las murallas de Viena en 1683. Desde entonces, cada batalla que entablaron los otomanos —sobre todo contra el Imperio de los Habsburgo y la Rusia zarista— tuvo como resultado una pérdida de territorio. Por el tratado de Karlowitz de 1699 entre los otomanos y los Habsburgo, los primeros cedieron el control de gran parte de Europa Central, y la monarquía de los Habsburgo se consolidó como la potencia dominante en la región.

En otras guerras a lo largo de los 200 años siguientes, los ejércitos cristianos expulsaron a millones de musulmanes europeos; demolieron mezquitas en su avance, les arrebataron a los otomanos los Balcanes y les hicieron retroceder casi hasta las fronteras de la Grecia actual, lo cual fue ratificado en el Tratado de Berlín de 1878. Del islam quedó en Europa solo una presencia menor, en lo que hoy es Albania, Kosovo, y Bosnia y Herzegovina.

Con el tiempo, el interés en Occidente comenzó a arraigar en tierras islámicas. Algunos estudiosos musulmanes fueron a universidades europeas y volvieron a casa con ideas nuevas. Estas iban a dar una forma nueva al islam, tanto, si no más, que los enfrentamientos militares. ∎

UNIFICADORES DE LA PRÁCTICA ISLÁMICA
MUHAMMAD IBN ʿABD AL-WAHHAB

Dios le revela el Corán a Mahoma, con el mensaje central de la unicidad de Dios.

Varias generaciones de **estudiosos del islam interpretan el Corán** y los dichos y hechos de Mahoma con el fin de determinar el modo de vida islámico: la sunna.

El **wahabismo** toma el Corán **y los hadices literalmente**, rechaza las interpretaciones y considera herejes a chiíes y sufíes.

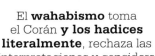

Muhammad ibn ʿAbd al-Wahhab nació en 1703 en la región del Néyed en Arabia central, en una familia de estudiosos de la religión. En su juventud viajó a Medina y Basora (actual Irak), para formarse con otros eruditos de la estricta escuela hanbalí de la ley islámica. De ello emergió como predicador de ideología absolutista, que condenaba muchos aspectos de la enseñanza y práctica contemporánea del islam, lo cual lo enfrentó a otras autoridades religiosas locales.

ʿAbd al-Wahhab fue tachado de hereje y expulsado de varias ciudades, pero, con el tiempo, logró atraer adeptos de dos tribus, que lo aceptaron como líder religioso. También se ganó enemigos poderosos y tuvo que marcharse de nuevo.

En Ad-Dirʿiya, cerca de Riad, se le unieron nuevos seguidores. Un benefactor poderoso, el emir Muhammad bin Saʿud, no puso trabas a ʿAbd al-Wahhab y sus discípulos para que convirtieran a su causa a la población. En 1744, hicieron un juramento de lealtad mutua que supuso el nacimiento del primer Estado saudí (y wahabí).

Los wahabíes
Los seguidores de ʿAbd al-Wahhab —llamados *wahabíes*, y su doctrina, *wahabismo*— se oponían a la corriente principal del islam y profesaban la adhesión estricta a la sharía, así

Véase también: El surgimiento de la modernidad islámica 222–223 ▪ El nacimiento de Arabia Saudí 232–237 ▪ El Estado islámico moderno 266–269 ▪ Los nuevos extremistas 272–277 ▪ El salafismo 304

como la interpretación literal de aleyas coránicas ambiguas, sin considerar las interpretaciones contextuales de los estudiosos anteriores.

El wahabismo creía representar mejor el principio del *tawhid*, o unicidad de Dios, que otras tendencias del islam sunní. Sus adeptos se llamaron a sí mismos *muwahhidun* ('unitarios' o 'unificadores de la práctica islámica'), y a 'Abd al-Wahhab, *muyaddid*, 'renovador' del mensaje fundamental y los componentes del islam. Sus seguidores citaban un hadiz en el que el Profeta dice: «Dios alzará para la *umma* cada 100 años al que hará revivir para la misma su religión».

Militancia wahabí

Los wahabíes enviaron cartas a estudiosos de la religión y líderes políticos de países islámicos tan lejanos como Marruecos, pidiéndoles que se convirtiesen a la doctrina wahabí. Si las cartas no surtían efecto, animaba a los wahabíes a emprender la yihad contra los musulmanes no wahabíes, a los que declaraban apóstatas que habían abandonado el islam.

En 1812, un ejército saudí-wahabí saqueó ciudades chiíes de Irak. Los chiíes eran objeto de la ira de los wahabíes, en particular por el culto de los santuarios de los imanes, antiguos líderes religiosos a los que veneraban como santos. Como respuesta, el sultán otomano Mahmut II, cuyo imperio comprendía Irak y la península arábiga, envió su virrey egipcio, Muhammad Ali, a destruir el primer Estado saudí-wahabí, cuyo soberano, Abdullá bin Saúd, fue decapitado en Estambul en 1818.

El regreso del wahabismo

'Abd al-Wahhab falleció en 1792. Tuvo seis hijos y sus descendientes, *ahl ash-sheij*, 'la gente del jeque', han dominado las instituciones religiosas del Estado árabe saudí. Fuera de la península arábiga, el wahabismo fue un movimiento marginal y herético hasta el auge del reformismo islámico y el colapso del Imperio otomano a principios del siglo xx. Fue entonces cuando una serie de reformadores adoptaron las ideas de 'Abd al-Wahhab, entre los que des-

Musulmanes cataríes fuera de la mezquita nacional de Doha, nombrada en honor de 'Abd al-Wahhab. Aparte de Arabia Saudí, Catar es el único país de población de mayoría wahabí.

taca el intelectual libanés Rashid Rida, que inició una campaña para rehabilitar algunas de las ideas del wahabismo.

Desde la década de 1970 en adelante, con la riqueza obtenida gracias al petróleo, el Estado saudí comenzó a financiar activamente la difusión del wahabismo; para ello construyo muchas mezquitas y escuelas y universidades islámicas por todo el mundo con el fin de proyectar sus valores mucho más allá de la península arábiga.

El legado de 'Abd al-Wahhab continúa siendo controvertido. Para sus críticos, su interpretación estricta del islam inspiró directamente a una generación de terroristas, entre ellos el líder de Al-Qaeda, Osama bin Laden (1957–2011). Sus partidarios, en cambio, mantienen que 'Abd al-Wahhab prefería el debate a la violencia, y no todos están de acuerdo en establecer un vínculo ideológico con Bin Laden, pues hay quien señala que la motivación principalmente política de este era la enemistad con Occidente, en particular, con EE. UU. ▪

Un predecesor del wahabismo

Mucho antes de que 'Abd al-Wahhab comenzara a promover su lectura rigorista del islam, el teólogo del siglo xiii Ibn Taymiyya (1263–1328) expresó ideas similares. Nació en Siria y se formó en la escuela de jurisprudencia hanbalí. Generó controversia su condena de los líderes sufíes por venerar a santos y, al menos en una ocasión, pidió la muerte para un cristiano al que acusaba de haber insultado al Profeta. Se ganó la enemistad de otros estudiosos más

ortodoxos, por cuya orden fue encarcelado varias veces.

Ibn Taymiyya se hizo conocido también por predicar una versión extrema de la yihad y declaró una fetua contra los mongoles, que en el siglo xiii habían empezado a convertirse al islam, pero a los que acusaba de no seguir la ley de Dios. Su autorización de la violencia contra otros musulmanes inspiró a grupos extremistas del siglo xx a cometer atentados contra sus propios Gobiernos.

UNA ACTITUD EUROPEA PROBLEMÁTICA HACIA EL ISLAM
EDWARD SAID (1978)

EN CONTEXTO

TEMA
El orientalismo

CUÁNDO Y DÓNDE
Siglos XVIII–XIX, Europa

ANTES
1479 El pintor veneciano Gentile Bellini llega a Estambul. Su estancia de dos años despertará el interés artístico de Europa por Oriente.

1798 Napoleón Bonaparte invade Egipto y lleva consigo científicos, arqueólogos y artistas, cuyo testimonio del país inspira una nueva ola de interés.

DESPUÉS
1978 Edward Said publica *Orientalismo*, donde cuestiona las ideas de los intelectuales occidentales sobre la «mentalidad árabe».

1998 Primera subasta orientalista de la casa Christie's; los principales compradores son de Oriente Próximo.

A ojos de Occidente, el Imperio otomano fue tanto una potencia militar temible como un socio comercial estimado, pero, a partir del siglo XVIII, al sufrir los turcos una serie de pérdidas territoriales y ganar en pujanza los Estados nación europeos, *Oriente* (entendido como Oriente Próximo y el norte de África, sobre todo) se vio cada vez más como atrasado, incivilizado y no cristiano.

Las autoridades religiosas occidentales y otras atacaron al islam y al Corán. El pensador político francés Alexis de Tocqueville (1805–1859) declaró que «ha habido pocas religiones en el mundo tan mortíferas para los hombres como la de Mahoma». Reforzaron tales ideas los intelectuales y artistas orientalistas, que retrataban el mundo islámico como licencioso (las mujeres del harén fueron un tema predilecto de la pintura), brutal (las espadas y los esclavos fueron también muy populares) y fanático.

Esta visión reduccionista daba licencia a las potencias europeas para colonizar los países islámicos, a los que se presentaba como necesitados de una intervención cristiana. En la era poscolonial, el estudioso palestino estadounidense Edward Said (1935–2003) articuló la perspectiva musulmana en su influyente libro *Orientalismo*, publicado en 1978. Allí escribió: «Decir simplemente que el orientalismo fue una justificación del dominio colonial es ignorar la medida en que el dominio colonial fue justificado por anticipado por el orientalismo, y no después». ∎

Los cuadros orientalistas jugaban con fantasías occidentales sobre el Oriente exótico y solían ser dramáticos y coloridos, como este del francés Jean-Léon Gérôme (1824–1904).

Véase también: El califato del Imperio otomano 186–189 ∎ El islam en Europa 210–215 ∎ La marea creciente de la islamofobia 286–287

PURIFICACIÓN POR LA ESPADA

MUHAMMAD AHMED, MAHDI

EN CONTEXTO

TEMA
El Mahdi de Sudán

CUÁNDO Y DÓNDE
1881–1885, Sudán

ANTES
Siglo IX El 12.º imán
se oculta a la visión de
los humanos, destinado
a reaparecer y rescatar a
su pueblo en algún tiempo
futuro.

C. **1844** Siyyid Ali
Muhammad Shirazi (1819–
1850) se convierte en el Bab
('puerta'), figura como la del
Mahdi de la que arranca
el babismo en Persia. Las
autoridades lo hacen ejecutar
a él y a miles de sus seguidores.
Será venerado como una de las
figuras centrales de la fe bahaí.

DESPUÉS
1882 En el Punyab, norte
de India, Mirza Ghulam
Ahmad, fundador del
movimiento Ahmadía, se
declara un profeta menor
del islam y Mahdi.

Aunque no haya referencia alguna en los textos coránicos al Mahdi ('Guiado'), sino solo en los hadices, los musulmanes chiíes viven a la espera de esa figura mesiánica que aparecerá al final de los tiempos, con Jesús, a traer la paz a la Tierra. A lo largo de la historia, varios individuos han dicho ser el Mahdi.

En 1881, el líder religioso de una orden sufí en Sudán, Muhammad Ahmed bin Abdallah (1844–1885), que afirmaba descender de Fátima, hija de Mahoma, fue proclamado

> Este mundo es una carcasa y quienes la desean son perros.
> **El-Mahdi**
> **Carta a los británicos (1884)**

Mahdi por sus discípulos. En aquella época los sudaneses vivían agraviados por los impuestos onerosos del gobierno de Egipto, que había conquistado Sudán en la década de 1820. El Mahdi consideraba que los egipcios eran hipócritas y apóstatas que habían dado la espalda al islam.

El mismo año, el Mahdi envió un mensaje personal al gobernador general de Sudán en el que le informaba de que, él, el Mahdi, actuaba por inspiración divina del Profeta y que quienes no aceptaran la misión divina del Mahdi serían «purificados por la espada».

La rebelión mahdista obtuvo apoyo en todo el país y los rebeldes, armados solo con espadas y lanzas, vencieron a las fuerzas primero egipcias y luego británicas, y tomaron la ciudad de Jartum en 1885. El Mahdi murió de tifus aquel mismo año y la revuelta acabó en 1898, pero su nombre continuó siendo un símbolo potente. Un descendiente directo suyo, Sadiq al-Mahdi, fue dos veces primer ministro de Sudán, en 1966–1967 y 1986–1989. ∎

Véase también: El surgimiento del islam chií 108–115 ∎ El califato del Imperio otomano 186–189 ∎ Los orígenes de la Ahmadía 220–221

HE SIDO DESIGNADO Y SOY EL PRIMERO DE LOS CREYENTES

MIRZA GHULAM AHMAD

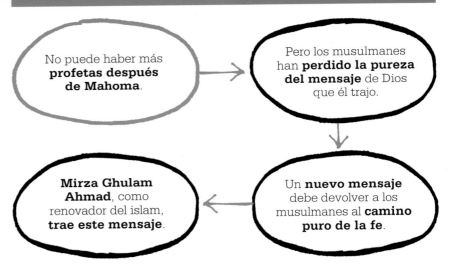

No puede haber más **profetas después de Mahoma**.

Pero los musulmanes han **perdido la pureza del mensaje** de Dios que él trajo.

Un **nuevo mensaje** debe devolver a los musulmanes al **camino puro de la fe**.

Mirza Ghulam Ahmad, como renovador del islam, **trae este mensaje**.

L a comunidad ahmadía surgió a finales del siglo XIX en los territorios noroccidentales de India bajo control británico. Su fundador fue Mirza Ghulam Ahmad, quien en 1882 declaró ser un reformador del islam nombrado por Dios. El nombre del movimiento se refiere no a su fundador, sino a Ahmad, nombre alternativo del profeta Mahoma en algunos hadices.

Ghulam Ahmad afirmaba haber venido a hacer revivir el islam y devolverlo a la pureza de sus orígenes. No pretendía ser un nuevo profeta, pues en el islam Mahoma es el profeta final y cualquiera que se apropie de la categoría de un profeta debe ser condenado. Ghulam Ahmad insistía en que no traía una nueva revelación, sino una nueva interpretación, con el objetivo de guiar a la comunidad musulmana en un regreso a sus raíces. Se veía a sí mismo como alguien capaz de devolver el islam a su pureza original. Reunió numerosos seguidores en el Punyab y en Sind, e inauguró el movimiento con un juramento de lealtad en 1889.

Véase también: La vida temprana de Mahoma 22–27 ▪ La lucha por hacer suprema la palabra de Dios 134–135 ▪ La creación de Pakistán 242–247

Enseñanzas no ortodoxas

En un ambiente de sentimiento antiimperialista creciente en la India ocupada por los británicos, fue polémico que Ghulam Ahmad defendiera la yihad solo como forma espiritual de la yihad, así como la propagación pacífica del islam en lugar de forma alguna de lucha armada.

Otras de sus enseñanzas eran más incendiarias. Ahmad afirmaba que Jesús (Isa) ni murió en la cruz ni tampoco Dios lo salvó de morir en ella elevándolo al cielo, como creen los musulmanes. Según Ahmad, Jesús se desmayó, recobró el sentido y fue en busca de las tribus perdidas de Israel a Afganistán y Cachemira, donde murió siendo anciano.

Ahmad declaró ser no solo un reformador del islam, sino una segunda venida de Mahoma e Isa. Era

La comunidad ahmadía tiene una misión evangélica y construye mezquitas por todo el mundo. La de la imagen se construyó en 1925 en Berlín.

tanto el Mahdi como el Mesías, cuya aparición al final de los días predice Mahoma en algunos hadices.

Tales afirmaciones iban demasiado lejos para muchos musulmanes y Ahmad fue considerado un hereje que ponía en duda el lugar de Mahoma como profeta final, así como sus revelaciones. Cuando Ahmad murió en 1908, sus seguidores se dividieron en ahmadíes qadiani, que aceptaron su mensaje y continuaron con sus enseñanzas, y ahmadíes lahore, que lo consideraban un renovador de la fe islámica, pero no un profeta menor.

En 1973, Pakistán declaró por ley a los ahmadíes qadiani no musulmanes. Desde 1984, todo ahmadí qadiani que diga ser musulmán, use terminología islámica o llame islam a su fe puede ser castigado por ello. Ante la persecución, los qadiani trasladaron su sede de Pakistán a Reino Unido y hoy representan en torno al 1 % de los musulmanes del mundo; no obstante, los demás musulmanes no los consideran como tales. ▪

Mirza Ghulam Ahmad

Hijo de un médico, Mirza Ghulam Ahmad nació en 1835 en Qadian, aldea próxima a Lahore en el Punyab (por entonces noroeste de India; hoy día en Pakistán). Estudió árabe y persa, y también algo de medicina con su padre. Tras un empleo breve como funcionario, volvió a Qadian y se centró en el estudio de la religión y en debates públicos en defensa del islam.

En 1882, declaró que se le había encomendado una misión divina. Siete años más tarde, unos 40 de sus seguidores le juraron lealtad y en 1889 publicó una serie de reglas para guiar a todos los que se unieran al movimiento. Viajó extensamente por el norte de India y a Delhi, difundió su mensaje y debatió con líderes islámicos. Escribió varios libros, entre ellos, *Arguments of the Ahmadiyya* (1880–1884), *Victory of Islam* (1891) y *The Star of Guidance* (1898).

Tras morir en 1908, el liderazgo de la ahmadía pasó a Hakim Nur-ud-Din, quien luego lo cedió al primogénito de Ahmad. Se cree que hoy forman parte de la comunidad entre 10 y 20 millones de seguidores en todo el mundo.

EL FOCO DE ATENCIÓN NO ES YA EL ISLAM
YAMAL AD-DIN AL-AFGANI

EN CONTEXTO

TEMA
El surgimiento de la modernidad islámica

CUÁNDO Y DÓNDE
Finales del siglo XIX, Egipto

ANTES
Siglo XIX El declive del poder del Imperio otomano permite a las potencias europeas apoderarse de partes del mundo islámico, como Egipto en 1882.

DESPUÉS
1923 Mustafá Kemal Atatürk proclama la República de Turquía y transforma el Imperio otomano en un Estado moderno, secular y nacionalista de corte occidental.

1928 Hasan al-Banna funda los Hermanos Musulmanes en Egipto para crear un islam político capaz de hacer frente a Occidente.

Solo cuando el **islam** se ve como **relevante en el mundo actual** puede considerarse una religión para todas las épocas…

↓

… por tanto hay que reconciliar **islam y valores occidentales** como la democracia, los derechos civiles y la igualdad.

↓

A la vez, los musulmanes deben **resistirse a la explotación colonial** y la imposición de los valores seculares de **Occidente**…

↓

… y los musulmanes deben insistir en la **importancia de la fe religiosa** en la vida pública.

A finales del siglo XIX, surgió un movimiento para defender y modernizar un islam compatible con las instituciones y la sociedad occidentales. El reformismo islámico tuvo una serie de luminarias, entre ellas Syed Ahmed Khan (1817–1898) y su movimiento Aligarh en India, que reclamó un sistema de educación moderno para la población musulmana de la India británica.

Los dos reformistas más influyentes, cuyo impacto se hizo sentir en todo el mundo islámico, fueron Yamal ad-Din al-Afgani (1838–1897) y su discípulo y colaborador Muhammad 'Abduh (1849–1905). Al-Afgani defendía que el islam debe considerarse en primer lugar y ante todo una civilización, más que una religión, y animó a los musulmanes a implicarse en el mundo moderno y no retirarse de él.

El ascenso de un reformista

Al-Afgani decía ser afgano sunní y de ahí su nombre, pero muchos creen que era, en realidad, de origen persa chií, de una aldea del oeste de Irán. No hay duda de que recibió en Irán y las ciudades santuario chiíes de Irak una educación ecléctica,

Véase también: La guía divina a través de la sharía 128–133 ▪ El islam en Europa 210–215 ▪ El wahabismo, o una reforma islámica 216–217 ▪ El ascenso del islam político 238–241 ▪ La creación de Pakistán 242–247

La Universidad de Al Azhar en El Cairo es el centro líder del pensamiento islámico sunní. Al reformar sus enseñanzas, Muhammad ʿAbduh, gran muftí de Egipto, influyó en todo el islam sunní.

la cual acabaría conformando una fusión de ideas sufíes, chiíes y racionalistas en su pensamiento. Fue un reformista moderno tanto en su empleo de los medios, en concreto la prensa, para movilizar la sociedad contra las potencias coloniales, como en su enfoque del islam: insistía en que la teología islámica y la tradición legal (sharía) debían adaptarse para estar a la altura del escollo que era Occidente. Desarrolló esa perspectiva trabajando y estudiando en India, Afganistán, Estambul y también El Cairo, donde conoció a un estudioso del misticismo islámico, Muhammad ʿAbduh, en 1868.

A ʿAbduh, nacido entre la elite egipcia del delta del Nilo, le impresionaron de inmediato las ideas de Al-Afgani. Juntos crearon la revista *al-ʿUrwa al-Wuzqa* ('el vínculo más firme', un término coránico), de la que publicaron 18 números en París en 1884. Al circular después de la ocupación francesa de Túnez, en

Fui a Occidente y vi islam, pero no vi musulmanes; volví a Oriente y vi musulmanes, pero no vi islam.
Muhammad ʿAbduh

1881, la de Reino Unido de Egipto, en 1882, y la bancarrota otomana ante acreedores europeos, la revista fue revolucionaria por incidir en una conciencia de unidad islámica basada en la oposición a la colonización europea de tierras musulmanas.

Un enfoque racionalista

El enfoque racionalista del Corán y la ley islámica de Al-Afgani y ʿAbduh atrajo la hostilidad de las autoridades islámicas en El Cairo y Estambul, pero les ganó respeto entre funcionarios y estudiosos occidentales. En 1883, cuando el estudioso francés Ernest Renan afirmó públicamente que los musulmanes rechazaban la educación y la ciencia, la insistencia de Al-Afgani en que el islam podía ser un motor para la racionalidad y el progreso científico fue objeto de un debate amplio.

Como gran muftí de Egipto (máximo jurista islámico) desde 1899, ʿAbduh se ganó la confianza de Lord Cromer, agente y cónsul general británico en Egipto. Tras la muerte de

Al-Afgani, ʿAbduh trabajó con el estudioso religioso libanés Rashid Rida, llegado a Egipto en 1897. Fundaron la revista *al-Manar*, que promovía ideas reformistas. Rida animó a los musulmanes a interpretar por sí mismos las fuentes primarias del islam, como hacía el.

Sus ideas fueron polémicas para muchos, como lo fue su apoyo a la teoría de la evolución de Darwin, que algunos musulmanes no aceptan ni siquiera en la actualidad. ʿAbduh continuó haciendo campaña por las reformas. Mantuvo que los musulmanes no podían depender de interpretaciones de textos hechas por estudiosos medievales y que la razón era necesaria para adaptarse a tiempos cambiantes. Reinterpretó la sharía para relajar exigencias, como la de evitar el interés o la usura en las transacciones económicas o comer solo carne *halal*, y defendió la educación para las mujeres. Sus oponentes musulmanes lo llamaron infiel, pero su legado fue la tendencia del pensamiento liberal en el islam del siglo xx. ▪

ESTADOS UNIDOS NECESITA COMPRENDER EL ISLAM

MALCOLM X (1964)

EN CONTEXTO

TEMA
El islam en EE. UU.

CUÁNDO Y DÓNDE
Inicios del siglo xx, EE. UU.

ANTES
Siglo xii Mali es el primer reino musulmán de África occidental, tras siglos de comercio con el norte de África islámico.

1503 Comienza el comercio transatlántico de esclavos; en 1867 hay más de 10 millones de africanos en América.

DESPUÉS
1984 El rapero estadounidense William Michael Griffin se convierte al islam. Como Rakim, y con referencias al islam en sus letras, será uno de los artistas más influyentes del hip hop.

2006 Keith Ellison, primer musulmán en el Congreso, jura el cargo sobre el Corán de Thomas Jefferson.

El 29 de mayo de 1921, el diario *The Detroit Free Press* llevaba un artículo en cuyo titular se leía «Un *jeque* ayuda a construir una mezquita musulmana». El jeque era Hasan Karoub, inmigrante sirio en EE. UU. que presidió la apertura de lo que sería la primera mezquita construida como tal en el país.

Procedentes de Damasco (Siria), los Karoub habían llegado a Detroit, Michigan, hacia 1912, a buscar trabajo en la industria del automóvil, como muchos otros inmigrantes musulmanes. Eran parte de una comunidad musulmana local estimada en unas 16 000 personas. La mayoría habrían sido emigrantes relativamente recientes, aunque el islam contaba ya con una larga historia en

Véase también: La difusión del islam a través del comercio 182–185 ▪ Los orígenes de la Ahmadía 220–221 ▪ La demografía del islam hoy 260–261 ▪ Los musulmanes en Occidente 282–285

Desde 1503, llegan a América muchos musulmanes como **esclavos capturados en África Occidental**.

A **finales del siglo XIX**, llega una ola de inmigrantes de **Oriente Próximo y del sureste asiático**, a la que pone fin la Ley de inmigración de 1924.

Se estima que hoy viven en EE. UU. unos **3,45 millones de musulmanes**. Son algo más del **1 % de la población** total.

La inmigración musulmana a gran escala se reanuda tras la **Ley de Inmigración y Naturalización de 1965**.

En las décadas de 1920 y 1930 surgen varios movimientos islámicos negros, entre ellos **Nación del Islam**.

América, con raíces que preceden a la fundación de EE. UU. en 1776.

El islam encadenado

Los primeros musulmanes llegaron a América como esclavos, ya en fecha tan temprana como 1503, cuando los españoles llevaron al Nuevo Mundo los primeros cautivos africanos a través del Atlántico al Caribe. Los estudiosos debaten el número de esclavos musulmanes transportados a América, pero se cree que en torno a un tercio de todos los esclavos africanos procedían de partes mayoritariamente musulmanas de África Occidental, en su mayoría de los actuales Senegal, Gambia, Guinea, Mali y Nigeria. Obligados a trabajar en las plantacio-

nes, a la mayoría de los esclavos musulmanes sus amos los convirtieron al cristianismo y abandonaron su religión. Con todo, algunos se aferraron a sus prácticas religiosas, como Ayuba

Suleiman Diallo, un hombre con formación de una familia de dirigentes musulmanes de Senegal. Capturado en 1730, lo mandaron a trabajar a una plantación de tabaco en Maryland. Huyó y llegó en 1733 a Londres, donde escribió sus memorias.

Omar ibn Said fue raptado en Senegal en 1807 y transportado a EE. UU. También él era un hombre educado y estudioso del islam antes de su captura. Pasó el resto de su vida esclavizado en Carolina del Norte y murió en 1864, el año anterior al de la »

Ayuba Suleiman Diallo, pintado por William Hoare de Bath en 1733, el año en que Diallo escapó de la esclavitud en América y huyó a Inglaterra.

Malcolm X fue una figura dinámica, influyente y polarizadora que, inicialmente, luchó por el nacionalismo negro bajo Nación del Islam.

abolición de la esclavitud en el país. Dejó unas memorias breves y otros escritos en árabe, que revelan que tras una conversión aparente al cristianismo, siguió escribiendo aleyas del Corán en árabe en su Biblia.

Los relatos de esclavos musulmanes como Ayuba Suleiman Diallo y Omar ibn Said son escasos, pero muestran que, cuando se fundó EE. UU. en 1776, había ya una población musulmana importante. En las listas de los soldados que sirvieron bajo Washington en la guerra de Independencia de los EE. UU. de 1775–1783 hay nombres musulmanes, como Bampett Muhammad y Yusuf Ben Ali.

Thomas Jefferson, principal autor de la Declaración de Independencia en 1776 y tercer presidente de EE. UU., poseía una copia del Corán, la traducción al inglés de 1734 por George Sale. La razón por la que tenía un Corán se desconoce, pero podría ser indicio de una conciencia de la diversidad religiosa en la nación recién forjada, hoy olvidada por muchos.

Después de la esclavitud

El islam, tal como lo trajeron a América los esclavos africanos, no sobrevivió. Sometidos a la coerción de convertirse al cristianismo, no pudieron transmitir su religión a su descenden-

cia. A fines del siglo XIX, sin embargo, entre los millones de emigrantes económicos llegados a EE. UU. había decenas de miles procedentes de países de mayoría musulmana de Oriente Próximo y del sureste asiático. Formaron comunidades, construyeron mezquitas e integraron el islam en el tejido de la vida estadounidense.

Sin embargo, el legado de los esclavos musulmanes tempranos se hizo sentir a inicios del siglo XX, pues se generó un movimiento que promovía la idea del islam como parte de un patrimonio afroestadounidense perdido. En 1914, el inmigrante jamaicano Marcus Garvey fundó la Asociación Universal de Desarrollo Negro (UNIA), en Harlem (Nueva York). La UNIA era partidaria del separatismo negro y defendía el retorno a África para poner fin al colonialismo blanco y unir el continente bajo dominio negro. Aunque cristiano, Garvey mencionaba a veces el islam en sus discursos y el periódico de la UNIA, *Negro World*, publicó historias sobre musulmanes en

Los Estados Unidos de América […] no albergan enemistad alguna contra las leyes, la religión o la tranquilidad de los musulmanes.
John Adams
2.º presidente de EE. UU. (1735–1826)

De España a California

Hay una teoría según la cual el islam estuvo presente en América antes incluso de la llegada de los primeros esclavos musulmanes en el siglo XVI. Los moros expulsados de la península ibérica en el siglo XIV pudieron haber cruzado también el Atlántico. Se cuenta que al partir de España en 1492 hacia el Nuevo Mundo, Cristóbal Colón llevaba tripulantes musulmanes.

Hay un legado más duradero en el nombre de uno de los territorios que descubrieron los españoles más tarde, en 1542: California. El nombre procede de *Las sergas de Esplandián*, libro de caballerías popular entre los conquistadores que menciona una isla rica llamada California, gobernada por amazonas negras y su reina Calafia. El libro se publicó en 1510 en Sevilla, ciudad que había sido parte de Al-Ándalus bajo el dominio de un califa musulmán. De *califa*, creen algunos, vendría el nombre Calafia, y de este, quizá, California.

> [El islam] es la única religión que borra de la sociedad el problema racial.
> **Malcolm X**

la década de 1920, que tuvieron un papel en la difusión del vínculo entre el islam y el nacionalismo negro.

El Moorish Science Temple of America, fundado en Chicago por Timothy Drew (Noble Drew Ali) en 1913, proponía un vínculo más explícito; afirmaba que los afroestadounidenses eran de origen «moro», del Imperio marroquí, y musulmanes, por tanto.

Más influyente fue Nación del Islam, establecida en Detroit en 1930 por Wallace D. Fard (Wali Fard Muhammad). Gracias a sus líderes, entre los que destacó Elijah Muhammad (1934–1975), esta organización contribuyó a poner los cimientos del islam como una parte influyente del movimiento Black Power y los movimientos más generales por los derechos civiles de las décadas de 1950 y 1960.

Las enseñanzas de Nación del Islam se nutrían de elementos bíblicos y coránicos para afirmar que los africanos fueron la población original de la Tierra y que los estadounidenses de origen africano debían tener un Estado propio y separado de la raza blanca.

Esta mezquita del noroeste de Ohio pertenece a una comunidad musulmana cuyas raíces en la zona se remontan a la década de 1930.

Durante su estancia en la cárcel, Malcolm Little se convirtió al islam. Ingresó en Nación del Islam y cambió su nombre a Malcolm X, en protesta por la pérdida de identidad derivada de que los amos impusieran nuevos apellidos a sus esclavos. Una vez liberado, fue uno de los miembros más destacados de Nación del Islam, pero, desilusionado, abandonó la organización. Adoptó la corriente predominante del islam sunní y peregrinó a La Meca en 1964. Para entonces, rechazaba las ideas separatistas de Nación del Islam; lo asesinaron tres de sus miembros en 1965.

Aunque estas organizaciones trataron de mejorar las condiciones de vida de los afroestadounidenses, sus creencias y prácticas poco ortodoxas las situaron fuera de la corriente principal del islam y la mayoría de los musulmanes no tiene por correligionarios a los seguidores de Nación del Islam y movimientos similares.

Unidad islámica en EE. UU.
La mezquita que fundó Muhammad Karoub en Detroit en 1921 cerró en 1927, pero aún se alza otra construida en Chicago en 1922; la mezquita Sadiq se nombró en honor de Muhammad Sadiq, enviado a EE. UU.

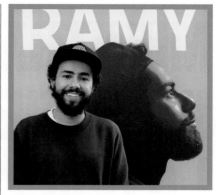

Ramy Youssef es un cómico estadounidense-egipcio cuyo programa televisivo de éxito de 2019 *Ramy* habla de la experiencia de ser musulmán.

en 1920 como misionero de la Comunidad Ahmadía. Al tender puentes entre los musulmanes afroestadounidenses y otros musulmanes del país, hizo miles de conversos.

Los ahmadíes son la comunidad musulmana con una presencia continua más antigua (aunque otros musulmanes no los acepten como tales) en EE. UU., con entre 10 000 y 20 000 seguidores, de los 3,45 millones de musulmanes que viven hoy en EE. UU. Como dijo el 44.º presidente Barak Obama en 2015, el islam es «parte del tejido de nuestro país». ∎

MIENTRAS NO INTERFIERA CON LA SANA RAZÓN

MUSTAFÁ KEMAL ATATÜRK

EN CONTEXTO

TEMA
**La secularización
de Turquía**

CUÁNDO Y DÓNDE
1923, Turquía

ANTES
1299 D. C. Osmán I funda
la dinastía otomana, que
conquistará Anatolia y
después Grecia y Serbia.

1453 Mehmed II, el
Conquistador, toma
Constantinopla y pone
fin al Imperio bizantino.
Inicia los siglos de gloria
del Imperio otomano.

DESPUÉS
2001 Se funda en Turquía
el Partido de la Justicia y el
Desarrollo (AKP), que mira
a la tradición conservadora
del pasado otomano y busca
restaurar la identidad islámica
del país.

En el siglo XIX, el Imperio otomano, cuyos sultanes habían gobernado gran parte del mundo islámico durante más de 500 años, estaba en decadencia, situación que hacía evidente una serie de fracasos militares. La corte trató de invertir la tendencia por medio de una política occidentalizante y, a mediados del siglo, los funcionarios introdujeron reformas a gran escala de la administración, el sistema legal, el ejército y la educación. En último término, este deseo de reinventarse llevaría al imperio más poderoso del islam a abandonar en gran medida la fe islámica como confesión estatal y a transformarse en una sociedad casi enteramente secular.

Véase también: El califato del Imperio otomano 186–189 ▪ El islam en Europa 210–215 ▪ La demografía del islam hoy 260–261 ▪ Islam y democracia 264–265

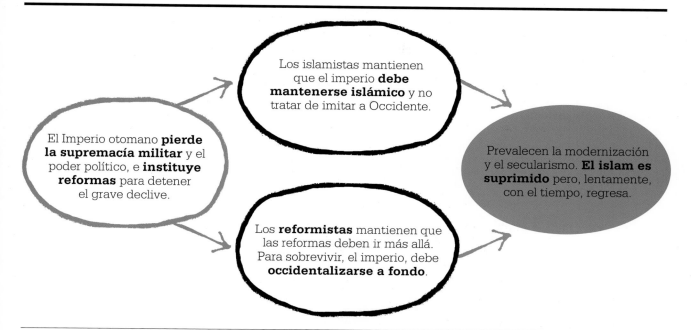

El Imperio otomano **pierde la supremacía militar** y el poder político, e **instituye reformas** para detener el grave declive.

Los islamistas mantienen que el imperio **debe mantenerse islámico** y no tratar de imitar a Occidente.

Los **reformistas** mantienen que las reformas deben ir más allá. Para sobrevivir, el imperio, debe **occidentalizarse a fondo**.

Prevalecen la modernización y el secularismo. **El islam es suprimido** pero, lentamente, con el tiempo, regresa.

Raíces de la secularización

Varios factores condujeron al colapso del sultanato, pero las semillas de su desmantelamiento estaban presentes en el programa Tanzimat instituido en 1839. Este tenía como objetivo la reforma de la estructura política del Estado conforme al modelo occidental, para lo que se organizaron nuevos cuadros de burócratas, expertos técnicos y elites militares familiarizados con los métodos e idiomas europeos. Los reformistas legislaron también para reducir el poder institucional de la religión, restringiendo la jurisdicción de la sharía. Por desgracia, el coste económico de las reformas tuvo como consecuencia la bancarrota del Estado ante sus acreedores occidentales en la década de 1870. Mientras tanto, continuó la pérdida territorial, al ocupar Rusia los Balcanes y el Cáucaso. La respuesta del sultán Abdul Hamid II, reinante de 1876 a 1909, consistió en reafirmar el poder islámico –lo cual incluía reforzar su

condición de califa– y en un régimen represivo que comenzó por poner fin al breve experimento de gobierno parlamentario en 1878. No obstante, las reformas habían ido demasiado lejos para regresar al gobierno autoritario, de manera que unos pequeños grupos clandestinos –que serían más

tarde los Jóvenes Turcos– siguieron presionando a favor del cambio. La mayoría de esos grupos fueron exterminados, pero uno, el Comité de Unión y Progreso (CUP), logró hacerse con el control del ejército otomano en Macedonia. En 1908, el CUP era lo bastante poderoso como para **»**

Mantener vivo el islam en Turquía

El teólogo y estudioso islámico Said Nursi (1877–1960) fundó el Movimiento Nur por la reinterpretación del islam conforme a las necesidades de la sociedad moderna. Siendo miembro de los Jóvenes Turcos, cayó en desgracia a ojos de la república y lo acusaron de participar en revueltas contra el Gobierno. En prisión, escribió una obra de comentario coránico de más de 6000 páginas, de las que se distribuyeron partes entre sus discípulos por toda

Turquía, en lo que llamó «yihad de la palabra»; lo definió como la lucha por hacer revivir la ética islámica en un mundo altamente secularizado.

Después de la muerte de Nursi, uno de sus continuadores fue el estudioso y predicador Fethullah Gülen. La rivalidad entre el movimiento de Gülen, con millones de seguidores, y el partido AKP gobernante estalló en 2013. En 2016 el AKP culpó a los gülenistas de un intento de golpe de Estado.

enviar un telegrama al anciano sultán exigiendo la restauración del parlamento. Enfrentado a un ejército revolucionario insurrecto en marcha hacia Estambul, Abdul Hamid accedió a sus demandas. En las nuevas elecciones al parlamento, el CUP ganó todos los escaños salvo uno.

Colapso del imperio

El Imperio otomano entró en la Primera Guerra Mundial en 1914 atacando a Rusia, que respondió declarando la guerra, como hicieron sus aliados Francia y Reino Unido. Al terminar la guerra en derrota y ocupación, el Gobierno del CUP caído en desgracia perdió el poder. Los británicos y los franceses se propusieron dividir el imperio en esferas de influencia europeas. Hubo unidades rebeldes del ejército que comenzaron a organizarse bajo el liderazgo de Mustafá Kemal, joven general turco que había rechazado con éxito la invasión aliada de los Dardanelos en 1915–1916. En 1919, Kemal dirigió una revuelta desde el interior, declaró la independencia y formó un nuevo Gobierno en la ciudad de Ankara, donde declaró: «En adelante, Estambul no controla Anatolia, sino Anatolia Estambul».

Durante dos años el enfrentamiento entre las autoridades rivales de Estambul y Ankara se mantuvo en punto muerto, pero en octubre de 1922 se impusieron las fuerzas de Mustafá Kemal. El sultanato fue abolido y el último sultán se fue al exilio en Italia. En octubre de 1923 fue proclamada la República de Turquía, con Mustafá Kemal, Atatürk ('padre de los turcos') como presidente y Ankara como capital. El califato fue abolido al año siguiente.

Desislamización

Siguieron varios años de desmantelamiento de las instituciones islámicas; un programa que llevó a cerrar los tribunales de la sharía, prohibir las órdenes sufíes y extirpar el islam de la constitución. Fue parte de una política general de reducción de la presencia del islam en Turquía, de la que otras medidas fueron prohibir el velo en las instituciones estatales, obligar a los hombres a llevar som-

> Si veo la creencia de mi nación a salvo, ni arder en el infierno me importará.
> **Said Nursi**

Le dernier calife
L'Assemblée d'Angora poursuit l'œuvre d'évolution de la Turquie. Après avoir proclamé la République et exilé le sultan, elle vient de rompre le dernier lien avec le passé. Abdul Medjid, qui, en qualité de calife, représentait la tradition religieuse à la tête des Ottomans, a reçu notification de sa déchéance et est parti pour l'étranger avec les princes et princesses de sa famille.

La Asamblea Nacional notifica al sultán la abolición del califato en 1924, tras haberse proclamado la República de Turquía el año anterior. Portada de un periódico francés.

> Puede haber muchos países en el mundo, pero hay una sola civilización y, si una nación ha de lograr el progreso, debe ser parte de esa civilización.
> **Mustafá Kemal Atatürk**

A Mustafá Kemal Atatürk se lo celebra en su mausoleo en Ankara en el Día de la República, pero son muchos los críticos con el laicismo agresivo que eliminó el islam de la vida pública.

brero fedora en lugar del fez, emplear exclusivamente el calendario gregoriano, en lugar del islámico, y adoptar obligatoriamente apellidos turcos, en lugar de los islámicos o árabes.

Las medidas más radicales fueron las reformas lingüísticas; el alfabeto latino sustituyó al árabe en 1928, acompañado esto de la purga de palabras árabes o persas, en muchos casos sustituidas por otras inventadas. Se emprendieron otras re-

> Un partido político no puede tener religión. Solo los individuos pueden.
> **Recep Tayyip Erdogan**

formas que no cundieron, ni siquiera en vida de Atatürk, como la introducción de bancos y llevar calzado en las mezquitas.

El efecto combinado de estas medidas fue dar la espalda al pasado otomano y separar a Turquía de sus vecinos de Oriente Próximo. El objetivo del nuevo régimen era crear una nueva ciudadanía, turca y europea, que ocupara su lugar como miembros del «grupo de las naciones avanzadas».

La actitud de Atatürk hacia el islam resulta ambigua. Se le cita diciendo: «La religión es una institución importante. Una nación sin religión no puede sobrevivir»; pero también declaró: «No tengo religión y a veces desearía que estuvieran todas en el fondo del mar. Es un gobernante débil el que necesita la religión para sostener su Gobierno» si bien añadía: «Cada hombre puede seguir su propia conciencia, mientras eso no interfiera con su sana razón».

Después de Atatürk

El fervor del nuevo radicalismo empezó a decrecer tras la Segunda Guerra Mundial. El sucesor de Atatürk, Ismet Inönü, instituyó las elecciones multipartido en 1950. A lo largo de las dé-

cadas siguientes, llegaron al poder una serie de partidos con apoyo en el interior conservador de Anatolia, que nunca había aceptado plenamente la revolución secular. Pese a una serie de golpes militares para derrocar a esos Gobiernos, el islam político fue ganando fuerza, apoyado por redes suffíes y el trabajo del estudioso de la religión Said Nursi.

El islam político acabó imponiéndose a sus adversarios laicos con varias victorias electorales desde la década de 1980 en adelante, lo que culminó en los Gobiernos del Partido de la Justicia y el Desarrollo (AKP) a partir de 2002 y formados bajo el liderazgo de Recep Tayyip Erdogan. Atractivo para una coalición conservadora y religiosa, y para grupos seculares por su lenguaje en materia de derechos civiles y promesas de ingreso en la Unión Europea, el AKP ha sido un partido sorprendentemente duradero. Con él también ha regresado el sufismo.

Sin embargo, el legado de Atatürk permanece y en los últimos años una de las áreas más conflictivas del debate público es el planteado entre las interpretaciones seculares y las religiosas de la historia imperial otomana y de la república turca. ∎

NUESTRA CONSTITUCIÓN ES EL CÓRAN

REY FAISAL (1967)

EN CONTEXTO

TEMA
**El nacimiento
de Arabia Saudí**

CUÁNDO Y DÓNDE
1932, península arábiga

ANTES
967 Durante la era abasí, se
crea el título de jerife de La
Meca como protector de las
ciudades santas de La Meca y
Medina y su región del Hiyaz.
El título deriva del término
sharif ('noble'), que se daba a
los descendientes de Hasan,
nieto del Profeta.

1919 Husayn, jerife de La
Meca se niega a ratificar el
Tratado de Versalles al acabar
la Primera Guerra Mundial y
así, con el apoyo británico,
renuncia a ser rey de toda
Arabia.

DESPUÉS
1946 Abdalá I, hijo del jerife
Husayn, es el primer rey del
reino hachemita independiente
de Jordania.

Se lo aseguro, no se
puede comparar Arabia
Saudí con otros países.
Al-Walid bin Talal
**Miembro de la familia
real saudí (n. 1955)**

En el siglo VII, de Arabia surgieron ejércitos que conquistaron territorios vastos en nombre del islam. En poco tiempo hubo nuevas dinastías en Damasco, Bagdad y, más tarde El Cairo y Estambul que relegaron a un segundo plano a la patria original del islam. Desde el siglo X, las ciudades santas de La Meca y Medina quedaron bajo el control de un soberano local, el jerife de La Meca, un cargo que debía lealtad a poderes radicados en otra parte: primero, a los abasíes; luego, a los mamelucos; y, desde el siglo XVI, a los otomanos. El resto de Arabia revirtió al gobierno tribal que la había caracterizado antes de la llegada del Profeta.

Ahora bien, en el siglo XX la situación dio un vuelco extraordinario: por una combinación de conquista, hábil diplomacia y suerte, la península arábiga se hizo de nuevo con el control del destino del islam.

Alianzas útiles

El primer Estado de Arabia, el emirato de Ad-Dir'iya, fue el resultado de una alianza entre un emir local, Muhammad bin Sa'ud (1710–1765), y un predicador de la vuelta a la pure-

La Roca del Elefante es un curioso monumento natural de Arabia Saudí, país que es casi por entero un desierto, con vastas reservas de petróleo, sobre todo en la región oriental.

za del islam, Muhammad ibn 'Abd al-Wahhab (1703–1792). Se asociaron en 1744 y cimentaron la alianza con el matrimonio entre su descendencia; así establecieron la casa de Saúd (Sa'ud). El ideario religioso de 'Abd al-Wahhab aportó a la casa de Saúd la legitimidad y la cohesión de las que carecían otras tribus. Fue esa ideología la causa del fin del primer Estado saudí en 1818, ya que las expansiones territoriales inspiradas en la yihad wahabí incitaron al Imperio otomano a intervenir y ejecutar a sus líderes.

Los Saúd fundaron un segundo estado saudí-wahabí seis años después: el emirato de Néyed, que se limitó pragmáticamente a su territorio natal: la región de Néyed, en Arabia central. Con todo, una tribu rival, los Rashidi, desafiaron a su gobierno y en 1891 los Saúd sufrieron una derrota decisiva y se exiliaron en Kuwait, donde pidieron protección a la familia gobernante As-Sabah.

Véase también: El wahabismo, o una reforma islámica 216–217 ■ El Estado islámico moderno 266–269 ■ Sunníes y chiíes en el Oriente Próximo actual 270–271 ■ Los nuevos extremistas 272–277

En 1902, Abdulaziz ibn Saúd (1875–1953), hijo del soberano saudí exiliado, reconquistó la ciudad natal de la familia, Riad, en un ataque nocturno por sorpresa. Con ella como base para lanzar una serie de ataques, obligó a los combatientes Rashidi a retirarse a las aldeas del sur de Néyed. Con la idea de formar un nuevo Estado, Ibn Saúd procuró evitar los errores anteriores. Así, al estallar la Primera Guerra Mundial, buscó el favor de los británicos, a los que les interesaba controlar las aguas que rodean Arabia y animaron a los Saúd a apoderarse de la península arábiga; estos, con fondos y armas británicos, expulsaron a los otomanos de La Meca y Medina.

Con el colapso del Imperio otomano al final de la Primera Guerra Mundial, los Rashidi se quedaron sin respaldo y, en 1927, los Saúd controlaban la mayor parte de Arabia. En 1932, Ibn Saúd unificó sus dominios y conformó el reino de Arabia Saudí, con él mismo como rey. Impuso la variante wahabí del islam a toda la población y nombró a dos de sus hijos virreyes de las regiones más importantes del país, Néyed y Hiyaz. También hizo que acudieran árabes musulmanes de Irak, Siria y Egipto para ayudar a administrar un territorio enorme aunque escasamente poblado.

El reino recién nacido era extremadamente pobre. Su principal fuente de ingresos eran las tasas que pagaban los peregrinos del *hach*, pero no era una fuente fiable: debido a la Gran Depresión de la década de 1930, el número de peregrinos cayó a un quinto de lo que había sido solo unos años antes.

El petróleo y EE. UU.

La suerte del reino –y la política en Oriente Próximo– cambió al encon-

> Arabia Saudí
> es el corazón del
> mundo islámico.
> **Abul Ala Maududi**
> **Líder político pakistaní (1903–1979)**

trarse petróleo en 1938 en Dahran, en la parte oriental del país. El empobrecido Ibn Saúd les dio concesiones para seguir explorando y perforando a empresas petrolíferas estadounidenses. El descubrimiento fue solo el primero de muchos y Arabia Saudí resultó ser la mayor fuente de crudo (oro negro) del mundo.

Tan importantes fueron aquellos hallazgos que en 1945, año final de la Segunda Guerra Mundial y con la Guerra Fría próxima en el horizonte,

el presidente de EE. UU. Franklin D. Roosevelt se reunió con Ibn Saúd para obtener garantías de acceso sin restricciones al petróleo de Arabia Saudí. Al parecer, se entendieron tan bien que Roosevelt le regaló al rey una de sus sillas de ruedas; entre los regalos del rey al presidente, había una daga incrustada de diamantes.

El encuentro puso los cimientos de una relación estrecha entre Arabia Saudí y los EE. UU., que continúa hasta hoy y que ha influido profundamente en la historia reciente de Oriente Próximo. En los años siguientes, la presencia estadounidense en Arabia Saudí creció con el establecimiento de una base aérea en Dahran y un plan para que acudieran jóvenes saudíes a estudiar en universidades de EE. UU., como modo de garantizar que la nación saudí siguiera siendo proestadounidense.

Problemas sucesorios

Al morir en 1953 Ibn Saúd, lo sucedió su segundo hijo, el príncipe Saúd, convertido en rey Saúd. Su reinado estuvo marcado por el conflicto con su hermano Fáisal: dado que su padre había tenido 45 hijos, de los que 36 habían llegado a la edad adulta, la rivalidad entre hermanos era casi inevitable y muy peligrosa. En 1964, Fáisal aprovechó la ausencia por enfermedad del rey, que se trataba en el extranjero, para tomar el poder. Temiendo ser víctima, a su vez, de un golpe, se entregó a una represión interna brutal. Cuando su hermano el príncipe Talal y otros príncipes saudíes liberales exigieron »

El encuentro del rey saudí Ibn Saúd con el presidente de EE. UU. Roosevelt en un buque de guerra en el canal de Suez en 1945 cimentó una relación duradera entre ambos países.

reformas políticas y una constitución escrita, de la que el rey temía que restringiera su poder, respondió: «Nuestra constitución es el Corán».

Hubo varios intentos de derrocar a Fáisal, en su mayoría frustrados por un sofisticado aparato de seguridad formado y equipado por EE. UU. Así, hubo una conmoción en Occidente cuando en 1973 Fáisal retiró petróleo de los mercados mundiales en protesta por el apoyo occidental a Israel en la guerra árabe-israelí de aquel año. Aquello le ganó un gran prestigio entre los países árabes. El embargo cuadruplicó el precio del petróleo en todo el mundo y a Arabia Saudí afluyó mucho dinero, lo que dio lugar a una explosión económica en la región del golfo Pérsico. Sin embargo, Fáisal no pudo disfrutar de los beneficios de tal prosperidad, pues lo asesinaron en 1975.

Política petrolera

El embargo del petróleo de 1973 tuvo un impacto profundo en Occidente, como lo tuvo también el presidente

Unas grandes sombrillas retráctiles protegen del sol a los peregrinos en la mezquita del Profeta en Medina. Arabia Saudí ha invertido mucho en los santos lugares para acomodar a más peregrinos.

Un oleoducto transportaba petróleo desde el este de Arabia Saudí por Jordania y Siria hasta un puerto mediterráneo en Líbano. Dejó de operar en 1990 por los conflictos en la región.

egipcio Gamal Abdel Nasser cuando tomó el poder en 1956 y nacionalizó el canal de Suez, arteria vital del comercio marítimo internacional y de los suministros de petróleo. La visión secular panarabista había hecho de Nasser un héroe, no solo entre los árabes, sino en todo el mundo en vías de desarrollo.

Con la esperanza de contener la influencia creciente de Nasser, la monarquía saudí ayudó a sus oponentes, sobre todo a los islamistas Hermanos Musulmanes, a los que les dio el dinero y las armas que necesitaban para hacer frente a Nasser. Mientras tanto, muchos egipcios, y también sirios, iraquíes y otros árabes, emigraron a Arabia Saudí, donde, además de recibir vivienda, trabajo como funcionarios, campos petrolíferos y universidades,

quedaron expuestos directamente a la doctrina del wahabismo.

A partir de 1975, bajo los sucesores de Fáisal, Arabia Saudí comenzó a hacer sentir realmente su peso en el mundo y para ello gastó una cantidad enorme de dinero. Muchos de sus fines en política exterior coincidían con los de EE. UU.: el líder palestino Yasir Arafat recibió dinero para mantener la paz con Israel; los somalíes, para expulsar a los soviéticos de su país; y Zaire, para combatir a los rebeldes prosoviéticos de Angola.

La antigua alianza por la que el Estado saudí respaldaba a sus teólogos wahabíes se mantuvo, garantizando que contaran con los medios para imponerle al país su interpretación estricta del islam y sus lugares sagrados. A raíz del derrocamiento de la monarquía en Irán en febrero de 1979 y de una insurrección fracasada de disidentes wahabíes en la propia Arabia Saudí más tarde el mismo año, el Estado decidió apartar a las autoridades religiosas de la política interior y tenerlo ocupado en la

Riad, la capital saudí, es la tercera mayor ciudad del mundo árabe. Data de la era preislámica y se ha convertido en una metrópolis moderna donde viven más de 6 millones de personas.

promoción de los intereses saudíes-wahabíes en el exterior. A lo largo de la década siguiente, y de acuerdo con EE. UU., Arabia Saudí financió a decenas de miles de *muyahidines* de todo el mundo islámico para que combatieran a la Unión Soviética tras su incursión en Afganistán.

Reformas moderadas

En 1990, después de la invasión iraquí de Kuwait y temiendo un ataque a Arabia Saudí, el reino se unió a la coalición militar contra el líder iraquí Saddam Husein. Sin embargo, cuando el rey Fahd (r. 1982–2005) invitó a las fuerzas de la coalición a estacionarse en el país, algunas facciones saudíes denunciaron la dependencia de EE. UU. Después de la guerra del Golfo, Arabia Saudí sufrió una ola de atentados terroristas atribuidos a Al-Qaeda y otros grupos islamistas extremistas, como parte de una campaña contra Occidente y su influencia.

En 1992, en parte como respuesta al descontento popular, el rey Fahd decretó la Ley Básica de Arabia Saudí, una carta dividida en nueve capítulos, que reafirmaba ante la ciudadanía que la constitución del país es «el sagrado Corán y la sunna» del profeta Mahoma. Si bien la Ley Básica contiene muchos de los rasgos propios de una constitución, no invalida las leyes islámicas.

Arabia Saudí comprendió también que la exportación del wahabismo era un problema a ojos de sus aliados estadounidenses. Eso condujo a una nueva era de reformas domésticas impulsada por el príncipe y luego rey Abdalá (r. 2005–2015), quien instituyó la reestructuración del sistema judicial y puso límites al poder de las autoridades religiosas. Las reformas han continuado bajo su sucesor, el rey Salmán.

Arabia Saudí posee aproximadamente el 20 % de las reservas de petróleo conocidas del planeta y se cree que Saudi Aramco, la empresa que lo extrae, es la más rentable del mundo. A eso se añaden los ingresos anuales aportados por los peregrinos del *hach* y la ʿ*umrah*, que se estiman en 140 000 millones de euros en 2022. Semejante riqueza garantiza que Arabia Saudí seguirá ejerciendo una gran influencia en la práctica del islam durante algún tiempo. ∎

Medios influyentes

Arabia Saudí tiene una posición fuerte en los medios panárabes e influye en cómo se presentan las noticias, el entretenimiento y los asuntos religiosos. Estos medios tienden a apoyar la política exterior saudí y atacar a quienes no siguen la línea wahabí en cuanto al islam, con Irán y el chiismo en general como objetivos destacados. Desde finales de la década de 1990, los canales saudíes MBC, Orbit y ART son de los más vistos en el mundo árabe. El auge de los medios saudíes señala el eclipse de Egipto como potencia política, económica y mediática en la región.

En 2003, los saudíes crearon el canal de noticias Al-Arabiya para competir contra la catarí Al Jazeera. En coordinación con Emiratos Árabes Unidos (EAU), sede de Al-Arabiya, los medios saudíes están en el primer plano de la competencia entre Arabia Saudí y los EAU por una parte, y Turquía e Irán por la otra.

Hemos desarrollado un caso de adicción al petróleo en Arabia Saudí.
Muhammad bin Salman
Príncipe heredero de Arabia Saudí

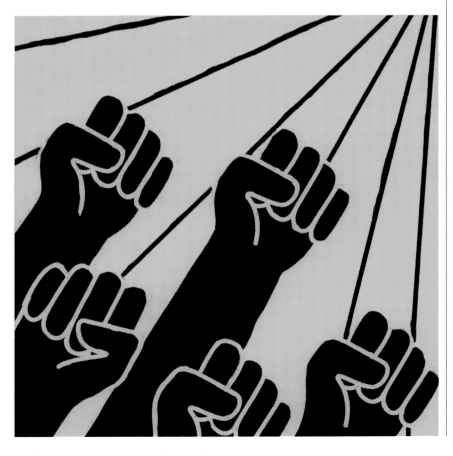

EL ISLAM ES LA SOLUCIÓN

LOS HERMANOS MUSULMANES

EN CONTEXTO

TEMA
El ascenso del islam político

CUÁNDO Y DÓNDE
1928, Egipto

ANTES
Finales del siglo XIX
Yamal ad-Din al-Afgani y Muhammad 'Abduh formulan un nuevo reformismo islámico.

DESPUÉS
1966 El actual líder de Al-Qaeda, Ayman al-Zawahiri, inicia su actividad terrorista, inspirado por el mensaje de Sayyid Qutb e indignado por su ejecución.

2001 Osama bin Laden se vuelve mundialmente famoso tras los ataques del 11 de septiembre a EE. UU. Cita las enseñanzas de Sayyid Qutb entre sus influencias.

El maestro de escuela Hasan al-Banna (1906–1949) fundó los Hermanos Musulmanes (Yami'at al-Ijwan al-Muslimin) en 1928, en la ciudad egipcia de Ismailía junto al canal de Suez. Estaba influido por figuras como Yamal ad-Din al-Afgani, Muhammad 'Abduh y Rashid Rida, reformistas islámicos, y su proyecto de modernizar el islam para hacer frente al desafío de Occidente. Hoy, los Hermanos Musulmanes son el grupo islamista más antiguo del mundo. Han hecho campaña siempre por un sistema legal basado en la ley islámica, bajo el lema «el islam es la solución». La Hermandad combina el activismo político con la responsabilidad social, de manera que ofrece ayuda a sectores

Véase también: La *yahiliyya*, la Edad de la Ignorancia 20–21 ▪ El surgimiento de la modernidad islámica 222–223
▪ La secularización de Turquía 228–231 ▪ Los nuevos extremistas 272–277

Todos los musulmanes que **no vivan según la sharía** viven en la **yahiliyya**, o estado de ignorancia, debido a la influencia de Occidente.

Una vanguardia de **verdaderos musulmanes** debe hacer la **yihad** para iluminar al resto de la nación del islam.

El fin es hacer realidad la **soberanía absoluta de Dios**, *hakimiyyat Allah*, y la liberación de la servidumbre de unos humanos a otros.

marginalizados de la sociedad. Sin embargo, los miembros y afiliados del partido recurrieron a la violencia extremista y, en tiempos recientes, la organización ha sido demonizada y perseguida por el Estado egipcio.

Inicios militantes

En el carismático Al-Banna influyeron diversos factores a la hora de fundar los Hermanos Musulmanes, entre ellos la creencia de que Gran Bretaña había presionado a los turcos para que abolieran el califato islámico en 1924 y la presencia continuada de tropas de ocupación británicas en el Egipto supuestamente independiente. La organización de Al-Banna, que enseguida se difundió por todo Egipto, tenía una

estructura basada en las *usra* ('familias' de cuatro o cinco iniciados dirigidos por un *naqib*, 'capitán'), que se cohesionaban por una cultura de obediencia estricta. En 1936 fue capaz de organizar protestas masivas contra la administración británica en Palestina. Después de la Segunda Guerra Mundial, los Hermanos Musulmanes enviaron unidades paramilitares a la guerra de 1948 en Palestina. Alarmado por su tamaño y su influencia, y temiendo que dieran un golpe, el Gobierno egipcio, respaldado por los británicos, ilegalizó la organización en diciembre de 1948. Como represalia, uno de sus miembros asesinó al primer ministro egipcio Mahmud an-Nokrashi. En febrero de 1949, unos asaltantes desconocidos mataron a Al-Banna.

Sayyid Qutb

Los Hermanos entraron entonces en su periodo más influyente, dominado por su intelectual más destacado, Sayyid Qutb (1906–1966). Qutb era un funcionario y crítico literario liberal bien conocido que experimentó una transformación hasta ser un ideólogo islámico en la década de 1940. Después de dos años estudiando en EE.UU., Qutb volvió a Egipto en 1950 convertido en crítico declarado no solo de EE.UU., sino de la cultura secular de Occidente en general. Apoyó abiertamente a los Hermanos Musulmanes, pero no ingresó »

La sede de los Hermanos Musulmanes en El Cairo en llamas en 1954, incendiada por una multitud indignada por el intento de asesinato del primer ministro Gamal Abdel Nasser.

La civilización occidental, brillante en virtud de su perfección científica durante mucho tiempo, está hoy en bancarrota y en decadencia.
Hasan al-Banna

formalmente hasta 1953. Cuando en 1952 los oficiales del ejército mandados por Gamal Abdel Nasser tomaron el poder en un golpe militar que derrocó la monarquía apoyada por los británicos, Qutb y los Hermanos Musulmanes cooperaron con entusiasmo. Sin embargo, la relación se agrió cuando Qutb rechazó la oferta del entonces primer ministro Nasser para ser ministro de educación, y la Hermandad en su conjunto no estuvo ya dispuesta a poner su enorme organización al servicio del nuevo régimen militar. Después de un intento de asesinarlo en 1954, Nasser reprimió a la Hermandad y Qutb fue uno de los muchos miembros detenidos.

Vanguardia de creyentes

En la cárcel, Qutb escribió el libro *Ma'alim fi at-tariq* ('señales en el camino'), publicado en 1964, que se convertiría en un manifiesto internacional por la revolución islámica. La obra se basa en los conceptos gemelos de *yahiliyya* ('ignorancia') y *hakimiyya* ('soberanía'); Qutb creía que el mundo moderno, incluidas las partes habitadas por musulmanes, en nada aventaja a la edad de la ignorancia preislámica.

Qutb mantuvo que era necesaria una vanguardia de verdaderos creyentes para hacer realidad una sociedad verdaderamente islámica para toda la humanidad, una sociedad en la que los hombres de religión y los gobernantes garanticen que el parlamento solo apruebe leyes conformes a la sharía. Criticó con fiereza las ideologías nacionalistas contemporáneas no islámicas, entre ellas el panarabismo de Nasser, y afirmó que la vanguardia tendría que estar preparada para defenderse de las fuerzas del Estado. Implícitamente, Qutb daba a entender que

Una sociedad no puede ser islámica si expulsa las leyes religiosas del islam y no deja del islam nada más que ritos y ceremonias.
Sayyid Qutb

solo los miembros de la vanguardia eran verdaderos musulmanes y que quienes vivían en Estados, árabes o no, en los que no se aplicaba la sharía (caso de Egipto), eran, por defecto, no musulmanes. Para Qutb, los Gobiernos y las sociedades musulmanas estaban corrompidos por Occidente hasta el punto de haber abandonado el islam y solo un regreso a este podía liberar a la gente para ser verdaderos musulmanes y vivir bajo la soberanía de Dios. Se trataba de un programa revolucionario para salvar a la humanidad. Dos

Inspiración europea

En *El islam y el problema de la civilización* (1962) y *El futuro pertenece a esta religión* (1964), Sayyid Qutb citó extensamente la crítica de la civilización industrial de 1935 del biólogo y eugenista francés Alexis Carrel. Las ideas de Carrel sobre una nueva elite de los mental y físicamente superiores que debía retirarse de la sociedad para preparar su renovación están presentes en la noción de vanguardia islámica de Qutb, cuyos críticos señalan que, aunque no tradujo nada de los pasajes de Carrel en defensa de la esterilización y eutanasia de los «defectuosos», tampoco puso objeción alguna.

La obra de Qutb se compara también con la del teórico anticolonialista francés de origen martiniqués Frantz Fanon (1925–1961) y su estudio de la guerra de independencia de Argelia. Ambos se ocuparon de la perpetuación de actitudes coloniales en los regímenes sucesores. Fanon recuerda mucho a Qutb cuando escribe: «Así que, camaradas, no rindamos homenaje a Europa creando Estados, instituciones y sociedades inspiradas en ella».

Partidarios de Mohamed Mursi, candidato de los Hermanos Musulmanes que llegó a ser presidente de Egipto, en una manifestación en 2013. El partido islámico gobernó brevemente el país.

lítica dominante. En las elecciones presidenciales de 2012, se impuso su candidato, Mohamed Mursi, pero el secretismo de su liderazgo y sus políticas restrictivas le hicieron pronto impopular; el ejército dio un golpe de Estado.

Derrocado Mursi, el Estado impuso una represión brutal, en la que murieron en las calles cientos de miembros de los Hermanos Musulmanes, otros miles fueron encarcelados y sus líderes se exiliaron. La organización había sido incapaz de gestionar la transición democrática del país. Su referencia seguía siendo el modelo de Qutb de la vanguardia, mientras que su actitud hacia cuestiones sociales y políticas, como los derechos de las mujeres y las libertades del secularismo, estaban demasiado alejadas de las de la mayoría de los egipcios, más moderados.

Legado alarmante

Aunque la corriente principal de los Hermanos Musulmanes ya no se identifica con las enseñanzas de quien fue su referencia, Sayyid Qutb sigue siendo enormemente influyente. Su llamamiento a los musulmanes a reemplazar la soberanía del hombre por la de Dios sigue alentando formas de pensamiento extremista, aunque el propio Qutb nunca autorizó la violencia y escribió que matar inocentes no tiene justificación alguna en el Corán. Aparte de los especialistas en Oriente Próximo y Medio, poca gente en Occidente ha oído hablar de Sayyid Qutb, figura muy estudiada en todo el mundo islámico, en el que su legado sigue generando división décadas después de su muerte en 1966. ∎

años después de publicarse su libro, Qutb fue ahorcado por traición y se convirtió en un mártir de la causa del islam radical.

Los Hermanos hoy

Después de la era inicial de Al-Banna y la era radical de Qutb, en un tercer acto de su historia, los Hermanos Musulmanes volvieron a participar activamente en la sociedad civil.

Al asumir la presidencia Anwar el-Sadat en 1970, excarceló a muchos presos y permitió operar de nuevo a la Hermandad. Una nueva generación de sus miembros entró en política y la organización logró grandes avances; era el grupo opositor más fuerte no solo en Egipto, sino de toda la región a través de partidos afiliados como Ennahdha ('renacimiento') en Túnez y Milli Görüs ('visión nacional') en Turquía.

Ese periodo terminó con los levantamientos árabes de la primavera de 2011. Expulsado el presidente egipcio Hosni Mubarak por protestas públicas masivas en febrero de aquel año, los Hermanos Musulmanes emergieron como la fuerza po-

Solo en el modo de vida islámico se liberan todos los hombres de la servidumbre de unos respecto a otros.
Sayyid Qutb

LA TIERRA DE LOS PUROS

RAHMAT ALI (1933)

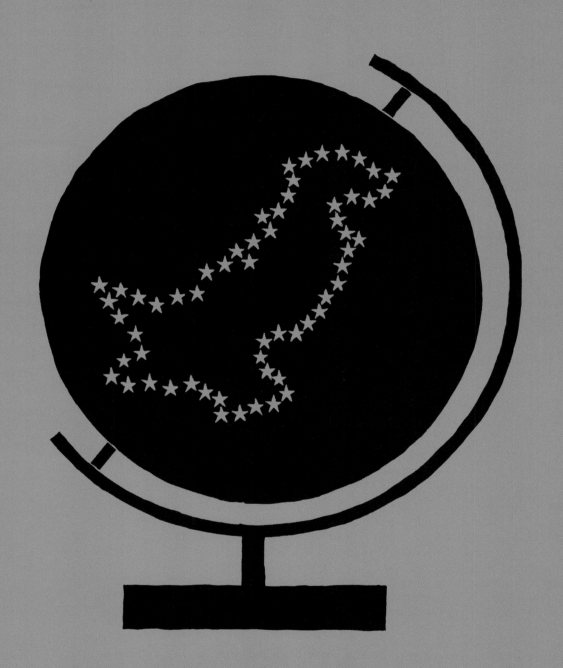

Los nacionalistas indios exigen la **independencia** de Gran Bretaña, pero los musulmanes temen quedar marginados en una India de mayoría hindú.

Mahatma Gandhi mueve a millones de personas a la **resistencia no violenta y la desobediencia civil** para poner fin al dominio británico.

La Liga Musulmana Panindia exige un **Estado independiente para los musulmanes**.

India logra la independencia en 1947 y el país **se divide en dos**; se crea un país separado para los musulmanes indios: **Pakistán**.

Se dice que Pakistán es el único país creado en nombre del islam. Se formó en 1947, cuando tuvo lugar la partición de India en dos naciones separadas, atendiendo a criterios religiosos: India, predominantemente hindú, y el Pakistán musulmán. Como resultado, el 97 % de los pakistaníes son musulmanes y el país ocupa el tercer lugar en el mundo por el número de musulmanes que allí viven (solo superado por Indonesia e India). El nombre del país lo inventó en 1933 Rahmat Ali, estudiante indio musulmán en Gran Bretaña, al que se le ocurrió el acrónimo *Pakstan* para un futuro Estado musulmán que incluiría el Punyab, la Frontera del Noroeste (también llamada provincia Afgana), Cachemira, Sind y Baluchistán. La letra i se añadió para facilitar la pronunciación. Además, *pak* significa 'puro' en urdu, así que Pakistán sería la enteramente islámica tierra de los puros.

La amenaza británica
En su apogeo a fines del siglo XVI, el Imperio mogol gobernaba la mayor parte de Asia Meridional, área que abarca los actuales Afganistán, Bangladés, Nepal, India, Pakistán y Sri Lanka. Los mogoles habían partido del legado de los sultanatos musulmanes anteriores que habían gobernado la mayor parte del norte de India desde finales del siglo XII. Después de que el Imperio mogol empezara a desintegrarse a inicios del siglo XVIII, las dinastías musulmanas sucesoras siguieron controlando gran parte de India, pero los hindúes constituían la mayoría de la población.

Sin embargo, la principal amenaza para el poder musulmán procedía de los británicos. La Compañía Británica de las Indias Orientales estableció su primer puesto comercial en

Véase también: El Imperio mogol 204–205 ▪ Los orígenes de la Ahmadía 220–221 ▪ La secularización de Turquía 228–231 ▪ La demografía del islam hoy 260–261 ▪ La marea creciente de la islamofobia 286–287

El objetivo del islam es hacer realidad una revolución universal.
Abul Ala Maududi

No compares tu nación con las naciones de Occidente. Singular es la nación del Profeta del islam.
Muhammad Iqbal

1619 y, en el siglo XVIII, de los intereses comerciales había pasado a los territoriales. En 1757 se hizo con el control de Bengala, seguida de Bihar, a las que fue añadiendo otros territorios hasta controlar la mayor parte del subcontinente indio.

Hubo otros obstáculos para el dominio musulmán. En el norte de India, Sayyid Ahmad Barelvi (1786–1831) predicó la vuelta al islam y dirigió una yihad contra el poder creciente de los sij en el Punyab. Murió junto con muchos de sus seguidores en la batalla de Balakot en 1831. Algunos estudiosos lo consideran un precedente del islamismo moderno por el recurso a la *yihad* para crear un Estado islámico. Un momento más crítico en la lucha por el poder llegó con la rebelión de 1857 contra los británicos. Aunque muchos hindúes tomaron parte, los británicos vieron a los musulmanes como la fuerza principal tras el levantamiento y, una vez sofocado, fueron el principal objeto de la ira británica. Desde ese momento, los funcionarios británicos favorecieron a los hindúes en comparación con el trato que recibieron los musulmanes.

Teoría de las dos naciones

El aristócrata mogol Syed Ahmed Khan (1817–1898) mantuvo que los musulmanes debían cooperar más con los británicos y aprender del Occidente moderno para estar más preparados y competir con los hindúes. Advirtió de que «India está habitada por dos naciones diferentes», que inevitablemente se enfrentarían por el poder si los británicos se marchaban.

En 1885, menos de tres décadas después de la década de la rebelión de 1857, se formó el Congreso Nacional Indio para dar representación política a los indios en India bajo control británico. El Congreso estaba abierto a todos, pero sus miembros eran predominantemente hindúes, un reflejo de que solo la cuarta parte de la población del país era musulmana. Como respuesta, se fundó en 1906 la Liga Musulmana Panindia para hacer frente a la influencia creciente de los hindúes.

La Liga Musulmana surgió entre un grupo de intelectuales de la Universidad Musulmana de Aligarh, fundada por Syed Ahmed Khan. El poeta Muhammad Iqbal fue elegido presidente de la Liga en 1930 y en »

La partición de India en 1947 causó uno de los mayores desplazamientos humanos en época de paz, al huir tanto musulmanes como hindúes al otro lado de la frontera.

su discurso presidencial en Allahabad demandó un Estado musulmán separado en India y formado por el Punyab, la provincia de la Frontera del Noroeste, Sind y Baluchistán. En sus palabras, «el autogobierno dentro del Imperio británico, o sin el Imperio británico, la formación de un Estado indio musulmán en el noroeste, creo que es el destino final de los musulmanes, al menos de los del noroeste de India». La «teoría de las dos naciones» atrajo a muchos musulmanes, pero fue rechazada por el Congreso Nacional Indio. En 1935, los británicos accedieron a conceder el autogobierno a India en forma de democracia parlamentaria. El Congreso hizo una promesa informal a la Liga Musulmana de que ambos partidos formarían gobiernos de coalición en las provincias de población musulmana importante, pero, tras las elecciones, no la cumplieron. En la Resolución de Lahore (también conocida como Resolución de Pakistán) de 1940, el líder de la Liga, Muhammad Ali Jinnah, planteó la exigencia formal de un Estado musulmán independiente.

Un nuevo Estado

En 1942, después de dos décadas al frente del movimiento de masas de

la protesta no violenta en India, Mahatma Gandhi pronunció su discurso *Quit India*, en el que instó a hindúes y musulmanes a unirse para poner fin al dominio británico. Sin embargo, la violencia entre hindúes y musulmanes fue en aumento y en 1947, abrumado por la deuda tras la Segunda Guerra Mundial, Reino Unido acordó con el Congreso y la Liga Musulmana la partición de India. El área llamada

La bandera de Pakistán, en la imagen en un partido de críquet, es el creciente y la estrella. El verde representa a la mayoría musulmana, el blanco, a las minorías; la estrella es luz, y el creciente, progreso.

Pakistán consistiría en dos mitades: al este, el área de mayoría musulmana de Bengala y, al oeste, el área de mayoría musulmana del Punyab y territorios adyacentes. Una y otra es-

Jamaat-e Islami

En 1867, un grupo de estudiosos indios fundó una madrasa hostil al dominio colonial británico. La escuela se llamó Darul Uloom Deoband, y sus seguidores eran los deobandis. El movimiento se difundió por el sur de Asia y en 1941 fueron sus ideas las que inspiraron al intelectual, periodista e imán Abul Ala Maududi (1903–1979) a fundar el partido Jamaat-e Islami ('partido del islam') en India. Maududi buscaba revivir el islam ante la amenaza del imperialismo occidental.

La Jamaat se opuso en un principio a la creación de Pakistán,

pues prefería luchar por una sociedad musulmana más perfecta dentro de India. Tras la Partición, el partido se dividió en grupos separados en India y Pakistán; el grupo de este último dirigió el movimiento a transformar el país en un Estado islámico. Cuando el general Muhammad Zia-ul-Haq tomó el poder en Pakistán con un golpe militar, en 1977, la Jamaat lo apoyó para que introdujera la *sharización* en el país. Desde la muerte de Zia en 1988, la influencia de la Jamaat ha menguado.

taban separadas por casi 1600 km de territorio indio. Jinnah fue nombrado gobernador general y su segundo en la Liga, Liaquat Ali Khan, fue nombrado primer ministro.

Identidad pakistaní

La partición provocó uno de los mayores desplazamientos de población de la historia. De India marcharon musulmanes hacia el norte, a Pakistán, y hubo hindúes que se fueron de lo que es hoy Pakistán hacia territorio indio. Unos 12 millones de personas se convirtieron en refugiados y entre medio millón y un millón murieron a causa de la violencia interreligiosa.

Pese a la creación de una nueva patria musulmana, en India se quedaron más musulmanes de los que se marcharon; por su parte, en Pakistán permanecieron unos dos millones de hindúes. La crisis por el control de la región de Cachemira desembocó en

> Si se elimina el islam de Pakistán y se convierte en un Estado secular, se hundirá.
> **Muhammad Zia-ul-Haq**
> **Presidente de Pakistán (1978–1988)**

guerra entre ambos países. En 1971, el propio Pakistán se dividió en dos países, al crearse Bangladés como independiente en la parte oriental.

Tanto Jinnah como su primer ministro habían muerto antes de cuatro años de la creación de Pakistán y la influencia de la Liga Musulma-

na menguó. Desde entonces, el Gobierno del país ha alternado entre la democracia parlamentaria y la dictadura militar.

Si bien el islam es la religión oficial del Estado, Pakistán no es un Estado islámico: el sistema legal no está conformado por la sharía. Los partidos políticos difieren acerca de si Pakistán fue concebido como patria secular para los indios musulmanes (la postura de Jinnah) o como Estado islámico. Muchos se preguntan qué sentido tiene crear un estado musulmán si no es islámico, pero los partidos islamistas no han logrado nunca el apoyo suficiente en las elecciones. ■

La mezquita de Fáisal en la capital de Pakistán, Islamabad, es una de las mayores del mundo. Construida con fondos aportados por el rey saudí en 1976, su diseño recuerda a una jaima beduina.

EL ISLAM ES POLÍTICA O NO ES NADA

AYATOLÁ JOMEINI

EN CONTEXTO

TEMA
La Revolución iraní

CUÁNDO Y DÓNDE
1979, Irán

ANTES
1501 Ismaíl, proclamado sah a los 15 años, es el primero de la dinastía safaví. Sustituye el sunismo por el chiísmo como religión del Estado.

1789 La tribu de los kayar, importante bajo los safavíes, se apodera de Irán.

DESPUÉS
1980 Irak invade Irán, para evitar el peligro de que la Revolución iraní de 1979 mueva a la mayoría chií de Irak a rebelarse contra el régimen controlado por los sunníes. La guerra acaba en 1988, con un coste estimado de 500 000 vidas.

En 1979, Irán experimentó una revolución popular cuyo impacto en el país y más allá se ha comparado con la Revolución francesa de 1789 y la Revolución rusa de 1917. La monarquía constitucional fue reemplazada por una teocracia y un líder religioso se erigió en la máxima autoridad del país.

La revolución en Irán se entendía como solo el principio de una revolución islámica de ámbito mayor que tendría lugar en toda la *umma*, o comunidad islámica mundial. Más de 40 años después, esta no se ha materializado, pero los grupos chiíes con respaldo iraní tienen una influencia

Véase también: El surgimiento del islam chií 108–115 ▪ El Imperio safaví 192–193 ▪ La secularización de Turquía 228–231 ▪ Sunníes y chiíes en el Oriente Próximo actual 270–271

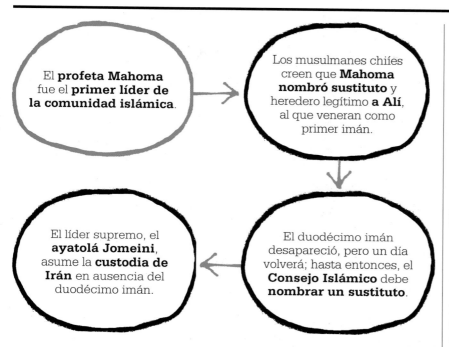

El **profeta Mahoma** fue el **primer líder de la comunidad islámica**.

Los musulmanes chiíes creen que **Mahoma nombró sustituto** y heredero legítimo **a Alí**, al que veneran como primer imán.

El duodécimo imán desapareció, pero un día volverá; hasta entonces, el **Consejo Islámico** debe **nombrar un sustituto**.

El líder supremo, el **ayatolá Jomeini**, asume la **custodia de Irán** en ausencia del duodécimo imán.

Solo Dios, el Alabado, es la luz; todo lo demás es oscuridad.
Ayatolá Jomeini

El nuevo sah continuó la política de su padre y, después de la Segunda Guerra Mundial, alineó Irán con EE. UU., un país que su Gobierno veía como un socio moderno y anticolonialista. Irán se llenó así de productos estadounidenses, desde automóviles hasta Coca-Cola, y también de expatriados, en particular trabajadores del sector petrolero y personal militar.

Irán se convirtió en un aliado muy importante de EE. UU. en Oriente Próximo al comenzar la Guerra Fría por su larga frontera con la Unión Soviética. Después de que el popular ministro Muhammad Mosaddegh nacionalizara la industria del petróleo en 1951, un golpe instigado por EE. UU. le permitió al sah afianzar su poder.

En 1971, el sah celebró con esplendor los 2500 años de monarquía en Irán en la antigua ciudad de Persépolis. Invitó a jefes de Estado de todo el mundo a un acontecimiento cuyo coste se estimó en más de 100 millones de dólares. Mientras, »

considerable en los acontecimientos de Oriente Próximo.

El sah

La revolución puso fin al gobierno impopular de los sah ('reyes') de la dinastía Pahlaví, inaugurada al tomar el poder un oficial del ejército, Reza Jan, en 1921 y convertirse en sah en 1925. Gran Bretaña y Rusia habían respaldado a la dinastía kayar con préstamos a cambio de concesiones económicas abusivas, entre ellas la explotación de los campos petrolíferos iraníes, descubiertos en 1908.

Reza Shah, como admirador de Mustafá Kemal Atatürk por sus reformas en Turquía, quería volver moderno Irán y a los iraníes: relegó el consejo religioso de los ulemas y prohibió el hiyab. Cuando los ulemas protestaron en 1935 contra la secularización, docenas de ellos fueron

ametrallados en el recinto del santuario del imán Reza, en Mashhad. En 1941, Reza Shah fue obligado a abdicar y lo sucedió su hijo, Muhammad Reza Pahleví, educado en Suiza.

Muhammad Reza Pahleví (centro) visita EE. UU. en 1962, en plena Guerra Fría, y lo recibe el presidente John F. Kennedy.

los iraníes de clase trabajadora vivían en la pobreza y, aunque la clase media disfrutara de algunos de los beneficios de la riqueza petrolera del país, el régimen autocrático y represivo del sah sofocaba la libertad de expresión e ignoraba los derechos humanos. Muchos grupos desafectos hallaron causa común en un movimiento de oposición formado alrededor del líder religioso carismático exiliado, el ayatolá Jomeini.

El ayatolá

Ruhollah Jomeini nació en 1902 en Jomein, ciudad entre Teherán e Isfahán. Procedía de una familia de *sayyids*, o descendientes del Profeta, cuyo linaje se remontaba al séptimo imán de los chiíes y, por tanto, al primero, Alí, heredero legítimo de Mahoma para el chiismo. Jomeini estudió derecho religioso en Qom y fue *muchtahid* a la precoz edad para ello de 34 años.

En 1963, Jomeini se pronunció contra una serie de nuevas reformas propuestas por el sah que consideraba un ataque al islam. Condenó al sah por difundir la corrupción moral en Irán y lo acusó de sumisión a los EE. UU. e Israel, país al que el régimen iraní suministraba petróleo. En

El islam es la religión de individuos combativos comprometidos con la verdad y la justicia.
Ayatolá Jomeini

1964, Jomeini denunció una nueva ley que extendía la inmunidad diplomática al personal militar estadounidense en Irán y afirmó que «han reducido al pueblo iraní a un nivel más bajo que el de un perro estadounidense». Fue obligado a exiliarse, primero en Turquía, luego en Irak y, finalmente, en París.

Una teoría del gobierno islámico

Jomeini siguió siendo una figura importante en su exilio y muchos de sus seguidores exhibían su imagen en Irán, atentos a sus discursos, que llegaban al país en cintas de

casete. Él dedicó ese tiempo a desarrollar sus ideas sobre el gobierno islámico. En su libro *Hukumat-e islami: velayat-e faqih* ('gobierno islámico: la regencia del jurista'), publicado en 1970, mantenía que las acciones del Profeta constituían una prueba de la legitimidad de un gobierno islámico, pues el propio Mahoma había establecido un gobierno e intervenido en hacer cumplir las leyes y en la administración de la sociedad.

Según el islam chií duodecimano, a Mahoma lo sucedieron su heredero legítimo y los demás imanes. Dada la ausencia del imán oculto (el duodécimo), la responsabilidad del gobierno pasó a los elegidos por los ulemas. Jomeini exigía el derrocamiento del sah y de su administración, así como el establecimiento de un Gobierno nombrado por los ulemas en su lugar.

Jomeini solo representaba uno de los campos de la oposición al sah. Otra figura muy influyente era la del intelectual formado en Occidente Ali Shariati, inspirado por el marxismo y los estudiosos anticoloniales occidentales, cuyas ideas incorporó al islam chií. Debido a su actividad política, fue encarcelado

---

Muchtahid y ayatolás

Tras el colapso del Imperio safaví en el siglo XVIII, muchos ulemas (autoridades religiosas) chiíes emigraron de Irán. De entre ellos surgieron dos escuelas de pensamiento legal: los ajbaríes mantienen como posición teológica que el Corán y los hadices son todo lo que un musulmán necesita conocer; los usulíes defienden la necesidad de un *ichtihad* (un dictamen legal independiente) para reinterpretar las leyes religiosas para cada nueva generación.

Fueron los usulíes los que acabaron por imponerse en Irán, bajo la dinastía kayar en el siglo XIX. Mientras que la mayoría de los ajbaríes cree que nadie puede promulgar normas religiosas nuevas hasta el regreso del Mahdi, en el sistema usulí hay una clase de eruditos religiosos, los *muchtahid*, cualificados para interpretar y pronunciarse sobre cuestiones legales. El título *ayatolá* (que significa 'signo de Dios') distingue a los *muchtahid* de mayor categoría.

En enero de 1979 hubo manifestaciones masivas en Teherán en favor del ayatolá Jomeini. En pocas semanas el sah abandonó Irán y Jomeini regresó.

REFORMA Y RENACIMIENTO 251

> La sunna y el camino del profeta constituyen una prueba de la necesidad de establecer un Gobierno.
> **Ayatolá Jomeini**

y después exiliado; murió en Reino Unido en 1977.

Al año siguiente, un ataque a Jomeini en periódicos iraníes respaldados por el gobierno llevó a manifestaciones en la ciudad santa de Qom en las que se pedía el regreso del ayatolá y en las que las fuerzas de seguridad mataron a algunos estudiantes. Las manifestaciones se extendieron a otras ciudades y fueron reprimidas con violencia. Los obreros fabriles fueron a la huelga en solidaridad con los manifestantes, y el Gobierno declaró la ley marcial y sacó los tanques a las calles. El día festivo de la Ashura, que aquel año se celebraba el 11 de diciembre, más de un millón de personas se manifestaron en Teherán y algunos soldados comenzaron a desertar. En enero de 1979, el sah abandonó el poder y se marchó del país. El 1 de febrero, Jomeini voló de regreso a Irán.

Gobierno revolucionario

A los cuatro días de su regreso, Jomeini se dirigió a sus seguidores en Teherán y anunció la formación de un nuevo Gobierno: «Este no es un Gobierno ordinario. Es un Gobierno basado en la sharía. Oponerse a él significa oponerse a la sharía del islam [...] rebelarse contra el Go-

bierno de Dios es una rebelión contra Dios, y la rebelión contra Dios es blasfemia». Jomeini nombró un nuevo primer ministro, aunque el anterior seguía en el cargo. Los rivales se enfrentaron en las calles, pero la lucha duró poco; el 11 de febrero, el Consejo Militar Supremo ordenó a todo el personal militar volver a su base y ceder el control a Jomeini. Dos meses más tarde se celebró un referéndum; se preguntaba si Irán debía convertirse en una república islámica y el 98 % del electorado votó a favor.

La nueva Administración era un híbrido: el jefe de Estado, el líder supremo, era una figura religiosa, lo cual situaba la fe religiosa en el centro del Estado. El ayatolá Jomeini ocupó el cargo el resto de su vida. Aparentemente, se complementaba la autoridad del líder supremo con una estructura democrática, con un presidente como jefe del Gobierno

Después de 14 años en el exilio, el ayatolá Jomeini volvió a Teherán el 1 de febrero de 1979, día que se celebra como festivo en Irán.

iraní elegido por el pueblo para un mandato de ocho años como máximo. La teocracia, sin embargo, detenta en último término el poder, pues, para presentarse, los candidatos presidenciales deben ser aprobados por un comité de clérigos.

Los motivos de la Revolución iraní no fueron estrictamente religiosos, pero el islam fue el factor más importante a la hora de unir al pueblo contra el sah, al que se vio como un déspota controlado por los Gobiernos occidentales. A pesar de vivir en el exilio durante el periodo que condujo al derrocamiento del sah, Jomeini fue el arquitecto y líder de la República Islámica de Irán, y a él se debe su modelo de gobierno compuesto. ∎

EL ISLAM HOY

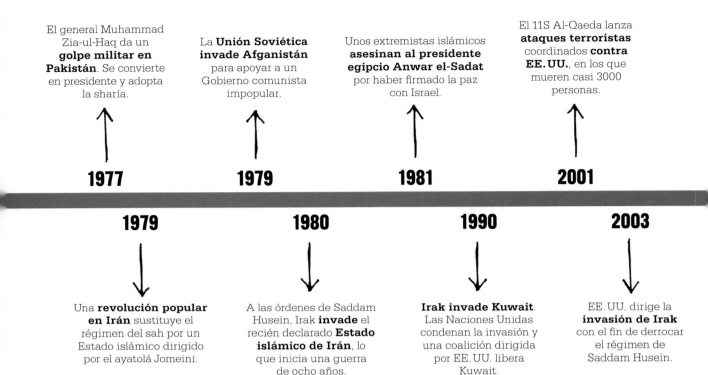

El general Muhammad Zia-ul-Haq da un **golpe militar en Pakistán**. Se convierte en presidente y adopta la sharía.

La **Unión Soviética invade Afganistán** para apoyar a un Gobierno comunista impopular.

Unos extremistas islámicos **asesinan al presidente egipcio Anwar el-Sadat** por haber firmado la paz con Israel.

El 11S Al-Qaeda lanza **ataques terroristas** coordinados **contra EE. UU.**, en los que mueren casi 3000 personas.

1977

1979

1981

2001

1979

1980

1990

2003

Una **revolución popular en Irán** sustituye el régimen del sah por un Estado islámico dirigido por el ayatolá Jomeini.

A las órdenes de Saddam Husein, Irak **invade** el recién declarado **Estado islámico de Irán**, lo que inicia una guerra de ocho años.

Irak invade Kuwait. Las Naciones Unidas condenan la invasión y una coalición dirigida por EE. UU. libera Kuwait.

EE. UU. dirige la **invasión de Irak** con el fin de derrocar el régimen de Saddam Husein.

El islam de hoy está muy influido por acontecimientos de finales de la década de 1970 e inicios de la de 1980. En 1977 un golpe en Pakistán le dio el poder a Muhammad Zia-ul-Haq, quien introdujo el *nizam-e-Mustafa* o 'gobierno del Profeta'; es decir, la sharía. Dos años más tarde, la URSS invadió Afganistán y Pakistán, aliado con Arabia Saudí, Irán y EE. UU., entre otros países, financió y armó a la resistencia afgana. También en 1979, el régimen secular del sah en Irán fue derrocado por una revolución popular, que llevó al poder al ayatolá Jomeini y transformó el país en un Estado islámico. En 1981, otro aliado fiable de Occidente, el presidente egipcio Anwar el-Sadat, fue asesinado por islamistas. En poco más de cuatro años, una ola de conservadurismo islámico y sentimiento antioccidental había barrido gran parte del mundo musulmán.

Las semillas del conflicto

La Revolución iraní llevó al poder al clero chií radical, lo cual desató la alarma en otros países con una población chií importante. Uno de ellos, el Irak gobernado por sunníes, invadió Irán, con el resultado de una guerra sangrienta de ocho años.

Poco después de la paz con Irán, en 1990, Irak invadió Kuwait. Ante la amenaza a los suministros internacionales de petróleo, no solo en Kuwait, sino también en la vecina Arabia Saudí, EE. UU. dirigió una coalición de rescate. La primera guerra del Golfo culminó en la operación Tormenta del Desierto, que duró unas seis semanas a principios de 1991 y consiguió la liberación de

Kuwait. Ahora bien, la presencia de fuerzas estadounidenses en Oriente Medio, en particular en Arabia Saudí, donde se encuentran las ciudades santas de La Meca y Medina, ofendió a algunos musulmanes, muchos de los cuales habían vuelto recientemente de Afganistán, donde habían tenido éxito expulsando a los soviéticos. De entre las filas de aquellos combatientes islámicos surgieron organizaciones como los talibanes y Al-Qaeda.

Percepciones del islam

El objetivo de Al-Qaeda era atacar a Occidente como venganza por lo que se percibía como opresión de los musulmanes. El 11 de septiembre de 2001, varios agentes de Al-Qaeda llevaron a cabo atentados en EE. UU. y causaron una enorme pérdida de vidas. EE. UU. respondió

Las protestas antigubernamentales de la llamada **Primavera Árabe**, comenzando por Túnez, se extienden por el norte de África y Oriente Próximo.

La activista por la educación femenina **Malala Yousafzai**, de 17 años, es la galardonada más joven con el Premio Nobel.

En Indonesia, se lanza el **islam nusantara** como interpretación alternativa del islam desde una perspectiva no árabe.

Rashida Tlaib e Ilhan Omar son las **primeras mujeres musulmanas elegidas al Congreso de EE. UU.**

2011   2014   2015   2019

2013   2014   2018   2019

La organización terrorista con base en Somalia **As-Shabab** ataca el centro comercial Westgate en Nairobi (Kenia) y mata a 67 personas.

El grupo insurgente **Estado Islámico** se apodera de áreas extensas de Irak y Siria y declara un nuevo califato.

Arabia Saudí levanta la prohibición de que conduzcan las mujeres y se conceden los primeros permisos.

Brunéi aprueba nuevas leyes de la sharía que castigan con la lapidación el adulterio y el sexo entre hombres.

---

atacando las bases de Al-Qaeda en Afganistán e invadiendo Irak, cuyo líder, Saddam Husein, fue depuesto.

Los ataques del 11 de septiembre hicieron que mucha gente en Occidente viera como una amenaza cualquier expresión del islam. Eso angustió a los millones de musulmanes que vivían como minoría en los países occidentales, convertidos en objeto de sospecha y desconfianza entre una marea creciente de islamofobia.

La percepción occidental del mundo islámico experimentó otro cambio profundo en 2011 con los levantamientos de la Primavera Árabe contra regímenes del norte de África y Oriente Próximo. La presencia de muchos jóvenes entre sus dirigentes, la de las mujeres además de hombres y la exigencia de elecciones libres y democráticas hicieron creer a muchos que amanecía una nueva era en la región. Esta no se ha materializado, pero la imagen de jóvenes musulmanes –de ambos sexos– luchando por sus derechos civiles y humanos hizo mucho por promover una visión más matizada del mundo islámico.

Formas opuestas

Aunque menos de un quinto de la población musulmana de todo el mundo vive en Oriente Medio, la región mantiene una influencia desproporcionada sobre el resto del mundo islámico. Indonesia, donde vive la mayor población musulmana del mundo, ha desarrollado una perspectiva propia del islam visto desde el sureste asiático; sin embargo, son Arabia Saudí y los Estados árabes del golfo, gracias a su gran riqueza petrolífera, los que influyen de forma predominante en el modo en que se practica el islam en el resto del mundo. Se trata de un enfoque estricto y fundamentalista, el wahabismo (en su forma saudí estricta) o el salafismo.

En Oriente Próximo, Irán desafía la hegemonía de Arabia Saudí en lo relativo al islam. Desde el fin de Saddam Husein, la influencia iraní se ha extendido a Irak, de mayoría chií, y por Siria y Líbano. Los conflictos recientes en Irak y Siria –incluida la guerra contra el Estado Islámico– han generado millones de refugiados musulmanes. Los países vecinos han acogido algunos, pero muchos huyeron a Europa y, como consecuencia de esta migración forzada y de una tasa de natalidad elevada, se predice que la población musulmana en Europa y el resto del mundo crecerá rápidamente en las próximas décadas. Eso bien podría alterar una vez más la historia del islam. ∎

SOMOS DE DIOS Y A ÉL VOLVEMOS

CORÁN 2,156

EN CONTEXTO

TEMA
Ritos de paso

CUÁNDO Y DÓNDE
Hoy, todo el mundo

ANTES
595 El futuro profeta Mahoma se casa con Jadiya, 15 años mayor que él. Permanece monógamo, hasta la muerte de Jadiya; después se casa otras diez veces.

Siglo VIII El jurista As-Shafi'i decreta que es deseable que un hombre tenga una sola esposa aunque sea permisible que se case con más de una.

2007 La Universidad de Al-Azhar en Egipto, institución islámica que emite dictámenes sobre conducta social, emprende un estudio sobre cómo limitar los matrimonios 'urfi, o no oficiales, que, afirma, habían «alcanzado proporciones alarmantes».

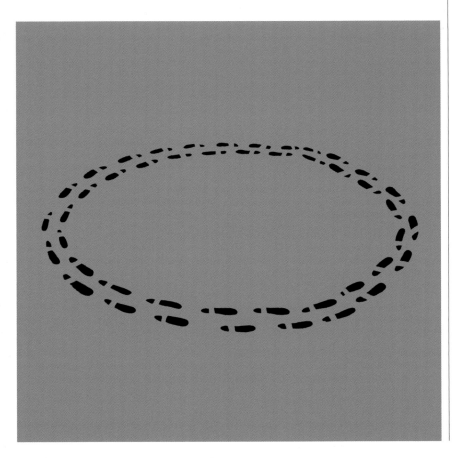

Todos los musulmanes, practiquen o no la religión, continúan practicando los rituales de su fe en momentos importantes de la vida, como el nacimiento, el matrimonio y la muerte.

Cuando nace una criatura musulmana, es tradicional en algunas culturas susurrarle al oído derecho la *shahada*: «No hay más dios que Dios y Mahoma es el mensajero de Dios». Así, el mensaje central del islam es lo primero que oyen. La tradición también manda que lo primero que prueben sea dulce, por lo que es común que los padres masquen un dátil y le apliquen el jugo o miel en las encías.

Véase también: Los cinco pilares del islam: la *shahada* 36–41 ▪ La concepción coránica del cielo 92 ▪ Dichos y hechos del Profeta 118–123 ▪ La guía divina a través de la sharía 128–133

Un abuelo indonesio le corta el pelo a un bebé en la ceremonia de la *aqiqa*. Muchos musulmanes creen que la ceremonia protegerá a sus hijos de cualquier daño.

Preparación para la vida

A los bebés se les suele poner nombre el día que nacen, o al séptimo día, siguiendo una tradición registrada en un hadiz. Se suelen poner nombres de profetas, de sus esposas o de los compañeros del Profeta; de todos, Muhammad es uno de los más frecuentes para los niños. Algunas fuentes afirman que es el nombre más popular del mundo para los chicos y no solo en los países de mayoría musulmana: la Oficina Nacional de Estadística de Reino Unido informó de que Muhammad, y las 14 grafías variadas registradas del nombre, fue la opción más numerosa para los niños nacidos en Gran Bretaña en 2017.

Hay una serie de ritos que tienen lugar el séptimo día después de nacer, o a partir de este, entre ellos, afeitarle la cabeza al bebé. El cabello retirado se pesa y el peso equivalente en plata (o su valor monetario) se da como limosna. También es tradicional observar la *aqiqa*, el sacrificio de una cabra u oveja para dar gracias a Dios: por los niños se sacrifican dos animales, y por las niñas, uno; la carne se regala a parientes y vecinos, y también a los pobres. Actualmente hay organizaciones benéficas que hacen el sacrificio de parte de la familia y distribuyen la carne entre los pobres.

A los niños musulmanes se los circuncida, idealmente a la semana de nacer, pero se puede hacer en cualquier momento antes de la pubertad. En Malasia, por ejemplo, se hace como rito de paso a la edad adulta. La circuncisión es una práctica anterior al islam; se cree que se remonta a la época del profeta Abraham. No hay mención alguna de la circuncisión en el Corán, pero aparece reflejada en los hadices; por ejemplo, en *Sahih al-Bujari* y *Sahih Muslim* se recoge que el Profeta menciona la circuncisión en una lista de actos *fitra* –término que designa la esencia natural o estado de pureza en el que nacen los humanos–, junto con recortarse el bigote y cortarse las uñas.

En las áreas rurales puede practicarla un barbero, pero es más habitual que se haga en una clínica u hospital. Al tratarse de una costumbre, y no parte de la doctrina islámica, la circuncisión no es obligatoria para los conversos al islam.

La mutilación genital femenina (mal llamada circuncisión) no forma parte de la observancia religiosa del islam y está, por lo general, prohibida por ser una violación de los derechos humanos. Allí donde se practica –en el Egipto y Sudán rurales, en comunidades musulmanas y no musulmanas de África Oriental, y en algunas comunidades inmigrantes en Occidente– es una tradición cultural, pero no está autorizada por el Corán.

Matrimonio

En la mayoría de los países musulmanes no son habituales las citas entre parejas jóvenes y el sexo premarital es objeto de un tabú absoluto. Las familias tienen un papel importante a la hora de formar parejas. Es algo comúnmente aceptado que »

¡Señor! ¡Haznos el regalo de que nuestras esposas y descendencia sean nuestra alegría, haz que seamos modelo para los temerosos de Dios!
Corán 25,74

La sura 35, Creador, aleya 11, plantea sucintamente el ciclo de la vida: nacemos, nos reproducimos y morimos. También revela que el tiempo que se vive está predeterminado.

Nacimiento

«Y Dios os creó de tierra; luego, de una gota.»

Matrimonio

«Luego, hizo de vosotros parejas.»

Embarazo

«Ninguna hembra concibe o pare sin que Él lo sepa.»

Muerte

«Nadie muere a edad avanzada o prematura que no esté eso en una Escritura.»

son los padres quienes están mejor situados para encontrar pareja para sus hijos. Los padres deben acordar los términos de la dote (en árabe, *mahr*), que paga el novio a la novia antes de la boda.

En el islam, el matrimonio no es un rito religioso, sino un contrato civil. Conocido como *nikah*, es un contrato legal entre un hombre y una mujer en el que consta que se casan por propia voluntad. Se firma en presencia de dos testigos musulmanes y, a diferencia de las bodas cristianas, celebradas tradicionalmente en una iglesia, es más habitual que el *nikah* tenga lugar en una oficina que en una mezquita. No se requiere la presencia de un imán ni otra autoridad religiosa y la ceremonia posterior depende de la tradición cultural de la pareja, pero no del islam.

Variantes maritales

En la época del Profeta, era común que los hombres tuvieran más de una esposa, siempre que dispusieran de los medios para mantenerlas y honrarlas por igual, tal y como establece el Corán. A pesar de que la mayoría de las autoridades islámicas mantienen que es legal que un hombre tenga hasta cuatro esposas (pero no que una mujer tenga múltiples maridos), la poligamia es ilegal en algunos países islámicos, entre ellos Turquía y Túnez, y se encuentra en declive en muchos otros; en Egipto, por ejemplo, el número de matrimonios polígamos es inferior al 3 %. Algunos musulmanes reconocen también un matrimonio no oficial a corto plazo: el 'urfi. El coste elevado del matrimonio obliga a muchas parejas jóvenes a esperar años antes de poderse casar oficialmente y el 'urfi les permite estar juntos sin registro oficial. Esos matrimonios los hace un hombre de religión en presencia de dos testigos. La pareja puede re-

Una novia musulmana india firma un certificado matrimonial ante líderes religiosos durante la ceremonia de la *iyaza* ('permiso').

gistrar el matrimonio más adelante y celebrar una boda plena cuando su economía lo permita. En la tradición chií, se permiten los matrimonios *muta'a*, por el que un hombre y una mujer se casan en privado, por un plazo corto o medio, sin necesidad de testigos ni de contrato.

Estos matrimonios temporales son muy controvertidos y los contrayentes suelen ocultárselos a sus parientes. También resultan peligrosos para las mujeres, a las que esta forma de matrimonio no ofrece ninguna protección legal, tal como el derecho a una pensión conyugal o de alimentos.

El divorcio

En el islam un hombre puede divorciarse de su esposa pronunciando el *talaq*, por el que anuncia que la repudia. No obstante, en el islam el matrimonio es una institución tanto sacramental como contractual y el divorcio se presenta solo como última opción tras haber intentado todos los remedios posibles para reconstruir la relación. Se dice que Mahoma dijo: «De todas las cosas legales, el divorcio es la más odiada por Dios».

El procedimiento más común y adecuado es que si una pareja acuerda mutuamente el divorcio, le solicitan a un cadí (juez) que anule el matrimonio ante dos testigos. Si un miembro de la pareja desea divorciarse y el otro no, él o ella pueden solicitarle el divorcio al cadí y, si alegan motivos razonables, puede concederse. También puede anularse un matrimonio si la pareja lleva viviendo separada al menos dos años y uno de sus miembros no tiene intención de volver con el otro.

Cuando el divorcio se produce a petición del hombre, la mujer tiene pleno derecho a conservar la dote pagada en su día. Si es la mujer quien lo inicia, puede renunciar al derecho a conservar la dote, ya que

es ella quien busca romper el contrato, a menos que pueda demostrar una causa justificada ante el cadí.

El final de la vida

En el islam, la muerte se considera una transición entre la vida en este mundo y la vida en el más allá. La muerte ocurre por voluntad divina y, cuando llega, debe aceptarse. Los fallecidos deben ser enterrados lo antes posible, preferiblemente el mismo día, y no se permite la cremación. Los miembros adultos de la

Una familia chií visita la tumba de un pariente en uno de los mayores cementerios del mundo, en Náyaf (Irak). Las visitas suelen tener lugar durante el Aid al-Fitr, la festividad de final del Ramadán.

familia del difunto lavan el cuerpo para retirar las impurezas; los hombres son lavados por hombres, y las mujeres, por mujeres. Luego envuelven el cuerpo en un modesto sudario blanco. Los deudos le dedican una oración funeraria al difunto en la mezquita; después se lleva el cuerpo al cementerio. Se deposita en la tumba, orientado hacia La Meca, y los dolientes recitan la *shahada*, la misma declaración de fe susurrada al oído del difunto cuando nació. Muchos de los presentes echan tres puñados de tierra a la tumba mientras recitan parte de la sura 20 del Corán: «Os creamos de ella y a ella os devolveremos, para sacaros otra vez de ella» (20:55).

Los rituales funerarios específicos varían según el país, pero, por lo general, la familia les da dinero o alimentos a los pobres en nombre del difunto, como forma de expiación de los pecados que este haya podido cometer. ∎

LGBT+ e islam

El Corán –y también la Biblia– cuenta la historia de Lot, a cuyo pueblo Dios destruyó por su comportamiento «obsceno», que incluía la homosexualidad: «¿Os llegáis a los varones, de las criaturas, y descuidáis a vuestras esposas, que vuestro Señor ha creado para vosotros?» (26,165–166). Por ello, los eruditos musulmanes antiguos declararon prohibida la homosexualidad.

Algunos musulmanes hoy creen que la homosexualidad es una opción y que los homosexuales deben esforzarse por cambiar o abstenerse. Hay algunos países musulmanes en los que las relaciones entre personas del mismo sexo son legales, entre ellos Jordania, Líbano, Turquía y la mayor parte de Indonesia, pero en la mayoría, los actos homosexuales son contrarios a la ley. Los castigos varían según el país, desde la cárcel, pasando por azotes y hasta la muerte, que es el castigo en Brunéi, Arabia Saudí, Sudán y Yemen.

LAS SIETE CASAS DEL ISLAM

ED HUSAIN (2018)

EN CONTEXTO

TEMA
**La demografía
del islam hoy**

CUÁNDO Y DÓNDE
Hoy, todo el mundo

ANTES
Siglo VII El islam se extiende
por conquista a África, Europa
y tierras fronterizas de India.

651 El tercer califa, Uzmán,
envía una embajada a China.

922 Bulgaria del Volga es el
primer estado musulmán en
lo que hoy es la Rusia europea.

Siglo XII El sultanato musulmán
de Kilwa, en África Oriental, se
extiende hasta Mozambique.

1492 Llega a América el primer
musulmán, miembro de la
tripulación de Cristóbal Colón.

DESPUÉS
2050 Datos publicados en
2017 predicen que en 2050
habrá 2760 millones de
musulmanes, el 29,7 %
de la población mundial.

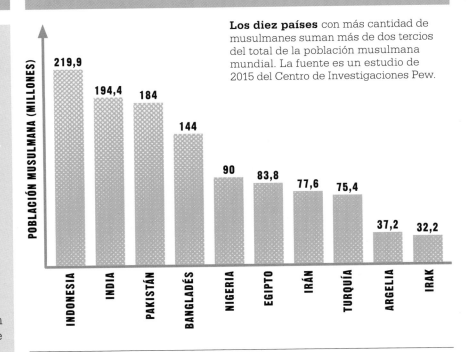

Los diez países con más cantidad de musulmanes suman más de dos tercios del total de la población musulmana mundial. La fuente es un estudio de 2015 del Centro de Investigaciones Pew.

Según un estudio de 2015 del Centro de Investigaciones Pew de EE. UU., hay unos 1800 millones de musulmanes en el mundo. La población mundial en 2019 era de 7700 millones y, por tanto, casi una de cada cuatro personas en el mundo hoy es musulmana. De estas, solo 317 millones, o menos del 18 %, viven en Oriente Próximo y el norte de África. Hay más musulmanes en India y Pakistán que en toda la región que va desde Marruecos a Irán. Los cinco países con las mayores poblaciones musulmanas son Indonesia (219,9 millones), India (194,4), Pakistán (184), Bangladés (144) y Nigeria (90). El sexto país de la lista, Egipto, es el país de Oriente Próximo con mayor población musulmana, aproximadamente, 83,8 millones.

Véase también: La difusión del islam a través del comercio 182–185 ■ El islam en Europa 210–215 ■ La creación de Pakistán 242–247 ■ El islam en África 278–279 ■ El islam en Indonesia 280–281 ■ Los musulmanes en Occidente 282–285

Las casas del islam

Los estudiosos lo dividen en esferas o regiones culturales y geográficas, que el autor Ed Husain presenta como siete. La primera es el mundo de habla árabe de Oriente Próximo, el norte de África y el norte de África Oriental (Yibuti y Eritrea). En la región donde nació el islam vive menos de la quinta parte de sus adeptos, pero tiene la mayor proporción de población musulmana del mundo.

Los países islámicos de lengua persa son Irán, Afganistán y Tayikistán, que forman la segunda región. En Irán vive la mayor población chií del mundo.

El África subsahariana es la tercera región; son los países de lengua no árabe: Gambia, Ghana, Kenia, Malí, Níger, Nigeria, Senegal, Sierra Leona y Somalia, que suman unos 250 millones de musulmanes. En países como Níger y Somalia, los musulmanes representan el 99 % de la población; ahora bien, casi uno de cada tres musulmanes del África subsahariana vive en Nigeria.

La cuarta región es el subcontinente indio, formado por India, Pakistán, Bangladés, Birmania, Nepal y Sri Lanka. India tiene la segunda mayor cantidad de musulmanes del mundo, pese a que estos representan menos del 15 % de su población. En 2050, India podría tener la mayor población musulmana del mundo a pesar de seguir siendo un país de mayoría hindú.

La quinta región es la túrquica, que comprende Turquía y otros pueblos de lengua túrquica: azerbaiya-

> La visión última es establecer la noción de multiculturalismo en el mundo islámico.
> **Feisal Abdul Rauf**
> **Imán sufí estadounidense**

nos, chechenos, kazajos, kirguises, turcomanos, uzbecos y los uigures de China. En China viven unos 22 millones de musulmanes, la mayoría concentrados en Sinkiang, la única provincia de mayoría musulmana del país y en la que el 53 % de la población es musulmana (datos de 2019).

La sexta región es el sureste asiático, que abarca Indonesia, Malasia, Brunéi y las minorías de Tailandia y Filipinas. En Indonesia, que tiene la mayor población musulmana del mundo, viven, aproximadamente, el 13 % de los musulmanes del mundo.

Difusión del islam

La séptima casa es Occidente. A Europa han afluido muchos emigrantes huidos de los conflictos en África y Oriente Próximo. Las cifras no son fiables, pero se cree que viven unos 44 millones de musulmanes. Rusia es donde hay más, pues superan los 16 millones. En Francia viven 5,7 millones (el 8,8 % de la población del país), y en Alemania, 5 millones (6,1 %). Los países de Europa con mayor proporción de población musulmana son Kosovo (90 %), Albania (80 %), Bosnia-Herzegovina (40 %) y República de Macedonia (33 %).

De los aproximadamente 4,6 millones de musulmanes de Norteamérica, unos 3,45 millones viven en EE. UU. y solo algo más de un millón en Canadá. Menos del 1 % de la población estadounidense es musulmana; se estima que será el doble en 2050. ■

Oración en el lugar de trabajo en Lagos. En Nigeria, aproximadamente el 50 % de la población es musulmana (concentrada en el norte) y el 50 % cristiana (sobre todo en el sur).

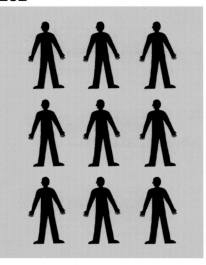

EL ÁRABE NO TIENE NINGUNA SUPERIORIDAD SOBRE EL NO ÁRABE

PROFETA MAHOMA

E l islam nació en Arabia: Mahoma era árabe y el Corán le fue revelado en lengua árabe. Los musulmanes de todo el mundo miran a La Meca al rezar y todo musulmán espera peregrinar allí en el *hach* en algún momento de su vida. Es común que los musulmanes no árabes aprendan árabe para leer el Corán y comprender lo que dicen al rezar.

Menos del 20 % de los musulmanes del mundo son árabes, pero la lengua y la cultura árabes ejercen una influencia mucho mayor de lo que la cifra podría sugerir; y es una influencia creciente, un fenómeno moderno llamado *arabización*.

Sin embargo, no siempre fue así. Los musulmanes turcos, indios y del sureste asiático tuvieron siempre una identidad cultural propia, pero desde la segunda mitad del siglo XX, la cultura árabe «del Golfo» (de la península arábiga) se adopta como distintivo de la identidad musulmana. El ejemplo más visible es que el tradicional *zaub* blanco árabe de los hombres y la *'abaya* negra de las mujeres sean hoy un atuendo cotidiano en muchos países islámicos. El *niqab*, que se veía raramente fuera del mundo árabe hasta tiempos recientes, es hoy común desde Somalia, en África oriental, hasta Brunéi, en el sureste asiático.

¿Ramzan o Ramadán?
Las expresiones en árabe son cada vez más abundantes en otras lenguas en vez de su equivalente. Por ejemplo, un periódico malayo informa del uso creciente del término árabe *hiyab* ('pañuelo'), con preferencia sobre el malayo *tudung*; también *shukran* ('gracias') en vez de la expresión habitual en malayo, *terima kasih*. El persa *Ramzan*, que es la pronunciación habitual en el subcontinente indio del nombre de

Si entre vosotros hay quienes desean practicar la cultura árabe y no seguir nuestras costumbres malayas, es cosa suya. También los animo a que vivan en Arabia Saudí.
Sultán Iskandar de Johor

La mezquita de Colonia, inaugurada en 2015, la financió un departamento de la autoridad de asuntos religiosos del gobierno turco con el objetivo de reforzar la imagen de Turquía en el mundo islámico.

la festividad del mes del ayuno, se ha visto reemplazado por el árabe *Ramadán*. De modo análogo, hoy se prefieren los nombres árabes para las criaturas. En 2016, el sultán de Johor instó a los malayos a no prescindir de sus expresiones y cultura tradicionales para copiar lo árabe.

Desde la década de 1970, en la que se enriquecieron con el petróleo, no ha dejado de crecer la influencia de los Estados del Golfo —Catar y Arabia Saudí, en particular— sobre las comunidades musulmanas de todo el mundo. Dichos países explotan el vínculo religioso profundo de los 1800 millones de musulmanes del mundo con la península arábiga como cuna del islam y ámbito de sus lugares más sagrados. Esto ha consistido en reclutar y formar imanes para que enseñen el islam conforme a la costumbre y las leyes saudíes y del Golfo, y en financiar mezquitas en ciudades y pueblos por todo el mundo. También hay una tendencia a centralizar la toma de decisiones de la comunidad islámica; por ejemplo, el inicio del Ramadán y cuándo debe celebrarse el Aíd se declara en Arabia Saudí para todos los musulmanes. Los medios

árabes refuerzan esos vínculos y los Estados del Golfo exportan con éxito literatura, televisión y contenido en línea que incide en una visión árabe del mundo. El ejemplo más destacado es Al Jazeera, el canal de televisión financiado por el Estado catarí.

Reacción en contra

Se han dado movimientos en contra de la arabización, animados por el deseo de reclamar y promover las culturas propias como expresión igual-

mente válida de la fe islámica. En 2015, el movimiento islámico indonesio Nahdatul Ulama comenzó a promover el islam nusantara como forma de islam que tiene en cuenta las costumbres indonesias. En EE.UU., algunos musulmanes afroestadounidenses han lanzado campañas en las redes sociales para promover su identidad con la etiqueta #BlackoutEid. Turquía exporta producciones televisivas como afirmación de una versión turca de la herencia islámica y la versión doblada de sus telenovelas —que a menudo representan acontecimientos históricos del ámbito del islam, como la vida de Solimán el Magnífico— son muy apreciadas en el mundo árabe. Es un modo de recordar a los musulmanes que, hasta el siglo XX, bajo el Imperio otomano Turquía fue la potencia predominante del mundo islámico. ■

Musulmán no es una etnia

A diferencia de ser judío o sij, ser musulmán no se considera una etnia. La confusión entre religión y etnia da lugar a veces a la idea de que árabe y musulmán son conceptos que pueden intercambiarse, pero no es así: el islam es ciego al origen y está abierto a todas las tribus y culturas.

Se cuenta que en su último sermón, en el 632, Mahoma dijo: «Toda la humanidad viene de Adán y Eva. El árabe no tiene ninguna superioridad sobre

el no árabe; el blanco no tiene superioridad sobre el negro ni el negro tiene superioridad sobre el blanco excepto por la piedad y las buenas acciones». El Corán afirma que los mejores son los más píos, independientemente de la raza, y presenta la existencia de diferentes tribus y naciones como positiva para la humanidad. Tal y como se enseña, el islam acepta todas las culturas mientras sus tradiciones no entren en conflicto con la práctica religiosa islámica.

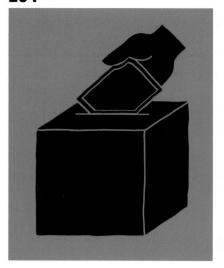

LA DEMOCRACIA Y EL ISLAM NO SON INCOMPATIBLES

BENAZIR BHUTTO (2007)

EN CONTEXTO

TEMA
Islam y democracia

CUÁNDO Y DÓNDE
Hoy, todo el mundo

ANTES
632 Una *shura*, o consejo de sabios, elige al sucesor de Mahoma como líder de los musulmanes.

1945 En Turquía, un sistema multipartidista sustituye al régimen autocrático del fundador del Estado turco moderno, Mustafá Kemal Atatürk.

1947 Tras la Partición, las naciones nuevamente independientes de la India, con su gran minoría musulmana, y Pakistán, de mayoría musulmana, se convierten en democracias.

2011 Por todo el mundo de habla árabe estallan revueltas. Empiezan en Túnez y se extienden luego a Marruecos, Libia, Egipto, Siria y Baréin.

De los 1800 millones de musulmanes del mundo, hay millones que viven en una democracia o en países con elecciones abiertas. El país con la mayor población musulmana, Indonesia, es también la tercera democracia del mundo por población. El país del que se estima que tendrá la mayor población musulmana del mundo en 2050 es India, la mayor democracia del mundo. Malí, Senegal, Túnez, Turquía, Pakistán, Bangladés y Malasia son todos países de mayoría musulmana con sistemas políticos democráticos, con grados variables de éxito. Todo ello parece indicar que no hay ninguna contradicción inherente entre el islam y la democracia.

El Corán contiene conceptos que se podrían interpretar como favorables a los ideales democráticos: uno es la *shura*, o toma de decisiones comunal; otra, el *ichma*, o principio del consenso. La sura 42,38, por ejemplo, recomienda que los creyentes «se consulten mutuamente».

Aquellos musulmanes que siguen una interpretación más estricta del Corán, sin embargo, pueden argumentar que la sharía, aplicada con rigor, aparta el gobierno de las manos de los humanos y considera a Dios como única fuente de la ley. Los estudiosos religiosos más extremistas consideran *haram*, u objeto de prohibición religiosa, participar en actividades políticas tan cotidianas como afiliarse a un partido político o votar.

Esta es la postura que adoptan las autoridades wahabíes de Arabia Saudí, los talibanes de Afganistán y Pakistán, y algunos seguidores del movimiento salafista.

Islamistas por el voto
No todas las organizaciones islamistas se oponen a la democracia. Ha habido ocasiones en la historia re-

En Europa tienen democracia cristiana. ¿Por qué no puede haber demócratas musulmanes en el mundo islámico?
Anwar Ibrahim
Líder reformista malayo

Véase también: La guía divina a través de la sharía 128–133 ▪ El ascenso del islam político 238–241 ▪ La demografía del islam hoy 260–261 ▪ El salafismo 304

El desarrollo del islam político y de la democracia parecen ir ahora de la mano, pero no al mismo ritmo.
Olivier Roy
Profesor del Instituto Universitario Europeo de Florencia

ciente en las que la democracia parecía el camino más realista hacia la legitimidad política para los partidos islamistas. En Argelia, por ejemplo, el Frente Islámico de Salvación tenía en su mano derrotar al gobernante Frente de Liberación Nacional en las elecciones de 1991. Para impedirlo, el Gobierno canceló las elecciones, el ejército tomó el control y empezó una guerra civil que duró 10 años y en la que perdieron la vida más de 100 000 personas.

Más recientemente, después de que las revueltas de la Primavera Árabe en 2011 derrocaran en Egipto el Gobierno del presidente Hosni Mubarak, el candidato de los Hermanos Musulmanes Mohammed Mursi ganó las elecciones de 2012. Una vez en el poder, la organización demostró no compartir la cultura democrática de los manifestantes que los habían llevado hasta allí; en 2013

el ejército dio un golpe de Estado, depuso a Mursi y restauró el Gobierno autoritario.

Una revuelta en Túnez también condujo al derrocamiento de un presidente autoritario de larga trayectoria en 2011, lo que allanó el camino a unas elecciones democráticas. El experimento tuvo más éxito que en Egipto: el antes clandestino partido islamista Ennahdha, legalizado en 2011, obtuvo el mayor número de escaños en la Asamblea Constituyente de Túnez y, a partir de ese momento, los tunecinos han participado en varias elecciones pacíficas y han aprobado una nueva constitución, una de las más progresistas del mundo árabe.

¿Quién está en contra del voto?

Hasta la fecha, Túnez es el único experimento democrático con éxito del mundo árabe. El resto de la región se caracteriza por tener líderes no dispuestos a permitir que los ciudadanos se pronuncien sobre quién los gobierna y que restringen las libertades individuales para que así sea. Los motivos para ello son objeto de debate de la ciencia política, pero algunos especialistas señalan la tendencia histórica de Occidente a apoyar a déspotas y dictadores, en particular a lo largo de la Guerra Fría, cuando tanto EE. UU. como la URSS dieron respaldo a regímenes represivos para garantizar sus alianzas en la región. En la actualidad, Occidente continúa apoyando a líderes antidemocráticos para salvaguardar los suministros fundamentales de petróleo y gas de Oriente Próximo.

Dado lo impredecible de las elecciones abiertas, unido al riesgo de la llegada de partidos islamistas al poder, la democracia en Oriente Próximo no se ha visto por lo general como favorable a los intereses de las potencias occidentales. ▪

Tunecinos votando en un colegio electoral en las elecciones parlamentarias de 2019. Túnez ha construido un sistema político que incluye a islamistas y sus antiguos adversarios.

SI DISCUTÍS POR ALGO, REFERIDLO A DIOS

CORÁN 4,59

EN CONTEXTO

TEMA
El Estado islámico moderno

CUÁNDO Y DÓNDE
Hoy, Arabia Saudí

ANTES
Siglo VIII Estudiosos de varias comunidades musulmanas estandarizan la jurisprudencia y codifican la sharía o ley islámica independientemente.

Siglo XIX Enfrentados al colonialismo europeo, los musulmanes asocian cada vez más la sharía a la autodeterminación.

1928 Los Hermanos Musulmanes decretan que Egipto solo podrá aspirar a una renovación nacional volviendo a hacer de la sharía su eje central.

1932 El líder tribal Ibn Saʻd toma el control de la península arábiga y permite a los estudiosos religiosos aplicar la ley islámica.

Desde mediados del siglo XX, algunos países musulmanes han tratado de regresar al estado premoderno de la sharía o poner en práctica un sistema legal islámico con un código de conducta correspondiente, derivado todo ello del Corán y la sunna. Para los promotores de ese camino, se trata de vivir una vida dirigida no por los pronunciamientos del hombre, sino por los eternos y concretos de Dios. Los partidarios de la sharía creen estar siguiendo la palabra de Dios, cuando este reveló: «[…] si discutís por algo, referidlo a Dios y al Enviado» (Corán 4,59).

Cómo aplicar la sharía en el mundo actual es objeto de disputa entre mu-

Véase también: La guía divina a través de la sharía 128–133 ▪ El wahabismo, o una reforma islámica 216–217 ▪ El nacimiento de Arabia Saudí 232–237 ▪ La creación de Pakistán 242–247 ▪ Los nuevos extremistas 272–277 ▪ El salafismo 304

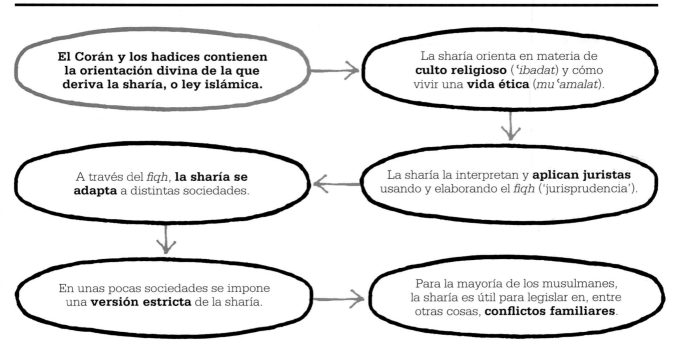

El Corán y los hadices contienen la orientación divina de la que deriva la sharía, o ley islámica.

La sharía orienta en materia de **culto religioso** (*'ibadat*) y cómo vivir una **vida ética** (*mu'amalat*).

A través del *fiqh*, **la sharía se adapta** a distintas sociedades.

La sharía la interpretan y **aplican juristas** usando y elaborando el *fiqh* ('jurisprudencia').

En unas pocas sociedades se impone una **versión estricta** de la sharía.

Para la mayoría de los musulmanes, la sharía es útil para legislar en, entre otras cosas, **conflictos familiares**.

sulmanes conservadores y moderados. La aplicación plena se extiende a todas las áreas de la vida pública. Algunos aspectos son generalmente aceptados, como lo referente a los alimentos *halal* y la banca islámica (sin tasas de interés). Otros aspectos son más controvertidos; por ejemplo, los *hudud* ('límites'), o castigos especificados en el Corán y los hadices para pecados que van desde el adulterio y la homosexualidad hasta el robo y el asesinato. Bajo un régimen de sharía estricto, los musulmanes están obligados a modificar su comportamiento cotidiano, incluso en aspectos como la vestimenta o sus compañías.

Estados de la sharía

La inmensa mayoría de los aproximadamente 50 países de mayoría musulmana del mundo han sustituido la sharía por sistemas penales y civiles basados en modelos europeos y la

conservan solo para lo referente al derecho familiar. Solo unos pocos países aplican la sharía de forma plena: Afganistán, Brunéi, Catar y Arabia Saudí. Indonesia, Nigeria y Sudán la aplican en determinadas regiones. El código legal de Irán se basa en la sharía integrada en el derecho civil.

Mañana, jueves 1 de mayo de 2014, comenzará a aplicarse la sharía.
Sultán Hassanal Bolkiah de Brunéi

El ejemplo más destacado de país en el que impera la sharía es Arabia Saudí, donde las autoridades religiosas ocupan una posición única en las naciones islámicas; además del Ministerio de Asuntos Islámicos, han controlado siempre los Ministerios de Justicia y Educación. También **»**

Hassanal Bolkiah se convirtió en sultán de Brunéi, de mayoría musulmana y rica en petróleo, en 1967. En 2019 decretó el uso de la sharía.

controlan un cuerpo de policía religiosa llamado Comité para la Promoción de la Virtud y la Prevención del Vicio, y más habitualmente como mutawi'yin. Los jueces saudíes son adeptos de la estricta escuela de jurisprudencia hanbalí, que complementan con decretos reales sobre asuntos más actuales, como los derechos de propiedad intelectual.

Derecho penal

Aunque la sharía se ocupa de buena parte del comportamiento humano, el derecho penal (uno de sus componentes menores) es el área que suscita más controversia. El Corán es muy concreto en cuestión de delitos y castigos: «Al ladrón y a la ladrona, cortadles las manos como retribución de lo que han cometido» (5,38); «Flagelad a la fornicadora y al fornicador con cien azotes cada uno» (24,2). En otros pasajes, es más vago: «Si dos de los vuestros la cometen [deshonestidad], castigad a ambos severamente» (4,16); «Y quien mate a un creyente premeditadamente, tendrá la gehena como retribución» (4,93). En los casos para los que el Corán no estipula un castigo, los jueces acuden a los hadices. Las ofensas recogidas en la sharía incluyen no solo delitos internacionalmente reconocidos como el asesinato, la violación, el robo, la traición y el contrabando de drogas, sino otros como la apostasía (renuncia a las creencias religiosas), el adulterio, la blasfemia y la brujería. La versión saudí de la sharía permite en teoría la pena de muerte para tales delitos. Las ejecuciones suelen ser públicas y se ejecutan por decapitación con espada. Los actos homosexuales o la promoción de la homosexualidad están penados con azotes, cárcel e incluso la muerte.

Los partidarios de la sharía argumentan que los tribunales requieren pruebas incontrovertibles antes de imponer cualquier castigo. En el caso del adulterio, por ejemplo, el Corán dice que debe haber cuatro testigos fiables del acto. Quien acuse a alguien de adulterio sin dichos testigos puede ser castigado con 80 azotes por difamación, pero los críticos mantienen que no siempre se cumple con tales restricciones.

> Evitad condenar al musulmán al *hudud* siempre que podáis y, si halláis la manera de que escape (al *hudud*), hacedlo así.
> **Profeta Mahoma**

Las mujeres bajo la sharía

La condición de la mujer en la sharía es otro ámbito de intenso debate. La segregación de los sexos, que los clérigos justifican por el concepto legal islámico de *dar al-fasad* ('proteger de la corrupción'), se ha reflejado tradicionalmente en la prohibición de que se mezclen hombres y mujeres, lo cual ha tenido como consecuencia práctica impedir el acceso de las mujeres al trabajo. La supuesta «falta de capacidad» ('adam al-kifa') de las mujeres requiere la presencia de un guardián masculino (el padre, hermano, marido u otro pariente), que debe conceder el permiso para viajar, para tratamientos médicos o abrir una cuenta bancaria. La vestimenta de las mujeres queda gobernada por una interpretación estricta de la ley islámica que exige una modestia

La sharía en países no musulmanes

En países no musulmanes hay tribunales de la sharía que atienden a las comunidades musulmanas. Con frecuencia vinculados a la mezquita, no son tribunales legales, sus dictámenes no tienen fuerza legal y no prevalecen sobre los de los tribunales al uso. Suelen ocuparse de asuntos familiares, como divorcios, y se recurre a ellos para llegar a acuerdos sobre los niños y los bienes. Las parejas pueden casarse en un tribunal de la sharía, pero su matrimonio no será válido ante del Estado.

En Occidente hay quien ha tratado de convertir la sharía en una cuestión política. En EE. UU., por ejemplo, varios estados han prohibido los tribunales de la sharía, pero casi todas las comunidades religiosas del país, entre ellas la judía, tienen comités de arbitraje propios para las disputas familiares. En este aspecto, los tribunales de la sharía no tienen nada de particular.

Hasta 2018, a las mujeres saudíes se les prohibía conducir; se argumentaba que, como no tenían permitido viajar sin un hombre, no necesitaban hacerlo.

Policía de la sharía en Aceh, única provincia indonesia donde impera, dando el alto a mujeres motoristas para comprobar que su vestimenta es adecuada.

extrema, generalmente en forma de una prenda larga, 'abaya, y pañuelo en la cabeza. La cara no debe necesariamente taparse con el nicab; algunos estudiosos afirman que sí, pero, por lo general, se considera una práctica cultural, pero no religiosa.

La situación está cambiando, aunque lentamente. En 2017, el rey Salmán de Arabia Saudí decretó que las mujeres ya no necesitaban el permiso de un hombre para algunas actividades, como asistir a la universidad, tener empleo y someterse a una operación quirúrgica. A las mujeres saudíes se les permite ahora conducir, y pueden obtener un pasaporte y viajar al extranjero sin el consentimiento de un guardián. Legalmente, sin embargo, siguen clasificadas como menores para toda la vida.

La sharía por el mundo

El otro Estado moderno que se ha acercado al modelo saudí de la sharía es Afganistán bajo los talibanes. Un grupo de pashtunes musulmanes sunníes establecieron allí un Estado islámico entre 1996 y 2001, con jueces-clérigos y una policía de la moralidad que patrullaba las calles para hacer cumplir las normas islámicas de comportamiento. Los talibanes fueron más lejos que Arabia Saudí en cuanto a prohibir la educación y el empleo a las mujeres, y también llevar a efecto el castigo *hudud* de la lapidación por adulterio, extremo del que Arabia Saudí se abstiene. Arabia Saudí fue uno de los solo tres países que reconocieron diplomáticamente al régimen talibán, junto con Pakistán y los Emiratos Árabes Unidos. Hay diferencias importantes entre la ideología de los talibanes, que controlan la mayor parte de Afganistán, y la de las autoridades religiosas saudíes, pero ambos mantienen que el Estado de la sharía no requiere partidos políticos ni elecciones legislativas.

En otros lugares, la sharía se introdujo como un medio para sacar brillo a las credenciales islámicas de algunos dirigentes con fines políticos. La sharía se incorporó a las constituciones de 1968 y 1973 de Sudán, y sigue siendo el principio orientador del país. Los críticos denuncian su uso como herramienta para perseguir a mujeres cristianas, que se arriesgan a ser azotadas en público por llevar prendas «inmorales» tales como pantalones.

En 1979, como parte de la islamización de Pakistán, el dictador militar Muhammad Zia-ul-Haq introdujo las Ordenanzas Hudud, normativa que añadía delitos nuevos al código penal, entre ellos el adulterio y la fornicación (el sexo fuera del matrimonio), y nuevos castigos, como azotes, amputaciones y la lapidación.

En 2014, el sultán de Brunéi introdujo un nuevo código legal que extendía el ámbito de la sharía del derecho civil al penal. En 2019 se amplió para incluir los castigos *hudud*. La decisión causó indignación en países y grupos de defensa de los derechos humanos de todo el mundo.

Un sentido más amplio

Mientras que los no musulmanes tienden a asociar la sharía solamente con los severos castigos *hudud*, para muchos musulmanes esto representa solo una pequeña parte de un sistema de justicia de ámbito mayor e íntimamente ligado a su identidad islámica. Casi todos los países musulmanes aplican la sharía en algún grado, generalmente en el derecho familiar relativo al matrimonio, el divorcio y la sucesión. Hoy día, la mayoría de los países musulmanes ven la sharía como un sistema que puede coexistir, y de hecho coexiste, con sistemas legales de otro tipo y su aplicación extrema es anatema para la mayoría de los musulmanes tanto como lo pueda ser para los no musulmanes. ∎

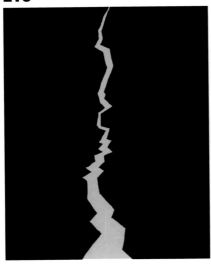

MÁS POLÍTICO QUE RELIGIOSO

DIARIO *THE GUARDIAN* (2015)

EN CONTEXTO

TEMA
Sunníes y chiíes en el Oriente Próximo actual

CUÁNDO Y DÓNDE
Hoy, Oriente Próximo

ANTES
1501–1722 El gobierno de la dinastía safaví chií de Irán pone fin a la tolerancia mutua entre sunníes y chiíes al entrar en guerra con sus vecinos sunníes otomanos.

1935–1936 Los chiíes iraquíes se rebelan contra el gobierno de la minoría sunní.

1979 La revolución iraní reemplaza al sah (rey) por una república islámica chií.

2005 Tras el derrocamiento de Saddam Husein en 2003, los chiíes iraquíes celebran el fin del control sunní del país.

2019 Milicias con respaldo iraní intervienen en Irak para reprimir las protestas masivas contra la corrupción estatal y el paro.

Los chiíes representan el 15 %, aproximadamente, de los musulmanes, pero su presencia en Oriente Próximo es mayor que en ninguna otra parte. Según estimaciones recientes, de todos los musulmanes de Oriente Próximo, 191 millones son sunníes y 121 millones chiíes; por tanto, estos constituyen algo más del 38 % en la región.

La mayor concentración de chiíes se da hoy en Irán, donde el chiismo se convirtió en la religión oficial en la época safaví (1501–1722), y el 87 % de la población se identifica como chií. También Irak y el pequeño reino insular de Baréin tienen una mayoría chií considerable. Además, hay poblaciones chiíes importantes en Líbano, Yemen y Arabia Saudí, y fuera de Oriente Próximo, en India y Pakistán.

Pese a las escaramuzas de los safavíes chiíes en su frontera con el Imperio otomano sunní durante dos siglos, sunníes y chiíes coexistie-

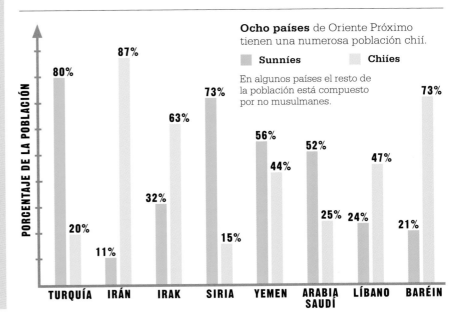

Ocho países de Oriente Próximo tienen una numerosa población chií.

■ **Sunníes** ■ **Chiíes**

En algunos países el resto de la población está compuesto por no musulmanes.

PORCENTAJE DE LA POBLACIÓN

	TURQUÍA	IRÁN	IRAK	SIRIA	YEMEN	ARABIA SAUDÍ	LÍBANO	BARÉIN
Sunníes	80%	11%	32%	73%	56%	52%	24%	21%
Chiíes	20%	87%	63%	15%	44%	25%	47%	73%

Véase también: El surgimiento del islam chií 108–115 ▪ El Imperio safaví 192–193 ▪ El nacimiento de Arabia Saudí 232–237 ▪ La Revolución iraní 248–251

ron pacíficamente durante la mayor parte de su historia.

El espectro del sectarismo

La revolución islámica de 1979 en Irán lo cambió todo: los chiíes habían derrocado a la monarquía y el islam chií se percibió como una fuerza más combativa. A Saddam Husein, líder sunní de un Irak predominantemente chií, alarmado por la amenaza de la influencia de esta revolución entre su propia población, invadió Irán en 1980. Los Estados sunníes del Golfo financiaron a Irak en lo que Saddam presentó como una guerra árabe contra los «persas». La guerra acabó sin que hubiera un vencedor en 1988. Tras el derrocamiento de Saddam, en 2003, por parte de una coalición dirigida por EE.UU., las elecciones parlamentarias subsiguientes llevaron al poder a un Gobierno de la mayoría chií.

La influencia iraní se extendió al apoyo a la milicia chií libanesa, hoy el partido más fuerte de Líbano. Irán respalda también a los hutíes, insurgentes chiíes de Yemen que en 2015 expulsaron al Gobierno internacio-

nalmente reconocido del país, y al régimen de Siria, donde la represión de la mayoría sunní por parte del clan alauita chií al que pertenece la familia Asad desencadenó protestas en 2011. La guerra civil resultante se convirtió en un foco de tensión para los rivales políticos de la región y para las superpotencias.

Nacionalismo

Pese a lo que pueda parecer, el sectarismo islámico no es la única causa de las divisiones en Oriente Próximo ni la principal siquiera. Para la mayo-

Un jeque chií dirige la oración del viernes en el Reino de Baréin, donde la dinastía sunní Al-Jalifa gobierna a una mayoría chií.

ría de los musulmanes, cuenta más la identidad nacional que la tradición del islam a la que pertenezcan.

Por ejemplo, los chiíes iraquíes formaron la mayor parte del ejército iraquí que combatió en la guerra contra Irán. Cuando Hussein invadió Kuwait en 1990, era un país controlado por sunníes el que invadía a otro sunní y muchos otros países árabes sunníes formaron parte de la coalición para liberar Kuwait. Los hutíes de Yemen son chiíes zaidíes, pero depusieron y asesinaron al presidente Ali Abdullah Saleh, también zaidí.

Las guerras actuales en Oriente Próximo tienen sus raíces en el nacionalismo, además de la teología. Muchos de estos conflictos son guerras subsidiarias entre Irán y Arabia Saudí, dos grandes potencias de la región, y rivales estratégicos por el control del mundo islámico, sobre todo allí donde el colapso del Estado impide la gobernabilidad. ▪

Deje la gente de presumir de sus antepasados. Cada uno no es más que un creyente pío o un pecador miserable.
Profeta Mahoma

Alauitas

Los alauitas son un grupo chií que, probablemente, fundó en el siglo IX Ibn Nusayr y que antes se conoció como los *nusayri*. Como todos los chiíes, veneran a Alí, el primer imán, pero añadieron elementos de otras creencias, entre ellas el cristianismo; así, creen en una Santa Trinidad formada por Mahoma, Alí, y Salmán el Persa, un compañero del Profeta. Son relativamente liberales: beben alcohol y las mujeres no se cubren el cabello.

Los alauitas viven sobre todo en Siria, donde son entre el 10 y el 15 % de la población. La familia Asad, que tomó el poder en 1971, es alauita. Los presidentes Hafez al-Asad y su hijo Bashar al-Asad reforzaron la lealtad al régimen situando a algunos alauitas en cargos importantes del Gobierno y las fuerzas de seguridad.

Históricamente, ha habido clérigos sunníes que denunciaron a los alauitas como herejes, y estos temen que los sunníes puedan llegar alguna vez al poder.

NADA DE NEGOCIACIONES, NADA DE CONFERENCIAS Y NADA DE DIÁLOGOS

ABDULLAH AZZAM (DÉCADA DE 1980)

EN CONTEXTO

TEMA
Los nuevos extremistas

CUÁNDO Y DÓNDE
Hoy, todo el mundo

ANTES
Finales del siglo VIII Los juristas islámicos tempranos hablan de la yihad como lucha defensiva colectiva contra la injusticia de infieles y apóstatas.

1898 El reformador islámico egipcio Rashid Rida lanza *Al-Manar*, revista en la que reprende a las sociedades musulmanas por facilitar el colonialismo y llama a volver al «verdadero islam», purgado de influencias occidentales.

1964 En *Ma'alim fi at-tariq* el reformador islámico egipcio Sayyid Qutb insta a los musulmanes a crear una sociedad islámica basada solo en los preceptos del Corán.

Entre finales del siglo XIX y mediados del XX había pensadores islámicos, como Yamal ad-Din al-Afgani y Sayyid Qutb, para quienes los musulmanes sufrían agravios debido al imperialismo occidental y proponían aplicar el islam a la vida política y social para crear una sociedad islámica utópica. A fines del siglo XX, de la idea de reconciliar el islam con la modernidad occidental se pasó al rechazo de esta y al desprecio de Occidente por parte de los nuevos extremistas islámicos. Este enfoque intransigente se resumió en una frase del estudioso islámico Abdullah Azzam (1941–1989): «La yihad y solo el rifle: nada de negociaciones, nada de conferencias y nada de diálogos».

En el siglo XXI ha habido una alta incidencia de lo que algunos comentaristas occidentales llaman *yihadismo* (guerra contra los infieles) perpetrado por grupos islamistas. El término *islamista* también es objeto de debate, pero se suele entender como la militancia combativa en nombre de una interpretación estricta del islam, que enfrenta a los musulmanes contra los no musulmanes; o, en el caso de los extremistas *takfiri*, también contra todos los demás musulmanes no islamistas, a los que

> La yihad no debe abandonarse hasta que solo Dios sea venerado. La yihad es el camino de la gloria eterna.
> **Abdullah Azzam**

consideran apóstatas. Los grupos extremistas islamistas se ven a sí mismos como combatientes en la lucha por la soberanía de Dios en la Tierra.

Estos grupos siguen las enseñanzas de Abdullah Azzam, quien predicó que todos los musulmanes, independientemente de su nacionalidad, están obligados a luchar contra cualquier enemigo que invada un país musulmán. En 1980, el país en el que pensaba Azzam era Afganistán.

Afganistán

En diciembre de 1979, la Unión Soviética invadió Afganistán para apoyar al Gobierno comunista (por tanto, ateo y no islámico) del país. Voluntarios de todo el mundo islámico acudieron a la llamada de Azzam y fueron a Afganistán a tomar las armas contra los soviéticos. Los llamados *muyahidines* afganos y extranjeros contaron con el apoyo de un grupo de países variopinto e improbable, entre los que estaban Irán, Pakistán, Arabia Saudí y EE.UU.

Entre los muyahidines había un médico de El Cairo, Ayman al-

Durante nueve años el ejército soviético combatió a los muyahidines en Afganistán. En 1989 reconoció la derrota en febrero y se retiró del país.

Zawahiri. Seguidor devoto del pensador islámico radical Sayyid Qutb, pertenecía al grupo Yihad Islámica Egipcia, cuyo líder espiritual era el jeque ciego Omar Abdel Rahman, más tarde condenado a cadena perpetua por conspirar para cometer el atentado con explosivos del World Trade Center de Nueva York en 1993.

En 1981, la Yihad Islámica asesinó al presidente egipcio Anwar el-Sadat, cuya firma de un tratado de paz con Israel había indignado a los islamistas. El asesinato llevó a que se detuviera y encarcelara a muchos islamistas, entre ellos Al-Zawahiri. Fue liberado en 1986 y se fue a Pakistán para tratar a los heridos muyahidines. Allí trabó amistad con un árabe saudí joven y rico: Osama bin Laden.

Como alumno de la Universidad Rey Abdulaziz, en Yeda, Bin Laden había asistido a conferencias de Muhammad Qutb, hermano menor de Sayyid. Ambos hermanos habían estado encarcelados en Egipto; Sayyid fue ahorcado, pero a Muhammad lo liberaron y se mudó a Arabia Saudí, donde, como profesor de estudios is-

lámicos, promovió la obra de su hermano. Bin Laden, inspirado por lo que aprendió, se trasladó a Pakistán en 1981, donde halló otro mentor en la persona de Abdullah Azzam.

El camino al 11S
Al-Zawahiri veía Afganistán como un campo de entrenamiento para la revolución en su país contra lo que llamaba el «enemigo próximo», en este caso, el Gobierno egipcio. En cambio, Bin Laden se centraba en el «enemigo lejano»: Occidente.

Cuando los soviéticos se retiraron de Afganistán en 1989, Al-Zawahiri siguió dirigiendo la yihad en una campaña de atentados con bomba y ataques a figuras políticas egipcias. Mientras tanto, Bin Laden, Abdullah Azzam y otros formaron un grupo nuevo, al que llamaron Al-Qaeda ('La Base'). Su objetivo era purgar el islam de la influencia occidental, destruir Israel y establecer un nuevo califato en todo el ámbito del islam.

En 1990, la invasión de Kuwait por el líder iraquí Saddam Husein

En agosto de 1990 llegaron tropas de EE. UU. a Arabia Saudí a petición del rey Fahd para ejecutar la operación Tormenta del Desierto, que expulsó a las fuerzas iraquíes de Kuwait en febrero de 1991.

amenazó los campos de petróleo de Arabia Saudí. Bin Laden ofreció emplear a los muyahidines para defenderlos, pero las autoridades del reino optaron por unirse a una coalición dirigida por EE. UU. y permitir a los estadounidenses desplegar tropas en territorio saudí. Bin Laden denunció a la coalición y lo que consideraba la profanación de tierra sagrada. Exiliado de Arabia Saudí, huyó primero a Sudán, en 1991, y luego a Afganistán, en 1996.

En 1996, Bin Laden publicó una «Declaración de guerra contra los americanos ocupantes de la tierra de los dos santos lugares», en la que llamaba a los musulmanes a liberar Arabia Saudí de los estadounidenses, que mantuvieron una presencia allí tras expulsar a los iraquíes de Kuwait. A esta fetua siguió otra »

Como mejor se entiende Al-Qaeda es como motor alimentado por la desesperación del mundo islámico.
Lawrence Wright
Autor de *La torre elevada: Al-Qaeda y los orígenes del 11-S*

declaración en 1998, esta vez bajo la rúbrica de Frente Islámico Mundial, organización paraguas que reunía a la Al-Qaeda de Bin Laden, la Yihad Islámica de Al-Zawahiri y otros tres grupos. Esta entidad decretaba que «matar a los estadounidenses y sus aliados –civiles y militares– es un deber individual de todo musulmán que pueda hacerlo».

En agosto de aquel año, los atentados suicidas de Al-Qaeda destruyeron las embajadas estadounidenses en Nairobi (Kenia) y Dar es Salaam (Tanzania), y mataron a 224 personas. En el año 2000, unos militantes de Al-Qaeda atacaron el destructor USS Cole en un ataque suicida junto a la costa de Yemen y mataron a 17 marinos estadounidenses. El 11 de septiembre de 2001, fueron miembros de Al-Qaeda quienes estrellaron dos aviones comerciales contra las torres gemelas del World Trade Center de Nueva York y otro contra el Pentágono en Washington D.C.; un cuarto avión, que tenía por objetivo o bien la Casa Blanca, o bien el Capitolio, se estrelló en un campo en el estado de Pensilvania. Los ataques del 11S de Al-Qaeda mataron a un total de 2996 personas, 2507 de ellas civiles, 343 bomberos, 72 agentes de policía y 55 miembros del personal militar.

Combatir a Al-Qaeda

Casi todos los líderes musulmanes condenaron los ataques del 11S, entre ellos los líderes de Egipto, Irán, Libia, Siria y la Autoridad Palestina.

En 2002, mientras musulmanes y no musulmanes no acababan de comprender qué podría haber inspirado un ataque semejante, Bin Laden publicó en internet una «Carta a América», en la que exponía sus

Combatientes del Estado Islámico
exhiben su bandera, que es negra y tiene como blasón la segunda frase de la *shahada*: «Mahoma es el enviado de Dios».

motivos para la campaña de Al-Qaeda. Entre estos estaba el apoyo de EE. UU. al Estado de Israel desde su creación en 1948, que permitió a Israel ocupar Palestina, así como sus incursiones en Líbano; su intervención en Somalia; su inacción ante la opresión de los musulmanes en Chechenia y Cachemira; el «robo» del petróleo árabe; y las sanciones a Irak.

La respuesta de EE. UU. al 11S fue declarar una «guerra al terror» en la que atacó a Al-Qaeda en el país donde se había formado: Afganistán. Aunque se eliminó casi el 80 % de Al-Qaeda en Afganistán, la red de células afiliadas de la organización siguió planeando y ejecutando ataques. El 7 de julio de 2005, cuatro terroristas suicidas británicos mataron a 56 personas en el Metro de Londres y un autobús urbano, y cientos de civiles más murieron en otros ataques en Bali, Estambul, Argel, Madrid, París y otros lugares.

En 2011, el presidente de EE. UU. Barack Obama anunció que Bin Laden había muerto en una operación encubierta en Abbottabad (Pakistán). Aunque la influencia de Al-Qaeda se ha reducido desde entonces, permanecen activas algunas

de sus filiales, entre las que destaca la surgida en Somalia As-Shabab ('Los Jóvenes'), que mató a casi 700 personas con camiones bomba en Mogadiscio (Somalia) en 2011 y 2017, y perpetró otros atentados en Nairobi (Kenia) en 2013 y 2019.

Los talibanes

Tras la retirada de la Unión Soviética de Afganistán en 1989, derrotada por los muyahidines –victoria celebrada tanto por los islamistas como por Occidente–, los vencedores lucharon entre sí. Estalló una guerra civil, con facciones apoyadas por potencias extranjeras, entre ellas Irán y Arabia Saudí. Uno de los grupos, surgido en 1994, estaba formado por estudiantes pashtunes (grupo étnico repartido entre Pakistán y Afganistán) y deobandis pakistaníes. Conocidos como los *taliban* (plural del árabe *talib*, 'estudiante'), aspiraban a establecer una sociedad islámica pura.

Desde 1996 hasta su derrocamiento en 2001, los talibanes controlaron unas tres cuartas partes del país y aplicaron una interpretación brutal de la sharía, con actos como rechazar la ayuda humanitaria, masacres generalizadas y la destrucción

> Vendrá un pueblo del este, jóvenes con la cabeza afeitada e ideas insensatas, que recitan el Corán sin que les penetre más allá de la garganta. Allí donde los encontréis, combatidlos.
> **Profeta Mahoma**

(2001) de las estatuas de los budas de Bamiyán, de 1500 años de antigüedad. Solo Pakistán, Arabia Saudí y los Emiratos Árabes Unidos reconocieron formalmente al régimen talibán. En 2001, tras los atentados del 11S, los talibanes rechazaron un ultimátum estadounidense para que entregaran a Bin Laden y expulsaran a las fuerzas de Al-Qaeda a las que daban refugio. Como respuesta, EE. UU. y sus aliados invadieron Afganistán y depusieron al Gobierno talibán. Desde entonces, sin embargo, el grupo fue recuperando el control del país. En 2019 controlaban ya el 15 % de Afganistán, y eran activos en el 70 %.

Estado Islámico

La organización Estado Islámico (EI) –o Estado Islámico de Irak y Siria (EIIS), o Estado Islámico de Irak y el Levante (EIIL) o Dáesh (acrónimo de su nombre en árabe)– surgió de los restos de Al-Qaeda en Irak. Aprovechó la inestabilidad en Irak y Siria (en la que había estallado la guerra civil en 2011) para apoderarse de territorio y tomar las ciudades iraquíes de Mosul y Tikrit en 2014.

Ese año, el líder del Estado Islámico Abú Bakr al-Baghdadi anunció la formación de un califato. Mientras que Yihad Islámica y los talibanes pretendieron controlar un solo país, el EI reclamaba el liderazgo de todo el mundo islámico. «Pronto, con permiso de Dios, llegará el día en el que el musulmán se paseará como amo por todas partes», declaró al Baghdadi.

Una coalición dirigida por EE. UU. inició los ataques aéreos contra Estado Islámico en Irak en 2014, mientras las fuerzas combinadas iraquíes, kurdas y sirias lo combatían en tierra. Las células de agentes de Estado Islámico abatieron un avión ruso con una bomba en Egipto en 2015 y lanzaron una serie de atentados terroristas en París, pero, en 2018, la campaña contra la organización pudo centrarse en los escasos territorios que controlaba aún en el este de Siria.

En diciembre de 2018, el presidente de EE. UU. Donald Trump declaró que Estado Islámico había sido derrotado. A finales de 2019, los estadounidenses anunciaron la muerte de Al-Baghdadi a manos de fuerzas especiales estadounidenses.

Creencias desencaminadas

Según un informe de Global Extremist Monitor, solo en 2017 el extremismo islamista fue responsable de la muerte de 84 000 personas (entre ellas 22 000 civiles) en 66 países. La mayoría de las víctimas son musulmanes y los activistas musulmanes, como Malala Yousafzai (dcha.), protestan contra sus injusticias.

«La yihad y solo el rifle» de Abdullah Azzam es un mensaje que sigue atrayendo a demasiados adeptos. En su apogeo, Estado Islámico controlaba un territorio entre el oeste de Irak y Siria central, donde vivían entre 8 y 12 millones de personas. Aunque se autodenominara califato, sin embargo, nunca controló las ciudades santas de La Meca y Medina, y solo logró unificar en su contra a los países árabes y otros países musulmanes. ∎

Resistir a los talibanes

El 9 de octubre de 2012, dos hombres detuvieron un autobús escolar en el distrito de Swat (Pakistán) y preguntaron: «¿Quién es Malala?». Al identificarse Malala Yousafzai, de 15 años, le dispararon un tiro a la cabeza.

Hija de maestra, Malala fue criada con conciencia política. Inspirada por figuras como el reformista Muhammad Ali Jinnah y la anterior primera ministra Benazir Bhutto, desde los 12 años habló en público y *online* sobre el derecho básico a la educación para las niñas y sobre la amenaza que eran los talibanes para ese derecho. El atentado contra su vida fue una represalia por su activismo.

Trasladaron en estado crítico a Malala a un hospital en Reino Unido. Se recuperó y su activismo se hizo aún más destacado por el derecho de las niñas a la educación. En 2014 compartió el Premio Nobel de la Paz y así fue la galardonada más joven en la historia del Nobel. En 2017 inició sus estudios en la Universidad de Oxford y sigue haciendo campaña por los 130 millones de niñas en el mundo que no asisten a la escuela.

AQUÍ LA GENTE VIVE DE VERDAD EL ISLAM

YOUSSOU N'DOUR, CANTANTE SENEGALÉS (2004)

EN CONTEXTO

TEMA
El islam en África

CUÁNDO Y DÓNDE
Hoy, África

ANTES
C. 614 Mahoma aconseja a un grupo de adeptos perseguidos por los mequíes buscar refugio al otro lado del mar Rojo, en Axum.

Siglo XIV Musa I, emperador del imperio africano occidental de Malí, es considerado el hombre más rico de la historia por sus reservas de sal y oro.

2013 Insurgentes de Al-Qaeda incendian una biblioteca con miles de manuscritos islámicos históricos de enorme valor al huir de Tombuctú (Malí).

2018 La policía italiana detiene a un somalí que planeaba poner una bomba en la basílica de San Pedro de Roma el día de Navidad.

Se cree que el 48 % de la población de África es musulmana y el 50 % cristiana. Además de los países arabófonos del norte del continente, el islam tiene una gran presencia en el Cuerno de África, la región del Sahel al sur del Sahara y gran parte de África Occidental. Con alrededor de 550 millones de musulmanes, en África vive casi un tercio de los musulmanes del mundo.

Una religión africana

La presencia del islam es tan antigua en gran parte del continente que muchos africanos lo consideran una religión autóctona. En la tradición islámica, los primeros compañeros de Mahoma que huyeron de la persecución en La Meca se asentaron en el reino cristiano de Axum (ahora, Etiopía y Eritrea). Se cuenta que regresaron a Arabia cuando Mahoma fundó una comunidad musulmana en Medina, pero las excavaciones en un cementerio del siglo VII al norte de Etiopía revelan rastros de una comunidad musulmana que habría perdurado tras la marcha de los exiliados.

Los musulmanes constituyen el 34 % aproximado de la población de Etiopía, por lo demás mayoritariamente cristiana, pero en Nigeria, el país más poblado del continente, la

Países de población musulmana mayoritaria

África

Axum

Países de población cristiana mayoritaria

Desde sus inicios en Axum, el islam pasó a ser la religión dominante en África en el norte, mientras que en el sur predomina el cristianismo.

figura llega al 50 %, con más de 100 millones de musulmanes. En Sierra Leona, los musulmanes representan el 77 % de la población; en Guinea, el 85 %; en Gambia, el 90 %; en Senegal, el 94 %; en Malí, el 95 %, y en Níger, el 98 %.

Pese al predominio del islam en estos países del norte, muchos africanos que se consideran musulmanes –como ocurre entre los cristianos– siguen creyendo en la brujería,

Véase también: Hégira, la huida de La Meca 28–31 ▪ El sufismo y la tradición mística 140–145 ▪ La difusión del islam a través del comercio 182–185 ▪ La demografía del islam hoy 260–261 ▪ Los nuevos extremistas 272–277

Musulmanes sufíes senegaleses
ante la Gran Mezquita de los Muridíes (Dakar), la mayor de África occidental, antes de su inauguración en 2019.

en los curanderos tradicionales y el animismo: la idea de que objetos, lugares y criaturas poseen una esencia espiritual.

Un ejemplo del islam africanizado se da en Senegal, donde casi todos los musulmanes son sufíes adscritos a órdenes místicas de morabitos. El más famoso de estos fue *sheij* Ahmadou Bamba (1853–1927), fundador de la hermandad Muridí. Sus seguidores le atribuyen poderes milagrosos, pero el propio Bamba predicó un mensaje sencillo de devoción a Dios y trabajo duro. Su lema era «rezad a Dios pero arad vuestros campos». La imagen de Bamba se puede ver por todas partes hoy en Senegal, en murales y adhesivos en los salpicaderos de los taxis. En Touba, su ciudad natal, su tumba, que está en una de las mayores mezquitas de África occidental, es un lugar de peregrinación importante.

Azote extremista

Mientras que en África hay casi tantos musulmanes como cristianos, por lo general el norte del continente es predominantemente musulmán, y el sur, cristiano. Ambos grupos religiosos han coexistido pacíficamente por lo general, pero en el siglo XXI la zona en la que se hallan ambas áreas –una franja de 6400 km que divide África por la mitad, desde Senegal al oeste hasta Somalia al este– ha sido un lugar de derramamiento de sangre, no por violencia sectaria entre musulmanes y cristianos, sino debido al extremismo y el terrorismo islamista.

En décadas recientes, el mal gobierno y la corrupción estatal han dejado espacio a la alternativa que ofrecen grupos religiosos radicales a una población desafecta. Estos grupos adquieren presencia donde el gobierno ha fallado, ya que captan fondos para escuelas y hospitales mientras difunden también una versión radical del islam.

Uno de los más destacados es el grupo islamista nigeriano Boko Haram. Fundado en 2002, rechaza el Estado secular como una creación del hombre y no de Dios, y también todo el conocimiento occidental y no islámico. La expresión hausa Boko Haram se puede traducir como «la educación occidental es pecado». En 2014, el grupo causó indignación en todo el mundo (y dio lugar al *hashtag* #Saveourgirls) al secuestrar a 276 niñas alumnas de una escuela pública. En las áreas del país afectadas por Boko Haram, casi nadie tiene acceso a la educación, la sanidad u otros servicios públicos.

En el lado opuesto de África, el grupo islamista somalí As-Shabab ('Los Jóvenes') ha lanzado ataques repetidos en la capital, Mogadiscio, desde 2006. Su objetivo es crear un Estado islámico en Somalia, pero opera también en países vecinos, sobre todo en Kenia, donde ha cometido al menos 150 atentados: en 2013 atacaron un centro comercial en Nairobi, en el que murieron 67 personas; en 2015 el grupo mató a 148 personas en un ataque a una universidad en Garissa; y en 2019, en un atentado con bomba en un hotel de Nairobi murieron al menos 21 personas. Sin embargo, grupos como Boko Haram y As-Shabaab, ambos con vínculos con Al-Qaeda, no son representativos de un islam africano, por lo demás moderado en todo el continente. ▪

El islam exige la paz, no la clase de egoísmo por el que se mata a la gente con un kalashnikov.
Cheikh Tidiane Samb
Muridí senegalés

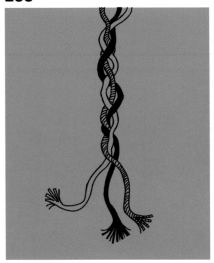

HAY DEMASIADOS MUSULMANES QUE NO LOGRAN ENTENDER EL ISLAM

ABDURRAHMAN WAHID (2005)

Indonesia tiene la mayor población musulmana del mundo. Si bien el 99 % de sus 229 millones de musulmanes son sunníes, en su mayoría practican una variante propia del islam: el islam nusantara. *Nusantara* es uno de los nombres del archipiélago indonesio, formado por más de 17 000 islas.

Los comerciantes musulmanes llevaron el islam al sureste asiático en el siglo XIII, y la religión se difundió a las islas y archipiélagos de la zona. A finales del siglo un sultán musulmán gobernaba Pasai, en la costa norte de Sumatra, una de las islas que forman Indonesia. A lo largo de los dos siglos siguientes, surgieron grandes centros musulmanes en Melaka (hoy Malaca, en Malasia) y Aceh, en Sumatra.

Con La Meca a unos 7000 km, ese proceso de islamización se dio sin intervención alguna de califatos ni dinastías, árabes o no, que estaban extendiendo los intereses islámicos por el norte de África, Asia y Europa. El islam en Indonesia, en lugar de imponerse, fue incorporado gradualmente las tradiciones locales, tales como la peregrinación a la tumba de santos locales, festivales que celebran sus natalicios y ceremonias para enviar los espíritus de los fallecidos al más allá. La conservación de tales tradiciones imprimió una cualidad mística característica al islam de la región.

Ideas importadas

Este aislamiento comenzó a cambiar en la década de 1870, cuando los neerlandeses —cuya colonia de las Indias Orientales Neerlandesas incluía Indonesia— comenzaron a abandonar

Al islam nusantara se oponen en muchas partes del país leyes locales que obligan a mujeres y niñas a llevar el hiyab en las escuelas y edificios y espacios públicos.

Véase también: La guía divina a través de la sharía 128–133 ■ La difusión del islam a través del comercio 182–185 ■ El wahabismo, o una reforma islámica 216–217 ■ La demografía del islam hoy 260–261

Observancia del **islam**, como seguir el Corán, la sunna y los cinco pilares.	Mantener **tradiciones locales** preislámicas, como peregrinar a las tumbas de santos locales y celebrar sus natalicios.	Islam nusantara, una forma **liberal e inclusiva** de islam que puede adaptarse a cualquier cultura del globo.

los barcos de vela y usar los de vapor para reducir los tiempos de viaje. Esto permitió a muchos más musulmanes del sureste asiático hacer la primera peregrinación a La Meca y pronto los indonesios fueron el mayor contingente de peregrinos de todas las naciones en el *hach* anual.

En el *hach*, aquellos peregrinos se vieron expuestos por primera vez a las ideas religiosas y de otro tipo de Arabia, en particular al wahabismo. Llevaron esas ideas de vuelta a Indonesia, donde hubo llamamientos a una observancia islámica más estricta y a la adopción de la sharía.

En 1926, los musulmanes indonesios moderados respondieron fundando Nahdlatul Ulama (NU, 'Regreso de los Ulemas'). La organización se oponía al wahabismo y defendía una interpretación más tolerante del islam. Durante la guerra de independencia de Indonesia de 1945–1949, NU apoyó la lucha contra las fuerzas coloniales neerlandesas, a la que llamó *guerra santa*.

En la nueva república, NU se convirtió en partido político, primero como parte de una coalición de grupos islámicos y luego como partido independiente. En 1984, la organización se retiró de la política para recuperar su carácter social y religioso original. El mismo año, Abdurrahman Wahid (conocido popularmente como Gus Dor), nieto del fundador de NU Hasyim Asyari, se convirtió en su presidente; como tal entre 1999

y 2001, promovió las ideas liberales y defendió el diálogo interreligioso.

Islam nusantara

En 2015, NU acuñó la expresión *islam nusantara*, 'islam indonesio', para denominar la variante del islam que practicaba la mayoría de los musulmanes del país. Seguía con ello el ejemplo de Abdurrahman Wahid, quien dijo: «Hay demasiados musulmanes que no logran entender el islam, lo que enseña que hay que ser indulgente con los demás y comprender sus sistemas de valores, sabiendo que estos son tolerados por el islam como religión».

Desde entonces NU ha emprendido un proyecto para promover su visión de un islam inclusivo en el resto del mundo, a modo de contranarrativa a lo que NU ve como la ideología rígida propagada por elementos estrictos del islam en Oriente Próximo. Su objetivo no es introducir la cultura indonesia en el mundo árabe, sino promover un enfoque del islam que albergue las culturas locales.

NU considera esto como un modelo para desarrollar, por ejemplo, un islam singularmente estadounidense, europeo o australiano, concepciones que tienen en cuenta dónde viven los musulmanes. Sus oponentes, muchos de ellos en la propia Indonesia, afirman que el islam nusantara busca legitimar prácticas no conformes con las enseñanzas del islam; sus defensores mantienen que se trata de un islam inclusivo y tolerante con la cultura local. ■

La sharía en Aceh

No toda Indonesia sigue una interpretación liberal del islam. Con la finalidad de poner fin a un conflicto separatista que había durado 30 años, y que acabó en 2005, se concedieron a la provincia semiautónoma de Aceh, en el extremo noroeste de Sumatra, derechos especiales para determinar algunas de sus leyes. Eso incluyó adoptar la sharía como anexo al derecho civil y penal, presentada como una forma de remediar males sociales.

Hoy la policía de la sharía vigila el comportamiento público para hacerla cumplir en lo referente a la prohibición del alcohol y el juego, la vestimenta de las mujeres y las restricciones a la mezcla de los sexos. El castigo por tales ofensas es recibir azotes en público con una vara. Algunos políticos de Aceh declararon que era «castigo de Dios» el tsunami que asoló la región en diciembre de 2004 y advirtieron de que vendrían desastres mayores si los habitantes no seguían la sharía.

¿POR QUÉ TENGO QUE DEMOSTRARTE A TI QUE SOY DE LOS BUENOS?

ABE AJRAMI (2018)

EN CONTEXTO

TEMA
Los musulmanes en Occidente

CUÁNDO Y DÓNDE
Hoy, Occidente

ANTES
1889 La mezquita Shah Jahan, en Woking (cerca de Londres), es la primera construida como tal en Gran Bretaña.

1957 Dwight D. Eisenhower es el primer presidente de EE. UU. que visita una mezquita en el país al dar un discurso en el Centro Islámico de Washington D.C.

2016 El Centro de Investigaciones Pew de EE. UU. estima el número de musulmanes en Suecia en 810 000, o el 8,1 % de la población; en Europa Occidental solo lo supera Francia, con el 8,8 %.

En 2018, la canciller alemana Angela Merkel declaró ante el parlamento alemán: «Es incuestionable que nuestro país fue formado históricamente por el cristianismo y el judaísmo. Pero también es cierto que, con 4,5 millones de musulmanes viviendo entre nosotros, su religión, el islam, se ha convertido en parte de Alemania». Sus palabras habrían valido para el resto de Europa, donde, sin contar Rusia ni Turquía, se estima que viven 25,8 millones de musulmanes.

Hay un número relevante de musulmanes por toda Europa Occidental, con poblaciones grandes en Francia, Alemania y Reino Unido, y otras menores en la mayoría de los demás países, entre ellos Austria, Bélgica, los Países Bajos Suecia y Suiza.

Véase también: El califato del Imperio otomano 186–189 ▪ El islam en Europa 210–215 ▪ El islam en EE. UU. 224–227
▪ La demografía del islam hoy 260–261

Un estudio de 2016 publicado por el Centro de Investigaciones Pew estima en 25,8 millones los musulmanes en Europa, el 4,9 % de la población. El mapa refleja los países con más de un millón de musulmanes.

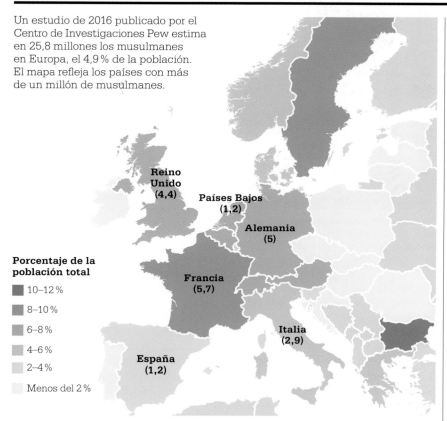

Reino Unido
(4,4)

Países Bajos
(1,2)

Alemania
(5)

Francia
(5,7)

Italia
(2,9)

España
(1,2)

Porcentaje de la población total

- 10–12 %
- 8–10 %
- 6–8 %
- 4–6 %
- 2–4 %
- Menos del 2 %

merosas, los musulmanes tienden a tener más hijos que los no musulmanes: las estadísticas indican que las musulmanas en Europa tienen una media de 2,6, mientras que entre las no musulmanas es de 1,6.

De invitados a ciudadanos

La composición de las minorías musulmanas y su relación con el país anfitrión varían en cada país europeo. Después de la Segunda Guerra Mundial, Alemania tenía gran necesidad de mano de obra e inició un programa de *gastarbeiter*, o trabajadores invitados. Se esperaba que aquellos emigrantes, en su mayoría del interior rural de Anatolia en Turquía, se marcharan una vez acabado el trabajo, pero llevaron a sus familias. Alemania acabó concediéndoles la ciudadanía y también a sus hijos nacidos en Alemania a partir de 1990. Hoy se estima que viven en el país más de 4 millones de personas de origen plena o parcialmente turco, por lo que es el mayor grupo de origen extranjero del país. Más recientemente, entre 2014 y 2016, cuando llegaron a Europa aproximadamente un millón de emigrantes, Alemania acogió a la mitad. »

Presencia histórica

Los musulmanes gobernaron varias partes de Europa durante siglos desde que Tariq ibn Ziyad inició la conquista de la península ibérica en el 711 y los otomanos extendieron sus dominios en los Balcanes en el siglo xiv. El islam está profundamente entretejido en la historia y cultura del continente. Hoy viven musulmanes en Europa, de los bosniacos (musulmanes bosnios), cuyo origen se remonta a las conquistas de Solimán el Magnífico, a los descendientes de los lascares (marinos) yemeníes asentados en el nordeste de Inglaterra en el siglo xix y las comunidades de emigrados en Tromsø, en el círculo ártico de Noruega, llegados en el siglo xxi.

Europa ha experimentado un aumento importante de su población musulmana desde la reconstrucción y descolonización posteriores a la Segunda Guerra Mundial. En las décadas de 1950 y 1960 varios países europeos solicitaron activamente inmigrantes musulmanes para compensar la escasez de mano de obra. En los años récord entre mediados de 2010 y mediados de 2016 volvió a haber una migración importante, en la que llegaron 3,8 millones de musulmanes a Europa, algunos como estudiantes, otros en busca de trabajo, pero también en gran número como refugiados de los conflictos de Oriente Próximo y África. Dada la preferencia tradicional por las familias nu-

Hay dos tipos de gente [...] o hermanos en el islam, o hermanos en la humanidad.
ʿAli ibn Abi Talib
Yerno del profeta Mahoma

Francia tiene la mayor población musulmana de Europa, con 5,7 millones, principalmente de sus antiguas colonias en el norte de África. El país ha aplicado una política de asimilación, en la que a los inmigrantes se les considera ciudadanos permanentes, con estrategias dirigidas a favorecer la integración. En Francia, los musulmanes han tenido éxito en ámbitos muy diversos, desde capitanear la selección nacional de fútbol y alcanzar la gloria en la Copa del Mundo (Zinedine Zidane) hasta el nombramiento como ministra de Justicia (Rachida Dati). Sin embargo, pese a la presencia de grandes mezquitas en ciudades importantes como París y Lyon, las políticas de integración suponen también que exhibir símbolos religiosos musulmanes, entre ellos el velo, esté prohibido en la mayoría de las instituciones, como lo está igualmente para los símbolos de las demás religiones.

Integración o no
Los 3,3 millones de musulmanes de Gran Bretaña proceden sobre todo de India, Pakistán y Bangladés, antes parte del Imperio británico. Se concentran en su mayoría en las ciudades industriales del norte y las

El futbolista Mohammed Salah es uno entre un número creciente de iconos deportivos y modelos positivos como musulmanes en Occidente.

Tierras Medias, a las que fueron invitados en las décadas de 1950 y 1960 para que se asentaran y trabajaran en las fábricas. Muchas de aquellas fábricas cerraron hace tiempo, pero los musulmanes de segunda y tercera generación se han integrado en la vida británica y están en todos los ámbitos de la sociedad, desde la política (con el alcalde musulmán de Londres, Sadiq Khan) al deporte (uno de los atletas más destacados en la

Si marca unos pocos goles más, me hago musulmán.
Hinchas del Liverpool FC
Canto en honor del delantero egipcio del club Mohammed Salah

historia del país es sir Mohammed «Mo» Farah). La ley británica protege la diversidad de les creencias y prácticas religiosas, y las comunidades musulmanas británicas tienden a conservar una identidad fuerte.

Los distintos enfoques de Alemania, Francia y Reino Unido tienen cada uno sus inconvenientes. En Alemania ha crecido el apoyo a la derecha populista opuesta a la inmigración. En Francia, los jóvenes musulmanes se quejan de ser vistos como ciudadanos de segunda clase por su religión. En Reino Unido, algunos políticos acusan a las comunidades musulmanas de no hacer lo suficiente por integrarse.

Norteamérica
Salvo en unas pocas ciudades, como Dearborn en Michigan (núcleo de un área industrial que atrajo a muchos musulmanes en los primeros años del siglo XX), los musulmanes de EE. UU. viven muy repartidos. En 2017 había unos 3,45 millones, poco más del 1 % de la población total.

La experiencia de los musulmanes en Norteamérica tiende a ser bastante diferente de la de los musulmanes de Europa, que suelen proceder de los sectores más pobres de la sociedad. Gracias a la relativa cer-

El islam en Australia
Los datos de 2017 de la Agencia de Estadística de Australia mostraron que el árabe es la tercera lengua más hablada en Australia después del inglés y el mandarín, y estimaron en 604 200, el 2,6 % de la población total, los australianos que se identifican como musulmanes.

El islam en Australia se remonta al menos al siglo XVIII, cuando visitaron la costa norte indonesios de las Célebes. Los musulmanes figuran en los recuentos de la colonia de 1802, 1811 y 1822, así como en el primer censo, de 1828. La población musulmana creció en la segunda mitad del siglo XIX con la llegada de centroasiáticos, que fueron para atender a las caravanas de camellos que transportaban bienes a través de los desiertos del país y construyeron también la primera mezquita de Australia en 1861. El ferrocarril de Adelaida a Darwin se llama The Ghan (abreviatura de *afghan*, 'afgano') en su honor.

Los musulmanes reunidos en la oración del viernes en Capitol Hill (Washington D.C.) el 25 de septiembre de 2009, rezan «por el entendimiento entre EE. UU. y su comunidad musulmana».

canía de Europa al norte de África y Oriente Próximo, mantienen un contacto estrecho con sus países de origen y, cuando tienen éxito en Europa, suelen procurar llevarse a la familia. Los musulmanes de EE. UU. suelen ser de clase media y, al ser menor su número en relación con la población total, están más integrados.

A raíz del 11S, sin embargo, la relación de EE. UU. con su comunidad musulmana cambió: hasta entonces una minoría en gran medida *invisible*, pasó a ser percibida como el enemigo interno y acusada de deslealtad. El entonces presidente George W. Bush dio voz a lo que pensaban muchos estadounidenses en los días posteriores al ataque cuando preguntó «¿por qué nos odian?». En un estudio de 2017, el 42 % de los niños musulmanes entre los 11 y los 18 años dijo sufrir acoso en la escuela debido a su religión. Otro estudio reveló que uno de cada cinco estadounidenses era partidario de negar el derecho al voto a los ciudadanos musulmanes. Abe Ajrami, profesional médico palestino-estadounidense afincado en Texas, hablaba en nombre de muchos musulmanes estadounidenses cuando en 2018 le dijo a un reportero de la revista *National Geographic*: «¿Por qué tengo que demostrarte a ti que soy de los buenos?».

Canadá tiene un porcentaje de musulmanes considerablemente mayor que EE. UU. El censo de 2011 registraba 1 053 945 personas que se identificaban como musulmanes, el 3,2 % de la población. Basándose en la tendencia de censos anteriores, los expertos predijeron que en 2019 habría unos 3 millones de musulmanes en Canadá.

Cerrar la brecha

Pese a las dificultades recientes, los musulmanes de EE. UU. prosperan. Cada viernes, por ejemplo, la iglesia de la Epifanía de Washington, próxima a la Casa Blanca, se convierte en mezquita y es sabido que la congregación incluye a agentes del Departamento de Seguridad Nacional, burócratas del Departa-

Una enfermera musulmana en Reino Unido. Según un informe de 2015, de los 4,4 millones de musulmanes de ese país, el 47 % nació allí, el 68 % es asiático y el 33 % tiene 15 años o menos.

mento de Estado y abogados del Departamento de Justicia. El Departamento de Policía de Nueva York estableció una Sociedad de Agentes Musulmanes, la primera del país, que ha dado como resultado un incremento considerable del reclutamiento de agentes de policía entre los musulmanes. Hay una muñeca Barbie musulmana, modelada a partir de la esgrimista ganadora de una medalla olímpica Ibtihaj Muhammad. En 2017, el canal de televisión Hulu invirtió en *Ramy*, una producción sobre la vida de un musulmán estadounidense en Nueva Jersey. Se estrenó en 2019 y fue un éxito que atrajo mucho público no musulmán.

En muchos aspectos, la ola de musulmanes llegados a Occidente en el siglo XX ha tenido un éxito extraordinario. Muchos eran de origen humilde y fueron a crearse una vida nueva en los países de adopción. En el siglo XXI, dos o tres generaciones después, sus hijos y nietos han cerrado la brecha en cuestión de educación, salario y nivel de vida, con la religión como único factor diferenciador. ■

DON'T PANIC, I'M ISLAMIC

LYNN GASPARD (2017)

La palabra *islamophobia* entró
en el *Oxford English Dictio-
nary* (OED) en 2006 definida
así: «Aversión intensa o miedo al
islam, sobre todo como fuerza política; hostilidad o prejuicio hacia los
musulmanes».

Como observa el OED, el término circuló ya al menos desde 1923,
cuando apareció en un artículo en
la revista *The Journal of Theological
Studies*. El laboratorio de ideas británico Runnymede Trust lo sacó a la
luz pública en 1997, con un informe
ampliamente debatido titulado *Islamophobia: A Challenge for Us All*.
('Islamofobia: un desafío para todos').

Desencadenantes

Lo que mostraba el informe de 1997
era resultado de los prejuicios antimusulmanes crecientes en todo el
mundo, no solo en Reino Unido. Entre
los factores desencadenantes, los expertos señalan dos principales. El primero, la revolución iraní de 1979, de la
que los informes en la prensa occidental mostraban imágenes de iraníes
quemando banderas estadounidenses y británicas, por lo general, sin
explicar las raíces del levantamiento.
El segundo llegó en 1989, cuando el
líder supremo de Irán el ayatolá Jomeini emitió la fetua que condenaba

a muerte a Salman Rushdie, autor de
Los versos satánicos (1988), novela
que muchos musulmanes consideraron ofensiva para el islam. La ira
que sintieron musulmanes de todo
el mundo tuvo su contrapartida en la
de los no musulmanes en Occidente
como respuesta a la fetua.

En los 20 años transcurridos entre
el primer informe de Runnymede y su
continuación en 2017, los prejuicios
antimusulmanes tomaron la forma de
una fuerza geopolítica relevante. Per-
judicaron la imagen del islam acontecimientos como los atentados del 11S
en EE. UU., los de Londres del 7 de

La islamofobia ha cruzado
ahora el umbral [...] Para
demasiadas personas, se
trata de algo legítimo y
hasta digno de encomio.
Baronesa Warsi
**Primer miembro musulmán
del gabinete de un Gobierno
británico (2010–2014)**

Véase también: La guía divina a través de la sharía 128–133 ▪ La Revolución iraní 248–251 ▪ Los nuevos extremistas 272–277 ▪ Los musulmanes en Occidente 282–285 ▪ ¿Un islam feminista? 292–299

La activista Mona Haydar ofrece café y donuts gratis en Cambridge (Massachusetts) en 2016, junto con la invitación «pregunta a un musulmán» a modo de antídoto de la islamofobia.

julio de 2005, el de *Charlie Hebdo* y el noviembre de 2015 en París, así como la proliferación de los llamados *yihadistas* –unos 40 000 en 2017, según la ONU– que acudieron a Irak y Siria para luchar por Estado Islámico (o casarse con sus combatientes). Como resultado, gran parte del discurso sobre los musulmanes y el islam se dio en el marco del terrorismo.

Respuestas

Si bien la amenaza terrorista es muy real, muchas historias engañosas o, incluso, falsas en los medios estigmatizaron a las comunidades musulmanas a las que los actos terroristas horrorizaban tanto como a sus vecinos no musulmanes. Cada atentado alimenta la proliferación de grupos hostiles de extrema derecha con una agenda antiislámica. En el siglo XXI, tales grupos han crecido en EE. UU. y en muchos países europeos, con

campañas contra la inmigración, la carne *halal* y la construcción de mezquitas y alminares junto con llamamientos para prohibir el burka.

Las declaraciones islamófobas de algunos políticos occidentales fomentaron brotes de crímenes de odio contra los musulmanes, en muchos de los cuales las víctimas eran las mujeres. En Reino Unido en 2018, a los comentarios de un político destacado comparando las mujeres

que llevaban nicab con «ladrones de bancos» siguió un repunte de los incidentes islamofóbicos. Según Tell MAMA, organización que registra los delitos de odio en Reino Unido, en la semana que siguió al comentario hubo casi cuatro veces más incidentes (375 %) que en la semana anterior.

En EE. UU., la organización New America informó de un aumento marcado de las actividades antimusulmanas y documenta 763 incidentes entre 2012 y el final de 2018.

Nosotros y ellos

Los delitos de odio antimusulmán promueven la separación entre «nosotros» y «ellos» y crean sospechas, hostilidad y miedo mutuos, y tienden a ocultar que la comunidad musulmana la forman muchas comunidades y diversas en su nacionalidad, origen o grupo étnico, cuya adhesión al islam va desde la devoción hasta ninguna en absoluto. El libro *Don't Panic, I'm Islamic* (editado por Lynn Gaspard) fue una respuesta ingeniosa a la prohibición de viajar a EE. UU. dirigida principalmente contra musulmanes cuya diversidad celebra. ▪

Discriminación en Asia

Alrededor de un cuarto de los musulmanes viven en Asia como minorías en su país. A pesar del crecimiento económico de Asia, esas minorías musulmanas sufren un declive persistente, a menudo acompañado de violencia. En India, los musulmanes se han visto marginados desde la llegada al poder del partido nacionalista hindú BJP en 2014. Muchos nacionalistas consideran que los musulmanes nunca serán verdaderamente indios, pues sus santos lugares, a diferencia

de los hindúes, no están en India. En Sri Lanka hubo disturbios antimusulmanes en 2018 y 2019.

En 2016, las autoridades de Myanmar reprimieron a la población musulmana rohinyá. Los asesinatos, violaciones e incendios provocados por el ejército birmano empujaron a más de un millón de personas a huir a países vecinos. En China, más de un millón de uigures, que son musulmanes, han sido detenidos y llevados a campos de reeducación.

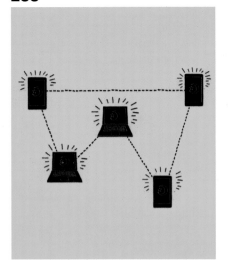

MI IDENTIDAD ES EL ISLAM Y LA UMMA MI FAMILIA
ROSE @CHOCOLATE9933 (TWITTER)

Los musulmanes han adoptado internet, los teléfonos inteligentes y otras tecnologías igual que el resto del mundo y, en algunos aspectos, con consecuencias aún mayores. El mejor ejemplo de ello es que las redes sociales fueron directamente responsables de la difusión de los levantamientos de la Primavera Árabe en 2010 y 2011 en Oriente Próximo. En Egipto, fue una campaña en Facebook en apoyo de Khaled Said, un joven asesinado por la policía, la que desencadenó una marcha de protesta inicial, seguida de una rápida escalada de protestas masivas en la plaza Tahrir y la caída del entonces presidente Hosni Mubarak.

Umma digital

La Primavera Árabe no fue un fenómeno religioso, sino una protesta contra regímenes opresores, aunque en el caso de Egipto y Túnez las elecciones libres subsiguientes llevaran al poder a partidos islamistas. Con todo, internet aportó a los musulmanes modos nuevos de explorar su identidad islámica. La noción de *umma*, o comunidad musulmana global, es intrínseca al islam. Se cuenta que Mahoma dijo que quien se levante por la mañana y no piense en sus hermanos y hermanas musulmanes no es musulmán. Antes, la *umma* como experiencia se limitaba a ocasiones de encuentro comunal como la oración del viernes o el *hach*, pero gracias a internet los musulmanes del mundo comparten un sentido fuerte de pertenencia a una *umma* global y digital.

Los recursos *online* permiten a los musulmanes explorar las escrituras y acceder a una comprensión más profunda de su fe. Los foros permiten el debate sobre asuntos religiosos de naturaleza a veces difícil o personal, como la salud sexual, las

La juventud musulmana adopta la tecnología para distanciarse de las antiguas prácticas tradicionales y, a la vez, desafiar los modelos occidentales.
Bart Barendregt
Profesor titular de la Universidad de Leiden

> ¿Es *haram* que las chicas suban sus fotos a internet sin hiyab?
> **Pregunta publicada en el foro Stack Exchange/Islam**

relaciones y el bienestar espiritual, sin tener que depender de los predicadores locales.

#MosqueMeToo

El impacto de internet es aún mayor para las musulmanas, que por tradición tenían vedados espacios tradicionales de aprendizaje como las mezquitas y las madrasas. El Tumblr de la musulmana estadounidense Hind Makki's, titulado *Side Entrance*, contrasta fotografías de espacios de oración atractivos reservados a los hombres con los lugares lúgubres –a menudo, sótanos– destinados a las mujeres. Internet, al menos, ofrece un foro alternativo en forma de mezquitas virtuales con sermones e instrucción *online*, o programas de *da'wa* (prédica islámica) en YouTube.

En 2011, como protesta contra la prohibición de conducir para las mujeres en Arabia Saudí, Manal al-

Khalid Al Ameri y su esposa Salama Mohamed, de Emiratos Árabes Unidos, son grandes *influencers* musulmanes. Tienen 3,2 millones de seguidores en Facebook.

Sharif subió un vídeo a YouTube con ella misma al volante. Se volvió viral y Al-Sharif pasó unos días detenida; en 2018 Arabia Saudí comenzó a conceder los primeros permisos de conducir a mujeres.

En 2018, algunas mujeres emplearon el *hashtag* #MosqueMeToo para compartir casos de agresiones y abuso sexual en lugares de culto.

Jeque Google

Internet es también una fuente primaria de dictámenes religiosos, o fetuas. El recurso a lo que se llama jocosamente «jeque Google» está abierto a abusos, como la compra o pesca de fetuas, en la que se plantea una pregunta a múltiples eruditos religiosos *online* hasta obtener la respuesta que se prefiera.

Los programadores de *software* han usado la tecnología para asistir a la buena práctica islámica de muchas otras maneras. Las aplicaciones móviles ofrecen notificaciones de las horas de oración y aleyas co-

ránicas para leer cada día, e indican la dirección de La Meca. Otras localizan la mezquita o restaurante *halal* más cercanos, y no faltan las de contactos profesionales y personales, con nombres como buzzArab y Muzmatch. En una versión singularmente islámica de una obsesión global, cuando millones de musulmanes acuden cada año a La Meca para el *hach*, Twitter se inunda de autorretratos etiquetados #HajjSelfie.

La tecnología es un arma de doble filo, y grupos islamistas utilizan los foros de internet para reclutar adeptos a su causa y difundir vídeos de propaganda con matanzas espantosas. Las redes sociales han extendido también el alcance de clérigos controvertidos, como el saudí Muhammad Al Arefe, partidario de la violencia contra los no musulmanes. El potencial de internet para estimular el diálogo abierto y difundir el conocimiento y la comprensión del islam, sin embargo, deja un balance abrumadoramente positivo. ∎

LO QUE CONSUMEN LOS MUSULMANES AFECTA A QUIÉNES SON

SHELINA JANMOHAMED, AUTORA DE *GENERATION M: YOUNG MUSLIMS CHANGING THE WORLD* (2016)

EN CONTEXTO

TEMA
El negocio global *halal*

CUÁNDO Y DÓNDE
Hoy, todo el mundo

ANTES
2004 Malasia lanza la Exhibición Internacional Halal de Malasia, con empresas de 19 países.

2008 CrescentRating lanza el primer sitio *online* del mundo que puntúa los hoteles según criterios *halal*.

2018 Tres antiguos alumnos de la Universidad de Nottingham (un palestino, un jordano y un ruso) lanzan Halalivery, servicio de comida *halal* a domicilio en Reino Unido.

2019 Brasil, mayor exportador del mundo de vacuno y otras carnes *halal*, anuncia que sus exportaciones de alimentos *halal* representan 5000 millones de dólares anuales.

Tradicionalmente, la palabra *halal* («permitido») se aplica a los alimentos preparados conforme a la ley islámica y, por tanto, aceptables para que los consuman los musulmanes, pero hoy cada vez es más frecuente que designe productos que no son alimentos, ya que se ha ampliado la definición de *halal* a todo lo que sea *tayyab* ('saludable'). Para muchos, los productos y actividades *halal* son parte cotidiana de ser un buen musulmán y también una seña de identidad para quienes desean afirmar públicamente su fe.

Con algunos productos, como pasta dentífrica, cremas y cosméticos, los musulmanes quieren saber que no se ha utilizado en su elaboración alcohol o productos animales *haram* (prohibidos). Los fabricantes ofrecen esmalte de uñas *halal*, que a diferencia del esmalte al uso, afirman, deja pasar el agua y, por tanto, no es necesario eliminarlo antes de las abluciones previas a la oración. Otros productos habitualmente *haram* se modifican para volverlos *halal*, como la cerveza y el vino sin alcohol *halal* e, incluso, beicon (hecho con carne de vacuno). La industria de viajes *halal* atiende a quienes buscan hoteles que sirven alimentos *halal*, tienen piscinas segregadas por sexo y no sirven alcohol. En las agencias matrimoniales o de citas *halal*, los clientes comienzan por intercambiar mensajes *halal* (virtuosos). Lo *halal* es un gran negocio: según una proyección de 2019, se espera que el mercado *halal* mueva en todo el mundo 9,71 billones de dólares en 2025. ∎

El turismo *halal* es un sector en rápido crecimiento en la industria de viajes. Son destinos muy apreciados países musulmanes como Turquía y las Maldivas, en la imagen.

Véase también: Normas de la comida en el islam 124–125 ∎ El islam y el alcohol, el juego y las drogas 126 ∎ La guía divina a través de la sharía 128–133

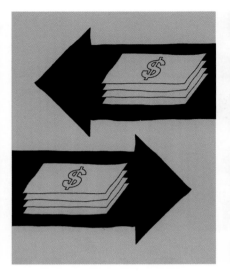

LAS FINANZAS ÉTICAS PUEDEN SER UNA FUERZA POR EL BIEN

CORDOBA CAPITAL, CONSULTORÍA FINANCIERA ISLÁMICA

El Corán prohíbe la usura (*riba*), o cobro de interés, un componente clave de la banca moderna. La banca islámica conforme a la sharía no paga ni cobra intereses. En las hipotecas islámicas, por ejemplo, el banco no le presta dinero al cliente para comprar una propiedad, sino que la compra y, entonces, el cliente la compra al banco a un precio mayor pagado a plazos (*murabaha*); o bien hace pagos que son tanto para amortizar el precio de compra como en concepto de

Hay que comprender los fundamentos de la sharía, lo permitido y no permitido en el islam.
Jeque Hussein Hassan
Estudioso sobre la aplicación de la sharía a las finanzas

alquiler hasta ser dueño de la propiedad, en la denominada *iyara*. La banca islámica presta dinero a empresas a cambio de participar en los beneficios. En caso de no haberlos, o de impago, tampoco el banco se beneficia.

Los bancos islámicos prometen a los clientes no invertir en nada que prohíba el islam, como alcohol, armamento, drogas, carne de cerdo, juego, tabaco o pornografía.

También los no musulmanes pueden beneficiarse de la banca islámica, que muchos clientes valoran como más transparente y justa. En Reino Unido, el Al Rayan Bank estima que más de un tercio de sus clientes no son musulmanes, y muchos bancos convencionales ofrecen también servicios de banca islámica. Las inversiones de esta solo pueden darse en actividades conformes a los valores éticos del islam, lo que atrae no solo a los musulmanes, sino a cualquiera que comparta los ideales del comercio justo y prefiera bancos que invierten en activos reales en lugar de especular en los mercados financieros. ∎

Véase también: El islam y el alcohol, el juego y las drogas 126 ■ Préstamos en el islam 127 ■ La guía divina a través de la sharía 128–133

EL ISLAM ES UNA RELIGIÓN QUE EMPODERA A LAS MUJERES

MARIAM KHAN (2019)

EN CONTEXTO

TEMA
¿Un islam feminista?

CUÁNDO Y DÓNDE
Hoy, todo el mundo

ANTES
***C.*595** La comerciante mequí Jadiya bint Juwaylid se casa con Mahoma, futuro profeta del islam.

1236 Razia Sultana se convierte en emperatriz del sultanato de Delhi y es la primera mujer soberana en la historia del islam.

1250 Shagaret al Dur («'Árbol de Perlas'») es sultana de Egipto al morir su marido.

1918 Azerbaiyán es el primer país de mayoría musulmana que concede el voto femenino, el mismo año que Austria, Alemania, Polonia y Rusia, y un año antes de que la 19.ª enmienda impida negar el derecho al voto de todos los ciudadanos por motivos de sexo en EE.UU.

Feminismo e islam se consideran a menudo incompatibles, sobre todo a ojos ajenos al mundo islámico. Los expertos y los medios occidentales suelen presentar el islam como responsable de marginar a las mujeres, limitar su papel social y ser un obstáculo para su carrera, pero para muchas mujeres musulmanas el feminismo y la fe pueden coexistir; de hecho, coexisten.

Los inicios mismos del islam ofrecen un modelo de feminismo en la persona de Jadiya bint Juwaylid, primera esposa de Mahoma: próspera mujer de negocios de La Meca, fue ella quien escogió a Mahoma como marido, no a la inversa, y quien le dio la oportunidad de ser un comerciante de éxito. Después de que Mahoma comenzara a recibir las revelaciones que constituirían el Corán, Jadiya se convirtió en la primera musulmana y su figura desmiente la idea discutible de que el supuesto sometimiento de las musulmanas arranca del Corán.

Contrastar presuposiciones

No es difícil ver por qué el feminismo y el islam se consideran tan habitualmente en conflicto uno con otro. Por ejemplo, en 2013 el Centro de Investigaciones Pew publicó los

Muchas mujeres son identificables como musulmanas (y no así los hombres) por el atuendo, en particular el hiyab.

resultados de una encuesta hecha en países de mayoría musulmana en la que se preguntaba si la mujer debía obedecer siempre al marido: la mayoría de los encuestados contestaron que sí. En Turquía, el 65 % estaba a favor del derecho del marido a la obediencia y en Malasia la cifra fue del 96 %. Preguntados sobre cómo debían vestir las mujeres en público, en otra encuesta (esta del Institute for Social Research de la

Huda Shaarawi

En 1919, la egipcia Huda Shaarawi dirigió protestas de mujeres en las calles contra la ocupación británica. Entregada en matrimonio a los 13 años a un primo suyo 40 años mayor, también fue crítica con las normas del mundo patriarcal en que la criaron.

El activismo de Shaarawi comenzó en 1908, cuando ayudó a crear el primer dispensario médico para mujeres y niños desfavorecidos. Se la recuerda sobre todo por quitarse el velo en público en una estación de tren de El Cairo en 1922, al volver de

una conferencia en Roma. Escandalizó a los que acudieron a recibirla, pero pronto muchas mujeres siguieron su ejemplo.

Shaarawi y sus seguidoras lograron otros progresos importantes, como la edad mínima de 16 años para casarse las mujeres y la fundación de la primera escuela secundaria para las jóvenes y la Unión Feminista Egipcia. Tras la muerte de Shaarawi, en 1947, el presidente Nasser prohibió los movimientos egipcios de mujeres, que no volverían a surgir hasta la década de 1980.

Véase también: Las mujeres en el Corán 82–85 ▪ Los nuevos extremistas 272–277 ▪ El islam en África 278–279 ▪ Los musulmanes en Occidente 282–285 ▪ El hiyab y el nicab 300–303

Universidad de Michigan en 2014) realizada en siete países de mayoría musulmana, la mayoría de los respondientes, tanto hombres como mujeres, preferían que se taparan el pelo por completo.

Las opiniones patriarcales y conservadoras bien pueden ser aún predominantes, pero están lejos de ser el retrato real. Muchas musulmanas de clase media llevan una vida que difiere poco de sus iguales no musulmanas. En muchos casos tienen estudios, trabajo, dirigen una empresa y tienen una vida social activa.

Educación y oportunidades

Las sociedades musulmanas han sido objeto de críticas frecuentes desde fuera por no ofrecer una educación adecuada a las mujeres. El ataque de los talibanes a la activista por la educación de las paquistaníes Malala Yousafzai y el secuestro de niñas en la escuela por el grupo nigeriano Boko Haram han contribuido a esta percepción. Sin embargo, datos publicados por el Centro de Investigaciones Pew en 2018 parecen indicar que no es el islam lo que limita la educación de las musulmanas, sino la economía. El análisis del centro muestra que el factor más decisivo en la educación femenina es la riqueza del país: las mujeres de los Estados ricos en petróleo de Baréin, Kuwait y Catar, por ejemplo, estudian el mismo número de años que las mujeres de Alemania y Reino Unido (unos 12 años), poco menos que las estadounidenses, para las que la cifra es aproximadamente 13; por contraste, la

Las mujeres del mundo islámico están cada vez mejor formadas. En Arabia Saudí, por ejemplo, menos del 2 % de las mujeres iban a la universidad en 1970; hoy la cifra es el 57 %.

educación de las mujeres en países pobres de mayoría musulmana como Afganistán, Malí, Níger, Sierra Leona y Yemen dura de media menos de dos años (tres en el caso de Nigeria).

Lo que no refleja el estudio del Centro de Investigaciones Pew es que, incluso en los países en los que las mujeres sí estudian, son demasiado pocas las que acceden al empleo. En Arabia Saudí, donde hay más mujeres que hombres en la universidad (52 y 48 %, respectivamente), solo el 27 % de las mujeres ocupan luego un »

Soy feminista
y musulmana.
Malala Yousafzai
**Activista pakistaní por la
educación femenina**

Mujeres egipcias en la plaza Tahrir de El Cairo durante las manifestaciones de la primavera de 2011, una revolución en la que ambos sexos estuvieron en primera línea.

puesto de trabajo. En una universidad de El Cairo, si bien el 80 % del alumnado de arquitectura son mujeres, hay indicios de que menos de la mitad de los arquitectos en ejercicio son mujeres. Pese a la igualdad que pueda haber en la educación, sigue prevaleciendo en gran parte del mundo islámico la idea de que la oficina es un entorno masculino y el lugar de la mujer está en el hogar.

Esto podría estar cambiando. Un informe de 2018 del Foro Económico Mundial reveló que una de cada tres empresas emergentes en el mundo árabe ha sido fundada por una mujer o la dirige una, un porcentaje superior al que se da en Silicon Valley en California. La industria tecnológica, al ser relativamente joven, parece más libre de los prejuicios hereda-

dos de campos más antiguos y tradicionalmente dominados por los hombres.

Mujeres líderes

Los levantamientos de la Primavera Árabe, que comenzaron en 2010, reventaron los tópicos, pues se veían mujeres de todas las edades, desde Túnez hasta Egipto y Baréin, en la primera línea de las protestas y

Fueron muchas las que se opusieron a mí por el simple hecho de que yo fuera mujer.
Benazir Bhutto
Ex primera ministra de Pakistán, asesinada en 2007

dando forma a la revolución de su país. Fue un recordatorio de que, a falta de derechos para las mujeres, ningún país puede ser una verdadera democracia. Desde entonces, ocho países en Oriente Próximo y el norte de África han criminalizado la violencia doméstica, y seis gobiernos han derogado leyes que permitían a los violadores escapar a la acción de la justicia casándose con sus víctimas.

Donde más destaca el progreso en materia de derechos de las mujeres es en Túnez, donde comenzaron los levantamientos por la democracia de la Primavera Árabe. La constitución de 2014 del país afirma la igualdad de derechos de los ciudadanos hombres y mujeres, y promete que el Estado se esforzará por alcanzar la paridad en todas las asambleas electas. Tras las elecciones de 2018, se informó de que el 47 % de los representantes en los municipios son mujeres. Túnez es también notable por derogar las leyes que

> Mi trabajo se ha fundamentado en la creencia de que la religión y la cultura nunca se deben usar para justificar subyugar a la mujer.
> **Mona Eltahawy**
> **Escritora y periodista**

prohibían a las musulmanas casarse con no musulmanes, un tabú en la mayoría de los países islámicos –aunque los hombres puedan casarse con mujeres no musulmanas–, pues se entiende que los hijos serán educados en la religión del padre.

En el conjunto de Oriente Próximo y el norte de África, la representación femenina en los parlamentos nacionales creció hasta una media aproximada del 17,5 % en 2017, desde menos del 5 % 20 años antes; la media global es del 23,4 %. En 2019,

las mujeres ocupaban el 25 % de los cargos ministeriales en Egipto, uno de los países musulmanes más poblados, y en carteras de alto perfil como Sanidad, Inversiones y Turismo. El mismo año, el gabinete de Emiratos Árabes Unidos podía presumir de nueve mujeres entre sus 32 ministros, cerca del 30 %.

Fuera del mundo árabe, Pakistán eligió una mujer para dirigir el Gobierno en la persona de Benazir Bhutto, primera ministra de 1988 a 1990 y, de nuevo, de 1993 a 1996. En Bangladés, Khaleda Zia sirvió como primera ministra de 1991 a 1996 y, de nuevo, de 2001 a 2006, de manera que fue la primera mujer en la historia del país y la segunda en un país de mayoría musulmana en encabezar un Gobierno democrático. Por su parte, Sheikh Hasina sirvió como primera ministra de Bangladés de 1996 a 2001 y volvió a ocupar el puesto en 2009.

Por contraste, los primeros 45 presidentes de EE. UU. han sido todos hombres. El 23,2 % de los representantes del Congreso de EE. UU. eran mujeres en 2019, pero a las dos primeras mujeres musulmanas que

> Creo que las mujeres y las minorías suelen esperar que les den permiso para ser invitados a algo; hay que dejar de hacer eso.
> **Ilhan Omar**
> **Congresista estadounidense**

ocuparon un escaño las trataron con hostilidad: Rashida Tlaib (nacida de padres palestinos de clase trabajadora en Detroit) representa al distrito congresual 13.º de Michigan e Ilhan Omar, de origen somalí, representa al distrito congresual 5º de Minnesota. Ambas ocuparon su escaño en 2019. Omar, que lleva pañuelo, ha sido objeto de la retórica inflamatoria antimusulmana en mítines, entre ellos uno en Carolina del Sur en 2019 en el que la multitud coreó la frase *send her back* («que la manden de vuelta», dando por entendido que a «su país»).

No estamos oprimidas

A mujeres como Ilhan Omar y Rashida Tlaib se las suele citar como ejemplos infrecuentes de mujeres musulmanas que rompen barreras. Los medios occidentales suelen retratar a tales mujeres como excepciones a la regla de las musulmanas oprimidas –por su marido, la propia religión o ambos– y faltas de la ambición o la capacidad para pensar de modo independiente. En 2016, un diario »

Ilhan Omar, de origen somalí, y su colega Rashida Tlaib, fueron las primeras mujeres musulmanas que ocuparon un escaño en la Cámara de Representantes de EE. UU., en 2019.

británico informó de que el anterior primer ministro británico, David Cameron, había afirmado implícitamente que el carácter por lo general sumiso de las musulmanas británicas hace a sus hijos susceptibles a la radicalización. Como respuesta, miles de mujeres usaron el *hashtag* #TraditionallySubmissive en Twitter para detallar la lista de sus logros.

Un incidente similar tuvo lugar después de una convención del Partido Demócrata en EE.UU. en 2016, cuando Ghazala Khan, madre de un musulmán estadounidense caído en Irak, guardó silencio mientras hablaba su marido. El candidato republicano Donald Trump comentó: «Si miras a su mujer, estaba ahí de pie. No tenía nada que decir... igual no tenía permiso para tener algo que decir. Dime tú a mí».

Mientras que en Occidente prevalece esta visión de las mujeres musulmanas como víctimas pasivas y sin voz, en el mundo islámico hay mujeres que atienden a sus asuntos como médicas, periodistas, profesoras universitarias, militares, empresarias del sector tecnológico, pilotos de aviación, estrellas deportivas o ministras.

> Soy tanto [...] creyente como feminista, de ideas avanzadas y a veces muy tradicional, Este y Oeste.
> **Seyran Ates**
> **Feminista musulmana**

Igualdad en las mezquitas

Las mujeres están accediendo también a nuevas funciones en la práctica del islam si bien hasta ahora solo ha ocurrido fuera de los países de mayoría musulmana. En Europa Occidental, algunas musulmanas han buscado reformar el culto religioso y la educación dominados por hombres y reflejar las necesidades de una nueva generación de creyentes. En Reino Unido, la Iniciativa «Mezquita Inclusiva», iniciada en 2012 por dos musulmanas británicas, quiere ser una mezquita feminista y su equipo entero, incluidas las imanes, son mujeres.

Otras mujeres se han esforzado por reformar el dominio masculino en las mezquitas en otros lugares de Europa Occidental. En Berlín, la mezquita Ibn Rushd-Goethe, la primera mezquita liberal de su clase en Alemania, fue cofundada en 2017 por la activista por los derechos humanos, abogada e imán de origen turco Seyran Ates. En una iniciativa que generó una gran controversia, las mujeres y los hombres rezan juntos y las mujeres pueden dirigir la oración y predicar. Ates fue objeto de amenazas de muerte y mensajes de odio de musulmanes conservadores y la principal autoridad religiosa de Turquía atacó a la mezquita por «depravar y arruinar la religión».

La primera mezquita de Escandinavia dirigida por mujeres se inauguró en 2016 en Copenhague (Dinamarca). Es la mezquita Mariam (por la madre de Jesús) y la fundaron dos mujeres imanes, Sherin Khankan y Saliha Marie Fetteh. Como dijo Khankan, madre ella misma, «que haya mujeres imanes afecta no solo a la estructura social de la mezquita, sino también a la estructura familiar»: los niños se crían en la fe viendo a mujeres que son líderes. A la oración del viernes, asisten exclusivamente mujeres.

La autora y académica Amina Wadud quizá sea la mujer imán más conocida en EE.UU. Aunque en el país no existe todavía una mezquita del islam convencional dirigida por mujeres, Wadud ha dirigido ora-

Sherin Khankan, de la mezquita Mariam de Copenhague, ha defendido la reforma del islam con un programa feminista, visión planteada en su libro *La mujer es el futuro del islam*.

Ibtihaj Muhammad, medalla de bronce de esgrima por equipos en Río en 2016, fue la primera musulmana estadounidense en competir llevando el hiyab en los Juegos Olímpicos.

ciones del viernes mixtas. Mientras tanto, otras mujeres están estableciendo espacios que reflejan aspectos tabú de la identidad de los musulmanes estadounidenses; es el caso de Mahdia Lynn en Chicago, que dirige la Masjid al-Rabia, una mezquita centrada en las mujeres, LGBTQ y transinclusiva.

Recuperar el relato

Las musulmanas son con frecuencia las representantes más visibles de su religión por el mero hecho de que muchas llevan hiyab. Así, son a menudo el tema de debates en torno al islam, pero en raras ocasiones se escucha su voz.

En 2019, la autora feminista Mariam Khan publicó *It's Not About the Burqa*, ('No va del burka'), una colección de ensayos de mujeres musulmanas sobre su fe y su vida. «¿Cuándo fue la última vez que oíste a una mujer musulmana hablar por sí misma sin filtros?», pregunta en la introducción. Dos años más tarde en EE. UU., Amani al-Khatahtbeh, que en 2009 fundó MuslimGirl.com, lanzaba el primer Día de la Mujer Musulmana, que, como su web, tenía por finalidad celebrar las voces de mujeres musulmanas de todo el mundo y contrarrestar el retrato falseado de los medios. Al-Khatahtbeh es muy crítica con el modo en que se representa a las mujeres musulmanas como una única realidad. «Hay mujeres musulmanas de todas las condiciones que hay en el planeta», declaró a allure.com. «No se puede hablar de ellas de ningún modo distinto que de las mujeres cristianas, por ejemplo».

En 2016, durante el debate de la Primera Cumbre del Estado Unido de las Mujeres en la Casa Blanca, preguntaron a Al-Khatahtbeh: «¿Cómo empoderamos a las personas a las que llamamos las sin voz?» Su respuesta fue: «Pasa el micrófono». ∎

El malentendido más peligroso sobre las mujeres musulmanas es que son un solo grupo homogéneo.
Amani al-Khatahtbeh
Editora jefe de MuslimGirl.com

Estudiosas contra el patriarcado

Existe una tradición feminista islámica que interpreta los textos del islam desde una perspectiva feminista. La pionera de este campo fue la socióloga marroquí Fátima Mernissi (1940–2015), autora de uno de los primeros libros desde esta perspectiva, *Sexo, ideología e islam*, publicado en 1975. Esta y muchas de sus obras posteriores reexaminan la jurisprudencia islámica tradicional con el fin de ofrecer interpretaciones alternativas no tan orientadas a lo masculino.

La profesora de estudios islámicos estadounidense Amina Wadud causó polémica con la obra *Inside the Gender Jihad: Women's Reform in Islam* (2006). Poniendo como ejemplo la esclavitud, que considera aprobada por el Corán, argumenta que, si algo parece contrario a los principios de la sociedad moderna, se debe rechazar. Así, si el Corán dice que un hombre puede golpear a su esposa desobediente, tampoco esto es ya aceptable en el mundo actual.

BELLA A LOS OJOS DE DIOS, NO LOS DE LA GENTE

YASMIN MOGAHED (2019)

EN CONTEXTO

TEMA
El hiyab y el nicab

CUÁNDO Y DÓNDE
Hoy, todo el mundo

ANTES
C. **2500** A. C. Estatuas de la antigua Mesopotamia muestran que el velo es muy anterior a las religiones judía, cristiana e islámica.

C. **627** D. C. La aleya del hiyab (Corán, 33,53) advierte a quienes visiten la casa del Profeta que solo hablen a sus esposas desde detrás de un *hiyab* (cortina).

Siglo XVI El velo se populariza en época otomana como marca de categoría social; las mujeres humildes no lo llevan, pues interferiría con su trabajo.

1923 Atatürk prohíbe el velo en las instituciones públicas de la nueva República de Turquía.

El Corán prescribe un código de comportamiento y vestimenta para los hombres y para las mujeres. En la sura 24, la prescripción se dirige primero a los hombres: «Di a los creyentes que bajen la vista con recato y que sean castos. Es más correcto» (24,30). A esto sigue la dirigida a las mujeres: «Y di a las creyentes que bajen la vista con recato, que sean castas y no muestren más adorno que los que están a la vista, que cubran su escote con el chal y no exhiban sus adornos [...]» (24,31).

Lo que se dice a los hombres y las mujeres es que sean respetuosos en el modo en que se miran –en lo

Estilos de cubrirse la cabeza

Hiyab Nombre genérico de muchos tipos de pañuelo. Es con mucho el más habitual para este fin.

Nicab Cubre la cara y la cabeza con una ranura para los ojos. Abunda más en los Estados del Golfo.

Burka Cubre la cara y el cuerpo por completo, y tiene una malla para cubrir los ojos. Típico sobre todo de Afganistán.

que se describe a menudo como «el hiyab de los ojos»–, pero con la estipulación añadida para las mujeres relativa al atuendo. Es la orden de que «no exhiban sus adornos» el origen de la vestimenta para conservar el recato que usan muchas mujeres musulmanas.

El hiyab

A la mujer que lleva el hiyab se la llama a veces *hiyabi* o *muhayyaba*. La palabra *hiyab* designa el pañuelo que se lleva en la cabeza, como estipulan los hadices, pero también es un término general para la vestimenta modesta. En el Corán, *hiyab* significa solamente cortina o partición (entre hombres y mujeres, o la deidad y los mortales); sus aleyas mencionan también el *jimar* ('chal', en 24,31) y el *yilbab* ('manto', en 33,59), pero no dicen que haya que taparse la cabeza o el cabello.

Las actitudes en cuanto al recato en la vestimenta varían según la región. En países más moderados,

como Egipto, Turquía y Túnez, no hay un código de vestimenta oficial para la mujer, pero vestir con modestia, cubriendo las rodillas y los hombros, es lo habitual, sobre todo en las áreas rurales. Los códigos de vestimenta están también sujetos a actitudes sociales y modas que han ido variando a lo largo de la historia. En Turquía, por ejemplo, cuando en

Así que, aunque lo odies, me envuelvo en mi hiyab, me envuelvo en mi hiyab, me envuelvo en mi hiyab.
Mona Haydar
Letra del tema de 2017
Hijabi (Wrap My Hijab)

1923 Kemal Atatürk declaró el país como Estado secular, llevar pañuelo pasó de moda hasta casi desaparecer; y, después de un golpe militar en 1980, fue objeto de una prohibición total. Sin embargo, desde la llegada al poder de partidos islámicos, sobre todo el Partido de la Justicia y el Desarrollo en el siglo XXI, el hiyab ha vuelto a ser muy común.

Incluso cuando las musulmanas llevan hiyab, no es una prenda uniforme. Las de África occidental lo prefieren de colores vivos y apretado como un turbante, mientras que en el sur de Asia es una tela suelta que cuelga sobre los hombros. Las mujeres de los Estados del Golfo llevan a veces el *jaliyi hiyab* ('hiyab del Golfo'), apodado *colmena* o *joroba de camello*, abombado en la parte trasera para dar la impresión de una melena recogida en un moño.

En otros países —entre los que destaca Irán, pero también Arabia Saudí y otros Estados de la sharía— hay una vigilancia estricta de lo que llevan las mujeres en público. En Irán deben ponerse o bien el chador, prenda larga, negra e informe que cubre el cuerpo entero, o bien (en círculos menos conservadores), pañuelo, pantalones y un sobretodo de manga larga llamado *manteau*. Las mujeres de La Meca y Medina están obligadas a llevar siempre que salgan de casa *abaya* (semejante a una bata) y una tela que envuelve el cabello: la *shayla*; esto se ha promocionado como la expresión más auténtica de la vestimenta islámica modesta si no se lleva el nicab.

El nicab

La influencia de Arabia Saudí y Estados de la sharía más conservadores del Golfo como Catar ha difundido el uso del nicab, que cubre el »

rostro por completo. Sin embargo, el número de mujeres en todo el mundo que llevan nicab es solo una parte de las que llevan hiyab. Para muchas mujeres, el hiyab no es más que una prenda cotidiana que puede tener o no un significado religioso, mientras que el nicab está asociado, incluso entre las propias musulmanas, a un conservadurismo extremo.

Como el nicab tapa todo el cuerpo de la mujer salvo los ojos, se ha convertido en una prenda altamen-te politizada y se ha prohibido en escuelas, lugares de trabajo y espacios públicos en una serie de países, tanto musulmanes como no musulmanes.

Francia y Bélgica fueron los primeros países en prohibir el nicab en espacios públicos. En la provincia canadiense de Quebec se prohibió en 2017. En Túnez y algunas partes de África Occidental y China se han restringido los lugares donde las mujeres pueden llevar nicab.

Aunque llevar hiyab se presente como una opción personal, creo que hay una gran presión social.
Shalini Gopalan
Directora de marketing, Indonesia

Llevo el nicab como un acto de devoción personal y creo profundamente que me acerca más a Dios.
Sahar al-Faifi
Genetista, activista y paracaidista británica

Para algunas musulmanas en Occidente, el hiyab es hoy casi un símbolo de desafío con el que reafirman su identidad islámica ante la extendida islamofobia.

Opción personal

Las mujeres dan razones diversas para llevar el hiyab: para algunas es un acto personal de obediencia a Dios; para otras, una forma modesta de vestir que sustrae su cuerpo de la condición de objeto y de la comercialización. También puede ser un modo de reivindicar una identidad que ha sido demonizada, una expresión de desafío y orgullo por su fe o, simplemente, cuestión de encajar socialmente o seguir la moda.

A la inversa, en algunos países musulmanes en los que la vestimenta modesta es obligatoria por ley, el acto de desafío ha consistido para algunas mujeres en protestar quitándose el pañuelo, en un eco de la feminista egipcia Huda Shaarawi en 1922. En este caso, no se trata de religión, sino de política y derechos humanos.

Moda recatada

Un desarrollo reciente es el auge de la *moda modesta*, ropa dirigida a mujeres musulmanas practicantes que no renuncian a vestir con estilo. Para la generación más joven de musulmanas, en particular, fe y modernidad van de la mano.

Esto ha generado un movimiento de moda popular entre las musulmanas que consideran que los comercios tradicionales y *online* no responden a sus necesidades, y están construyendo sus propias marcas, por lo general en internet. Lo que comenzó como un mercado muy específico es hoy un fenómeno global. El movimiento ha sido alimentado por blogueras de moda hiyabi entregadas que publican entradas sobre cómo crear una estética modesta.

Una modelo exhibe la estética modesta en un evento de 2108 en Milán organizado por el Islamic Fashion & Design Council y dedicado a esta estética, que hoy mueve un mercado multimillonario.

> El hiyab se ha politizado profundamente.
> **Azzah Sultan**
> Artista malaya

Las grandes marcas de ropa, cosméticos y moda se han apuntado a la tendencia. En 2016, Nura Afia, bloguera de belleza estadounidense, fue la primera embajadora de marca en llevar hiyab, Dolce & Gabbana lanzó una línea de hiyabs y *abayas* (caftanes), y la diseñadora de moda indonesia Anniesa Hasibuan presentó una colección enteramente de hiyabs en la Semana de la Moda de Nueva York. En 2018, la modelo somalí-estadounidense Halima Aden fue la primera mujer que apareció con hiyab en la portada de la revista *Vogue*.

La vestimenta modesta ha hecho también su aparición en los deportes. En 2016, las atletas olímpicas que llevaban burkini generaron varios titulares y la esgrimista Ibtihaj Muhammad, primera deportista olímpica de EE. UU. que compitió con hiyab, ganó una medalla de bronce. Al detectar la tendencia, en 2017, Nike lanzó el primer hiyab para atletas y, en 2020, prendas de baño modestas.

El significado del hiyab

Los críticos señalan que reducir el hiyab a un complemento de moda diluye su significado como expresión de la práctica religiosa. Yasmin Mogahed, estudiosa musulmana estadounidense, afirma que el hiyab es «una opción personal de someterse a Dios en lugar de a la moda de la sociedad. Es ser bella a los ojos de Dios, no los de la gente». Lo que está claro es que el hiyab significa cosas distintas para diferentes personas. ∎

El burkini

Parte de la tendencia de la moda modesta, el burkini es un bañador y gorro que cubre todo el cuerpo, a veces con una capa adicional como vestido corto o falda. Lo creó la diseñadora de moda australiana de origen libanés Aheda Zanetti en 2004 y acuñó el nombre combinando: burka y bikini. Había observado las dificultades de las musulmanas en la natación y otros deportes y, en sus palabras: «Creé el burkini para dar libertad a las mujeres, no para quitársela. No es un símbolo de nada».

En 2016 el burkini se prohibió en varios municipios y playas de Francia. Una fotografía de prensa reproducida en todo el mundo mostró a una mujer en burkini rodeada de policías armados que le obligaban a quitárselo. La imagen causó gran indignación, e instancias judiciales superiores revocaron la prohibición.

El burkini fue noticia también en la Olimpiada de Río de Janeiro de 2016, en la que la jugadora de vóley-playa egipcia Doaa Elghobashy y la corredora saudí Kariman Abuljadayel llevaron prendas semejantes.

304

LA MEJOR GENTE ES LA DE MI GENERACIÓN
PROFETA MAHOMA

EN CONTEXTO

TEMA
El salafismo

CUÁNDO Y DÓNDE
Hoy, todo el mundo

ANTES
1303 El jurisconsulto árabe Ibn Taymiyya emite una fetua contra los mongoles por seguir leyes de los hombres en lugar de la sharía. El dictamen será más tarde un precedente para que algunos musulmanes declaren la yihad contra otros musulmanes.

Siglo XVIII Muhammad ibn Abd al-Wahhab, teólogo árabe, defiende la adhesión estricta a una interpretación literal del Corán.

2010 En Egipto, el Gran Jeque de Al-Azhar, considerado por muchos la máxima autoridad del islam sunní, ataca en los medios al salafismo por promover ideas ajenas al islam.

El salafismo es un movimiento fundamentalista del islam con raíces en Egipto en el siglo XIX e inspirado en el ejemplo del wahabismo saudí. Experimentó un gran auge de popularidad a finales del siglo XX y aspira a reconectar a los musulmanes con las fuentes originales del islam, en particular sus tres primeras generaciones, llamadas colectivamente *salaf as-salihin*, 'antepasados píos'.

Los salafistas rechazan la autoridad de las escuelas de jurisprudencia medievales, por ser posteriores a los *salaf as-salihin* y miran solo a los textos del Corán y los hadices, de los que hacen una lectura literal.

Muchos musulmanes opinan que la postura del salafismo es intransigente. Sus seguidores utilizan vestimenta tradicional (túnica para los hombres, en lugar de pantalones, por ejemplo) y llevan a sus hijos a escuelas segregadas. Además, los salafistas no observan los festivos no islámicos, tales como los nacionales, y tratan de evitar las expresiones no religiosas, tales como *buenos días* al saludar.

El salafismo es una ideología, no una única organización, y comprende muchas tendencias de pensamiento. Hay salafistas apolíticos que se centran en la educación y la labor misionera. Otros, más combativos, aspiran a derrocar a los gobernantes «apóstatas» del mundo islámico y sustituirlos por musulmanes «verdaderos». Al-Qaeda y Estado Islámico son salafistas militantes y el auge de tales organizaciones refleja una lucha dentro del propio salafismo, tanto como entre el islam y Occidente. ■

Su atractivo es como el de la Reforma protestante en el cristianismo.
Yasir Qadhi
Teólogo musulmán estadounidense

Véase también: El wahabismo, o una reforma islámica 216–217 ▪ Los nuevos extremistas 272–277 ▪ El islam en África 278–279

EL ISLAM HA SIDO UNA FE PROGRESISTA DESDE EL PRINCIPIO
MECCA INSTITUTE (2019)

E l islam progresista designa un conjunto diverso de individuos y grupos, sin autoridad central alguna, pero con el objetivo común de reformar la interpretación del Corán para que sea más conforme a los valores del mundo actual, en particular en cuestiones como los derechos humanos vy la igualdad de las mujeres.

Los progresistas creen que los primeros estudiosos del islam se esforzaron por interpretar el Corán y la sunna por medio del consenso, la analogía y el *ichtihad* (razonamiento independiente), que usaron para formular la sharía y que también fueron mortales falibles, producto de su época y cultura.

Para los progresistas, el espíritu del islam —una religión de justicia y compasión— no se puede sostener observando leyes formuladas en una época y en un lugar que aprobaba la esclavitud y el matrimonio de las niñas antes de la pubertad, y respaldan sus argumentos señalando que el Corán anima repetidamente a los musulmanes a pensar de manera independiente.

Nos pesa en el corazón ver a los musulmanes tradicionales [...] de hoy congelados en el tiempo y el lugar.
Akmal Ahmed Safwat
Musulmanes Democráticos de Dinamarca

Además de los muchos académicos implicados en este debate, organizaciones como el MECCA Institute en EE. UU. y la revista británica *Critical Muslim* promueven el diálogo del pensamiento liberal en el islam. Los musulmanes conservadores rechazan la perspectiva progresista, pero esta se está difundiendo. Una encuesta de 2017 en EE. UU., por ejemplo, mostró que la aceptación del matrimonio gay es hoy mayor entre los musulmanes de EE. UU. que entre los cristianos evangélicos blancos. ∎

Véase también: Las mujeres en el Corán 82–85 ▪ La guía divina a través de la sharía 128–133 ▪ ¿Un islam feminista? 292–299

DIRECTO

RIO

DIRECTORIO

Además de las personas reseñadas a lo largo del libro, en particular en los recuadros biográficos, hay muchos otras que han desempeñado un papel clave en la historia del islam. Entre estos están los primeros líderes de la fe, califas, jefes militares, estudiosos, místicos, poetas y los líderes políticos posteriores. En orden cronológico a continuación hay biografías breves de esas figuras que formaron y desarrollaron la fe musulmana y la civilización islámica por el mundo.

JADIYA BINT JUWAYLID
555–619

Jadiya bint Juwaylid fue la primera esposa de Mahoma. Era de una familia de comerciantes de la poderosa tribu Quraysh, que gobernaba La Meca, y era ella misma una comerciante próspera. Se casó a los 40 años con Mahoma, a quien había contratado para llevar una caravana a Siria. Según las fuentes sunníes, había enviudado dos veces antes de su matrimonio con Mahoma, mientras que en la tradición chií este fue su primer marido. De sus hijos, cuatro sobrevivieron hasta la edad adulta, todas mujeres. Después de la primera revelación de Mahoma, en 610, Jadiya fue la primera conversa al islam y apoyó las prédicas del Profeta durante el resto de su vida.

MAHOMA
570–632

Mahoma nació en La Meca, en el clan Banu Hashim de la tribu Quraysh. Según la tradición, a los 40 años fue visitado por el ángel Yibra'l (Gabriel) en lo que fue el origen del Corán. Después de dos años de sucesivas revelaciones, comenzó a predicar y a ganar conversos a la religión que luego será el islam. El monoteísmo de Mahoma se oponía al paganismo de los gobernantes de La Meca, por lo que él y sus seguidores fueron perseguidos y huyeron a la ciudad de Medina en 622. La guerra entre La Meca y los musulmanes comenzó en 624 y Mahoma logró la victoria en 630. En 632, Mahoma se había hecho con el control de la mayor parte de Arabia. Ese año dirigió la peregrinación del adiós a La Meca y murió poco después en Medina.

ABU BAKR AS-SIDDIQ (ABÚ BAKR)
573–634

Véase recuadro en p. 103.

'UMAR IBN AL-JATTAB (ÚMAR)
584–644

'Umar ibn al-Jattab, segundo califa del islam, se convirtió a la religión en 615. Nacido en La Meca, se unió a Mahoma en Medina en 622 y fue uno de sus consejeros más importantes. Su hija Hafsa se casó con Mahoma en el 625. Tras convertirse Abú Bakr en califa, la influencia de Úmar creció y sucedió a Mahoma como líder de la comunidad de los musulmanes en 634. Bajo el liderazgo de Úmar, el califato se convirtió en una potencia global, ya que conquistó territorios de los imperios bizantino y persa sasánida, con lo que extendió su ámbito desde el norte de África hasta el Cáucaso. La vida de Úmar tuvo un final repentino a los 60 años, cuando fue apuñalado por un esclavo persa.

'UZMAN IBN 'AFFAN (UZMÁN)
C. 576–656

Comerciante rico del clan de los omeyas, 'Uzman ibn 'Affan se convirtió al islam en el 611. Más tarde se casó con dos de las hijas de Mahoma. Cuando murió Úmar en 644, Uzmán formó parte del consejo de seis sabios nombrados para elegir a su sucesor. Pese a su escasa experiencia política y militar, fue el elegido como el tercero de los califas *rashidun* ('bien guiados'). Supervisó la compilación de una versión oficial del Corán y continuó las campañas de conquista. Entonces aumentó la disensión contra su régimen que acabó por estallar en forma de revuelta y Uzmán fue asesinado en su casa en Medina.

JALID IBN AL-WALID
C. 585–642

Nacido en un clan de la tribu Quraysh hostil en los inicios a Mahoma, Jalid ibn al-Walid luchó en algunas de las primeras batallas contra el Profeta, pero en 629 emigró a Medina, se convirtió al islam y llegó a ser un líder militar importante. Tras la muerte de Mahoma, Jalid tuvo un papel central en la derrota de las tribus árabes rebeldes. Más tarde dirigió campañas contra los bizantinos y también los sasánidas durante la conquista de Irak y Siria, por las que sería conocido como la «Espada de Dios». A pesar de no haber conocido la derrota, fue relevado del ejército por Úmar en 638 y murió en Homs (Siria) cuatro años más tarde.

ʿALÍ IBN ABI TÁLIB (ALÍ)
601–661

El primo de Mahoma ʿAlí ibn Abi Tálib fue criado por este desde muy pequeño y fue el primer converso masculino al islam, cuando tenía solo nueve años. Se unió a Mahoma en Medina, fue su representante y se casó con su hija Fátima. Alí se distinguió durante las guerras contra La Meca, en las que se ganó una reputación como guerrero valeroso. Después de la muerte de Mahoma en 632, fue relegado del liderazgo de los musulmanes en tres ocasiones, hasta ser elegido cuarto califa en 656. Su califato se sumió en la guerra civil cuando los rebeldes jariyitas trataron de derrocarlo. Lo asesinaron mientras rezaba en Kufa (Irak). Los musulmanes chiíes veneran a Alí, pues lo consideran a él y a sus sucesores como los herederos legítimos de Mahoma.

MUʿAWIYA IBN ABI SUFYAN
602–680

Muʿawiya ibn Abi Sufyan se convirtió al islam después de la conquista de La Meca por Mahoma. Dirigió campañas contra los bizantinos y en el 640 fue nombrado gobernador de Siria. Tras el asesinato de su pariente Uzmán, en el 656, se rebeló contra Alí porque opinaba que no había hecho lo suficiente por castigar a los culpables. Después del asesinato de Alí, Muʿawiya lo sucedió, lo que inauguró el califato omeya, cuya capital trasladó a Damasco. Como Muawiya I, continuó la expansión del califato por el norte de África y Asia Menor. Antes de su muerte, nombró sucesor a su hijo Yazid, estableciendo con ello el precedente del gobierno hereditario.

FATIMA BINT MUHAMMAD
605–632

Fátima fue la hija menor de Mahoma y Jadiya, su primera esposa. En el 622, poco después de la huida a La Meca, se casó con Alí, primo de Mahoma. El suyo fue un matrimonio muy unido; de este llegaron a la edad adulta dos hijos, Hasan y Husein, y dos hijas. Después de la muerte de Mahoma, en el 632, Fátima se enfrentó al califa Abú Bakr, cuya autoridad se resistía a reconocer, como también hacía Alí. Los partidarios de Abú Bakr fueron a la casa de Fátima en Medina para reclamar su apoyo y algunas fuentes, principalmente chiíes, afirman que hubo un altercado violento, con heridas y un aborto de Fátima como resultado, que, afirman, contribuyeron a su muerte más tarde el mismo año.

AISHA BINT ABU BAKR
614–678

Hija de Abú Bakr, Aisha se casó con Mahoma muy joven y fue su segunda esposa favorita después de Jadiya. Después de la muerte de Mahoma se entregó al estudio de la religión y memorizó el Corán, además de narrar hadices, de los que se le atribuyen 2210. Se unió a la oposición al tercer califa, Uzmán, pero después del asesinato de este criticó a Alí, que le había sucedido como califa, por no perseguir a los asesinos. Aisha reunió un ejército contra Alí que la derrotó en la batalla del Camello en el 656. A Aisha le permitieron regresar a Medina, donde vivió en paz, dedicada a la religión y la caridad hasta su muerte, que tuvo lugar en el 678.

HASAN IBN ʿALI
624–669

Hasan (Hasán) fue el primogénito de Alí y Fátima y, por tanto, nieto del profeta Mahoma. Después del asesinato de su padre en 661, Hasan lo sucedió como califa, pero fue desafiado por Muʿawiya, gobernador de Siria, quien proclamó que no lo reconocía como califa. Ambos se prepararon para el conflicto, pero, al quedar claro para Hasan que sus fuerzas no ganarían, entró en negociaciones con Muʿawiya para evitar la guerra civil. Bajo los términos del tratado acordado, Hasan abdicó y se retiró a Medina, donde vivió hasta su muerte en el 669. Según algunos relatos, fue envenenado por una de sus esposas que había conspirado con Muʿawiya.

HUSEIN IBN 'ALI
626–680

El segundo hijo de Alí y Fátima, Husein (Husáin), junto con su hermano mayor reconoció como califa en 661 a Muawiya I. Este había accedido a no nombrar sucesor al califato; sin embargo, antes de su muerte, en el 680, designó a su hijo Yazid I. Husein se negó a reconocer esa sucesión y huyó de Medina a La Meca antes de ser invitado por el pueblo de Kufa —ciudad en Irak donde una buena parte de la población se oponía a los omeyas— a liderar una rebelión contra Yazid. Husein partió hacia Kufa, pero fue interceptado por fuerzas omeyas en Kerbala y, a pesar de encontrarse en inferioridad numérica, se negó a rendirse y acabó siendo decapitado. Todos los musulmanes lo reconocen como mártir.

ZAYNAB BINT 'ALI
C. 627–C. 682

Zaynab (Zeinab) era hija de Alí y Fátima, nieta del profeta Mahoma, y hermana de Hasan y Husein. Contrajo matrimonio con 'Abdullah ibn Ja'far, con quien tuvo tres hijos y dos hijas. Acompañó a su hermano Husein cuando se enfrentó a Yazid ibn Mu'awiya, en el 680, en Kerbala. Según cuenta la tradición, salvó la vida de su sobrino, 'Ali ibn al-Husein cubriéndolo con su cuerpo y, luego, persuadió a Yazid para que la liberara junto con otros prisioneros. Por ello fue conocida como la heroína de Kerbala. Su santuario en Damasco continúa siendo en la actualidad un lugar de peregrinación importante, sobre todo para los chiíes.

'ABD AL-MALIK IBN MARWAN (ABD AL-MÁLIK)
646–705

Abd al-Málik fue el hijo y sucesor de Marwán I, cuarto califa omeya, que reinó brevemente de 684 a 685. Como califa, Abd al-Málik tuvo que hacer frente a una guerra civil, en la que le disputó el califato Ibn Zubayr, establecido en La Meca. Abd al-Málik mató a su rival en el 692 y restableció el control omeya en todo el califato. Después volvió a emprender la guerra contra el Imperio bizantino y consiguió avances en Anatolia, Armenia y el norte de África. En el momento de su muerte, Abd al-Málik había consolidado el gobierno del califato. También es conocido por construir la Cúpula de la Roca, en Jerusalén, uno de los monumentos religiosos islámicos más antiguos que se conservan.

YAZID IBN MU'AWIYA
647–683

Hijo de Muawiya I (primer califa omeya). Al suceder a su padre en el 680, Yazid I debió enfrentarse a la oposición de los partidarios de Husein, que fue ejecutado por fuerzas omeyas en Kerbala. Ese asesinato, unido a los rumores sobre la vida disoluta que llevaba Yazid, provocaron una rebelión en Arabia. En el otoño del 683, el ejército de Yazid derrotó a los rebeldes en las afueras de Medina y saqueó la ciudad, para luego poner sitio a La Meca, durante el cual un incendio dañó la Kaaba. La campaña acabó de forma prematura al morir Yazid en Siria en noviembre, pero el conflicto en el califato continuó hasta el 692.

ABU HANIFA
699–767

Abu Hanifa fue un jurista renombrado cuya obra fue el fundamento de la escuela de jurisprudencia islámica hanafí, todavía muy influyente en la actualidad. Nacido en la ciudad de Kufa e hijo de un comerciante, Abu Hanifa estudió teología antes de dedicarse a la jurisprudencia. Aplicó racionalmente la doctrina islámica a las cuestiones legales y, alrededor del 738, era uno de los estudiosos más destacados de Irak. Aunque se le ofrecieron repetidamente cargos oficiales, los rechazó para mantener su independencia. Hacia el final de su vida se trasladó a La Meca, donde murió en prisión, encarcelado por el califa al-Mansur, posiblemente por su negativa a servirle como juez.

MALIK IBN ANAS
711–795

Nacido en Medina, Malik ibn Anas fue un reputado jurista, teólogo y filósofo, y atrajo a muchos discípulos. Fue el fundador de la escuela de jurisprudencia malikí, una de las cuatro del derecho sunní, muy seguida en gran parte del norte de África y entre algunas de las órdenes sufíes más destacadas. Fue franco con sus opiniones: en el 762 dio su apoyo a una rebelión contra el califa al-Mansur y declaró que los juramentos de lealtad a la fuerza no eran vinculantes. Fue azotado por ello, pero luego se reconcilió con el califato para poder continuar con su trabajo. Suya es la compilación de hadices *Al-muwatta* ('el camino allanado'), la más antigua.

AL-MANSUR
714–775

Al-Mansur fue miembro de la familia de los abasíes, descendientes del tío de Mahoma que derrocaron el califato omeya en 750. Su hermano As-Saffah fue el primer califa abasí, al que al Mansur sucedió en el 754. Al-Mansur consolidó el poder abasí eliminando a los pretendientes rivales y sofocando las revueltas dispersas que estallaron contra él. En el 762 fundó Bagdad como su capital, que sería la sede de la burocracia creciente que gobernó el califato. Al-Mansur murió durante una peregrinación a La Meca y lo sucedió su hijo Al-Mahdi.

RABIʿA AL-ʿADAWIYYA
714–801

Los orígenes de la mujer sufí más célebre, Rabiʿa Al-ʿAdawiyya, no son muy claros. Los relatos populares cuentan que nació en el seno de una familia pobre, quedó huérfana y fue vendida como esclava; sin embargo, los estudiosos creen más probable que procediera de una rama acomodada de la tribu Quraysh. Se crio en la próspera ciudad de Basora en Irak, donde practicó la renuncia a lo terrenal para vivir en la contemplación de la otra vida y la soledad. Son muchas las anécdotas que ilustran su piedad y su ascetismo. Se cuenta, por ejemplo, que, después de muchos días de practicar el ayuno, un ave la sobrevoló y dejó caer comida en su plato. Se le atribuyen numerosos escritos en verso y prosa que expresan su amor y devoción a Dios.

HARÚN AR-RASHID
C. 766–809

Hijo del califa abasí Al-Mahdi, Harún ar-Rashid sucedió a su hermano mayor, Al-Hadi. Su madre, Al Jayzuran, antigua esclava beduina, tuvo una gran influencia en su gobierno hasta su muerte en el 789. Después su principal consejero fue su antiguo tutor, el visir Yahya el-Barmaci, cuya familia tuvo una gran influencia hasta su caída en desgracia en el 803. Aunque tuvo que hacer frente a numerosos levantamientos locales, el reinado de Ar-Rashid se suele ver como el cénit del califato abasí; el Bagdad de la época se conmemora en *Las mil y una noches*. Murió en el 809 en el Jorasán tras enfermar cuando trataba de sofocar una revuelta.

AS-SHAFIʿI
767–820

Muhammad ibn Idris as-Shafiʿi nació en Gaza, pero se trasladó a La Meca en su infancia y se crió en un hogar pobre. Estudió en Medina con Malik ibn Anas como maestro y fue conocido como un jurista capaz. Cuando tenía 30 años, los abasíes lo nombraron gobernador de Yemen, pero en el 803 estuvo implicado en una revuelta contra el califa y fue brevemente encarcelado. Tras ser liberado, estudió derecho hasta su muerte en El Cairo. Gracias a sus seguidores, la escuela de jurisprudencia islámica shafií se hizo muy influyente.

AL-JUARISMI
C. 780–C. 850

Véase recuadro en p. 159.

AHMAD IBN HANBAL
780–855

Nacido en Bagdad, Ahmad ibn Hanbal inició sus estudios religiosos y legales desde muy joven, y viajó por Irak, Siria y Arabia para aprender de los mayores eruditos, además de peregrinar en cinco ocasiones a La Meca. Acabó por afincarse en Bagdad, donde fundó la escuela de jurisprudencia hanbalí, que insiste en la importancia de seguir estrictamente el Corán y los hadices. Ibn Hanbal se negó a cambiar sus creencias para conformarlas a las doctrinas aprobadas por el califa y por ello fue encarcelado, azotado y brevemente desterrado de la ciudad. A pesar de ello, Ibn Hanbal fue una figura popular y muy respetada, a cuyo funeral asistieron 800 000 personas.

AL-KINDI
C. 800–873

Véase recuadro en p. 157.

AL-BUJARI
810–870

Muhammad al-Bujari era de Bujara (actual Uzbekistán). A los 16 años peregrinó a La Meca y luego comenzó su búsqueda del conocimiento preciso de los dichos y hechos del Profeta, para lo que viajó muchos años por Arabia, Irak, Siria, Egipto y Asia Central. A su regreso, compiló *Sahih al-Bujari*, colección de 7275 hadices que había juzgado enteramente fiables. Los musulmanes sunníes consideran esta como una de las obras religiosas más importantes.

AT-TABARI
839–923

Muhammad At-Tabari abandonó en la infancia su lugar natal, Amol (Irán), para formarse con estudiosos en Irak, Siria y Egipto. Más tarde se asentó en Bagdad. Gracias a la riqueza de su familia, no tuvo necesidad de aceptar cargos oficiales y pudo dedicarse a sus muchos intereses académicos el resto de su vida. Fue un autor prolífico y, entre otras obras, escribió un comentario influyente del Corán, *Tafsir at-Tabari* ('comentario de at-Tabari'), que en algunas ediciones alcanza los 30 volúmenes. Su obra más famosa e influyente fue *Ta'rij ar-rusul wa al-muluk* ('Historia de los profetas y los reyes'), crónica de acontecimientos, centrada sobre todo en Oriente Próximo, desde la creación hasta el año 915, que se ha traducido a muchos idiomas, por ejemplo, una edición en inglés en 38 volúmenes.

ABDERRAMÁN III ('ABD AR-RAHMAN III)
891–961

Nieto del único miembro superviviente de la dinastía de los omeyas, en 912 Abderramán III fue nombrado emir de Córdoba. Consolidó su autoridad en Al-Ándalus (los territorios islámicos de la península ibérica) y el norte de África. En el 929, desafiando el predominio del califato abasí, proclamó el califato de Córdoba. Despiadado con sus oponentes, dirigió la época más próspera de Al-Ándalus, en la que se enriquecieron enormemente la economía, la cultura y la arquitectura de la ciudad de Córdoba. Después de su muerte, lo sucedió su hijo Al-Hakam II (Alhakén II).

IBN AL-HAYZAM
965–1040

Conocido en Occidente como Alhazen o Alhacén, Ibn al-Hayzam fue matemático y astrónomo. Nació en Basora, donde fue funcionario local. Más tarde se trasladó a Egipto a trabajar para el califa fatimí Al-Hakim, ya que había afirmado que podría regular las inundaciones del Nilo. Aunque no pudo cumplirlo, permaneció en El Cairo dedicado al estudio de la ciencia y la naturaleza hasta su muerte en 1040. Autor prolífico de temas variados, creía que las teorías se deben demostrar con experimentos. Su tratado más famoso fue *Kitab al-manazir* ('libro de óptica'), la primera obra que planteó un modelo correcto de la visión humana.

AL-BIRUNI
973–c. 1050

El polímata persa Muhammad al-Biruni fue uno de los estudiosos más destacados de su tiempo. Investigó y escribió sobre asuntos de lo más diverso y preparó el terreno al método científico moderno. Nacido en la región centroasiática de Corasmia (Jorasmia), estudió teología, derecho, medicina y ciencias muy diversas, e intercambió ideas con su contemporáneo el pensador ibn Sina (Avicena). Sirvió a varios mecenas reales y en 1017 fue nombrado astrólogo de la corte de Mahmud de Gazni, al que acompañó en sus expediciones a India. El extenso estudio de ese país es una de sus obras más importantes. Muchos de sus tratados versan sobre astronomía y física, y exploró métodos experimentales todavía relevantes.

IBN SINA (AVICENA)
980–1037

Véase recuadro en p. 173.

OMAR JAYAM
1048–1131

Nacido y criado en Nishapur (nordeste de Irán), Omar Jayam destacó en el estudio de la astronomía, las matemáticas y la filosofía, y fue invitado a la corte de Samarcanda (actual Uzbekistán), donde escribió su famoso *Tratado sobre demostraciones de problemas de álgebra* (1070). Pasó gran parte de su vida bajo el mecenazgo de varias cortes y fue un polímata destacado; sin embargo, se le recuerda sobre todo como poeta por los versos que invocan el estado místico de la espiritualidad sufí. Su nombre alcanzó tal fama que se le atribuyeron numerosas obras que, probablemente, no escribió; no obstante, sí se puede atribuir a su popularidad que casi mil años después de su propia época se conozca entre un público amplio una tendencia del misticismo antiguo.

AL-GAZALI
C. 1058–1111

Abu Hamid al-Gazali nació alrededor de 1058 cerca de Tus (Irán). En la adolescencia estudió en la ciudad persa de Nishapur, un centro importante del saber en aquella época. En 1091 ocupó un puesto como tutor en una madrasa en Bagdad. Cuatro años más tarde, abandonó dicho puesto prestigioso y emprendió varios años de viajes a Damasco y Jerusalén, entre otros lugares, en busca de la iluminación espiritual. Acabó regresando a Tus, donde pasó varios años de vida ascética dedicado a la escritura. Antes de su muerte, que tuvo lugar en 1111, produjo unas 70 obras, entre las que destacan *Ihya 'ulum ad-din* ('el resurgimiento de las ciencias religiosas'), trabajo muy influyente que reúne la teología sunní ortodoxa y el misticismo sufí, y *Tahafut al-falasifa* ('la incoherencia de los filósofos'), una defensa de la fe frente a la filosofía.

AL-IDRISI
1100–1165

Muhammad al-Idrisi fue uno de los geógrafos y cartógrafos más destacados de la Edad Media. Nacido en la ciudad norteafricana de Ceuta, estudió en Córdoba y viajó por el norte de África, Asia Menor y Europa. En 1136 entró al servicio del rey cristiano normando Roger II de Sicilia, en cuya corte de Palermo produjo varias obras importantes, entre ellas *Tabula Rogeriana*, descripción extensa del mundo acompañada de mapas. Acabada en 1154 después de 15 años de trabajo, en ella combinó sus propias experiencias con el saber antiguo y contemporáneo. Pese a la ausencia de partes de algunos continentes, el suyo fue el mapamundi más preciso durante muchos siglos.

IBN RUSHD (AVERROES)
1126–1198

Ibn Rushd, conocido en Occidente como Averroes, nació en la ciudad andalusí de Córdoba, de la que fue cadí. También sirvió como médico en la corte del califa almoha-de en Marrakech. Además de su carrera oficial, Ibn Rushd fue un polímata y autor muy prolífico, y logró una gran influencia como filósofo, especialmente estimado por sus comentarios de la obra de Aristóteles. A menudo tuvo que defender la filosofía de las críticas de autoridades religiosas ortodoxas, cuyos ataques hicieron que lo destituyeran de sus cargos en 1195. Tres años antes de su muerte, recuperó el favor de la corte almohade y lo llamaron para servir en ella de nuevo.

SALAH AD-DIN YUSUF
1137–1193

El sultán guerrero conocido en Occidente como Saladino (cuyo nombre *Salah ad-Din* significa 'rectitud de la religión') era kurdo, natural de Tikrit (Iraq). Combatió por la dinastía turca zanguí en las guerras de esta por ganar influencia en Egipto. En 1169 era visir del califa fatimí en Egipto y, dos años más tarde, derrocó el califato y estableció su propia dinastía ayubí. Entre los años 1174 y 1186 combatió contra otros soberanos musulmanes para hacerse con el control de gran parte de Oriente Medio; eso fue antes de derrotar a los Estados cruzados y conquistar Jerusalén y la mayor parte de Palestina. Desde 1189 pasó tres años combatiendo a la tercera cruzada, que fue el intento de la cristiandad por recuperar Tierra Santa. Murió en Damasco un año más tarde, en 1193.

IBN YUBAIR
1145–1217

Véase recuadro en p. 178.

IBN 'ARABI (IBN ARABI)
1165–1240

El poeta, místico y filósofo Ibn Arabi nació en Murcia (Al-Ánda-lus), pero se crio y educó en Sevilla, donde trabajó para el gobernador almohade. Tras adoptar el sufismo, una visión lo incitó a marcharse al este y en 1200 emprendió un viaje por el mundo islámico. Visitó Arabia, Egipto, Anatolia e Iraq antes de afincarse en Damasco en 1223, donde vivió hasta su muerte. Fue un estudioso afamado y un autor prolífico. La que suele considerarse su obra más importante es *Fusus al-hikam* ('los engarces de la sabiduría'), que resume sus enseñanzas y creencias.

AT-TUSI
1201–1274

El intelectual persa de gran talento Nasr ad-Din at-Tusi se distinguió principalmente como astrónomo. Nacido en Tus (nordeste de Irán), viajó extensamente en su juventud, en parte a causa de las incursiones de los ejércitos mongoles de Gengis Kan. En 1256 se convirtió en consejero científico del soberano mongol Hulagu Kan, que acababa de destruir la fortaleza de Alamut en la que residía al Tusi, y decidió financiar la construcción de un gran observatorio cerca de la ciudad de Maraghe, en Azerbaiyán. Acabado en 1262, el lugar albergó una comunidad científica en la que había incluso astrónomos chinos. Allí at-Tusi y sus colegas realizaron cálculos hasta entonces imposibles y que transformaron la astronomía con nuevos modelos y teorías. Ese periodo se conoce como *revolución de Maraghe*.

RUMI
1207–1273

Yalal ad-Din Muhammad Rumi fue un místico y poeta sufí persa. Nació en Balj (actual Afganistán). Cuando tenía unos 11 años emigró con su familia a Anatolia y se asentaron en la ciudad de Konya. En 1244 comenzó a practicar el sufismo y conoció al derviche itinerante Shams as-Din Tabrizi, con el que mantuvo una amistad y un vínculo espiritual estrechos. Shams desapareció unos tres años después y parece probable que fuera asesinado. Mortificado, Rumi comenzó a escribir poemas, cuyo número acabaría alcanzando unos 30 000. Después de su muerte, sus seguidores fundaron en Konya la orden Mevleví en 1273, conocida porque los practicantes danzan girando en un acto de devoción religiosa.

MUSA I
C. 1280–*C.* 1337

Musa I fue el décimo *mansa* (rey) del Imperio de Malí (África Occidental), que ocupaba una extensión vasta de territorio, en su mayor parte al norte del río Níger, y que floreció entre 1235 y 1670. En su apogeo, el imperio se enriqueció gracias a los impuestos que gravaban el comercio y a las tres grandes minas de oro que hicieron de Malí el mayor productor de este metal del mundo. Musa I reinó unos 25 años y se cree que fue una de las personas más ricas de la historia. Es famoso por su peregrinación a La Meca, entre 1324 y 1325, acompañado de una comitiva espléndida de unos 60 000 hombres y mujeres y provista de oro en gran abundancia.

IBN BATTUTA
1304–*C.* 1368/1369

Véase recuadro en p. 183.

IBN JALDÚN
1332–1406

La carrera de Ibn Jaldún comenzó como calígrafo del soberano de su Túnez natal, que fue el primero de muchos líderes que lo emplearon, tanto en el norte de África como en Al-Ándalus; tal movilidad se debía a intrigas palaciegas en las que perdió varias veces el favor de los poderosos. En 1375 comenzó a escribir *Muqaddimah* ('introducción'), una filosofía general de la historia que tocaba la sociología y la economía. Tenía que ser el primer libro de *Kitab al-'Iba*r (''libro de la evidencia'), una historia del mundo centrada en el norte musulmán de África. En sus últimos años, siguió ocupando algunos cargos políticos, pero se dedicó sobre todo a enseñar y escribir; murió en El Cairo, al servicio de los sultanes mamelucos.

MEHMED II
1432–1481

Mehmed II el Conquistador se convirtió en sultán otomano a los 12 años, al abdicar su padre Murad en 1444. Los conflictos civiles llevaron a Murad II a abandonar su retiro y reclamar el trono en 1446 y a reinar hasta 1451, cuando murió su padre. Entonces comenzó el segundo reinado de Mehmed II. Su primer gran logro fue la conquista en 1453 de Constantinopla, que convirtió en su capital. A ese triunfo lo siguieron campañas en Anatolia y el este y sur de Europa que añadieron vastos territorios al Imperio otomano.

SHAH ISMA'IL (ISMAÍL I)
1487–1524

Shah Isma'il fundó la dinastía safaví, que reinó en Irán desde 1501 hasta 1736. Su padre, Haydar, fue el líder de la *tariqa* Safaviyya, grupo sufí más tarde asociado a las creencias chiíes, y murió combatiendo a los sunníes en 1488. Isma'il permaneció oculto hasta 1501, año en que sucedió públicamente a su padre, tomó la ciudad de Tabriz (noroeste de Irán) y se proclamó sah como Ismaíl I. Luego conquistó el resto de Irán, y también parte de los actuales Afganistán, Azerbaiyán, Irak y Turquía. Declaró religión oficial de su imperio el chiísmo duodecimano, lo que lo llevaría a entrar en conflicto con el Imperio otomano, vecino y sunní.

MIMAR SINAN
C. 1488–1588

Sinan, el arquitecto más estimado del Imperio otomano, nació en una familia cristiana, posiblemente de origen griego u armenio, en Anatolia central. Hijo de un cantero, se convirtió al islam al ser reclutado para las unidades de infantería de los jenízaros, en las que ascendió hasta ser oficial de alto rango. Su habilidad como ingeniero militar lo llevó al trabajo arquitectónico y, desde 1539, fue empleado como arquitecto principal de la corte y supervisó la construcción de edificios públicos como mezquitas, palacios y puentes. El diseño más famoso de Sinan es la magnífica mezquita de Solimán en Estambul, cerca de la cual se encuentra su tumba.

SOLIMÁN I (SULAYMAN)
1494–1566

Solimán I, o Solimán el Magnífico, se convirtió en sultán del Imperio otomano al morir su padre, Selim I, en 1520. Fue un buen líder militar y dirigió en persona sus ejércitos en la conquista de Belgrado, en 1521, y Rodas, en 1522. Sin embargo, la expansión del poder otomano hacia el oeste quedó detenida en 1529 al fracasar el sitio de Viena. Más tarde, Solimán I derrotó a los safavíes y ocupó territorios en Oriente Próximo y el Cáucaso; por otra parte, sus victorias en el Mediterráneo le dieron el control de la mayor parte del norte de África. En la política interior, presidió grandes reformas legales y patrocinó obras públicas en todo el imperio, sobre todo en Estambul. Murió en campaña en 1566 en Hungría. Lo sucedió su hijo Selim II.

AKBAR
1542–1605

El más destacado de los emperadores mogoles, Akbar el Grande, sucedió a su padre Humayun en 1556, con 13 años de edad. Los primeros cuatro años de su reinado fueron una regencia y en 1560 comenzó a gobernar por sí mismo. Modernizó el ejército y obtuvo una serie de victorias que asentaron el dominio mogol del norte del subcontinente indio. Para consolidar aquel imperio enorme, instituyó un sistema fiscal y una Administración centralizados, y aplicó políticas tolerantes y conciliadoras con sus súbditos no musulmanes, en particular con los líderes locales hindúes. Akbar murió tras un reinado de unos 50 años y lo sucedió su hijo Yahangir.

ABBÁS I
1571–1629

El sah 'Abbás, o Abbás I el Grande, accedió al trono persa en 1588, a los 17 años, en una época de desorden en el Imperio safaví por la debilidad de su padre, al que los otomanos y uzbecos habían arrebatado territorios importantes. Abbás I acordó un tratado de paz con los otomanos, a los que cedió zonas extensas, y reconstruyó el ejército, con el que aplastó a los uzbecos en 1598. Conquistó nuevos territorios e hizo de Isfahán la nueva capital y una de las ciudades más hermosas del mundo. Celebrado por restaurar la gloria del imperio, fue un líder hábil, pero despiadado, cuyas sospechas de traición lo llevaron a tratar sin compasión a muchos miembros de su propia familia. Murió sin heredero que lo sucediera.

AURANGZEB
1618–1707

Aurangzeb (que significa 'ornamento del trono'), el último de los grandes emperadores mogoles, reinó durante casi 50 años y extendió su imperio a la mayor parte del subcontinente indio. Ascendió al trono en 1658, tras conspirar contra su hermano, nombrado sucesor por su padre, Sha Yahan. Aurangzeb, hombre pío y ortodoxo que desaprobaba el lujo, puso fin a la permisividad respecto a las otras religiones de sus predecesores, impuso la sharía y mandó destruir muchos templos hindúes. Su gasto en campañas militares acabó dañando la economía del imperio, que entró en declive después de su reinado.

MUHAMMAD IBN 'ABD AL-WAHHAB
1703–1792

El teólogo Muhammad ibn 'Abd al-Wahhab nació en el pueblo de Uyayna (hoy, Arabia Saudí) y estudió en Medina. Se convenció de que muchas prácticas islámicas de la época, como venerar tumbas de hombres santos, eran innovaciones heréticas. Predicó un mensaje tradicionalista y fue expulsado de varias localidades antes de asentarse en Ad-Dir'iya, por invitación de su emir Muhammad bin Sa'ud. Ambos trabajaron juntos para que la casa de Saúd reinara en Arabia, con el wahabismo como ideología. Esta continúa siendo la doctrina dominante en Arabia Saudí, que financia su difusión por todo el mundo.

MUHAMMAD BIN SA'UD
1710–1765

Muhammad bin Sa'ud fue emir de Ad-Dir'iya (actual Arabia central). En 1744 hizo un pacto con el líder religioso Muhammad ibn 'Abd al-Wahhab para unir las tribus locales, con el objetivo de crear un Estado libre de la influencia del Imperio otomano, gobernado por Bin Sa'ud y guiado en lo espiritual por la versión del islam de 'Abd al-Wahhab. Aquella alianza se selló con el matrimonio de la hija de este y el hijo del emir. Ad-Dir'iya fue así el núcleo del primer Estado saudí, que gobernó Bin Sa'ud hasta su muerte. Sus descendientes extendieron los límites del Estado, precursor del Reino de Arabia Saudí, fundado de manera oficial en 1932.

AHMAD IBN IDRIS
1760–1837

Ahmad ibn Idris nació en la ciudad de Fez (Marruecos), donde estudió antes de asentarse en La Meca en 1799; allí comenzó a enseñar su versión del sufismo. Previno a sus seguidores contra la adherencia estricta a cualquier escuela religiosa e insistió en la búsqueda de una relación personal con Dios a través de la comprensión independiente del Corán y otros textos religiosos. En 1828 se trasladó a Yemen, donde permaneció hasta su muerte, a los 77 años de edad. Para entonces el conjunto de sus enseñanzas, conocido como *idrisiya*, había ganado muchos discípulos y adeptos, que lo diseminaron por el mundo.

MUHAMMAD IBN ʿALI AS-SENUSI
1787–1859

El fundador de la orden mística sanusí Muhammad ibn ʿAli as-Senusi procedía del noroeste de Argelia y durante su juventud estudió y viajó por todo el norte de África, periodo en el que se convenció de la necesidad de revitalizar y reformar el islam. Se afincó en Arabia, donde estableció su propia escuela de pensamiento: la *tariqa* Senusiyya en 1837; allí permaneció hasta su expulsión por los otomanos en 1841. As-Senusi trasladó la orden a Cirenaica, al nordeste de Libia, donde difundió su mensaje entre las tribus locales. Después de su muerte, su hijo asumió el liderazgo de la orden sanusí. Su nieto Idris I reinó como rey de la Libia independiente entre los años 1951 y 1969.

SYED AHMED KHAN
1817–1898

El reformista islámico Syed Ahmed Khan nació en Delhi, cuando el emperador mogol Akbar II era el soberano nominal sometido al dominio británico. Khan trabajó para la Compañía de las Indias Orientales, y más tarde fue juez. Tras la rebelión de India de 1857, publicó una crítica condenando las políticas del Imperio británico, pero se mantuvo leal a él. Fue defensor de la educación moderna y fundó muchas escuelas, además de la primera universidad musulmana del sur de Asia. Entre sus escritos hay comentarios tanto del Corán como de la Biblia.

MIRZA GHULAM AHMAD
1835–1908

Véase recuadro en p. 221.

YAMAL AD-DIN AL-AFGANI
1838–1897

Yamal ad-Din al-Afgani, nacido en Irán, fue un reformista político que comenzó a destacar en 1866, cuando lo nombraron consejero del emir de Afganistán. Tras un cambio de régimen, Al-Afgani abandonó Afganistán en 1868 y empezó una existencia de viajes continuos en la que vivió en Estambul, El Cairo, India, París, Londres, Rusia e Irán hasta que murió en 1897. Se pronunció contra el imperialismo occidental, al que creía que se podía combatir con el panislamismo y la reforma política. Contribuyó a mejorar la educación técnica y científica en el mundo islámico.

MUHAMMAD AHMED
1844–1885

Muhammad Ahmed bin ʿAbdala fue un líder sudanés que se dio a conocer como *el Mahdi* y dirigió una guerra contra los británicos. En su juventud se unió a la *tariqa* sufí Samaniya y fue un maestro del Corán. Reunió un gran número de adeptos y, en 1881, sus discípulos lo proclamaron Mahdi, es decir, redentor mesiánico de la fe islámica. El Gobierno colonial de Jartum envió contra él una expedición militar, a la que derrotó. Sus fuerzas vencieron también a un ejército británico enviado desde Egipto. Creó un vasto Estado islámico que se extendía desde el mar Rojo hasta África Central y fundó un movimiento que seguía siendo influyente en Sudán un siglo más tarde.

MUHAMMAD ʿABDUH
1849–1905

Nacido en una familia egipcia de élite, como estudiante en El Cairo, Muhammad ʿAbduh fue un seguidor devoto de Yamal ad-Din al-Afgani. Inspirado por este, ʿAbduh agitó en favor de la reforma política en Egipto para impedir que fuera sometido por el imperialismo occidental, postura que le llevó al exilio en 1882, después de que comenzara la ocupación británica del país. Se le permitió regresar a Egipto en 1888, y ejerció como juez hasta su nombramiento como gran muftí (primer jurista islámico) de Egipto en 1899, cargo en el que permaneció de por vida. Como una de las figuras líderes del país, apoyó las reformas liberales y racionalistas tanto del gobierno como la religión. También escribió tratados religiosos.

RASHID RIDA
1865–1935

Nacido en el actual Líbano, cerca de Trípoli (entonces parte del Imperio otomano), Muhammad Rashid Rida fue una figura fundacional del movimiento salafista que, ante el imperialismo de Occidente, buscaba reformar el mundo islámico volviendo al espíritu original del islam. Declaró esencial para todos los musulmanes la adherencia a la sharía, pero estaba también abierto al cambio y la modernización, y dispuesto a aceptar innovaciones de la ciencia y la tecnología. Rida se trasladó en 1897 a Egipto, donde fundó la influyente revista reformista *Al-Manar* ('el faro'), que publicó y editó desde 1898 hasta su muerte en 1935.

IBN SAÚD
1875–1953

'Abd al-'Aziz ibn 'Abd ar-Rahman ibn Faisal ibn Turki ibn 'Abd Allah ibn Muhammad as-Sa'ud nació en Riad (actual Arabia Saudí), una pequeña población con murallas de barro en medio del desierto. Su familia tuvo que exiliarse a Kuwait cuando tenía 10 años, pero en 1902 regresó y conquistó Riad al frente de una banda guerrera beduina montada en camellos. Luego sometió el resto de las regiones centrales de la península arábiga, a las que siguieron La Meca, Medina y Yeda. En 1932 unificó sus territorios como Reino de Arabia Saudí, con él como monarca. En sus inicios el reino subsistió gracias a los ingresos por el comercio de los peregrinos a La Meca, pero a finales de la década de 1930 se descubrió petróleo. La exportación de petróleo comenzó a proporcionar una riqueza colosal y, cuando murió, en 1953, Ibn Saúd era uno de los hombres más ricos del mundo.

MUHAMMAD ALI JINNAH
1876–1948

Nacido en Karachi en una familia acomodada de comerciantes, Muhammad Ali Jinnah se mudó a Londres en 1892, donde se licenció como abogado antes de regresar en 1896. Tras una década ejerciendo la abogacía en Bombay, Jinnah se implicó en el movimiento independentista indio y, en 1913, se unió a la Liga Musulmana Panindia. Esa organización tenía como objetivo garantizar los derechos de los musulmanes, para los que Jinnah acabó siendo partidario de crear un Estado separado. Su liderazgo fue determinante para lograrlo en 1947, cuando India se independizó del Imperio británico, Pakistán se formó a partir de áreas de mayoría musulmana. Jinnah fue el primer gobernador general de la nueva nación, pero murió un año más tarde.

MUHAMMAD IQBAL
1877–1938

Muhammad Iqbal se marchó de su Punyab nativo, en el norte de India, en 1905. Se licenció como abogado en Londres y se doctoró en filosofía en Múnich. Volvió a Lahore en 1908, ejerció la abogacía y se hizo famoso como poeta. Nombrado caballero en 1922, Iqbal fue una figura destacada en el movimiento independentista indio y defendió el establecimiento de un Estadonación separado en las provincias de mayoría musulmana, en lo que entendía como un modo de garantizar sus derechos religiosos y políticos. Su visión contribuyó a alentar la creación de Pakistán en 1947, nueve años después de su muerte.

HUDA SHA'ARAWI
1879–1947

Huda Sha'arawi fue una feminista y nacionalista egipcia. Obligada a casarse con un primo suyo a los 13 años, cuando se separó tuvo ocasión de formarse. Estuvo en la vanguardia de una ola de reformas para las mujeres en Egipto y fue una figura clave en la revolución de 1919 contra el dominio británico. En 1922, causó un gran escándalo al quitarse el velo en público, lo que animó a otras a hacer lo mismo. Al año siguiente, fundó la Unión Feminista Egipcia y fue elegida su presidenta. Esa organización logró reformas legales, entre ellas una edad mínima para el matrimonio y el acceso a la educación universitaria para las mujeres.

MUSTAFÁ KEMAL ATATÜRK
1881–1938

El fundador de la Turquía moderna nació en Tesalónica, en la actual Grecia. Entró en el ejército otomano tras licenciarse en una escuela militar en 1905 y participó en el movimiento reformista de los Jóvenes Turcos antes de combatir en las guerras de los Balcanes y la Primera Guerra Mundial. De 1919 a 1923, llevó a la victoria a los nacionalistas en la guerra de Independencia turca, cuyo resultado fue el derrocamiento del sultanato otomano y la declaración de la República de Turquía. Kemal fue su primer presidente y aplicó reformas profundas que crearon un Estado-nación moderno y secular. En 1934, el parlamento turco lo honró con el sobrenombre Atatürk ('padre de los turcos').

ELIJAH MUHAMMAD
1897–1975

Elijah Muhammad, nacido Elijah Robert Poole, se marchó en 1923 de su estado natal, Georgia (EE. UU.) y se asentó en Detroit. Allí entró en Nación del Islam, grupo nacionalista negro cuya finalidad era promover la unidad y la autoayuda en la comunidad afroestadounidense. Adoptó el apellido Muhammad y, en 1934, alcanzó el liderazgo de la organización y la convirtió en un movimiento de ámbito nacional, con sus propias mezquitas, negocios y escuelas. Aunque chocó a menudo con otros miembros de Nación del Islam, entre ellos Malcolm X, mantuvo el liderazgo hasta su muerte en 1975.

AYATOLÁ RUHOLLAH JOMEINI
1902–1989

Ruhollah Jomeini, conocido en Occidente como el ayatolá Jomeini, fue un político y clérigo iraní que destacó como estudioso de joven en la ciudad santa chií de Qom. Fue un crítico declarado del soberano de Irán, el sah Mohammad Reza Pahleví, sobre todo a raíz de que este iniciara una serie de reformas modernizadoras, conocidas como la Revolución Blanca, en 1963. Jomeini fue encarcelado y desterrado; desde el exilio en Irak y Francia, siguió oponiéndose al sah y ayudó a fomentar el movimiento en su contra que culminó con su derrocamiento en 1979. Ese año Jomeini volvió a Irán y fue nombrado líder supremo de la República Islá-

mica de Irán, cargo en el que permaneció hasta su muerte en 1989.

ABUL ALA MAUDUDI
1903–1979

Abul Ala Maududi nació en una familia sunní de clase media en Aurangabad, al noroeste de India. Erudito y autor prodigioso sobre asuntos muy diversos, mantuvo que había que eliminar la influencia occidental del islam. En 1941 fundó Jamaat-e-Islami, organización que aspiraba a crear un Estado islámico independiente en India británica. Después de la fundación de Pakistán en 1947, Maududi volvió a establecer la organización y fue políticamente activo. Fue encarcelado varias veces, pero, cuando murió, en 1979, el régimen de Zia-ul-Haq había adoptado muchos de los valores de Maududi.

HASAN AL-BANNA
1906–1949

En 1928, el maestro de escuela egipcio Hasan al-Banna fundó los Hermanos Musulmanes, organización que buscaba revitalizar el islam a través de la reforma social, obras benéficas y la educación. A medida que fue ganando adeptos, el grupo fue adquiriendo un carácter más político. Los Hermanos Musulmanes defendieron el panislamismo y se opusieron al imperialismo occidental, además de participar en el conflicto de Tierra Santa enviando voluntarios a luchar por los palestinos. La popularidad e influencia de Al-Banna como líder tanto religioso como político hicieron de él una amenaza a la autoridad del Gobierno egipcio y en 1948 su organización fue ilega-

lizada. Al-Banna murió asesinado en El Cairo al año siguiente.

SAYYID QUTB
1906–1966

La carrera profesional de Sayyid Qutb comenzó trabajando para el Ministerio de Educación de Egipto. Secularista en un principio, adoptó una postura islamista y se unió a los Hermanos Musulmanes en 1953. La organización criticó al régimen del presidente Nasser por su secularismo y, cuando un miembro de los Hermanos Musulmanes intentó asesinar a Nasser en 1954, Qutb y muchos de sus colegas fueron encarcelados. En prisión se radicalizaron y en 1964 Qutb publicó *Ma'alim fi at-tariq* ('señales en el camino'), obra influyente en la que llamaba a los musulmanes a establecer una sociedad basada en el Corán. Unos meses más tarde fue declarado culpable de conspirar para derrocar el gobierno y en 1966 fue ejecutado.

MUHAMMAD ZIA-UL-HAQ
1924–1988

Muhammad Zia-ul-Haq depuso al primer ministro de Pakistán, Zulfikar Ali Bhutto, en un golpe militar en 1977. Declaró la ley marcial y se convirtió en el sexto presidente del país en 1978. Cuando la Unión Soviética invadió Afganistán en 1979, Zia mantuvo una colaboración estrecha con los muyahidines afganos contra los soviéticos. Emprendió la islamización de Pakistán: reemplazó el sistema legal en gran medida secular heredado de los británicos, limitó libertades civiles e introdujo nuevos delitos, entre ellos el adulterio y la fornicación, con nuevos castigos tales como la lapidación, los azotes y la amputación. Murió en un misterioso accidente aéreo en 1988.

MALCOLM X
1925–1965

Malcolm Little nació en Omaha (EE. UU.). Los delitos cometidos en su juventud lo llevaron a la cárcel. Allí entró en Nación del Islam y cambió su nombre a Malcolm X. Tras su liberación se convirtió en una figura nacional y criticó la postura integracionista y no violenta de otros líderes por los derechos civiles. Con el tiempo quedó desilusionado con Nación del Islam y abandonó la organización en 1964. Tras peregrinar a La Meca, se convirtió a la tradición sunní y cambió su nombre por El-Hajj Malik El-Shabazz. Su vida acabó trágicamente en 1965, asesinado en Nueva York por tres miembros de Nación del Islam.

EDWARD SAID
1935–2003

Nacido en Palestina en una familia cristiana, Edward Said se crió entre Jerusalén y El Cairo, y completó su formación en EE. UU., donde estudió en las universidades de Princeton y Harvard. Profesor de literatura en la Universidad de Columbia de Nueva York, fue un intelectual y dio origen a la rama académica de los estudios poscoloniales. Se convirtió en defensor notorio y destacado del establecimiento de un Estado palestino. Se le conoce sobre todo por su muy influyente obra *Orientalismo* (1978), una crítica del modo en que Occidente ha retratado históricamente los mundos árabe e islámico de

manera que se presenta una imagen distorsionada con el fin de servir a los intereses coloniales.

AGA KHAN IV
n. 1936

Aga kan es el título del imán o líder espiritual de los chiíes ismailíes. El primero en ejercerlo fue Hasan Ali Shah, 46.º imán de los ismailíes. El actual y cuarto aga kan es el príncipe Karim, quien asumió el título en 1957, a los 20 años. Nació en Ginebra, se crio en Nairobi y se educó en Harvard, entre otros lugares. Tiene pasaporte británico, pero reside en una propiedad cerca de Chantilly, en el norte de Francia. Además de atender a las necesidades materiales y espirituales de sus seguidores, dirige la Aga Khan Development Network, que emplea a 80 000 personas en 30 países y es conocida por su actividad de ayuda a personas de todas las religiones en zonas pobres y asoladas por la guerra.

SHEIJ AHMED MUHAMMAD AL-TAYYEB
n. 1946

Nacido en el Alto Egipto, Ahmed Muhammad al-Tayyeb estudió en la prestigiosa universidad egipcia Al-Azhar durante las décadas de 1960 y 1970, y luego en la Universidad de París antes de regresar a su *alma mater*. Presidió Al-Azhar durante siete años y desde 2010 es gran imán y jeque de esa institución, el 50.º en ocupar el cargo desde su creación a finales del siglo XVII. Al-Azhar, la segunda universidad más antigua del mundo, es el centro de la jurisprudencia islámica sunní y fuente de dictámenes religiosos de autoridad respetada. Su gran imán

es una de las figuras más destacadas en la tradición sunní del islam y muchos musulmanes lo consideran la máxima autoridad mundial en materia de jurisprudencia islámica. Como gran imán, se ha pronunciado en contra de los Hermanos Musulmanes y de Estado Islámico (EIIS) por explotar el islam como ideología política; asimismo, se ha resistido a las propuestas del presidente de Egipto Abdelfatah el-Sisi de revocar la legalidad del divorcio verbal en el país.

BENAZIR BHUTTO
1953–2007

Benazir Bhutto, primera ministra de Pakistán de 1988 a 1990 y de 1993 a 1996, fue la primera mujer elegida para encabezar un Gobierno democrático en un país de mayoría musulmana. Nació en Karachi en una familia política: su padre fue primer ministro hasta ser derrocado por un golpe militar y ejecutado. Después de su muerte, Benazir, educada en la Universidad de Oxford, dirigió un movimiento por la restauración de la democracia; por ello fue encarcelada y tuvo que exiliarse al Reino Unido. Volvió a Pakistán en 1986 y salió elegida primera ministra dos años más tarde. Durante sus mandatos trabajó por los derechos de las mujeres. Su asesinato en un acto de campaña en 2007 lo reivindicó Al-Qaeda. Desde entonces ha sido un símbolo de la lucha por los derechos de las mujeres en el mundo en vías de desarrollo.

MALALA YOUSAFZAI
n. 1997

Véase recuadro en p. 277.

GLOSARIO

Los términos definidos en otra entrada se identifican en **negrita**.

'abaya Bata o caftán largo femenino propio de la península arábiga.

abasíes Dinastía descendiente de 'Abbas ibn 'Abd al-Muttalib (tío de Mahoma) y que estuvo al frente del tercer **califato** islámico (750–1258).

adan Llamada a la oración. También *azan*.

afranj Nombre que les daban en árabe a los cristianos europeos, o «francos», durante las Cruzadas.

aga kan Título hereditario del líder espiritual de la rama **ismailí** del islam **chií**.

ahl ad-dimma 'Gentes protegidas' no musulmanas: cristianos, judíos y otros que tenían permitido practicar su religión en el ámbito del islam si bien sometidas al impuesto de capitación: *yizya*.

ahl al-beit 'Gente de la casa'. Se refiere a los descendientes de Mahoma, en concreto a su hija Fátima, su primo y yerno 'Ali ibn Abi Talib, y los hijos de ambos.

ahl al-kitab 'Gentes del libro'. Creyentes de otras religiones basadas en revelaciones divinas recogidas en textos sagrados, principalmente, judíos y cristianos, pero también zoroastrianos y sabeos.

Ahmadía Movimiento de seguidores de Mirza Ghulam Ahmad, autoproclamado renovador del islam en nombre de Dios. La mayoría de los musulmanes no los consideran verdaderos musulmanes.

Aid al-Adha 'Fiesta del sacrificio'. Conmemora la devoción de Ibrahim, cuando pretendía sacrificar a su hijo a Dios y este puso un cordero en su lugar. Sigue a los rituales del *hach* para los peregrinos a La Meca, pero lo celebran todos los musulmanes.

Aid al-Fitr 'Fiesta del fin del ayuno'. Marca el final del **Ramadán**.

Al-Ándalus Área de la península ibérica bajo control musulmán desde el 711 hasta finales del siglo XV.

al-Masyid al-Haram La Gran Mezquita de La Meca, que contiene la **Kaaba**.

al-Masyid an-Nabawi La mezquita del Profeta, en **Medina**, que contiene la tumba de Mahoma.

Al-Qaeda Organización paramilitar formada a fines de la década de 1980 por participantes en la guerra contra los soviéticos en Afganistán. Su objetivo fueron los atentados contra Occidente y, bajo el liderazgo de Osama bin Laden, lanzaron ataques contra EEUU –entre ellos el del 11S– y sus aliados.

Alá Españolización del término árabe que designa a *Dios* (*allah*).

aleya En el **Corán**, parte que forma la sura.

alfaquí Experto en *fiqh*, o jurisprudencia islámica.

allahu akbar 'Dios es grande'. La frase que invoca la supremacía de Dios.

alminar Torre, generalmente unida a la **mezquita**, desde la que el almuédano llama a la oración.

almohades Dinastía bereber procedente del sur de Marruecos que constituyó un imperio islámico en el norte de África y al Ándalus en el siglo XII.

almorávides Dinastía bereber procedente del sur de Marruecos que constituyó un imperio islámico en el norte de África y al Ándalus en el siglo XI.

alquibla Dirección en la que oran los musulmanes, en origen **Jerusalén**, pero que cambió luego a **La Meca**, tras una revelación divina en 624.

amir 'Príncipe'. Se da el título también a soberanos o líderes.

amir al-mu'minin 'Príncipe de los creyentes'. Título conferido a Alí por los musulmanes **chiíes** y a Úmar, el segundo **califa**, por los musulmanes **sunníes**. Adoptado por muchos líderes posteriores.

ansar 'Ayudantes', o gente de **Medina** que ayudaron al Profeta y sus seguidores tras su huida (**hégira**) de **La Meca**.

apostasía Renuncia a la religión por los hasta entonces creyentes (llamados apóstatas). En el islam, la apostasía es un delito que se puede castigar con la muerte bajo la **sharía**.

aqiqa Ceremonia consistente en el sacrificio de un animal, por un recién nacido, que tiene lugar a los siete días del nacimiento.

arabesco Estilo decorativo de patrones geométricos o vegetales.

arkan al-iman Véase **Seis pilares de la fe**.

arkan al-islam Véase **Cinco pilares del islam**.

Ashura Décimo día del mes de *muharram*, en el que los **chiíes** conmemoran el martirio del tercer **imán**, Husein, en **Kerbala**.

ayatolá Líder religioso en la tradición **chií** del islam.

beduino Nómada del desierto de habla árabe.

Beit al-Hikma 'Casa de la Sabiduría'. Fue la gran biblioteca de Bagdad, fundada en el siglo IX por el **califato abasí** para contener todo el conocimiento del mundo.

bismillah Frase inaugural del **Corán**: «En el nombre de Dios, el Clemente, El Misericordioso». Se recita antes de todas las *suras* salvo una, y es una invocación habitual antes de cualquier acto importante.

Boko Haram Grupo militante islamista fundado en Nigeria en 2002, cuyo objetivo proclamado es «purificar el islam».

Buraq Caballo alado que los musulmanes creen que transportó a Mahoma a Jerusalén y al cielo en el **Viaje Nocturno**.

burka Prenda femenina larga que cubre la cabeza, y también los ojos con una malla. Asociada a los **talibanes**, se usa principalmente en Afganistán y partes de Pakistan.

burkini Bañador para mujeres.

calendario de la Hégira Calendario lunar empleado por los musulmanes, cuyo año cero corresponde a la **Hégira** (622 d. C.).

califa Líder espiritual y político de la comunidad islámica. Del árabe *jalifa*, 'sucesor' (del Profeta).

califato Estado islámico bajo el liderazgo del **califa**, formado por la comunidad musulmana y todos los que viven bajo su dominio.

califato omeya Primer **califato** islámico tras la era de los **rashidun**. Los omeyas (661–750) convirtieron el califato en hereditario y gobernaron desde Damasco. Véase también **Al-Ándalus**.

Carta de Medina Constitución redactada para los residentes de **Medina** tras la llegada del profeta Mahoma con sus seguidores en 622.

Casa del Saber Véase **Beit al-Hikma**.

chador Prenda exterior larga que cubre la cabeza y se cierra bajo la barbilla; la llevan mujeres de Irán, Iraq y otras comunidades predominantemente **chiíes**.

chahar bagh Jardín rectangular persa dividido en cuatro por canales de agua, diseñado para representar el paraíso en la Tierra.

chiísmo Rama del islam que procede de los partidarios del primo y yerno del Profeta 'Ali ibn Abi Talib (Alí) y sus descendientes como líderes de la comunidad de los musulmanes. Hoy es la forma predominante del islam en Irán, parte de Iraq y otros países.

cinco pilares del islam Prácticas fundamentales del islam **sunní**, que deben observar todos los musulmanes. Son **shahada** (profesión de fe); **salat** (oración); **zakat** (limosna); **saum** (ayuno); y **hach** (peregrinación a **La Meca**).

compañeros del Profeta Seguidores de Mahoma que le vieron o pasaron tiempo con él. En árabe se les conoce como **sahaba**.

Corán Libro sagrado y escritura fundacional del islam. El mensaje de Dios a la humanidad como le fue revelado al profeta Mahoma.

coranistas Minoría de musulmanes que opinan que el **Corán** por sí solo basta por toda guía y rechazan todos los **hadices** como no fiables.

cúfica Escritura árabe estilizada y rectilínea, empleada a menudo en las inscripciones de monumentos.

Cúpula de la Roca Lugar de culto islámico construido en el siglo VII en el Monte del Templo de Jerusalén. Está emplazado sobre una roca desde la que los musulmanes creen que el Profeta ascendió al cielo en el **mi'rach**.

Deobandi Movimiento para hacer revivir el islam fundado en India en 1867.

derviche Seguidor del **sufismo** que alcanza un estado de trance por medio de una danza a base de giros.

derviches giróvagos Véase **Mevleví**.

Día del Juicio Acontecimiento en el que la Tierra y todos sus seres vivos son destruidos, seguido de la resurrección y el examen de los actos de todas las personas para determinar si irán al cielo o al infierno.

dikka Plataforma en las mezquitas mayores desde la que un clérigo repite el sermón y dirige la oración para quienes se hallan demasiado lejos del *minbar* para oír.

dikr Actos rituales, generalmente recitados o repetición de frases devocionales, fundamentales en el culto **sufí**.

dimmi 'Persona protegida', referente a los no musulmanes en un Estado musulmán a los que se conceden protecciones legales.

din i Ilahi 'Fe divina', una nueva interpretación del islam que introdujo en India el emperador **mogol** Akbar a finales del siglo XVI, con elementos de **sufismo**, cristianismo, zoroastrismo y jainismo.

duodecimanos Rama del islam **chií** que cree en una línea de 12 **imanes** y que el duodécimo imán no murió, sino que pasó a llevar una existencia oculta y volverá como imán al-Mahdi.

EIIS Véase **Estado Islámico**.

Ennahdha Partido del Renacimiento; partido político islamista moderado fundado en Túnez en 1981.

Estado Islámico Organización armada fundada en 1999, también conocida como EIIS (Estado Islámico de Irak y as-Sham), EIIL (Estado Islámico de Irak y el Levante) o su acrónimo árabe, Dáesh.

fanus Linternas de colores usadas en la celebración del **Ramadán**.

Fatiha 'Apertura'. Primera **sura** del **Corán**. Se recita a menudo en silencio siempre que los creyentes sienten la necesidad de alabar o agradecer a Dios.

fatimíes Dinastía (909–1171) fundada en el norte de África cuyos soberanos afirmaban descender de Fátima, hija del Profeta. Fue la primera dinastía **chií** y estableció su capital en Al-Qahira (El Cairo) en el 969.

fetua Dictamen sobre un asunto dado de la ley islámica emitido por un experto legal islámico.

fiqh Estudio de la **sharía**, o ley islámica.

fitna 'Discordia'; se refiere a una guerra civil. La Primera Fitna (656–661 d. C.) fue la lucha entre Alí y Mu'awiya por el control del **califato** islámico, que condujo a la escisión de las ramas **sunní** y **chií** del islam.

furu' ad-din Las diez prácticas del islam **chií**: *salat* (oración); *zakat* (limosna); *saum* (ayuno); *hach* (peregrinación a **La Meca**); *jums* (impuesto añadido a la *zakat*); *yihad* (la lucha por hacer el bien); *amr bi-l-ma'ruf* (animar a otros a hacer el bien); *nahi 'an el-munkar* (prohibir lo que es malo); *tawalli* (expresar amor al Profeta) y *tabarri* (apartarse de los que insultan a Dios).

gehena Infierno.

gentes del libro Véase *ahl al-kitab*.

guerras Ridda Guerras de apostasía que tuvieron lugar tras la muerte de Mahoma, cuando varias tribus de

Arabia se negaron a reconocer a su sucesor, el **califa** Abú Bakr.

hach Peregrinación a **La Meca** que todo musulmán debe realizar al menos una vez en la vida. Tiene lugar durante el último mes del calendario de la **Hégira**, Du al-Hiyya. Es uno de los **cinco pilares del islam**.

hadiz Relato de los dichos y hechos de Mahoma, recogido por quienes fueron próximos a él. Los hadices son la segunda fuente del islam después del **Corán**.

hafiz 'Guardián' del **Corán**; alguien que lo ha aprendido de memoria.

hakawati Recitador de historias.

halal Alimento, producto, o comportamiento conforme a la ley islámica. Se refiere a menudo a la carne de animales sacrificados del modo que prescribe el islam.

hanafí Una de las cuatro escuelas de la jurisprudencia sunní. Fundada por Abu Hanifa (699–767), apela a la importancia del razonamiento sistemático.

hanbalí Una de las cuatro escuelas de la jurisprudencia sunní. Basada en las enseñanzas de Ahmad ibn Hanbal (780–855), se considera la más conservadora en cuestiones de doctrina.

haram Alimento, producto o comportamiento prohibido o no conforme a la ley.

Hégira Huida a **Medina** de la persecución que sufrían en **La Meca** Mahoma y sus seguidores en 622.

Hermanos Musulmanes Grupo político **islamista** fundado en

Egipto en 1928 por el maestro de escuela Hasan al-Banna.

hiyab Pañuelo que llevan algunas musulmanas para tapar el cabello.

Hiyaz Tierra santa del islam, en el oeste de Arabia Saudí, que alberga las ciudades de **La Meca** y **Medina**.

hudud 'Límites'. Castigos de la **sharía** para determinados delitos, tal como los prescriben el **Corán** y los **hadices**.

huríes Doncellas hermosas que, según el **Corán**, aguardan a los hombres devotos en el paraíso.

'ibadat Término que designa los rituales y formas de veneración en el islam.

Ibadat Jana 'Casa de Adoración'. Academia fundada en el **Imperio mogol** de India por Akbar en 1575, en la que se reunieron representantes de las principales religiones para debatir sobre teología.

ibadismo Corriente temprana del islam formada por musulmanes opuestos al gobierno del tercer **califa**, Uzmán. Hoy es predominante en Omán y está presente en el norte y el este de África. Difieren del islam convencional en aspectos menores de la teología.

ichma' 'Consenso'. Se refiere al acuerdo de la comunidad o de un conjunto de estudiosos musulmanes sobre un aspecto legal.

ichtihad Esfuerzo de razonar dirigido a la comprensión y el progreso del islam.

iftar Comida al anochecer que rompe el ayuno durante el **Ramadán**.

ihsan Deber del creyente de lograr la perfección al venerar a Dios, por hacerlo como si este lo viera.

ilkánidas Dinastía mongola (1256–1335) surgida de la fragmentación del gran **Imperio mongol**; gobernó la mayor parte de Irán, Irak y Asia Central, y sus soberanos se convirtieron al islam en 1295.

ilm ar-riyal 'Ciencia de los hombres'. Estudio de los individuos que transmitieron los **hadices**.

imán 1) En el islam **chií**, líder de la comunidad y heredero legítimo del Profeta, desde 'Ali ibn Abi Talib, el primer imán. 2) En el islam **sunní**, persona que dirige la oración de una congregación.

Imperio mogol Creado en India después de la invasión de Babur desde Asia Central en 1526. A los súbditos predominantemente hindúes los gobernaban emperadores musulmanes.

Imperio mongol Establecido por Gengis Kan en 1206, se extendía por Asia Central hasta el golfo Pérsico y el río Danubio. Los mongoles asolaron ciudades musulmanas, pero más tarde se convirtieron al islam.

Imperio otomano Fundado en el siglo XIII en lo que hoy es Turquía por Osmán I. En su apogeo abarcaba la actual Turquía, gran parte de Oriente Próximo y del norte de África, y gran parte del sudeste de Europa. Fue abolido en 1923 con la proclamación de la República de Turquía.

Imperio persa Imperio gobernado por una serie de dinastías, de la de los aqueménidas, fundada por Ciro el Grande en 550 a. C., a la de los kayar, cuyo reinado terminó en 1925.

Con la conquista árabe de Persia, en el 651 d. C., el islam se convirtió en la religión dominante. El nombre moderno de Persia es Irán.

Imperio safaví Régimen imperante en **Persia** (Irán) entre 1501 y 1722. Ismaíl, fundador de la dinastía, declaró religión oficial de Persia el **chiísmo duodecimano**.

Imperio selyúcida Imperio turco que duró de 1037 a 1194. En su apogeo controló un área vasta, desde el oeste de Anatolia (actual Turquía) y Siria hasta el Hindu Kush, en el este, y desde Asia Central hasta el Cuerno de África, en el sur.

infiel No creyente. Dicho por los musulmanes de los cristianos y viceversa.

inshallah Expresión frecuente en árabe que significa 'si Dios quiere'.

islam La religión establecida por el profeta Mahoma y que practican los musulmanes. El término significa «sumisión» en árabe, y se refiere al acto de sumisión a Dios que se espera de los creyentes.

islamismo Movimiento que aspira a reformar el gobierno y la sociedad para conformarlos a una interpretación estricta de la ley islámica. A sus adeptos se les conoce como islamistas.

ismailismo Rama del islam **chií** que considera a Ismaíl, hijo de Ja'far as-Sadiq, como sucesor legítimo de este e imán. La rama principal de los ismailíes tiene hoy como líder al **aga kan**.

isnad La cadena de transmisión por la que se atribuye un **hadiz** al Profeta.

isra' Primera parte del Viaje Nocturno del Profeta, en el que viajó en el corcel alado **Buraq** hasta la «mezquita más lejana», identificada como la de al-Aqsa, en Jerusalén.

Jamaat-e Islami Partido islámico fundado en 1941 en India por Mawlana Abul Ala Maududi y aún activo en Pakistán.

jariyíes Originalmente partidarios de Alí y, luego, secesionistas. Eran partidarios de seguir estrictamente la ley islámica.

jeque Figura respetada de alto rango. En muchos casos el título se asigna al líder de una tribu o clan, o de una orden **sufí**, o a un erudito religioso.

Jerusalén Uno de los tres lugares más sagrados del islam, junto con **La Meca** y **Medina**. Los musulmanes miraban originalmente hacia Jerusalén al rezar, hasta que, hacia el 624 d. C., cambiaron la orientación de la **alquibla** a La Meca.

Kaaba El lugar más sagrado del islam. Estructura en forma de cubo dentro de la Gran mezquita de **La Meca**. Existió como santuario pagano preislámico antes de convertirse en el punto focal de la oración y la peregrinación musulmanes, a partir de la conquista de La Meca por Mahoma en el 630 d. C.

kafir No creyente.

kalam Ciencia del debate o sistema de argumentación filosófico y teológico.

kayar Dinastía gobernante en Persia (Irán) desde 1796 hasta 1925.

Kerbala Lugar de la batalla (año 680) en la que murió Husein, nieto de Mahoma, lo cual cimentó la escisión entre las ramas **sunní** y **chií** del islam.

kiswa Tela de seda que cubre la **Kaaba** en **La Meca**.

La Meca Ciudad en el desierto de Arabia en la que nació Mahoma y difundió por primera vez el mensaje del islam. Lugar de la **Kaaba**, y uno de los tres lugares más sagrados del islam, junto con **Medina** y **Jerusalén**.

Laylat al-Qadr 'Noche del Destino'. Es la noche más santa del año, pues conmemora la primera revelación del **Corán** al Profeta. Cae en uno de los últimos diez días de **Ramadán**.

madrasa Escuela para la educación religiosa en el islam.

Mahdi Salvador y restaurador del verdadero islam que, según algunas tradiciones, aparecerá antes del **Día del Juicio** y librará al mundo del mal.

makruh Alimento o comportamiento considerado «detestable», pero (a diferencia del *haram*) no prohibido.

malikí Una de las cuatro escuelas de jurisprudencia sunníes. Basada en las enseñanzas de Málik ibn Anas, recurre al **Corán** y a los **hadices** como fuentes primarias.

mamelucos Soldados esclavos liberados que fundaron una dinastía que gobernó Egipto, Siria y el **Hiyaz** entre 1250 y 1517.

Marwa Una de las dos colinas de **La Meca** hoy en el recinto de la Gran Mezquita; la otra es **Safa**. Los peregrinos caminan de una a otra como parte de los rituales del *hach*.

mashallah 'Lo que Dios quiera', frase que expresa aprecio, resignación o alegría.

Mashhad Ciudad iraní donde se encuentra el santuario **chií** del imán Reza. El nombre significa 'lugar de martirio'.

masyid Palabra árabe que da en español *mezquita*.

matn 'Columna, espinazo'. Se refiere al texto principal de un **hadiz**, que recoge lo que el Profeta dijo o hizo. Véase también *isnad*.

Mawlid an-Nabi Natalicio del Profeta, celebrado el 12.º día del mes de Rabi' al-Awwal. También se expresa como *Milad an-Nabi*.

Medina Yazrib (o Yatrib) en época preislámica, es la ciudad a la que huyeron Mahoma y sus seguidores de la persecución en **La Meca** en el 622 d. C. Es la segunda ciudad más santa del islam después de La Meca.

Mevleví Orden **sufí** fundada en Konya (actual Turquía) por seguidores de Yalal ad-Din Muhammad Rumi. Su forma de *dikr*, una danza de giros lentos, da lugar a su otro nombre: *derviches giróvagos*.

mezquita Del árabe *masyid*, que significa 'lugar de postración', es un edificio para la oración, pero también un lugar de reunión comunitario para los musulmanes.

mi'rach Segunda parte del Viaje Nocturno de Mahoma, cuando ascendió de Jerusalén al cielo. Véase también *isra'*.

mihrab Nicho en una **mezquita** que indica la **alquibla**, es decir, la dirección de la Kaaba en **La Meca** a la que se dirige la oración.

millet Comunidad religiosa no musulmana del **Imperio otomano** dotada de autogobierno.

Mina Lugar próximo a **La Meca** asociado a los rituales del *hach*, en particular a la lapidación del diablo.

minbar Púlpito de una **mezquita**, desde el que el imán pronuncia el sermón.

monte Arafat Lugar próximo a **La Meca** asociado a los rituales del *hach*.

muchtahid Erudito cualificado para interpretar la ley islámica y emitir dictámenes independientes.

muecín El encargado de llamar a los musulmanes a la oración.

muhadizzun Especialistas en el estudio de los **hadices**.

muhayyirun Personas que siguieron al profeta en su huida de **La Meca** a **Medina** (la **Hégira**).

murid Discípulo de una orden **sufí**.

musulmán Seguidor del islam. Literalmente, 'sometido' (a Dios).

mutawiʿyin Policía religiosa de Arabia Saudí.

mutazilí Seguidor de una corriente teológica surgida en el siglo VIII que cuestionaba la interpretación literal del **Corán** y defendía el examen racional. La adoptó como corriente oficial del califato el abasí Al-Mamún.

muyahidín Del término árabe que significa 'persona que hace la yihad'.

Se suele referir a las fuerzas afganas y extranjeras que combatieron a la Unión Soviética en Afganistán (1979–1989) y a otros combatientes en nombre del islam.

nasji Escritura árabe redondeada y fácilmente legible, empleada en copias antiguas del **Corán** y otros documentos.

Nayaf Ciudad de Iraq donde está enterrado el primer **imán**, Alí. Es un lugar sagrado del islam **chií**.

Néyed Meseta rocosa del centro de la península arábiga, lugar de victorias tempranas de los musulmanes sobre tribus rebeldes y, más tarde, lugar de origen del **wahabismo**.

nicab Velo que llevan algunas mujeres y solo deja los ojos sin cubrir.

niyya Intención de hacer algo en el nombre de Dios.

números arábigos Sistema decimal indoarábigo. Inventado en India, fue desarrollado por matemáticos en Bagdad y llegó a Europa en el siglo XV.

orientalismo Perspectiva occidental de la cultura árabe e islámica que se generalizó en los siglos XIX y XX y la caracteriza como exótica, atrasada e incivilizada.

panarabismo Ideología de aspiración a la unidad política y cultural de los países árabes. Tuvo su apogeo entre las décadas de 1950 y 1970.

Piedra Negra Piedra especial, posiblemente un meteorito, integrado en la esquina oriental de la **Kaaba**.

qadar Concepto de destino divino en el islam, por el que Dios conoce todo lo que ha sucedido y sucederá.

qawwali Tradición musical **sufí** que busca producir un estado de éxtasis en quienes escuchan.

qital 'Combate'. Forma temporal de **yihad**, conocida a veces como *yihad menor*, que puede tomar a veces la forma de lucha armada.

qiyas Modo de llegar a un dictamen en la jurisprudencia islámica mediante el razonamiento. Se aplica a falta de orientación en el **Corán** o los **hadices**.

quintanos Véase **zaidíes**.

Quraysh Tribu de **La Meca**. Mahoma nació en la rama Banu Hashim de la tribu en el 570 d. C.

qurra' 'Recitadores'. Personas que memorizaron el **Corán** en vida de Mahoma y permitieron su posterior redacción.

raka Secuencia de movimientos que se realizan al rezar. Cada oración diaria se compone de un número específico de *rakas*. Véase **salat**.

ramadán Noveno mes del calendario de la **Hégira**, durante el cual los musulmanes ayunan en las horas de luz.

rashidun 'Bien guiados'. Se refiere a los cuatro **califas** ortodoxos en la tradición islámica **sunní** y primeros sucesores del Profeta: Abú Bakr, Úmar, Uzmán y Alí.

riad Casa tradicional marroquí con patio y jardín central.

rihal Atril plegable para sostener el **Corán** mientras se lee.

Safa Véase **Marwa**.

sah 'Rey' en persa. El último sah de Irán marchó al exilio en 1979.

sahaba Véase **Compañeros del Profeta**.

Sahih al-Bujari Colección de unos 7275 **hadices** compilados por Muhammad al-Bujari y considerados por los sunníes la fuente más fiable sobre los dichos y hechos de Mahoma.

salafismo Movimiento reformista/revivalista enraizado en el **wahabismo** del siglo XVIII y que se popularizó en el siglo XX. Los salafistas defienden el regreso a las tradiciones de los *salaf*, antepasados de las tres primeras generaciones del islam: Mahoma y sus compañeros (los *sahaba*); sus sucesores (los *tabi'un*); y los sucesores de sus sucesores (los *tabi'u at-tabi'in*).

salat (o *sala*) 'Oración'. Uno de los **cinco pilares del islam**. La veneración de Dios tiene lugar cinco veces al día: al amanecer (*fachr*), al mediodía (*duhr*), por la tarde (*'asr*), al anochecer (*magrib*) y por la noche (*isha'*). La oración comunal semanal del viernes a mediodía es *al-yuma'* (en árabe, 'viernes').

santo Véase *wali*.

saum 'Ayuno'. Uno de los **cinco pilares del islam**.

seis pilares de la fe En árabe, *arkan al-iman*: la creencia sunní en la unicidad de Dios (**tawhid**) y sus ángeles, sus escrituras (el **Corán**, los Evangelios, la Torá y los Salmos), sus profetas, el **Día del Juicio** y el destino divino (*qadar*).

septimanos Rama del islam chií que considera séptimo y último **imán** a Isma'il ibn Ja'far, y cree

que su hijo Muhammad ibn Isma'il regresará como imán al Mahdi.

shafií Una de las cuatro escuelas de la jurisprudencia **sunní**. Fundada por Muhammad ibn Idris as-Shafi'i (767–820), es la escuela dominante en África Oriental, Indonesia, partes de Arabia y entre los kurdos.

shahada Uno de los **cinco pilares del islam**, la profesión de fe, en la que se afirma que «no hay más dios que Dios, y Mahoma es su mensajero».

sharía Código legal y de conducta del islam, que evolucionó sobre todo en el siglo IX, basado en el **Corán** y los **hadices**.

shirk 'Idolatría'. Culto de cualquier figura o cosa distinta de Dios. Está contemplada como delito en la **sharía**.

shura Consejo o proceso consultivo. En los comienzos de la historia del islam, el segundo califa, Úmar, estableció una *shura* para elegir a su sucesor. Hoy el término se refiere a un tribunal legal o parlamento.

silsila 'Cadena'. Se refiere al linaje de maestros espirituales de una orden **sufí**.

siras Conjunto de la literatura dedicada a la vida de Mahoma.

sufismo En árabe, *sufiyya* o *tasawwuf*, derivados de 'vestir lana'. Rama mística del islam surgida durante el periodo **omeya** y que busca lograr la proximidad espiritual a Dios a través de rituales conocidos como **dikr**.

suhur Comida que se toma antes del amanecer durante el **Ramadán**.

sunismo Rama del islam que procede de los partidarios de la sucesión electiva, y no hereditaria, al califato. Hoy es la forma mayoritaria del islam, por delante del **chiísmo**, que es la segunda más común.

sunna Modo de vida musulmán, en lo relativo a las prácticas sociales y legales derivadas de la vida de Mahoma. Junto con el **Corán** y los **hadices**, la sunna es el fundamento de la **sharía** o ley islámica.

sura Capítulo del **Corán**.

tabi'u at-tabi'in La generación posterior a la de los **tabi'un**.

tabi'un 'Seguidores'. Se refiere a la generación de musulmanes siguiente a la de los **compañeros del Profeta** (*sahaba*). Es *tabi'* quien recibió de segunda mano las enseñanzas de Mahoma.

tafsir Interpretación y exégesis del **Corán**.

takfir Acto por el que un musulmán declara que otro es no creyente (**kafir**) y culpable de **apostasía**. Se suele asociar a los extremistas, que justifican por el *takfir* la matanza de otros musulmanes que no comparten sus postulados.

talibanes Movimiento, en su origen estudiantil, de origen pakistaní que se hizo con el poder en Afganistán en la década de 1990, tras la retirada de las fuerzas soviéticas.

tanzimat Conjunto de reformas instituidas durante el siglo XIX en el **Imperio otomano** con la finalidad de modernizarlo.

tariqa Hermandad u orden del pensamiento **sufí**.

tawaf Circunvalación de la **Kaaba**, que los peregrinos hacen a pie durante el **hach**.

tawassul En la tradición **chií**, el ruego a los **imanes** en sus santuarios para que intercedan ante Dios.

tawhid Término que refleja la característica de Dios, como deidad única.

timúridas Dinastía (1370–1507) fundada por Timur (o Tamerlán), descendiente de Gengis Kan, fundador del **Imperio mongol**. En su apogeo, los timúridas controlaban la mayor parte de Asia Central e Irán, junto con algunas áreas de las actuales India, Pakistán, Siria y Turquía. El **Imperio mogol** en India tiene su origen en el Imperio timúrida.

ulemas 'Sabios'. Se refiere a los eruditos en asuntos islámicos, formados tradicionalmente en una **madrasa**. De entre los ulemas salen cargos religiosos, jueces y maestros.

umma Comunidad de todos los musulmanes.

umra Peregrinación menor a **La Meca**, que se puede hacer en cualquier época del año. Véase también **hach**.

usul ad-din Los cinco principios de la fe del **chiísmo**: la creencia en la unicidad de Dios (**tawhid**), su justicia ('adl), sus mensajeros y profetas, la sucesión del **imán** y el **Día del Juicio**.

usura Práctica del cobro de interés (riba) en los préstamos, prohibida en el **Corán** y, por tanto, por la **sharía**.

Viaje Nocturno Véase **isra'** y **mi'rach**.

wahabismo Movimiento islámico sunní iniciado por Muhamad ibn 'Abd al-Wahhab en la península arábiga en el siglo XVIII. La familia de los Saúd adoptó esta ideología, que también se practica en Arabia Saudí y Catar.

wali En el ámbito religioso, 'amigo de Dios', un elegido por Dios y dotado de poderes especiales, incluso milagrosos. Son considerados santos y sus tumbas son centros de peregrinación.

wudu' Abluciones rituales que preceden a la oración.

wufud Delegaciones enviadas por las tribus al Profeta en **Medina** para expresar su lealtad.

yahiliyya 'Edad de la ignorancia'. Época anterior al islam y la revelación del **Corán** al Profeta. La palabra yahiliyya puede referirse también a la vida moderna incompatible con el islam.

Yami'at al-Ijwan al-Muslimin Véase **Hermanos Musulmanes**.

yanna Paraíso.

Yaum ad-Din Véase **Día del Juicio**.

yazidíes Minoría kurda presente principalmente en el norte de Irak, norte de Siria y sudeste de Turquía. Sus creencias incorporan elementos de religiones iraníes, el judaísmo y el cristianismo nestoriano. Veneran al califa **omeya** Yazid I. Históricamente perseguidos como **apóstatas** y, recientemente, también por el **Estado islámico**.

Yazrib (Yatrib) Antiguo nombre de la ciudad de **Medina**.

Yebel an-Nur Lugar donde se ubica la cueva de Hira, retiro espiritual de Mahoma, donde **Yibra'il** hizo las primeras revelaciones que formarían el **Corán**.

Yibra'il Ángel que transmitió el mensaje del **Corán** al Profeta y llevó un carnero para que Ibrahim lo sacrificara en vez de su hijo. Yibra'il es el arcángel llamado Gabriel en el judaísmo y el cristianismo.

yihad Lucha por una causa en el nombre de Dios. La yihad mayor (al-yihad al-akbar) es la lucha interior espiritual contra las pasiones del yo; la yihad menor (al-yihad al-asgar) es el combate contra enemigos externos.

yinn Criatura sobrenatural hecha de fuego.

yizya Impuesto que han de pagar las personas que son **ahl ad-dimma** y viven bajo gobierno musulmán a cambio de la libertad para practicar su religión.

yuma' Oración del viernes. Véase **salat**.

zaidíes (quintanos) Rama del islam **chií** que cree que Zayd ibn 'Ali, bisnieto de Alí, fue un **imán** legítimo.

zakat (zaka) Uno de los **cinco pilares del islam**. Se refiere a la donación de parte de la riqueza a los necesitados como acto de caridad.

zakat al-fitr Limosna obligada que se dona al final del **Ramadán** a musulmanes pobres para que puedan celebrar la fiesta del **Aíd al Fitr**.

zikr Véase **dikr**.

ÍNDICE

AGRADECIMIENTOS

Dorling Kindersley desea dar las gracias a Jacob Field por el Directorio; Neil Hewison por el Glosario; Katie John por la revisión de textos; y Helen Peters por la elaboración del Índice.

CRÉDITOS FOTOGRÁFICOS